李乾坤 主编

法兰克福学派政治经济学文选

上海社会科学院出版社

目　录

序言：法兰克福学派的政治经济学传统 …………… 1

马克思《资本论》最初计划的改变及其缘由
（亨里克·格罗斯曼）…………………………… 1

马克思的价值—价格转形理论和危机问题
（亨里克·格罗斯曼）…………………………… 38

马克思、古典政治经济学和动力学问题
（亨里克·格罗斯曼）…………………………… 73

论马克思的货币理论
（弗里德里希·波洛克）………………………… 155

国家资本主义：它的可能性及其限度
（弗里德里希·波洛克）………………………… 180

民族社会主义是一种新秩序吗？
（弗里德里希·波洛克）………………………… 213

没有经济学的经济？
（弗朗茨·诺依曼）……………………………… 233

马克思的方法及其分析当代危机的适用性(学术研讨)
　　(埃利希·弗洛姆等)·················· 252

垄断资本主义研讨会上的讨论
　　(亨里克·格罗斯曼等)················ 271

新马克思阅读的开端
　　(汉斯-格奥尔格·巴克豪斯)············ 286

论价值形式的辩证法
　　(汉斯-格奥尔格·巴克豪斯)············ 326

阿多诺论马克思与社会学理论的基本概念
　　[汉斯-格奥尔格·巴克豪斯(整理)]········ 355

马克思对政治经济学范畴的叙述
　　(海尔穆特·莱希尔特)················ 369

从法兰克福学派到价值形式分析
　　(海尔穆特·莱希尔特)················ 398

序言：法兰克福学派的
政治经济学传统*

佩里·安德森在《西方马克思主义探讨》中，对西方马克思主义的发展逻辑做了一个著名的判断，即西方马克思主义的理论中心问题逐渐从经济或政治结构问题转向了哲学和文化问题。[①] 而这一转向，首先就发生在法兰克福学派之中。安德森的这一判断产生了广泛的影响。既往我国学界对法兰克福学派批判理论的研究，也基本上将其认定为一种文化批判理论，或西方理性传统批判，抑或是心理学批判，总体讲来，即一种对上层建筑领域的意识形态批判。然而，在德国著名的《马克思主义历史考证大辞典》的"批判理论"（Kritische Theorie）词条中，词条作者格尔哈德·施威蓬豪伊泽[②]给我们提供了一个和我们之前的理解大相径庭的基本

---

* 本序言的主体曾以《论法兰克福学派批判理论的政治经济学基础》为题在《马克思主义理论学科研究》2019 年第 4 期上发表。
① 佩里·安德森：《西方马克思主义探讨》，高铦等译，北京：人民出版社，1981 年，第 65 页。
② 格尔哈德·施威蓬豪伊泽（Gerhard Schweppenhäuser），1960 年出生于美因河畔法兰克福，是霍克海默和阿多诺的第一位学生赫尔曼·施威蓬豪伊泽（Hermann Schweppenhäuser）之子。现于维尔茨堡-施韦因富特科技大学任教授，是当今德国批判理论研究的重要代表人物之一，《批判理论杂志》(*Zeitschrift für kritische Theorie*)主编。其代表作之一《阿多诺导论》(*Theodor W. Adorno zur Einführung*)已被翻译成中文。

定义:"社会批判理论是解放的社会哲学,它试图分析和批判 19 世纪中叶至今的市民的—资本主义的社会的实践形式,以及理性的和合理性的类型,这些共同汇聚成了**一个**思想运动。它们的共同点是从对价值形式的分析中推导出来的、马克思关于作为商品生产社会基础的价值规律的**理论**。这一理论同时也是政治经济学**批判**,也就是指出这种科学解释价值形式及其社会后果和意识形态后果的能力和局限。"① 批判理论同时就是政治经济学批判! 这一判断显然与我们对法兰克福学派批判理论的通常理解截然不同。其实,法兰克福学派批判理论传统中有一条政治经济学批判的线索,这一点我国很多学者都清楚地认识到了,② 然而到目前为止,我国学者在这一问题上还鲜有系统研究,③ 这不能不说是一件憾事。事实上,法兰克福学派在理论的探索中,留下了一批极具价值的政治经济学研究文献。整理这些文献,将为我们的研究提供一个基础。在这里,我们将主要从思想的线索来考察政治经济学传统在法兰克福学派的批判理论中所具有的作用与意义。

---

① Gerhard Schweppenhäuser:"Kritische Theorie", in: *Historisch-kritisches Wörterbuch des Marxismus* (*HKWM*), Bd.8/I, Hamburg: Argument-Verlag, 2012, S.197 - 200.
② 张一兵教授早在 2000 年就敏锐地指出了《启蒙辩证法》之中的政治经济学方法问题,参见张一兵:《反人类中心主义:工具理性与市场逻辑批判——〈启蒙辩证法〉中的一条逻辑主线》,《求是学刊》2000 年第 5 期。王凤才教授在对法兰克福学派发展史的回顾中,也强调了政治经济学批判在法兰克福学派批判理论之中具有的重要意义,参见王凤才:《再思批判理论与马克思主义的关系》,《求是学刊》2015 年第 1 期。此外,付清松博士对阿多诺批判理论的政治经济学批判原则关系进行了研究,参见付清松:《商品交换原则与同一性批判》,《贵州师范学院学报》2010 年第 5 期。
③ 张亮:《法兰克福学派的批判理论与政治经济学》,《天津社会科学》2009 年第 4 期。

一、政治经济学批判：批判理论的理论原型与基础

20世纪30年代前后，霍克海默作为法兰克福学派的领导者，不仅在组织上为社会研究所聚拢了一批杰出的理论工作者，更在研究方向上奠定了批判理论的基本范式。霍克海默对于法兰克福学派批判理论传统的关键意义，已经得到我国学者的强调。[①] 霍克海默所确定的批判理论的基本范式，就是以马克思政治经济学批判为基础的跨学科研究。"批判理论"最初作为在那个极端年代替代"马克思主义理论"这一表述方式的权宜之计，其理论底色就是马克思的政治经济学批判。其实这一点并不难理解。在20世纪30年代"青年马克思"的发现产生广泛影响之前，人们对马克思主义理论的理解，大多基于《资本论》等公开文献。这一点霍克海默也不例外。更不要说在他身边，还有一批专长于马克思政治经济学批判的学者，如弗里德里希·波洛克和亨里克·格罗斯曼。与此同时，我们更为熟悉的西方马克思主义的奠基人卢卡奇和柯尔施，他们对马克思主义作为一种"哲学方法"的强调，也正是基于对《资本论》等马克思成熟时期文本的解读。而基于马克思《巴黎手稿》的出版阐释马克思思想中的批判维度，则是马尔库塞到了1932年才做的事情。从《资本论》等政治经济学批判文献中发现哲学批判的维度，是当时西方马克思主义思想家普遍的做法。

霍克海默1935年在《论真理问题》（"Zum Problem der Wahrheit"）中，明确地指出"当代的社会形式在政治经济学批判中被把握"。

---

① 张亮：《霍克海默与法兰克福学派的理论创新道路》，《学术月刊》2016年第5期。

在《论真理问题》一文中，霍克海默对政治经济学批判的逻辑结构与批判理论的关系问题展开了论述。他指出，批判理论所面对的社会形式，正是从政治经济学批判中推导出来的："从商品的一般基本概念，可以在纯粹的思想建构中推导出价值这一基本概念。马克思从价值概念发展出了处于整体联系之中的货币和资本范畴。这一经济形式的所有历史趋势，资本的聚集，增殖可能性的下降，失业与危机都由这一概念所设定，并以严格的顺序推导出来。在第一个最一般的概念——其抽象性随着每一次理论的发展而被进一步克服——和独特的历史过程之间，至少依照理论意图也应存在一种整体的思想联系，在其中每一个论点都必然从第一个设定，即商品的自由交换概念中得出。按照这一理论意图——它毋庸置疑是成功的——对所有经济、政治领域和所有其余文化领域的认识，都可以通过那一原初的认识而被中介得到。"[①] 通过这段引文我们可以看到霍克海默对马克思政治经济学批判的高度肯定，以及他参照马克思的政治经济学批判所勾勒的批判理论范式的雏形。这就是以政治经济学批判为模型和根基，将对经济、政治以及文化的研究，复归到政治经济学批判的原初认识之上。这一原初认识，正是建立在商品、价值、货币和资本的层层辩证展开之中。在价值概念之上，不仅在历史过程上，也在理论发展中推导出资本主义社会的全部现实结构。《论真理问题》中的观点在 1937 年为纪念《资本论》出版 70 周年而写作的《传统理论与批判理论》

---

① Marx Horkheimer: "Zum Problem der Wahrheit", in: *Zeitschrift für Sozialforschung*, Jahrgang 4, Heft 3, 1935, Nachdruck, München: Deutscher Taschenbuch Verlag, 1980, S.351.

中得到了更为明确的阐述。

在为《传统理论与批判理论》所做的补充中,霍克海默直言批判理论"是以马克思的政治经济学批判为基础"①的。具体而言,"社会批判理论同样始于抽象的规定;在研究当代时,它则以对以交换为基础的经济特征的描述为出发点。当具体的社会生活中的关系被判定为交换关系时,当谈及货物的商品特征时,马克思所用的那些概念,如商品、价值、货币等就可以起到类概念(Gattungsbegriffe)的作用"②。"对以交换为基础的经济特征的描述",也就是政治经济学批判的起点,"抽象的规定"以及把握这些抽象规定的概念,正构成了对社会进行研究的起点。所谓"类概念",正是蕴含人类活动于其中的概念。什么样的人类活动呢?霍克海默指出,正是作为资产阶级经济基础的交换活动。在交换的调节作用之上,社会与自然的相互作用、社会的特定观念从历史的过程中产生出来。这一辩证运动转换为一种动力学,"正是由于社会的内在动力,批判理论所概述的交换关系才支配社会现实"③。这便是霍克海默对批判理论和政治经济学批判二者关系的理解。霍克海默作为批判理论纲领的规划者,其实在思想深层有一个老派的马克思主义者对马克思政治经济学批判的坚守。霍克海默为社会理论研究所设定的"跨学科研究"的研究纲领,本身就植根于他对马克思政治经济学批判的理解之上。某种程度上,就像阿多诺的学生巴克豪

---

① Max Horkheimer:"Nachtrag", in: *Kritische Theorie: Eine Dokumentation*, Band 2, Hrsg. von Alfred Schmidt, Frankfurt am Main: S. Fischer Verlag, 1968, S.192.
② 曹卫东编:《霍克海默集》,上海:上海远东出版社,2004年,第196—197页。译文有改动。
③ 同上。

斯指出的,霍克海默将马克思的理论视作批判理论的早期形态。①也就是说,政治经济学批判是批判理论的理论原型。

马克思的政治经济学批判既是批判理论的理论原型,也构成了批判理论的深层基础。政治经济学批判,正是对资本主义生产关系进行的批判研究。批判理论并非单纯的对意识形态上层建筑的批判;哲学和文化批判,拥有政治经济学批判的基础。这就是将对意识形态上层建筑的批判,还原到对现实生产关系的批判之中。对现实生产关系的批判,恰恰就是政治经济学批判的本义。而现实的生产关系,正是霍克海默指出的由抽象的规定所指涉的对象。阿多诺对这一问题也做过精到的判断,他指出:"范畴的建构,即交换抽象的哲学反映,要求撇开(遗忘)它们的社会起源,撇开一般的起源。而历史唯物主义是对起源的回忆。"②历史唯物主义是对起源的回忆,就是对构成了观念和意识形态上层建筑的范畴的溯源,回到现实的"交换抽象""抽象的规定"之上。而交换抽象这一类抽象规定,恰恰是马克思《资本论》首先所探讨的对象。当然,将政治经济学批判视作法兰克福学派批判理论的根基,就不得不面对法兰克福学派第一代其他思想家,如马尔库塞、弗洛姆、洛文塔尔等人的异质性。这里其实涉及对法兰克福学派批判理论传统存在样态的理解。霍克海默奠定了批判理论的核心理论特征,打造了法

---

① Hans-Georg Backhaus: "Über den Doppelsinn der Begriffe 'Politische Ökonomie' und 'Kritik' bei Marx und der Frankfurter Schule", in: *Wolfgang Harich zum Gedächtnis. Eine Gedenkenschrift in zwei Bände*, Band 2, Hrsg. von Stefan Dornuf & Reinhard Pitsch, München: Müller & Nerding, 1999, S.15.
② 《阿多诺与索恩-雷特尔谈话笔记》,载阿尔弗雷德·索恩-雷特尔:《脑力劳动与体力劳动:西方历史的认识论》,谢永康、侯振武译,南京:南京大学出版社,2015年,第176页。

兰克福学派这一思想航船的龙骨。但法兰克福学派批判理论绝非是同一性的理论传统，而恰恰展现为自由人的联合体的"星丛"，其中每一个理论家都有他独特的研究重点。这也是后来的哈贝马斯并没有看到在法兰克福学派批判理论传统中存在任何体系性东西的原因所在。然而法兰克福学派理论传统中的这种星丛式的存在方式，并不妨碍探寻其根本上的理论支点。政治经济学批判，恰恰就是霍克海默锚定的这个支点，这个支点也构成了批判理论和马克思主义理论的连接点。

那么，霍克海默所奠定的批判理论的基本范式，即政治经济学批判与其他社会科学的结合，如何体现在整个法兰克福学派的发展之中呢？这种政治经济学批判，又是以什么样的形式存在呢？

二、价值形式与商品形式：法兰克福学派政治经济学的基本论域

马克思的政治经济学批判，概而言之，是对资本主义生产关系的批判研究。拓展来讲，则有价值理论、资本一般、剩余价值生产、资本主义的再生产等一系列讨论对象。在这些理论对象中，价值形式与商品形式问题，是贯穿法兰克福学派的政治经济学的主要对象。前文已经提到，政治经济学批判作为批判理论的根基，所把握的就是以交换抽象为主的现实生产关系。价值形式和商品形式正是对现实生产关系和交换关系的最基础的范畴把握。价值形式与商品形式问题自波洛克开始得到奠定，在霍克海默与阿多诺那里得到充分运用，到法兰克福学派第二代的新马克思阅读运动那里被独立作为研究的对象。我们首先集中来看波洛克货币理论研

究的基本要点。

马丁·杰伊曾判定波洛克和霍克海默之间的关系是"研究所的基石之一"[1]。波洛克的政治经济学研究对整个法兰克福学派批判理论具有独特的意义。除了他的国家资本主义理论对批判理论发挥了重要的推动作用外,过去一直没有被重视的是,他对马克思货币理论的研究,更奠定了法兰克福学派的政治经济学批判的主题。波洛克1923年的博士论文,题为《论卡尔·马克思的货币理论》(Zur Geldtheorie von Karl Marx)[2]。为便于叙述,我们可以首先借助波洛克1928年在"格律恩贝格文库"上发表的《论马克思的货币理论》(Zur Marxschen Geldtheorie)的短文来理解波洛克对马克思的货币理论的定位,以及它对批判理论的意义。

波洛克强调货币理论在马克思全部社会经济著作中所扮演的重要角色。在《资本论》的开篇以及在这之前的《政治经济学批判》中,马克思大量的讨论都是围绕着货币问题展开的。波洛克相信,"在马克思那里,货币理论不可分割地和他的整个体系联系在一起,因此对这一问题的研究对于审视体系的其余部分具有重要的作用"[3]。然而在马克思的货币理论领域上,当时的马克思主义者并没有做出专门的系统的研究。

---

[1] 马丁·杰伊:《法兰克福学派史(1923—1950)》,单世联译,广州:广东人民出版社,1996年,第12页。
[2] Friedrich Pollock: "Zur Geldtheorie von Karl Marx", in: *Friedrich Pollock Gesammelte Schriften 1: Marxistischen Schriften*, Freiburg: Ça ira Verlag, 2018, S.23 - 128.
[3] Friedrich Pollock: "Zur Marxschen Geldtheorie", in: *Archiv für die Geschichte des Sozialismus und der Arbeiterbewegung*, Jg. 13, Hrsg. von Carl Grünberg, Leipzig: Verlag von C. L. Hirschfeld, 1928, S.193.

那么，马克思的货币理论是如何和他的整个理论体系联系在一起的？正如马克思自己所强调的，科学的任务就是透过表现形式探求事物的本质；而与前资本主义社会相比，在商品生产社会中，"在生产过程中存在的关系消失在社会形式之中"①。所以只有对社会形式做深入分析，才能够揭示出作为本质的真正的生产关系。社会形式对真实的生产关系的遮蔽，生产者与生产过程、生产规律的分离，是只有在资本主义时期才会发生的独特现象。在生产规律面前，一个企业家并不比他的助理能做的更多。资本主义时代的生产，恰恰完成了表现形式和本质的区分。波洛克是这样理解马克思政治经济学中的表现形式和本质的：本质即始终现实地、历史地决定的生产过程的社会关系；与之相反，纯粹的表现形式则是法律的和其他的文化形式，这些形式反映了生产过程，特别是清楚地表示物的现实存在的范畴，商品、价值、货币这些范畴只有返回到那些现实的关系之中才能被解释清楚。而在这些范畴中，马克思首先研究的就是作为最基础的范畴的商品。②

波洛克对马克思政治经济学中表象与本质关系的理解，就凝结在对一系列"物的现实存在的范畴"——商品、价值和货币——之上，这一系列经济学范畴连接了现实的生产关系和法律等文化的表现形式。我们有理由相信，波洛克的这一观点对霍克海默乃

---

① Friedrich Pollock: "Zur Marxschen Geldtheorie", in: *Archiv für die Geschichte des Sozialismus und der Arbeiterbewegung*, Jg. 13, Hrsg. von Carl Grünberg, Leipzig: Verlag von C. L. Hirschfeld, 1928, S.194.
② Friedrich Pollock: "Zur Marxschen Geldtheorie", in: *Archiv für die Geschichte des Sozialismus und der Arbeiterbewegung*, Jg. 13, Hrsg. von Carl Grünberg, Leipzig: Verlag von C. L. Hirschfeld, 1928, S.195.

至阿多诺产生了重要影响。在范畴体系中,作为价值表现形式的货币是发达商品经济不可或缺的要素,波洛克指出,货币是一种商品,且是一种"感性的超感性的物"。感性的方面是它的自然形式,而超感性的方面则体现在货币作为一种社会关系的表达,这种表达通过在货币中特定的部分参与到社会必要总劳动中而实现。[1] 波洛克指出,货币问题是马克思价值理论的决定性部分,其感性—超感性的存在形式源自社会关系。因此,波洛克所理解的马克思的货币理论,就是探求经济学范畴(表现形式)背后的社会关系(本质)。波洛克借助于马克思的货币理论所看到的是整个政治经济学和资本主义体系的本质,这正是波洛克在马克思货币理论研究上的独特贡献。可以说,对马克思货币理论的研究构成了波洛克理解马克思全部政治经济学批判的一把钥匙。对经济理论背后的社会关系的强调,必然带来方法上的转变,这其实是同时期的卢卡奇和柯尔施都已经强调过的经济学和哲学方法的统一。和卢卡奇及柯尔施一样,波洛克同样强调了经济理论和社会哲学理论的统一性,这一观点在波洛克那里借助于对货币理论的分析十分清晰地展现出来。在对货币理论的研究之上,波洛克还谈及了马克思的商品拜物教理论。拜物教理论的本质,按照波洛克对马克思的理解,就是将物在社会生产过程中获得的社会经济特征转换为一种物的自然物质特征。

波洛克对马克思货币理论的研究,对货币形式和价值形式的关注,奠定了法兰克福学派政治经济学批判的主要论域。法兰克

---

[1] Friedrich Pollock: "Zur Marxschen Geldtheorie", in: *Archiv für die Geschichte des Sozialismus und der Arbeiterbewegung*, Jg. 13, Hrsg. von Carl Grünberg, Leipzig: Verlag von C. L. Hirschfeld, 1928, S.200.

福学派的政治经济学批判,此后基本上都是围绕价值形式、商品形式、货币形式等相关范畴进行的。这集中体现在法兰克福学派批判理论的经典著作《启蒙辩证法》中。在《启蒙辩证法》一书的扉页上,题写的正是"献给弗里德里希·波洛克"。《启蒙辩证法》中的政治经济学方法是以往很少被注意到的问题。① 在《启蒙辩证法》中,霍克海默和阿多诺对于理性自反的探讨,始终未曾脱离交换原则、等价形式、价值形式这些经济学范畴。主导启蒙所开启的历史进程的核心逻辑就是商品交换原则,这一原则成为统治资本主义社会的内在规律,成为同一性的现实根基。也正是这一原则,带来了对人的统治和奴役。因此,理性的自我否定在霍克海默和阿多诺笔下绝非单纯的对西方理性传统的批判,如果只是批判理性的传统,那这种批判与其他任何唯心主义的批判有何不同呢?霍克海默和阿多诺恰恰立足于马克思政治经济学批判范畴和方法之上,展开了对工业社会的意识形态批判。

在《启蒙辩证法》中,阿多诺对文化工业的分析更是立足于政治经济学批判之上。文化工业之所以能够成为资本主义之中同一性强制的最典型体现,就在于电影、音乐和广播这些"文化"现象正是纯粹的交换价值,而毫无物性的使用价值。阿多诺曾说,他在《启蒙辩证法》之后的所有大部头著作都是《启蒙辩证法》的注脚,②此言不虚。在后来的《最低限度的道德》,乃至最后的《否定辩证法》之中,

---

① 关于这一问题,参见李乾坤:《理性自我否定的现实根源:析〈启蒙辩证法〉的政治经济学方法》,《求是学刊》2016年第3期。
② 格尔哈特·施威蓬豪依塞尔:《阿多诺》,鲁路译,北京:中国人民大学出版社,2008年,第50页。

对"交换价值""交换原则""价值形式"的探讨,特别是将之作为"同一性"的现实基础的表述,都不曾脱离阿多诺的论述。甚至阿多诺在去世前不久,还曾明确说道:"价值理论是批判理论最宝贵的财富。"①施威蓬豪伊泽也曾指出:"马克思经济理论的核心部分对于阿多诺的社会批判理论至关重要,阿多诺将价值规律、'资本主义积累的普遍规律'、'利润率下降规律'称为适用于社会理论'结构原则'的'马克思模式'……重要的是,阿多诺以某种独立于马克思价值理论的方式接受了马克思的价值理论。"②

阿多诺正是在点评他的学生汉斯-格奥尔格·巴克豪斯的硕士论文时,说了"价值理论是批判理论最宝贵的财富"那句话的。法兰克福学派批判理论的政治经济学根基,被巴克豪斯和他的同窗海尔穆特·莱希尔特等人"萃取"了出来,将其明确当作了研究对象。巴克豪斯1965年在阿多诺课堂上的报告,发表于1969年的《论价值形式的辩证法》一文,是法兰克福学派政治经济学批判研究的重要成果。③ 在这篇文章中,巴克豪斯基于马克思的《资本论》德文第一卷第一版,强调了价值形式在马克思政治经济学批判中的关键作用,价值形式展开过程中的辩证法,价值形式所内含的主体性维度,以及价值形式的辩证法对于拜物教和物化批判的前提性意义。巴克豪斯的这篇文章宣告了新马克思阅读理论运动的

---

① 参见 Translators' Introduction to Backhaus "On the Dialectics of the Value-Form", in: *Thesis Eleven*, No.1, 1980, p.96。
② 格尔哈特·施威蓬豪依塞尔:《阿多诺》,鲁路译,北京:中国人民大学出版社,2008年,第89页。译文有改动。
③ Alfred Schmidt (Hrsg.), *Beiträge zur marxistischen Erkenntnistheorie*, Frankfurt a.M.: Suhrkamp Verlag, 1969, S.128 - 152。

开端,它作为法兰克福学派第二代的一个重要分支,继承、推进了法兰克福学派的政治经济学批判。

也正是在如何对待政治经济学批判这一问题上,形成了批判理论后继者理论分歧的岔路口。

三、法兰克福学派的后继者对政治经济学批判的遗忘、坚守与复归

法兰克福学派第二代在 20 世纪 70 年代初发生了明显的分裂。除去政治立场上的差异,法兰克福学派第二代分道扬镳的两路人马在继承批判理论时,是否承认、坚持批判理论的政治经济学批判根基,是一个关键的参照系。①

实际上,哈贝马斯从来就不认为法兰克福学派的批判理论存在一个确定的体系和范式。在否认批判理论拥有一个范式的前提下,哈贝马斯开启了一条交往行为理论的道路。哈贝马斯不承认批判理论存在一个确定的范式,自然更不会承认政治经济学批判的意义所在。哈贝马斯曾经提及他和阿多诺在商品形式问题上的分歧:"当他(阿多诺)认为自己第一次对确认思维和商品形式之间的关系有了确切明晰的认识时,他就过来告诉了我。而我恰好在这一点上保留看法,顺便提一下,当时我们展开了讨论,尽管我深知在这些问题上我并未给阿多诺留下任何印象。"②哈贝马斯对历

---

① 关于这一问题的详细讨论,参见李乾坤:《批判与建构的冲突:论阿多诺之后的法兰克福学派批判理论格局》,《江海学刊》2018 年第 4 期。
② 包亚明主编:《现代性的地平线:哈贝马斯访谈录》,李安东、段怀清译,上海:上海人民出版社,1997 年,第 188 页。

史唯物主义的"重建"的基础,并非马克思政治经济学批判所提供的分析工具,而是交往、商谈、承认等一系列交往行为、主体间性范畴。哈贝马斯试图在这一方向上拯救理性,为规范基础奠基,捍卫平等和自由。同样,在哈贝马斯和他的同仁、学生那里,几乎看不到任何对政治经济学批判的研究;相反,他们一再表示马克思政治经济学批判的过时和局限。

法兰克福学派的后继者中,还有一大批人坚守了批判理论的政治经济学批判根基。在政治经济学批判之上继续展开跨学科研究,也就是坚守批判理论的经典范式,在这条方向上聚集了霍克海默和阿多诺众多的亲传弟子。他们很多人尽管并不专门从事政治经济学批判的研究,但是在他们的理论底色中总是肯定马克思的政治经济学批判的意义,时常回到马克思的政治经济学批判那里。这其中,最具代表性的有阿尔弗雷德·施密特。施密特的博士论文《马克思的自然概念》就是立足于对马克思的《资本论》及其手稿的解读。政治经济学批判的基础性意义,在他看来是自明的。也正是施密特敏锐地把握到霍克海默和阿多诺在《启蒙辩证法》中所运用的是一种"经济分析的方法"[1]。此外,在阿多诺的学生之中,汉斯-于尔根·克拉尔也专长于马克思的政治经济学批判研究。他的代表作《马克思商品分析的本质逻辑》,同样延续了法兰克福学派的政治经济学批判的经典论域。1969 年,他还筹划出版专门研究马克思政治经济学批判的杂志《新批判:政治经济学辑刊》(*Neue Kritik. Hefte für politische Ökonomie*),这一杂志的宗

---

[1] 阿尔弗雷德·施密特:《历史和结构》,张伟译,重庆:重庆出版社,1993 年,第 3 页。

旨,就是在资本主义的全新条件下,按照马克思的方式对现代经济学理论进行批判,从而探索革命的理论。①

对法兰克福学派批判理论的政治经济学坚持得最为彻底的,当属上文已经提及的新马克思阅读运动。巴克豪斯对价值形式辩证法的研究,从一开始就宣称是要为批判理论奠定政治经济学的基础。在由巴克豪斯等人1973年创办的《社会：马克思理论研究》(*Gesellschaft: Beiträge zur Marxschen Theorie*)的辑刊创刊号中,开宗明义宣布:"在经历了多年以来首要借助于青年马克思的哲学问题来进行关于马克思的讨论之后,如今马克思的理论第一次被放在这样的层次上,即要求将马克思和他全部的著作联系在一起来进行考察,也就是说,政治经济学批判,对资本主义生产方式的批判性阐述(Darstellung)。"②作为新马克思阅读运动组成部分的国家衍生论争,在20世纪70年代更在资产阶级国家形式拜物教问题上,大大推进了联邦德国的马克思政治经济学批判研究,一大批学者在这一论争之中成长起来。批判哈贝马斯和奥菲的政治理论正是国家衍生论争的起点之一。以上提及的坚守马克思政治经济学批判的法兰克福学派后继者,只是最富代表性的、直接从事政治经济学批判的代表人物。

在当代德国批判理论学界,也有一批人开始重新回到马克思的政治经济学批判那里。发生这一趋势的原因,一方面是对哈贝

---

① Hans-Jürgen Krahl: *Konstitution und Klassenkampf: Zur historischen Dialektik von bürgerlicher Emanzipation und proletarischer Revolution*, Frankfurt a.M.: Neue Kritik Verlag, 2008, S.354.
② Hans-Georg Backhaus u. a. (Hrsg.): *Gesellschaft: Beiträge zur Marxschen Theorie 1*, Frankfurt a.M.: Suhrkamp Verlag, 1974, S.7.

马斯、霍耐特所代表的以规范理论为主要对象的主体间性理论的反思,另一方面则是新自由主义所带来的最新社会状况。其实回归政治经济学批判的趋势早在20世纪80年代末就已经表现出来了,在对当时已经主导了法兰克福学派的哈贝马斯进行理论批判时,一些学者回到法兰克福学派的政治经济学批判传统之上。最为典型的学者有格尔哈德·鲍尔特,他在1989年主编的《非批判理论:反哈贝马斯》中尖锐地指出哈贝马斯的理论脱离了资本主义全球化的剥削体系,是立足于发达的、享有充分物质保障和政治权利的联邦德国的理论,他看到的只是发达资本主义的一个展示的橱窗,根本无法面对作为整体的当代资本主义世界。① 鲍尔特在1995年出版的《从马克思到霍克海默》一书中,更为系统地阐释了由霍克海默提出的政治经济学批判是批判理论的理论原型的观点。② 重归马克思政治经济学批判的趋势,在2000年之后表现得更为明显。当然,这种趋势不再局限于法兰克福学派的传统内,而是在更为广泛意义上的德国批判理论范围内。我们通过如下三个代表来看这一趋势。首先,新马克思阅读的第三代学者开始登上理论舞台。英格·埃尔贝作为这一代的旗手,在2008年出版的《西方的马克思》一书中,对以马克思价值形式分析为主要对象,并在此之上研究国家形式以及资本主义统治形式的新马克思阅读传

---

① Gerhard Bolte (Hrsg.): *Unkritische Theorie: Gegen Habermas*, Lüneburg: Zu Klampen Verlag, 1989, S.9.
② Gerhard Bolte: *Von Marx bis Horkheimer: Aspekte kritischer Theorie im 19. und 20. Jahrhundert*, Darmstadt: Wissenschaftliche Buchgesellschaft, 2015.

统,进行了系统、全面的论述。① 其次,在柏林自由大学弗里德·奥托·沃尔夫的带领下,一批青年学者开始重新研究《资本论》,并对20世纪60年代以来的德国政治经济学批判进行思想史研究。② 如果说前两者还与法兰克福学派的批判理论有间接关系的话,迪尔克·布劳恩施泰因在2011年出版的《阿多诺的政治经济学批判》一书则是历史上第一本直接论述阿多诺批判理论的政治经济学根基的著作。作者突破了过去人们认为阿多诺从未从事过政治经济学批判研究的印象,通过阿多诺不同时期的著作和演讲,分析了政治经济学批判在阿多诺批判理论中所发挥的作用。③ 此外,深受新马克思阅读运动影响的德裔英国学者维尔纳·博内费尔德在2014年出版的《批判理论与政治经济学批判》一书中,更为系统地指出了批判理论和政治经济学批判的内在一致性。④

法兰克福学派的政治经济学传统,对我国学者来说还是一个才被打开的理论领域。即便是当前国际学界,在这一问题上也才刚刚起步。对这一传统的研究,不论是对西方马克思主义哲学的历史逻辑研究,还是对西方左翼思想史研究,都具有举足轻重的作用。首先,对法兰克福学派批判理论的政治经济学根基的研究,有

---

① Ingo Elbe: *Marx im Westen: Die neue Marx-Lektüre in der Bundesrepublik seit 1965*, Berlin: Akademie Verlag, 2008.
② Frieder Otto Wolf u.a. (Hrsg.): *Das Kapital neu lesen: Beiträge zur radikalen Philosophie*, Münster: Westfälisches Dampfboot, 2006.
③ Dirk Braustein: *Adornos Kritik der politischen Ökonomie*, Bielefeld: Transcript Verlag, 2011.
④ Werner Bonefeld: *Critical Theory and the Critique of Political Economy: On Subversion and Negative Reason*, New York: Bloomsbury, 2014.

助于理解法兰克福学派批判理论乃至整个西方马克思主义哲学的政治经济学基础,从而进一步深化、充实我们对批判理论的理解;与此同时,法兰克福学派的政治经济学批判主要着眼于价值形式和商品形式的特征,也为我们从根本上审视批判理论的缺陷提供了新的角度。其次,从另一个方面来说,法兰克福学派的批判理论恰恰又是对马克思所奠定的政治经济学批判的创造性发展。政治经济学批判如何在全新的社会历史条件下采取新的理论形态、理论范式,关注现实,批判现实,正是霍克海默从一开始就关注的问题。法兰克福学派的批判理论无疑赋予政治经济学批判以更为丰富的内涵。最后,对法兰克福学派政治经济学批判传统的研究,可以帮助我们开启对西方左翼理论以及当代西方激进理论理解的新路径。

法兰克福学派的批判理论,在20世纪下半叶深刻塑造了德国乃至西方左翼理论的版图,众多的流派与思想家都与之有千丝万缕的、直接或间接的联系。对法兰克福学派政治经济学批判传统的挖掘,因此就具有了独特的意义。一方面,它将成为我们研究当代西方左翼理论的一个新的增长点;另一方面,政治经济学批判立足于现实之上,批判现实本身。对法兰克福学派批判理论的政治经济学批判根基的强调,自然也具有重要的现实意义。它对于我们审视当代商品社会的运作逻辑、表现形式有着重要的参考意义。如果将批判理论仅仅视作一种文化批判理论,那对于现实的批判,也便会停留在意识形态批判的观念云雾之中;而还原其政治经济学批判的根基,则会使我们下降到现实的规律之中,思考物化、拜物教等文化层面的现象的根源。

编辑本文选，正是在以上思考的推动下进行的。这一文选的编辑，首先要感谢南京大学马克思主义理论研究团队。从经济学的线索来把握马克思的哲学话语，从政治经济学批判的角度透视西方左翼理论的内在结构，是孙伯鍨先生所奠基、张一兵教授所带领的南京大学马克思主义哲学学科的深厚传统，我正受教于此，没有这些年的学习，便不会有眼前这部文选的问世。其次要感谢张亮教授。张亮教授是我国学界在法兰克福学派的政治经济学这一研究上最早进行探索和研究的学者之一，编辑这样一部文选，正是在他的鼓励和指导下进行的。最后还要感谢南京大学马克思主义学院为本文选出版提供经费支持。

本文选的翻译工作，需要感谢张金权、陈辞达、闫培宇、田笑楠、方晴岚等朋友和同学的帮助。在文选初稿完成后，张金权为文选的编辑、校对工作付出了巨大努力，作出了重要贡献，没有他认真、细致的工作，这本文选很难以现在的样子呈现。最后，还要特别感谢上海社会科学院出版社熊艳老师所付出的辛苦编辑工作。文选的文责当然由本人来承担，希望学界前辈和同仁多多批评指正！

李乾坤

2021 年 11 月 28 日，南京大学鼓楼校园

2024 年 8 月 25 日三校，南京大学鼓楼校园

马克思《资本论》最初计划的改变及其缘由*

[德]亨里克·格罗斯曼

陈辞达 闫培宇 译

尽管看起来很不可思议,但关于马克思主要著作的结构,以及它与《剩余价值理论》和较早出版的《政治经济学批判》之间的关系等一系列问题,从未成为研究的主题。人们几乎找不到另一本在

---

* 原文题为"Die Änderung des ursprünglichen Aufbauplans des Marxschen Kapital und ihre Ursachen",收录于《社会主义与工人运动史文库》(*Archiv für die Geschichte des Sozialismus und der Arbeiterbewegung*)1929年第14期,第305—338页。本文译自英文版"The Change in the Original Plan for Marx's *Capital* and Its Causes",收录于《历史唯物主义》(*Historical Materialism*)2013年第21卷第3期,第138—164页。

亨里克·格罗斯曼(Henryk Grossmann,1881—1950),德国西方马克思主义学者,法兰克福学派成员。格罗斯曼1881年出生于波兰一个非常富裕的犹太矿主家庭,曾在克拉科夫和维也纳学习哲学、经济学、心理学等人文学科,并于1908年获得法学博士学位。年轻时代的格罗斯曼积极投身革命运动,深入工人群众,成为工人运动的直接领导者。1908年,中东欧工人运动陷入低潮后,格罗斯曼去往维也纳从事经济学研究。1921年,格罗斯曼前往华沙的自由波兰大学任教,并于当年加入波兰共产主义工人党。此后几年多次因政治原因被资产阶级政府短期拘押,最终不得不于1925年流亡德国,应格律恩贝格之邀加入刚刚成立不久的法兰克福大学社会研究所,成为形成中的法兰克福学派的主要政治经济学家。1929年,他的代表作《资本主义制度的积累和崩溃规律:危机理论》[*Das Akkumulations- und Zusammenbruchsgesetz des kapitalistischen Systems*(*zugleich eine Krisentheorie*)]作为社会研究所丛书的第1卷出版。——编者注

理论上和实践上对整个世纪产生同等程度影响的书。然而,尽管它极其重要,但人们对待它的形式、起源的历史和结构的逻辑却更加冷漠!

在这里推测马克思研究状况不理想的原因是多余的。可以这样说——尽管过去 30 年在欧洲各个先进的资本主义国家中,我们经历了关于马克思的所有讨论——我们仍然发现自己只处在对马克思进行科学研究的起点。只有莫斯科马克思恩格斯研究院所出版的马克思的著作才能够决定性地改变这一现状。①

不管怎样,直至今日仍然在理论上无所作为的话,那将是对历史主义错误不可原谅的重蹈覆辙。与此相反,下面的研究试图在已知的原始材料基础上批判性地评估标题中所包含的问题,并证明可以从中收获的重要见解。

这里出现的问题是双重的。第一个问题涉及那些其回答必须先于对马克思思想进行任何科学分析的初步问题,这就是传承给我们的材料的完整性问题。也就是说,除了其阐述中的个别空白之外,现存的《资本论》——包括《剩余价值理论》——是否基本上包含了**全部**内容。因此,《资本论》是否构成了一个**完整的**体系,或者我们在这里着手处理的是不是一个更庞大著作的**碎片**。第二个问题,也就是真正的问题,涉及在材料的整理、著作的安排和诸要素的组织方面具有决定性作用的方法论的观点。我们将看到,这两个问题是彼此密切相关的。

---

① 格罗斯曼此处所指的是 1927—1941 年在达维德·梁赞诺夫(David Riazanov)指导下最初出版的《马克思恩格斯全集》,其计划的 42 卷中有 12 卷在 1927—1941 年出版。——英译注

一

当然,第一个问题只能来自马克思自己只指导了《资本论》第一册的出版这一事实;剩余的几册是恩格斯从马克思去世后所留下的手稿当中整理出版的,至于涉及剩余价值理论的部分,则是由考茨基出版的。《资本论》的起源史,从1859年——《政治经济学批判》①的出版日期,这是对《资本论》开篇的第一次论述——算起,横跨了半个世纪。

就现有资料的完整性而言,即所有对马克思进行分析的一个基本的、明显的**初步**问题,普遍存在着最令人惊异的不清晰性,这表明这些问题几乎没有被考虑到,作为其中最粗糙的例子,我想引用罗伯特·维尔布兰特(Robert Wilbrandt)所表达的观点。我们从《政治经济学批判》(1859)的序言中知道了马克思想要处理的材料,在序言中明确了这部著作的**最初计划**:"我考察资产阶级经济制度是按照以下的顺序:**资本、土地所有制、雇佣劳动;国家、对外贸易、世界市场**。"②然而,在最初著作的续篇中,即在三册《资本论》中,却是遵循另一个计划。早在1897年,在新版《政治经济学批判》出现之际,考茨基就写道:"因此,《资本论》的建构与马克思在1859年所出版的第一部分的著作不同。只要看一眼《政治经济学批判》序言的第一行,并比较一下那里形成的计划和《资本论》中实际遵循的计

---

① 《马克思恩格斯全集》第2版第31卷,北京:人民出版社,1998年,第407—582页。
② 同上书,第411页。

划,就可以证实这一点。"①尽管这已经"一目了然",但马克思《资本论》计划变化的事实却没有被维尔布兰特教授注意到,尽管他对这部"非凡的著作"致力颇多,因此可以说,作为他自己关于马克思的书的作者,他要来承担正式的责任。在探讨了这部著作的起源历史和1859年的最初计划,即一部由六个部分组成的著作计划之后,他就向世界宣告,马克思自己出版的唯一一册《资本论》在双重意义上仍然是一部未竟之作。首先,不但因为它"只是许多册中的第一册",而且,"它只是一部著作的第一册,其本身是整体中的一部分:作者所设想的整部著作**六个部分中的第一个部分**将面对许多问题,因而作者有意避免在第一部分即《资本论》中来考虑这些问题,以便将它们保留到后面的部分中"②。根据这个奇怪的说法,我们所拥有的四册《资本论》就仅仅实施了1859年计划的**第一部分**,而其后面还有其他五个部分!因此,目前可找到的马克思的著作仅被视为是其计划著作当中的一小部分,而计划著作或许应该会提供对地租、雇佣劳动、对外贸易等的全面说明,就像对资本进行的全面说明一样。因此,总体来说,也许还有二十册,并且确实涉及这些基本的领域,而如果缺失了那些已经说到的关于资本

---

① 考茨基编:《政治经济学批判》(*Zur Kritik der politischen Ökonomie*),斯图加特:狄茨出版社(Dietz Verlag),1897年,前言,第5页。根据考茨基1897年未包括前言的德文版,英文版第一版的译者提出了相同的观点,参见马克思:《政治经济学批判》(*A Contribution to the Critique of Political Economy*),内厄姆·艾萨克·斯通(Nahum Isaac Stone)译,芝加哥:查尔斯·H. 克尔出版公司(Charles H. Kerr & Company),1904年,译者前言,第3页。——英译注

② 维尔布兰特:《卡尔·马克思:一种评价的尝试》(*Karl Marx: Versuch einer Würdigung*),莱比锡:特乌布纳出版社(B. G. Teubner),1918年,第97页。黑体字由格罗斯曼所为。——译者注

的知识,离开了整体的上下文的语境,这些也将必然难以理解。

我们必须对这种说法提出一个相对立的问题:认为马克思"有意识地避免"在《资本论》中来考虑这些问题,认为他仅仅打算在以后再处理地租、工资和对外贸易等问题,这种说法是否正确?显然,维尔布兰特并没有注意到《资本论》中对所有这些问题的分析。他利用马克思的工资理论来强调一个所谓的空白,并坚持认为"在关于雇佣劳动的部分中,本可以期望得到一个详尽的阐述"①;好像马克思在《资本论》中还没有彻底处理和澄清他的工资理论!

维尔布兰特在他的学科领域中对最基本的事实的无知不应该妨碍他意识到《资本论》最初计划的修改。这不仅是因为这种修改"一目了然",并且已经被考茨基所观察到,而且还因为马克思自己——正如我们在他与库格曼的通信中所得到的指示——也显然证实了这一点。

从马克思向库格曼所讲述的以及我们在下面要进一步引用的新计划草案中,可以清楚地看到,目前我们所能获得的四册本的《资本论》**基本上是完整的**。在现有的几册中,尽管个别章节中的阐述在一些地方存在空白,这里或那里可能会缺失一章,而且逻辑顺序也经常被打断,但总体来说,不仅所有要处理的材料都已包含在内,而且与此同时,正如恩格斯所言:"**马克思要说的话,在这里以这种或那种方式都说了。**"②这也尤其可以从马克思在 1868 年 4

---

① 维尔布兰特:《卡尔·马克思:一种评价的尝试》,莱比锡:特乌布纳出版社,1918年,第101页。
② 《马克思恩格斯文集》第6卷,北京:人民出版社,2009年,第8—9页。黑体字由格罗斯曼所为。——译者注

月30日写给恩格斯的重要信件中看到,其中马克思详细地告诉他的朋友关于第二册和第三册的内容,并且基本上列举了我们后来在恩格斯所负责的两册《资本论》中再次找到的其材料的顺序和处理方式。①

维尔布兰特的例子极好地证明了最令人困惑的观点是如何盛行的,即便是像《资本论》中材料的**外部**结构这种问题,也是属于所有对马克思的分析的初步问题。那么,《资本论》的**内在**结构、潜在的方法论问题和解决措施——它们呈现出真正的困难——是完全不清楚的,这又有什么奇怪的呢?

二

如果我们现在将注意力转向我们分析的实际对象,并询问**为什么《资本论》**最初计划发生了改变?那么我们必须强调,迄今为止,这个对于理解马克思著作的决定性的、基本的问题不仅有待澄清,而且甚至还没有被提出!足够奇怪的是,人们对这些事实的陈述感到满意,考茨基就是如此。这个"为什么"的问题从未被调查过。

可以理解的是,考茨基对这样的基础理论问题的漠不关心源自他对马克思主要著作的整体态度。根据考茨基的说法:"《资本论》**本质上**是一部**历史学**的著作。"②

不言而喻的是,《资本论》计划的改变实际上可能不是偶然或

---

① 《马克思恩格斯全集》第1版第32卷,北京:人民出版社,1974年,第70—76页。
② 考茨基:《卡尔·马克思的经济学说》(*Karl Marx' ökonomische Lehren*),斯图加特:狄茨出版社,1927年,第8页。黑体字由格罗斯曼所为。——译者注

者叙述上的技术问题,例如明确的安排,而显然必须是经过仔细考虑的结果,并有着令人信服的理由。这个假设出现得更加无可辩驳,因为当著作的第一部分已经出版,一个人就不太可能倾向于对其著作的结构做出改变,并且这——正如马克思在1859年的序言中所说——"却是多年诚实研究的结果"①。自从他1847年所写的反对蒲鲁东的文章②以来,马克思一直都在积极地研究政治经济学。那么,尽管1859年他的著作的第一部分已经成功出版,是什么驱使马克思在16年的不懈研究之后,**重新再修改他的著作**?而这显然会导致又一次延迟其著作的完成。

现在,如果这部《资本论》的著作的缓慢进展——在《政治经济学批判》出现之后——真的是一些不利的**外部**原因的结果,马克思在《资本论》的序言和1862年12月28日写给库格曼的信中列举了这些原因(常年的慢性疾病,以及被其他工作所淹没),然而这些情况仅仅能够解释《资本论》著作完成的**延迟**,而非最初计划中的**改变**。这一考虑向我们证明,某些有说服力的内部理由必然促成了计划的改变。事实上,早在1862年12月28日马克思给库格曼的信中就已经写道:"**第二部分终于已经脱稿**,只剩下誊清和付排前的最后润色了。"③"**第二部分**"这个词表明,在1862年12月28日这段时间,马克思仍然在按照1859年的**最初计划**进行工作。因此,它仍然把这部分视为以《政治经济学批判》为题发表的"第

---

① 《马克思恩格斯全集》第2版第31卷,北京:人民出版社,1998年,第415页。
② 《马克思恩格斯全集》第1版第4卷,北京:人民出版社,1958年,第71—198页。
③ 《马克思恩格斯全集》第1版第30卷,北京:人民出版社,1975年,第636页。黑体字由格罗斯曼所为。——译者注

一部分"的续集。这部分著作大概包含 30 个印张并将会很快出现。

然而,近两年后,即 1864 年 11 月 29 日,马克思告诉库格曼,他希望他的关于"资本"的书籍能够"终将于明年整理好付印"①。在从 1862 年 12 月 28 日以来的这段时间里,已经完成的著作没有被润色并整齐地誊录,而是被重写和扩充。它的规模被增加了一倍并增至 60 个印张。而在 1866 年初,在马克思可以开始《资本论》第一册的清稿之前,一年的时间已经过去。

因此,如果马克思的著作在 1862 年底已经"完成"并准备好进行最后的修改,然而他在之后的两年中进行了重写,那么人们必须推断出工作的过程中出现了困难,而这**必然导致了修改和对著作计划的改变**。计划改变的深刻的事实隐含着对整部著作命运的暗示,而这发生在 1862 年 12 月 28 日至 1864 年 11 月 29 日之间。

但是我们可以更准确地指出计划改变的决定性时刻,正像与库格曼的通信中所表达的,这个转变是在 1863 年的下半年,即 7 月到 8 月完成的。②

导致 1859 年最初计划实施的失败,以及因为著作结构的**方法上的考虑**迫使计划改变的这些困难的性质,可以通过比较 1859 年的最初计划与马克思在《资本论》中所实际遵循的和其已经在 1866 年 10 月 13 日与库格曼的信中所宣称的计划来确认。恰恰

---

① 《马克思恩格斯全集》第 1 版第 31 卷,北京:人民出版社,1972 年,第 437 页。
② 他还在 1863 年 8 月 15 日给恩格斯的一封信中写道:"总之,现在我看看这整个庞然大物,而且回想起**我曾不得不把一切统统推翻**……"《马克思恩格斯全集》第 1 版第 30 卷,北京:人民出版社,1975 年,第 364 页。黑体字由格罗斯曼所为。——译者注

在那里，马克思告诉他的朋友，整个工作将分解成以下几个部分：

  第一册 资本的生产过程。
  第二册 资本的流通过程。
  第三册 总过程的各种形式。
  第四册 理论史。①

  两个计划之间的区别在于不同的视角。在 1859 年的计划中，著作由六个部分构成并从**材料**——资本、地租、雇佣劳动、对外贸易等——的立场加以考虑，而 1863 年的最终计划则是从**认识**（Erkenntnis）的立场来加以组织的。除了基于认识的方法论上的考虑之外，工业资本在其循环——生产过程、流通过程、总过程——中所实现的各种独特**功能**都在思想中被抽象出来，并被分别叙述，而不管材料是如何的。只有在每一个功能的叙述当中，才是从各自的功能角度来处理整体材料的。②

  正如恩格斯在《〈资本论〉》第二册序言中所披露的那样，从"1861 年 8 月—1863 年 6 月"写成的《资本论》**第一稿**，仍然是"1859 年……在柏林出版的第一分册的续篇"。按照原来的计划，"但是，在第二册论述的题目和后来在第三册论述的许多题目，**都**

---

① 《马克思恩格斯全集》第 1 版第 31 卷,北京：人民出版社,1972 年,第 535—536 页。
② 例如,在**生产过程**中：生产资本和工资关系；商品资本,在工业和农业中剩余价值的生产等。在**流通过程**中：生产资本和货币资本的周转时间；工业资本的各个组成部分的周转,包括其固定的和流通的部分,以及其可变部分和剩余价值。在**总过程**中：工业和农业中总资本的再生产和流通,包括资本和工资关系,剩余价值被分成利润、利息、租金、交易利润等,利润到平均利润的均衡,货币资本,商品资本等。

还没有专门加以整理。它们只是附带地……提了一下"。之后的内容**相混合**,并与第一册中所讨论的材料放到一起来对待,"资本和利润、利润率、商人资本和货币资本,即那些后来在第三册手稿中阐述的题目"①。

因此,在恩格斯的解释中,我们也发现了在《政治经济学批判》序言和《资本论》的计划比较中所出现的,以及在对马克思和库格曼的通信的分析中得以证实的:《资本论》的初稿是根据经验材料的处理来组织的;只有从1863年下半年开始,之后的草稿才根据资本循环的特定**功能**,将这些令人困惑地混杂在一起的杂乱材料进行了分类。以这种方式所发生的具有决定性重要意义的**方法论转向**现在已经完全清楚了。现在所出现的**问题**与这样的一个问题是同义的:**是什么引起了这种转变?** 一切都表明,这一问题与马克思对**再生产图式的发现**有着极为密切的关系。

外部的联系是显而易见的:直到1863年6月,这项工作都是按照1859年的最初计划发展的。在1863年7月6日,马克思给他的朋友寄去了有关再生产图式的初稿,他希望以此来取代魁奈的**经济表**。② 在8月15日的信中,我们已经进一步得知马克思"不得不把一切统统推翻"。这个计划的改变在这里作为**一个确凿的事实**出现。从表面上看,即通过事件的时间顺序过程,计划的改变与再生产图式的构思之间的关联显得极为可能。下面叙述的任务

---

① 《马克思恩格斯文集》第6卷,北京:人民出版社,2009年,第4页。黑体字由格罗斯曼所为。在原文中,格罗斯曼错误地引用了《资本论》第三册的序言,而不是第二册的序言。——英译注
② 《马克思恩格斯全集》第1版第30卷,北京:人民出版社,1975年,第358页。

正是要证明,这种关系不仅仅是外部的,而是同样存在于马克思著作的计划改变和再生产图式方法论的建构之间的**内在的必然联系**。这种方法论的观点实际上遵循着《资本论》的结构——**根据**资本在其循环中所执行的**功能**来安排经验材料——因此,1859年最初计划的改变**必然是由马克思表述问题的方式**所造成的。然而,正如我在其他地方所表明的,这个问题是"既然交换价值的生产——交换价值的增加——成为资本主义生产的直接目的,知道**如何衡量这种价值**就是很重要的"①。问题在于,精确地测定剩余价值量在积累过程中的变化,也就是说,确定一个给定资本在其循环中能够生产多少剩余价值。

如果我们以这种方式来表述问题,并将其作为我们分析的出发点,我们可以轻易地理解,根据关于个别的、局部的领域——资本、地租、信用、国际贸易、工资关系等——的经验材料来分析资本主义生产方式,在面对无法克服的困难时必然会失败。而且,马克思并没有在任何地方描述他是如何得到他关于再生产图式的精妙构想的。因此,我们必须从问题的条件中重建他的思路。②

---

① 格罗斯曼:《资本主义制度的积累和崩溃规律:危机理论》(*The Law of Accumulation and Breakdown of the Capitalist System: Being also a Theory of Crises*),亚伊勒斯·巴纳吉(Jairus Banaji)翻译并做删减,伦敦:博睿出版社(Brill),1992年,第61页。
② 罗莎·卢森堡声称,关于再生产图式,可以将魁奈视为马克思的唯一先驱,这是不正确的。(罗莎·卢森堡:《资本积累论》,董文琪译,北京:商务印书馆,2021年,第3页。)我在其他地方已经证明,西斯蒙第的再生产图式在魁奈和马克思之间形成了一种历史和逻辑的联系。与魁奈身处的18世纪中叶的资本主义生产方式相比,西斯蒙第所处时代的资本主义生产方式的发展更为优越,与此相当的是,西斯蒙第对魁奈的表格做出了重大的改进。独立生产者[不生产阶级(classe stérile)]消失了,企业家和雇佣劳动者之间的阶级矛盾被到处强调,消费资料的生产被分为生活必需品生产和奢侈品生产,等等。[格罗斯曼:《西蒙德·德·西斯蒙第及其经济理论:对其思想的新阐释》(*Simonde de Sismondi et ses théories économiques: une nouvelle interprétation de sa pensée*),华沙:自由波兰大学出版社(Universitatis Liberae Polonae),1924年,第14页。]

让我们假设一个给定的资本Ⅰ,例如投入在纺织工业的100万马克。问题是:在现行的、完全受到限制的条件下,这一资本所实现的剩余价值究竟有多大? 最初,这个问题似乎并不复杂。如果雇佣的工人数量、剩余价值率的水平、工作时间和周转时间的长短都是已知的,那么每年剩余价值量就是很容易计算的。然而,在仔细检查后,很快就出现了很大的困难。众所周知,在资本循环过程中,由于周转机制的特定条件,即由于劳动期间和流通期间不相等,"依次预付的资本没有一个部分游离出来"①。企业家不会让这些多余资本处于闲置状态,而是暂时借给银行,或将其投资于具有固定利率的、易于变现的证券中,②从而确保享有利息,即剩余价值。如果在我们的例子中获得自由的资本达到8万马克,并以8%的利率借出6个月,则获得的利息将达到3 200马克。**这种利息的获得是来源于什么?** 显然不是来源于投资于纺织工业的资本Ⅰ的循环。相反,从资本Ⅰ中释放出来的这8万马克,是被取出来的。它们是通过银行的中介,例如借给一个钢铁生产商,并被纳入到投入于钢铁工业的资本Ⅱ的循环。资本家Ⅰ,即纺织品制造商,通过信贷中介将他的总的剩余价值增加了3 200马克。但是,这

---

① 《马克思恩格斯文集》第6卷,北京:人民出版社,2009年,第310页。马克思证明了产业资本的循环是如何暂时中断的,并伴随着其他形式的**货币贮藏**:因为固定资本的摊销资金逐渐积累起来,直到其大到足以补偿在此期间所用完的固定资本;因为剩余价值不足以独立地执行职能,因此必须贮藏起来,直到其达到"它为了能动地执行职能而必须具有的**最低限量**"(《马克思恩格斯文集》第6卷,北京:人民出版社,2009年,第97页);或者,最终,由于指定用于购买原材料或劳动力的部分流动资本也被暂时贮藏起来。(关于货币贮藏,参见《马克思恩格斯全集》第2版第31卷,北京:人民出版社,1998年,第519页。)

② 《马克思恩格斯文集》第6卷,北京:人民出版社,2009年,第98页,以及《马克思恩格斯文集》第7卷,北京:人民出版社,2009年,第525页及以下几页。后面几页似乎并不直接相关,不像第453页那样。——英译注

个额外的剩余价值并不是源自预付资本Ⅰ的循环,而是从最初投资的产业资本Ⅰ的循环中所拿出的货币贮藏中获得,"是在产生这一剩余价值的产业资本的循环**之外**,执行着某些特殊的资本职能"①;3 200马克的额外剩余价值不是由纺织工业的工人产生的,而是通过信贷中介的迂回由钢铁工业的工人产生的。如果马克思坚持最初的计划来根据材料进行处理,而没有分离出资本的独特功能,他就会使自己纠缠到无法解决的矛盾之中。在经验现实中,各种资本的循环相互交叉;因此,如果不运用孤立的方法,马克思所提出的关于某一特定资本可以获得的剩余价值量的确切答案是不可能的。为了清楚地解决这个问题,有必要将两个相互交叉的资本的循环分开,即要在思想中孤立出循环Ⅰ,通过先从循环Ⅱ中将其**抽离出来**,从而再**从信贷中**将其**抽离出来**。所以我们可以理解,依据问题的内在要求,为什么马克思被迫以简化的假设来工作。

之前关于信贷所说的同样适用于对外贸易。从一个国内的资本Ⅰ开始,例如,预付给了纺织业,如果商品——根据马克思的假设——按等同于它们价值的价格出售,那么预计会产生一个大小为y的剩余价值。现在,马克思已经表明:②在对外贸易中,商品不按其价值出售;这里没有交换等价物;事实上在外汇交易和它的国际应用中,价值规律因此被修改;资本主义发展水平较高的国家剥

---

① 《马克思恩格斯文集》第6卷,北京:人民出版社,2009年,第98页。黑体字由格罗斯曼所为。——译者注
② 格罗斯曼:《资本主义制度的积累和崩溃规律:危机理论》,亚伊勒斯·巴纳吉翻译并做删减,伦敦:博睿出版社,1992年,第170页。

削经济较不发达的国家,"所以,比较发达的国家高于商品的价值出售自己的商品……处在有利条件下的国家,在交换中以较少的劳动换回**较多的劳动**"①。

现在显而易见的是,由于这个原因,马克思的问题式,即某一特定资本能够产生的剩余价值量问题,必然会被掩盖。因为通过以高于国外价值的价格出售商品,例如纺织品时,从最初的预付资本Ⅰ中就获得了一个额外的剩余价值以及正常的剩余价值。但是这个额外的剩余价值并不是由国内纺织工业的工人生产的;相反,这种额外的剩余价值是由**国外**工人创造的,然后通过不平等交换的方式**转移**到资本家Ⅰ中。在经验现实中,资本Ⅰ的生产过程与其流通过程交织在一起。因此,要为马克思的问题——一个确定的资本Ⅰ可以产生多少剩余价值?——提供一个确切的答案,也许可以这样说,为了将生产领域维持在一个化学般的纯粹状态中,马克思必须将生产领域从流通领域的干扰性影响当中**孤立**出来。对于流通领域的排除以及最初的预付资本所获得的剩余价值量随之发生的变化,是由在对外贸易中商品按其价值出售的简化的假设所造成的。由于这一假设的结果,以高于价值的价格出售并因此通过从国外转移额外剩余价值,从而可在国内获取的剩余价值的增加被排除在外。由于价值为了相等的价值而交换,因此,价值量和剩余价值量的改变由于对外贸易的干扰性影响而变得不可能。只有现在,对某一特定资本可以产生的剩余价值的分析才能以一种确切的方式进行。只有在这种情况下,我们才能理解马克

---

① 《马克思恩格斯文集》第 7 卷,北京:人民出版社,2009 年,第 264—265 页。黑体字由格罗斯曼所为。——译者注

思为什么得出他的对于"正常"再生产的假设,即按照它们的价值来出售商品。

> 假定正常的年再生产规模已定,那也就是假定,对外贸易仅仅是以使用形式或实物形式不同的物品来替换本国的**物品,而不影响价值关系**……因而,在分析年再生产的产品价值时,把对外贸易引进来,只能把问题搅乱,而对问题本身和问题的解决不会提供任何新的因素。因此,我们把它完全撇开……①

马克思的步骤不过是将孤立的程序运用于剩余价值的创造过程,为了以其纯粹的形式来获得它。马克思说:"物理学家是在自然过程表现得最确实、**最少受干扰**的地方观察自然过程的,或者,如有可能,是在保证过程以其纯粹形态进行的条件下从事实验的。""分析经济形式,既不能用显微镜,也不能用化学试剂。**二者都必须用抽象力来代替**。"②这就是说,在经济研究中,真实的自然科学实验必须被思想实验所替代,以便在纯粹的形式中保持其被研究的功能,而不受到其阴霾的干扰影响。

在其他地方我已经表明,正如马克思被迫在这里避开通过对外贸易变动价值量一样,他也不得不从被认为是孤立的资本主义

---

① 《马克思恩格斯文集》第 6 卷,北京:人民出版社,2009 年,第 527—528 页。黑体字由格罗斯曼所为。——译者注
② 《马克思恩格斯文集》第 5 卷,北京:人民出版社,2009 年,第 8 页。黑体字由格罗斯曼所为。——译者注

内部的价格运动中抽离出来。因为价格变化将其自身表现为价格背离价值,其中社会的一方面价格的增加对应于其另一方面价格的降低,并因此而相互抵消。马克思给自己所设定的任务,即对于超过最初的预付资本量的**额外剩余价值的精确测量**,必然导致他排除**这种**价格变化的类型。因为他只关心价值中的真正变化,即剩余价值的增长,交换价值中的增加。相比之下,价格波动与价值中位线存在着偏差,这是供需关系结构波动的结果。然而,价值量并未因供需关系的变化而改变。因此,从他提出这个问题的立场来看,马克思必须从这些变化当中抽离出来。因此,他必须得出均衡的假设,作为他的分析的出发点,即供需的恰好平衡;因此价格与价值相符。正像之前的对外贸易一样,现在在国内也是假设商品是按其价值出售的。①

而且,出于同样考虑,马克思进一步简化了假设。为了能够确定劳动生产率变化对剩余价值创造的影响,他被迫在假设**货币价值没有变化**的情况下进行研究。目的是获得一个为了测定工业资本在其循环中的价值变动的确切的标准。② 因为,如果货币的价值改变,就很难确定商品价值(价格)的增长是否只是**表面的**,仅仅由于货币价值的变化而引起的。

因此,我们已经证明了马克思是如何通过他的问题式的要求,必然不是将直接给定的表象世界作为他的分析对象,而是运用一系列简化了的假设来进行工作:他并非根据经验给定的**材料**、根

---

① 格罗斯曼:《资本主义制度的积累和崩溃规律:危机理论》,亚伊勒斯·巴纳吉翻译并做删减,伦敦:博睿出版社,1992年,第64页。
② 同上书,第62—63页。

据局部的领域(资本、对外贸易等)来组织他的分析,而是从信贷、竞争和对外贸易中抽离出来并假定货币的价值是不变的。简言之,这证明了他如何描述**资本的特定功能**,而非特定的材料领域;例如,首先是剩余价值的生产过程,其次是流通的功能,即剩余价值的转移。只有通过将资本的功能逐一孤立出来并加以观察的复杂手段,马克思才能够解释实际获得的、经验上给定的资本的扩张,即精确地从其起源中分析其来源。

但是,一系列简化的假设并没有被已经提到的这些考虑所消耗。由他的问题式而导致的其他简化的假设意味着,马克思不能从经验上给定的无劳动收入的**部分形式**开始:工业利润、利息、地租、商人利润等。相反,他不得不将它们在普遍的、基本的**剩余价值**形式中的理念集合,作为他分析的**独特范畴**。因为,首先,特定的资本家群体之间的剩余价值**分配**并没有引起马克思的兴趣,他感兴趣的是剩余价值本身的问题,也就是所能够获得的剩余价值量及其变化,即在资本积累的过程中它的发展趋势。如果税收是高的,那么留给资本家的剩余价值部分就会更小;如果利率是低的,那么留给工业及商人资本家等的剩余价值部分就会更大。最初产生的剩余价值总量不会因在国家、银行、工业家等中的剩余价值分配的变化而改变。从他的问题式的立场来看,马克思因此不得不抛开剩余价值被分割的具体形式。然而,出于这个原因,坚持1859年的最初计划是不可能的。在剩余价值**总量**作为问题的地方,资本和地租现在如何被视为独立的主题领域?毕竟,地租只是剩余价值的**一个部分**。这样,在他的问题式的强迫下,马克思**不得不**根据独立的主题领域来放弃他的处理方法。他不是对经验上给定的主题领域——利息、租金、商人的利润等——进行分析,而是必须将**创造剩余价值的功能**放到最显著的位置,即他必须把**生产过程**作为其分析的主要对象。因为这同时是剩余价值生产的过程。因此,剩余价值在其被分解为其构成形式*之前*就已经从源头上被把握,这极大地促进了剩余价值量在其总体上的分析;事实上,这使其成为可能。"另一方面,"马克思说,"我们把资本主义的生产者当作全部剩余价值的所有者……把他当作**所有**参加分赃的人的代表。……剩余价值分为各个不同的部分,丝毫也不会改变它的性质以及**使它成为积累要素的那些必要条件**。"①

从这个假设出发,可以得出对进一步研究的至关重要的方法论的影响。因为,首先,地主阶级、大小商人、以税收为生的国家官员等,即所有那些分享剩余价值的寄生虫,这些阶层不参与生产剩余价值,因此也就不得不放到分析之外。整个分析必须归结为剩余价值生产中的根本矛盾:资本家阶级—工人阶级。

最终,从马克思对问题的构想来看,为什么**独立生产者**、农民和手工业者必须被排除在分析之外也是清楚的。马克思想要研究剩余价值生产的**资本主义**过程,即从非资本主义的形态不纯粹的混合物中解放出来的,在"化学般纯粹的"形式中的资本主义。因为否则就无法确定分析结果在多大程度上是归因于资本主义因素,还是与它们混合在一起的非资本主义因素。为了去获得这样一种"化学般纯粹的"资本主义,马克思不得不将他

---

① 《马克思恩格斯文集》第 5 卷,北京:人民出版社,2009 年,第 652 页。

的分析限制在构成资本主义生产方式的**特殊**性质即**资本关系**的阶级,同时证明独立的生产者是**早期**经济形态的残余,因此不属于资本关系。以这种方式,马克思就达到了"资本主义生产已经取得了普遍的和唯一的统治"①的假定。根据马克思的观点,这种理论的简化是从未在现实中实现了的。"我们在理论上假定,资本主义生产方式的规律是以**纯粹的**形式展开的。实际上始终只存在着近似的情况;但是,资本主义生产方式越是发展,**它同以前的经济状态的残余混杂不清的情况越是被消除,这种近似的程度也就越大。**"②

因此,我们已经表明,作为马克思的问题式的结果,他如何必须做出一个完整系列的简化的假设,结果是复杂的机制被还原为简单的公式 $c+v+s=C$。③ 这种在剩余价值本身普遍的、一般的范畴之中利润真实部分的集合,与在资本本身普遍的、一般的范畴之中的资本的真实部分(工业资本、生息资本、商人资本等)的一种类似的集合相一致。正如曾经采取的路径迫使马克思把目光从材料转向功能,这也导致他从利润的肤浅的、可见的局部表象和资本的各种形式转向总剩余价值和总资本的总体性的强有力的观点。

---

① 《马克思恩格斯文集》第 6 卷,北京:人民出版社,2009 年,第 384 页。
② 《马克思恩格斯文集》第 7 卷,北京:人民出版社,2009 年,第 195—196 页。(黑体字由格罗斯曼所为。——译者注)马克思这里所发展的关于导致资本主义独特规律实施的路径,这一在方法论上极为重要的构想,是与卢森堡所持的观点直接相对立的。据她所说,没有非资本主义购买者的纯粹资本主义的存在是不可能的。根据马克思的概念,非资本主义生产者只是构成早期经济形态的残余,而这污染了资本主义生产方式的纯粹规律的效果。根据马克思的观点,纯粹的资本主义不仅是可能的,而且它的规律变得越纯粹,这些早期形态的混杂不清的残余也就越是被消除。
③ 其中 c 是不变资本,v 是可变资本,s 是剩余价值,C 是所生产商品的总价值。——英译注

拥有六个部分的《政治经济学批判》就简单地变成了《资本论》及其循环的变形！

马克思将该理论的极度重要性归因于把所有经验给定的无劳动的收入形式,像利润、利息、地租等,还原为"简单的基本形式"①。

> 我的书最好的地方是……(2)研究**剩余价值**时,**撇开了它的特殊形态**——利润、利息、地租等等。这一点将特别在第二卷中表现出来。古典经济学总是把特殊形态和一般形态混淆起来,所以在这种经济学中对特殊形态的研究是**乱七八糟的**。②

在1868年1月8日给恩格斯的另一封信中,马克思指责杜林没有在他对《资本论》的评论中发现这本书的"基本要素":"过去的**一切**经济学**一开始**就把表现为地租、利润、利息等固定形式的剩余价值特殊部分当作已知的东西来加以研究,与此相反,我首先研究剩余价值的一般形式,在这种形式中所有这一切都还没有区分开来,可以说还处于融合状态中。"③

为了理解刚才提到的简短公式的全部含义,人们必须记住,在分析资本主义下的均衡问题时,李嘉图忽略了资本主义生产方式即资本关系的这个基本要素。他不把基本矛盾,资本家阶

---

① 《马克思恩格斯文集》第5卷,北京:人民出版社,2009年,第652页。
② 《马克思恩格斯全集》第1版第31卷,北京:人民出版社,1972年,第331页。*Olla potrida* 是一种调料、配料十分丰富的西班牙菜,字面意思是"烂锅"。这里意味着"大杂烩;乱七八糟",具有特别消极的含义。——英译注
③ 《马克思恩格斯全集》第1版第32卷,北京:人民出版社,1974年,第11页。

级—工人阶级,作为他的分析的出发点。相反,他试图使用独立生产者的例子来理解和解决问题。西斯蒙第指责他从这种阶级关系中抽象出来,这是资本主义生产的必要特征。"建构一个与实际世界**完全**不同的**假想世界**恐怕是最荒谬的推理方式了。"①方法论的简化一定不能**过分**,即它们一定不能像李嘉图所做的那样,忽视研究对象的**基本**要素。"在我看来,这种抽象……太过强大……这不是**简化**,这是从我们的视野中遮蔽我们借以识别真伪的所有连续操作,从而**误导我们**。"②而且,实际上,无论在哪里理解与资本主义相关的根本罪恶,都需要从雇佣劳动者阶级开始。"我们将看一看社会的实际组织,今天的社会中,有**一无所有的工人**……因此我们的反对意见正是针对这样的社会制度提出来的。"③

如果资本主义的典型特征是资本关系,即企业家和雇佣劳动者之间的特定关系,那么每一个鲁滨逊式的故事从一开始就在方法论上被排除在分析之外。这既适用于带着弓的原始的李嘉图式的猎人,也适用于杜能的"热带国家",即尚未被开发的、前资本主义国家,根据杜能的假设,在其中企业家和雇佣工人之间的基本的阶级区分尚不存在,"有一个其能力、知识、技术与欧洲文明民族完全相同的民族"迁移到这里。并且,根据杜能所

---

① 西斯蒙第:《政治经济学新原理》,何钦译,北京:商务印书馆,1964 年,第 487 页。译文有所改动。黑体字由格罗斯曼所为。——译者注
② 同上书,第 505 页(译文有所改动。——译者注)。也可参见格罗斯曼:《西蒙德·德·西斯蒙第及其经济理论:对其思想的新阐释》,华沙:自由波兰大学出版社,1924 年,第 114 页。
③ 西斯蒙第:《政治经济学新原理》,何钦译,北京:商务印书馆,1964 年,第 505 页。译文有所改动。——译者注

说,尽管这个国家"**既无资本,又无工具**"①,但统治资本主义的规律,资本积累、利息和工资的规律,都应该在生活在那里即孤立在热带地区的没有资本和没有工人阶级的地方的人们中间进行研究和界定!

马克思的公式的意义远远大于刚刚提到的那个方面。事实上,马克思的方法是一个超越古典政治经济学家们的重要的进步,因为它本身就能够准确地阐述和证明利润率可能下降的趋势规律。没有劳动的收入的经验上可见部分的运动以及剩余价值的特定部分的运动,暂时违背了剩余价值在资本积累过程中的**运动的总趋势**(或者,就像今天所说的"长期趋势线"),因为"剩余价值的分割和流通的中介运动模糊了积累过程的简单的基本形式"②。所有那些只看到剩余价值的**局部**运动,例如,只看到**个别**的生产部门的巨大利润而非作为一个整体的社会的关系的人,如查拉索夫,因此都对利润率下降的事实提出了异议:利润率趋向下降的规律显然是一个错误。③

然而,如果积累是在一个资本的有机构成逐渐增加的基础上发生的话,规律本身就是劳动价值论的一个自明的结果。"利润率的下降表示**剩余价值本身**和全部预付资本的**比率的下降**,因而同这

---

① 约翰·冯·杜能:《孤立国同农业和国民经济的关系》,吴衡康译,谢锺准校,北京:商务印书馆,1986 年,第 391 页。
② 《马克思恩格斯文集》第 5 卷,北京:人民出版社,2009 年,第 652 页。
③ 参见格罗斯曼:《资本主义制度的积累和崩溃规律:危机理论》,亚伊勒斯·巴纳吉翻译并做删减,伦敦:博睿出版社,1992 年,第 50 页。格奥尔格·查拉索夫(Georg Charasoff)是新李嘉图学派数理经济理论的先驱,也是《马克思主义的体系:介绍与批判》(*Das System des Marxismus: Darstellung und Kritik*)一书的作者。——英译注

个剩余价值在各个范畴之间的任何一种分配无关。"① 事实上,如果以公式 $c+v+s[=C]$ 开始,假设不变资本 c 每年增加 10%,可变资本 v 每年增长 5%,那么它简单明了地表明,由于积累和作为结果的资本的有机构成的上升,一旦达到一定的水平,尽管有一个最初的加速,但积累的速度变得越来越小,并且积累最终将变得不可能。大量的剩余价值不足以维持不变资本的迅速增加所要求的一定水平的增长。

1　$200\,000c+100\,000v+100\,000s$

2　$1\,000\,000c+100\,000v+110\,000s$

3　$4\,600\,000c+100\,000v+120\,000s$

在第一种情况下,如果剩余价值仅用于积累的目的,则不变资本 c 可以被积累到其最初规模的 50%。② 在第二种情况下,资本的有机构成有一个显著的提高,并且即使剩余价值率增加,110 000s 的剩余价值的扩大量不足以使初始资本增加 10%。在第三种情况下,120 000 的剩余价值量几乎不会使初始资本增加 2.5%。很容易计算出的是,随着资本有机构成的提高,当积累不可能继续下去时,一个节点必然会到来。那就是马克思的关于崩溃的规律——"这就是资本主义积累的绝对的、一般的规律"③。它

---

① 《马克思恩格斯文集》第 7 卷,北京:人民出版社,2009 年,第 238 页。黑体字由格罗斯曼所为。——译者注
② 原文这里是"40%",这大概是一个印刷错误。——英译注
③ 《马克思恩格斯文集》第 5 卷,北京:人民出版社,2009 年,第 742 页。

的发现所以可能,这要归功于对剩余价值的实际运动的分析,通过将剩余价值的经验部分集合到剩余价值的范畴中,这只是基于公式 c+v+s[=C]。①

古典主义者们在它们(剩余价值)的特定运动中只追求剩余价值的经验给定部分,"怀疑"了这一规律,却无法提出这一规律。根据马克思的观点,这个规律构成了"一个秘密,亚当·斯密以来的全部政治经济学一直围绕着揭开这个秘密兜圈子,而且亚当·斯密以来的各种学派之间的区别,也就在于为揭开这个秘密进行不同的尝试"。因此,马克思正确地说道:

> 尽管这个规律……显得如此简单,但是我们在以后的一篇中将会看到,以往的一切经济学都没有能把它揭示出来。经济学看到了这种现象,并且在各种自相矛盾的尝试中绞尽脑汁地去解释它。……另一方面,如果我们考虑到……它们**从来没有把剩余价值和利润区别开来,没有在纯粹的形式上说明过利润本身,把它和它的彼此独立的各个组成部分——**

---

① 马克思的崩溃理论和他著名的"否定之否定",曾被认为仅仅是"黑格尔主义辩证法的陷阱"(爱德华·伯恩施坦:《社会主义的前提和社会民主党的任务》,殷叙彝编《伯恩施坦文选》,北京:人民出版社,2008年,第156页),是黑格尔的矛盾辩证法残余的产物,对应于黑格尔的三段论图式的发展。这正是因为这样一个事实被忽视了,即崩溃规律是在资本的有机构成逐步增多的基础上积累的必然结果,因此,"现实的运动"是从现实的现象(Erscheinungsstoff)的分析中产生的。因此,关于这个规律,马克思所说的关于叙述方法与研究方法之间的区别尤其如此:"研究必须充分地占有**材料**,分析它的各种发展形式,探寻这些形式的**内在联系**。只有这项工作完成以后,现实的运动才能适当地叙述出来。这点一旦做到,材料的生命一旦在观念上反映出来,呈现在我们面前的就好像是**一个先验的**结构了。"(《马克思恩格斯文集》第5卷,北京:人民出版社,2009年,第21—22页。黑体字由格罗斯曼所为。——译者注)

产业利润、商业利润、利息、地租——**区别开来**……那么,它们从来不能解开这个谜,这已不再是什么谜了。①

在这个论述中,将利润率趋向下降的规律置于自斯密以来的政治经济学领域的所有科学努力的中心,马克思将发现这一规律(当然,这一规律与马克思的积累和崩溃规律相同)的可能性与资本主义生产方式在方法论上简化和凝结为公式 $c+v+s[=C]$ 相联系。马克思的经济体系的基本思想同时也是资本主义经济的中轴线,自斯密以来的所有的科学努力都是围绕这个中轴线进行的,根据马克思自己的评价,这也与这一公式的构建有着最密切的关联。

但是,从马克思提出这个问题的角度来看,将分析引回到基本的资本关系,引回到公式 $c+v+s[=C]$ 的问题,是否有被足够准确地说明?这一系列的简化已经穷尽了吗?还是仍然可以或者应该做出其他的简化——并且究竟该是哪一个?这种简化究竟能走多远?在任何情况下都不应该抽离掉的是哪些要素?正如我们所看到的,西斯蒙第已经提出了这个问题。关于简化的程序,黑格尔曾正确地说过:"必须注意的,就是在这种科学的**悟性**过程中,最要紧是应该把本质的东西划分出来,使它和所谓非本质的东西成为明显的对照。但是要使这桩事情成为可能,我们必须知道什么**是本质的东西**。"②

实际上,对于马克思来说,资本主义的本质是毫无疑问的。在

---

① 《马克思恩格斯文集》第 7 卷,北京:人民出版社,2009 年,第 237—238 页。黑体字由格罗斯曼所为。——译者注
② 黑格尔:《历史哲学》,王造时译,上海:上海书店出版社,2006 年,第 60 页。

他开始介绍自己的系统之前,甚至在他写作著作的第一页之前,他必须要承认它。马克思认为,对资本主义生产方式向基本的资本关系的还原,仍然没有穷尽其必要前提的数量。这也就是说,资本关系只是形成资本主义的一个必要的基本前提和条件。根据公式 $c+v+s=C$,我们只处理一个**单一的**公式;因此任何商品**交换**进而商品生产本身都是不可能的。而资本主义生产方式的第二个基本条件,**商品交换**是没有被考虑到的。① 因为"只有独立的互不依赖的私人劳动的产品,才作为**商品**互相对立"②。如果这些条件不适用,那么商品生产进而资本主义商品生产也就不可能了。"把社会当作一个**单一的**主体来考察,是对它作了不正确的考察;思辨式的考察。"③如果不存在商品交换,那么商品生产进而资本主义商品生产也就不可能。因为马克思也希望将商品交换作为他的公式中的资本主义生产方式的必要前提条件,所以他必然不得不说明不是**一个**资本家,而是至少两个独立的商品生产者或生产者群体,他们相互交换他们的产品,因此才表现了他们的商品特征。如果有人这样做,那么代替公式 $c+v+s=C$,可以得到以下结果:

$$\text{I} \quad c+v+s=C$$
$$\text{II} \quad c+v+s=C$$

---

① 参见格罗斯曼:《资本主义制度的积累和崩溃规律:危机理论》[*Das Akkumulations- und Zusammenbruchsgesetz des kapitalistischen Systems（zugleich eine Krisentheorie*)],莱比锡:弗朗茨·施泰纳(Franz Steiner)出版社,1929年,第607页。
② 《马克思恩格斯文集》第5卷,北京:人民出版社,2009年,第55页。黑体字由格罗斯曼所为。——译者注
③ 《马克思恩格斯全集》第2版第30卷,北京:人民出版社,1995年,第35页。黑体字由格罗斯曼所为。——译者注

通过这种方式，给出了马克思的图式的建构参数，并且我们逐步展示了必然由马克思的问题式引出直至这一结果的思想链条。但是，现在，如果该图式要反映资本主义的生产方式，则必须在其参数中包含另一个要素。因为在我们思想发展的现阶段，仅仅确定了商品交换是所有资本主义生产的必要的基本前提；因此图式的简化必然要描述至少**两**组生产者持续的交换关系。但是，这里出现了另一个问题：这是任意两个生产部门，例如煤矿与钢铁厂之间的问题吗？或者，这里的问题的阐述难道不也包含了两个生产部门之间交换关系的形成所必要的某些基本条件？带着这一疑问，我们就得出了罗莎·卢森堡曾提出的难题，这一难题是关于被设想为孤立的资本主义是否可能存在的讨论的中心点，也是她关于马克思对再生产和积累过程的分析存在"缺陷"这一论点的中心点。

我们在前面看到，为了衡量给定的社会资本能够获得的剩余价值量，马克思不得不将所有的对外贸易关系从他对资本主义剩余价值生产的分析中排除，不仅是非资本主义的，而且还有外国资本主义国家。现在，如果马克思真的因此从他的分析中排除了扩大再生产的必要条件之一——向非资本主义购买者出售——那么他证明了剩余价值生产的条件，但没有证明其实现、出售的可能；因此，在他的解释中存在一个"缺陷"，因为这只描述了生产过程，而没有描述出售的可能性，那么作为一个连续过程的持续再生产似乎是不可能的。

罗莎·卢森堡试图加强她对马克思的分析的理论批评，指出"第二卷不是一个已完成的全稿，而只是一个中途停止的手稿"①。这当然是理论论证的一种便利方法。无法找到摆脱已经登上死路的方法,人们就宣称在系统当中有着一个"缺陷"。关于积累问题,马克思并没有特别地比具体说明确定的图式和它们最初的分析走得更远。②卢森堡提到了《资本论》第二册的不完整的特性,但她忘记了这一点,虽然只是在第二册中进行了再生产过程的**图式**的展现,但马克思的再生产和积累理论的基本方面在第一册中得到了发展,而我们所拥有的第一册是已完成的形式。此外,声称第二册中对再生产图式的规定说明是"中途停止的",这是错误的。事实上,它在1863年,《资本论》第一册出版**之前**,就已经概念化了,并且其成为对第一册以及马克思主要著作的其他册(而不仅仅是第二册中关于再生产的章节)的**整个**分析的基础。卢森堡所忽略的是,在第一册的积累一章中,马克思已经预见了再生产和积累理论的基本结果,这在第二册的内容中也得到了详细证实。

鉴于这些事实,宣称马克思没有超出对确定图式和它们的最初分析的说明规定是绝对不能接受的。相反,我们要试图证明再生产图式不仅仅是第二册的最后部分的基础,它不仅仅对商品的全部销售问题是重要的,而且与**整个**著作的计划与再生产图式的方法论构想是密切相关的。《资本论》所有三册的建构都是建立在精心的慎重考虑,以及实际执行的连续逼近(Annäherungsverfahren)过

---

① 罗莎·卢森堡:《资本积累论》,董文琪译,北京:商务印书馆,2021年,第144页。
② 罗莎·卢森堡、尼·布哈林:《帝国主义与资本积累》,中国社会科学院哲学研究所马克思主义哲学史研究室编,柴金如等译,哈尔滨:黑龙江人民出版社,1982年,第57页。

程的方法论基础上的,这在逻辑上与再生产图式是不可分割地联系在一起的。每一个暂时的简化都与之后相应的具体化相关。在我的《资本主义制度的积累和崩溃规律》(第三章)一书中,我已经表明了马克思随后的具体化进程实际上都是精心实施的。因此,从他的简化方法中得出的"缺陷"是不存在的。尽管有着所有这些简化的假设,马克思从未在他的进程当中走得如此之远,以至于从资本关系或生产的两个领域Ⅰ和Ⅱ之间的商品交换当中抽象出来,因为这两个要素都构成了资本主义生产的**必要**条件。因此,如果马克思从他对再生产过程的分析中排除外国市场,那么不是因为在他的描述中有一个意外的"缺陷",而是因为对外贸易关系不属于再生产过程理论的必要条件。如果马克思认为在非资本主义国家中的剩余价值的"实现"是积累的一个必要条件,那么他的再生产图式将会看起来大为不同,也就是

Ⅰ 资本关系(资本主义国家):$c+v+s$

Ⅱ 非资本主义国家:独立的生产者

在这个图式中,部类Ⅰ将不仅包括生产资料的生产,还将无差别地包含资本主义国家的**整个**生产。因为,一旦将非资本主义市场纳入再生产图式当中,那么众所周知,根据它们所生产的商品的使用价值来划分生产部门,又将是服务于什么目的呢?在资本主义国家中,要求在两个生产设备部门的规模上确定比例关系,又将是服务于什么目的呢?即使这种比例关系不存在,例如,如果资本主义国家只包含一个**单独**部类,比如只生产生产资料,因此,在资

本主义国家的国内市场中出售掉其 v+s 的部分是不可能的,再生产和积累仍然可以没有中断地继续,因为 v+s 部分的出售可以发生在国外的非资本主义国家。与此同时,从这些之中,工人和资本家的消费资料可以通过对外贸易获得。在这种情况下,将资本主义国家的生产设备划分为两个众所周知的部类——Ⅰ(生产资料的生产)和Ⅱ(消费资料的生产)——没有任何意义。

如果马克思不是将资本主义生产结合为一个部门,而是两个生产部门——并且不是任意的部门,而是以这样一种方式,生产资料**必然**在一个生产部门中生产出来,而消费资料则在另一个部门中生产出来——那么就会发生这种情况,**因为,在他的图式中,马克思想要阐明被视为是孤立的资本主义存在的所有必然条件**。如果在被视为孤立的资本主义当中,只有生产资料被生产出来,那么如果再生产被认为是一个连续的过程,消费资料就必须要从国外来获得。相反,如果只有消费资料是被生产的,那么生产资料的进口就是不可避免的。这样,对外贸易关系将成为整个再生产过程的一个必要条件。然而,由于上述原因,马克思将对外贸易关系从他的图式分析当中排除!如果马克思所建构的资本主义生产图式排除了对外贸易关系,并且不是一个不切实际的幻想,那么马克思必须以其他方式确保这个图式包含所有具有重大意义的要素,即对于资本主义生产方式至关重要的要素。通过解释资本主义国家生产设备的划分是均衡的一个必要条件,以及允许生产资料和消费资料的生产,马克思试图建立一种独立于对外贸易关系的生产机制,尽管如此,它仍然是可行的和独立的。只有在以这种方式思考的资本主义中,探究均衡所必需的比例关系,也就是在国内市场上完全销售所有商品所必需的比例关系,才有意义。**只有在这种情况下**,这些比例关系才构成了一个不受干扰的再生产过程的必要条件之一。把非资本主义市场包含在这一图式中破坏了这一图式的基本的理论思想,即一定的比例关系的必要性证明。因此,它使马克思发现的真实内容和巨大意义变得无效!

三

现在,我们要把我们对图式中马克思的方法的理论条件的一般分析结果——因为它们是从马克思的问题式的一般要求当中产生的——与马克思对再生产条件的具体叙述相比较。

积累和再生产的过程并非是在《资本论》第二册当中首次被处理的,而是在第一册的第二十四章中就已经被处理,"剩余价值转化为资本"在此被提出。① 这里就是提及非资本主义市场的角色的系统化的地方和机会,如果在马克思的概念中,它们已经构成了从剩余价值转化为资本的一个**必要条件**;如果马克思认为"纯粹的"资本主义是不可能的话。而这更是因为在第一册中,马克思已经不仅从个别资本的角度研究了积累的条件,而且在第二十五章中也发展了"资本主义积累的一般规律"和"剩余价值不断再转化为资本"②。他考虑到了积累的**社会**条件,以及针对它们阐述了一系列社会规律,例如资本的积聚和集中的规律,资本主义生产方式

---

① 《马克思恩格斯文集》第 5 卷,北京:人民出版社,2009 年,第 668—706 页。此处的"第一册的第二十四章"对应于中译本《资本论》第一册第二十二章。——译者注
② 同上书,第 720 页。此处的"第二十五章"对应于中译本《资本论》第一册第二十三章。——译者注

独特的人口规律,以及作为积累的产物及其突然扩张的一个条件的劳动后备军的出现,还有资本主义生产方式最终必然的崩溃。马克思在这里进一步列举了一系列"决定积累量"①的方面。马克思**没有**提及非资本主义购买者是积累的一个条件!而这应该是他解释中的一个意外的"缺陷"?

更进一步的是,马克思已在第一册关于积累的叙述中利用了一系列简化的假设!这些方法论的简化的目的是什么,从一系列经验上给定的方面得出的这一抽象的目的是什么?马克思的解释非常清楚,以至于几乎没有争议:在他对积累问题的分析当中,马克思想要抛开积累问题附带的所有方面,即使它们在其他方面是重要的,以便更加显著地突出所有在积累过程中**本质的基本条件**。在叙述剩余价值的积累,即其转换为资本时,马克思必须要证明"使它(剩余价值——译者注)成为积累要素的那些**必要条件**"②。那么,这就是马克思的简化的目的!应该抛开除了"必要条件"外的所有东西。分析只处理"**积累过程**的简单的**基本形式**。因此,对积累过程的纯粹的分析,就要求我们暂时抛开**掩盖它的机制的内部作用**的一切现象"③。如果马克思认为在非资本主义市场中的剩余价值的"实现"是积累的一个必要条件,那么对他来说,在他对积累条件的分析中不包含非资本主义市场的功能将会是不可能的。相反,马克思**应该**在这里证明这一点,因为根据这个构想,它

---

① 《马克思恩格斯文集》第 5 卷,北京:人民出版社,2009 年,第 691 页。黑体字由格罗斯曼所为。——译者注
② 同上书,第 652 页。黑体字由格罗斯曼所为。——译者注
③ 同上。

将构成资本主义机制"内在运行"的一个必要部分,它的"简单的基本形式"。不同于马克思当前的图式,我们将会有一个不同的图式,即:

  Ⅰ c＋v＋s
  Ⅱ 独立生产者

马克思没有这样做,他明确地把对外贸易全然撇开不说,因而也把与非资本主义国家的出口贸易撇开不说,并且甚至把它列入**"起干扰作用的……从属情况"**中,这些情况掩盖了"在其纯粹的状态下"[①]机制的内在运行,这一基本事实证明了情况与卢森堡所宣称的恰恰相反。这证明了马克思相信被设想为孤立的、没有外部市场的资本主义是可能的,并且他确信积累的基本规律在没有对外贸易的"干扰影响"之下会被更为明确地表达出来。最后,它证明了在关于马克思对对外贸易的故意排除方面,不能说存在一个"缺陷"!"缺陷的理论"只不过是一个舒适的小披风,它掩盖了这样的事实,即卢森堡在表面上的"进一步发展"和"填补缺陷"的借口之下,实际上在马克思思想结构的这个本质的要点上放弃并且反对马克思的积累理论!

  在这一点上,不能说在马克思的著作中有着这样一个"缺陷",这一点能够被进一步的论证来准确证明。在关于积累的章节中,马克思认为必要的不仅仅是要积极地提出积累的条件,并且要与

[①] 《马克思恩格斯文集》第 5 卷,北京:人民出版社,2009 年,第 193 页注释(37)、第 670 页注释(21a)。

"政治经济学关于规模扩大的再生产的错误见解"①进行批判的辩论。然而,他们从来没有在任何地方考虑过非资本主义国家作为积累的条件之一的必要性。这难道不是最好的机会,也确实是一个逻辑上的要求,来证明他们理论上的"错误",并恰好在这里指出非资本主义国家的必要功能? 但是,人们在马克思的思想中没有找到这样的痕迹。同样是马克思,反驳了资产阶级经济学家即斯密关于积累的错误见解,并揭示了斯密的"可笑错误"②,即其声称积累中的剩余价值"只用来支付工资"③。同样是马克思,在前面的章节中反对工资的铁律,并进一步反对与流离失所的工人相关的补偿理论。④ 这个马克思是否默默地忽略了所有以前的经济学的其他理论,即**没有**非资本主义市场的积累,那个"纯粹的"资本主义是可能的么? 由于另一个原因,这将会变得非常不可能。恩格斯在《资本论》第二册的序言当中提到,"只要列举一下马克思为第二册留下的亲笔材料,就可以证明,马克思在公布他的经济学方面的伟大发现以前,是以多么无比认真的态度,以多么严格的自我批评精神,力求使这些伟大发现达到最完善的程度"⑤。实际上,我们知道,马克思在他的著作的不同地方,三四次并且经常更多次地提到所有这些更重要的问题,并且马克思从未错过指出他的前辈们的错误的机会。举一个例子:上文提及的资产阶级经济学部分

---

① 《马克思恩格斯文集》第 5 卷,北京:人民出版社,2009 年,第 679 页。
② 《马克思恩格斯文集》第 6 卷,北京:人民出版社,2009 年,第 413 页。
③ 《马克思恩格斯文集》第 5 卷,北京:人民出版社,2009 年,第 681 页。
④ 关于高工资的可能性,《马克思恩格斯文集》第 5 卷,北京:人民出版社,2009 年,第 712—717 页;反对补偿理论,"所有排挤工人的机器,总是同时地而且必然地游离出相应的资本,去如数雇用这些被排挤的工人",第 504—514 页。——英译注
⑤ 《马克思恩格斯文集》第 6 卷,北京:人民出版社,2009 年,第 4 页。

中的"关于规模扩大的再生产的错误见解",即斯密的错误见解,已经在第一册中被反驳,①并且之后在第二册的第三部分中被再次反对。② 最后,第三和第四次,马克思在其《剩余价值理论》的批判性分析中全面地处理了这个问题。③ 对于一系列其他问题来说也是如此。那么,马克思本该反复地揭示资产阶级经济学的所有错误,但在30年里,在他的著作和手稿的任何一个地方,甚至连一个音节都没有提及最主要的错误,即没有非资本主义"环境"(milieu)的资本主义被设想为孤立的是可能的,这难道不奇怪吗?

先前的迹象足以让我们断定,方便的"躯干"——或"缺陷"理论——走的是阻力最小的道路,是绝对站不住脚的,必须一劳永逸地废弃它。④ 相反,就马克思的分析来说,在所有理论方面都必须

---

① 《马克思恩格斯文集》第5卷,北京:人民出版社,2009年,第679—681页。格罗斯曼是在转述上面已经引证过的马克思的话,而非引用它们。——英译注
② 《马克思恩格斯文集》第6卷,北京:人民出版社,2009年,第401、405页。
③ 《马克思恩格斯全集》第2版第33卷,北京:人民出版社,2004年,第155页及以下几页;《马克思恩格斯全集》第2版第34卷,北京:人民出版社,2008年,第467页,特别是第471—472页。
④ 这也适用于格奥尔格·卢卡奇,他主张这里所批判的"片段"理论,并拒绝这种观念,即"马克思对仅仅由资产者和无产者构成的社会提出了方法论上孤立的假设"。相反,卢卡奇强调,"马克思本人的这种假设仅仅是为了比较清楚地理解问题的一种方法论假设,然而,从这种假设出发必须前进到全面地提出问题,使问题适用于社会的总体"。到目前为止,我们可以同意卢卡奇的说法。他的错误在于他认为马克思本人从未完成这个任务。也就是说,马克思——用马克思的语言——通过简化的方法论上的假设,使行程从具体的总体的概念,从分析的"整体的概念",直到他达到"越来越稀薄的抽象",即达到一个只由资产者和无产者构成,没有对外贸易的抽象的资本主义社会。但是他并没有使行程回过头来回到一个具体的"具有许多规定和关系的丰富的总体",回到一个"生动的整体"。《马克思恩格斯全集》第2版第30卷,北京:人民出版社,1995年,第41页。)根据卢卡奇的说法,结果就是"整个《资本论》恰恰**就这个问题而言是一部未竟之作**,这部著作正好在这个问题必须展开的地方中止了;与此相适应,罗莎·卢森堡只不过根据马克思的思想把他的未竟之作思考到底,并按照他的精神对它作了补充而已"。(卢卡奇:《历(转下页)

从相反的、基本的前提出发：除了阐述的细节之外，马克思留给我们的材料基本上已经完成。因此，在处理马克思体系的个别部分领域和部分理论的问题式中所出现的困难时，最高的原则必须是，不通过机械的、表面的补充和完善手段来**克服**困难，而是**在给定的材料中**，按照整个体系的逻辑来克服困难。这无非意味着，人们必须坚持这一观点，马克思主义经济学，正如它被遗留给我们的那样，不是一个"片段"或"躯干"，而是构成一个完成的即完整的体系。

在建构其图式中，只提出"必要条件"，即再生产和积累过程的本质的基本形式，马克思必须知道什么是资本主义生产的本质，以便使它与——用黑格尔的语言来说——非本质的东西分开。当马克思着手处理《资本论》的构成，即著作**第一章**的叙述时，他已经想好了这些本质的基本条件。在第一册第一章当中，马克思关心的已经不是直接给定的经验表象，不是利润、利息、地租等，而是它们的理想的集合，即剩余价值。他并不关心经验上给定的价格的表象，而是从商品以其价值出售的虚构前提出发，这包括了进一步的假设：生产设备处于一个均衡的状态；作为商品的劳动力同样以其价值出售；没有劳动后备军的存在；以及最终没有竞争的发生。

（接上页）史与阶级意识》，杜章智、任立、燕宏远译，北京：商务印书馆，1999年，第84页。）在其他地方，卢卡奇写到罗莎·卢森堡"对马克思的资本主义再生产理论所做的漂亮引申"。（卢卡奇：《列宁：关于列宁思想统一性的研究》，张翼星译，台北：远流出版事业股份有限公司，1991年，第57页。）在我的《积累和崩溃规律》一书中，我已经表明了卢卡奇的主张是不正确的，并指出"在系统的方法论的建构中，几个虚构的、简化的假设中的每一个随后都会被修正"，"这些考虑意味着，抽象的分析更接近于这个现实的表象世界"。格罗斯曼：《资本主义制度的积累和崩溃规律：危机理论》，亚伊勒斯·巴纳吉翻译并做删减，伦敦：博睿出版社，1992年，第30、131页。

简言之,甚至在他写作或能够写作他的著作的第一页之前,马克思已经想好了他的再生产图式的所有简化的假设。

确定无疑的是,对马克思思想的最大误解和扭曲之一,就是将马克思的再生产图式仅仅与《资本论》第二册的最后一章相联系,仅仅与年产品的**完全销售**问题相联系,并最终只看到简化的假设,而没有看到后来的修正。正如这里所显示的,马克思的再生产图式是与作为所有三册《资本论》基础的方法论步骤密切联系的。出于这个原因,马克思一生的工作中计划的改变以及再生产图式的建构是由同一个基本思想产生的。马克思的方法,在其一般原则上,是他对问题的阐述的真实表达。只有联系后者,其真正的原因才能够被理解。

马克思的价值—价格转形理论和危机问题[*]

[德]亨里克·格罗斯曼

李乾坤 译

一、作为马克思主义的认识对象和目标的具体现实性

一切学问的任务在于研究理解现象的具体给定的总体性,它们之间的关联和它们的变化。这一任务的困难在于,现象并不和事物的本质合二为一。对本质的研究是认识现象世界的前提。正是当马克思在与庸俗经济学的对立中,要认识经济现实的"隐藏的本质"和"内部联系",[①]但这并不意味着马克思对具体的现象不感兴趣。恰恰相反!意识是由现象所直接给予的,从其中——还只是纯粹方法论地——可以得出,人们只有通过对现象的分析才能够成功得到隐藏在现象之中的本质的"核心"[②]。

但是**具体的现象**对于马克思来说,不只是因为它构成了认识

---

[*] 原文题为"Die Wert-Preis-Transformation bei Marx und das Krisenproblem",收录于《社会研究杂志》(*Zeitschrift für Sozialforschung*)1932年第1期,第55—84页。——编者注
[①] 《马克思恩格斯文集》第7卷,北京:人民出版社,2009年,第925页。
[②] 同上书,第17页。

"现实运动"的起点和中介,而且还因为这些现象本身就是马克思在它们的联系中最终想要认识和理解的。因为他绝不想——在对现象的排除之下——仅仅局限于对"本质"的研究。这些被认识的本质的东西更多拥有这样的功能,让我们有能力把握具体的现象。因此马克思致力于找到支配着现象的"现象的规律",也就是"它的变化的规律"(《资本论》第二版跋)。在马克思看来,没有和事物"隐藏的本质"联系起来而只有现象**自身**才是不可理解的、"一看就是荒谬的"。但是这或许就是经济学最致命的缺陷,当经济学——陷入庸俗经济学的颠倒的谬误中——如今停留在对已经发现了的事物的"隐藏的本质"的分析之中,而没有从本质出发找到**回到具体现象的道路**,这关系到对现象的解释,也就是说,没有重建起在本质和表现形式之间的诸多中介!因此,马克思在这条从抽象到具体的道路上,看到了"显然是科学上正确的方法"。在这里,"抽象的规定**在思维行程中导致具体的再现**",因为"从抽象上升到具体的方法,只是思维用来**掌握具体**、把它当作一个精神上的具体再现出来的方式"①。

马克思举了一个具体的例证,说明将工业生产中创造的价值归结为"商品价值由商品中包含的劳动时间决定"这个一般规律是不够的。流通领域中的经验过程,如商人资本对商品价格看得见的影响实际上表明了"如果不详细地分析各个中间环节,这些现象似乎是以价格的**任意**决定为前提"。于是产生了这样的假象,"似乎流通过程本身会在一定范围内不以生产过程为转移",即不以劳

---

① 《马克思恩格斯全集》第 2 版第 30 卷,北京:人民出版社,1995 年,第 42 页。黑体字由格罗斯曼所为。——译者注

动时间为转移,"而独立地决定商品的价格"。因此为了证明这种假象的虚幻性,并建立起在现象和"现实的过程"之间的内在联系——这"是一件极其复杂的事情,是一项极其细致的工作","是一种把看得见的、只是**表面的**运动归结为**内部的现实的运动**的科学工作"①,"正像只有认识了天体的**实际的**、但又直接感觉不到的运动的人,才能了解天体的**表面上的**运动一样"②。

至关重要的"科学工作"因此是发现从本质直通具体现象的"中介手段""中间环节",因为没有这一中间环节,理论也即事物的"本质"就将处于与具体的现实的**矛盾**之中。马克思正确地讥讽了那些迷失于远离现实的建构之中的"理论家"。只有"庸俗经济学家由此得出结论说,理论上的真理是同**现实情况相矛盾的抽象**"③。

正如我已经指出的,马克思《资本论》的建构以及在其中所运用的"逼近方法"(Annäherungsverfahren),也符合于这一方法论的基本思想。在马克思再生产图式的建构中,找到了它最简洁的表达。在大量的简化的假设的运用之中,首先运用的是从具体到抽象的"旅行"。除去既有的表象世界,具体的部分的形式,在其中剩余价值进入流通领域(企业利润、利息、商业利润等)之外,《资本论》第一册和第二册的整个分析都集中在**作为整体**的价值和剩余价值之上,集中在生产和积累过程中价值的创造和量的变化之上。

---

① 《马克思恩格斯文集》第 7 卷,北京:人民出版社,2009 年,第 348 页。译文有改动。黑体字由格罗斯曼所为。——译者注
② 《马克思恩格斯文集》第 5 卷,北京:人民出版社,2009 年,第 368 页。黑体字由格罗斯曼所为。——译者注
③ 《马克思恩格斯全集》第 1 版第 26 卷(第二册),北京:人民出版社,1973 年,第 497 页。黑体字由格罗斯曼所为。——译者注

与此同时,"属于流通过程的一种表面现象"①被排除了。《资本论》第一册和第二册中的分析的任务在于,将剩余价值的**创造**作为经济总过程的本质来加以研究,在这之后——而且正如马克思所明确强调的,这也构成了《资本论》第三册的任务和内容——在被发现的"本质"和它的表现形式之间的"内部联系"才能够成立:确立剩余价值以经验的方式所呈现的形式,即"**揭示和说明资本运动过程作为整体**考察时所产生的**各种具体形式**。资本在其现实运动中就是以这些**具体形式**互相对立的"②。

这里,在第三册中,之前被简化的前提(例如,商品按照其价值出售,对流通领域和竞争的排除,在其总体之中、在对部分形式的排除之下对剩余价值所做的探讨,在其中剩余价值分裂了,等等)就被取消了,而后在逼近方法的**第二步**之上,逐步地考虑了到目前为止被忽略的中介,探讨了具体的利润形式,它们在经验的现实中是如何表现的(地租、利息、商业利润等)。只有这样马克思的分析才是周延的,并提供了证据:劳动价值理论不是脱离现实的建构,而毋宁说在事实上是"现象法则",也就是说为我们能够**解释现象的现实世界**提供了基础。马克思以如下的表述清晰无误地表达了这种方法论的基本思想:"我们在第一册和第二册只是研究了商品的**价值**。现在",即在第三册中,"商品的**生产价格**作为价值的一个转化形式而发展起来了"③。"我们在本册中将阐明的资本的各种

---

① 《马克思恩格斯文集》第5卷,北京:人民出版社,2009年,第673页。
② 《马克思恩格斯文集》第7卷,北京:人民出版社,2009年,第29页。"揭示和说明""各种具体形式""具体形式"三处黑体由格罗斯曼所为。——译者注
③ 同上书,第182—183页。

形态，同资本在社会**表面上**，在各种资本的互相作用中，在竞争中，以及在生产当事人自己的通常意识中**所表现出来的形式**，是一步一步地接近了。"①

二、价值图式（Wertschema）和现实之间的矛盾

具体现实在思维行程中的再现就是马克思认识的目标，即使在马克思研究方法内部也可以看出马克思再生产图式的功能：**它并不要求单独成为具体资本主义现实的摹本**，而是马克思逼近方法的**一个关节**，它与构成此图式基本的简化的思考，以及其后在进一步具体化的意义上的**修正**一起构成不可分割的整体。在此过程中，这三个部分中的每一个如果离开了其他两部分的话，对于真理的认识来说都失去了任何意义，而只能意味着一个暂时的认识阶段，在对具体真理的逼近方法（Annäherungsverfahren）中的**第一步**。

假如人们了解了马克思的再生产图式的特征，就会知道它只是我们思考的一个辅助手段，不是具体过程的再现，此外人们对于个别元素的特征（凭借它们建立起了这个图式）——价值、剩余价值、个别生产领域中的不同利润率——不会有怀疑。我在别的地方指出过，剩余价值是一个**真实的数据**。② 这只适用于**总体社会**，对于总体社会，价值和价格以及剩余价值和利润在数量级上都是等同的。**在个别的生产领域方面**，事情则不是这样。在生产领域

---

① 《马克思恩格斯文集》第 7 卷，北京：人民出版社，2009 年，第 30 页。黑体字由格罗斯曼所为。——译者注
② 格罗斯曼：《资本主义制度的积累和崩溃规律：危机理论》，莱比锡：弗朗茨·施泰纳出版社，1929 年，第 196 页。

的内部,我们在资本主义的现实中并不拥有价值,而是拥有和它在量上相分歧的生产价格,我们有的不是价值的量,而是利润的量。简言之,以数量观之,在再生产图式里出现的价值和剩余价值不是现实的范畴,它们不直接体现在资本主义现实世界里,而是出于简化的方法论原因所自由选择的、首先与现实相矛盾的假定。先说**价值**。是否还有必要回忆一下,在马克思那里,商品以其价值出售只具有一种理论上的暂时的**假定的**特征,然而马克思从未宣称这一假定符合现实?所以在《资本论》第一册里明确说道:"我们在这里……**假定**,生产商品的资本家按照商品的价值出售商品……"①,"我们**假定**……商品是按照它的价值出售的"②。而且在第二册中,马克思也通过如下的表述强调了这一前提的**理论**特征:"在本书第一册……**假定**……资本家按照产品的价值出售产品。"③但是在任何地方都没有说过,这一假设和现实是符合的,毋宁说恰恰相反,人们因为这一假说而远离了现实,而且从一开始就因为这一假说而陷入一种明显的**矛盾**之中。马克思已经在《资本论》第一册中以格外的清晰性断言,商品按其价值出售仅仅适用于他假设的理论上的"标准出售"(Normalverkauf),"假如","当"现象"纯粹地"表现出来时:"商品的流通过程就其**纯粹的**形式来说,要求等价物的交换。但是在实际上,事情并不是纯粹地进行的。"④——在这里设

---

① 《马克思恩格斯文集》第5卷,北京:人民出版社,2009年,第652页。黑体字由格罗斯曼所为。——译者注
② 同上书,第593页。黑体字由格罗斯曼所为。——译者注
③ 《马克思恩格斯文集》第6卷,北京:人民出版社,2009年,第391页。黑体字由格罗斯曼所为。——译者注
④ 《马克思恩格斯文集》第5卷,北京:人民出版社,2009年,第186页。黑体字由格罗斯曼所为。——译者注

定了一个与现实相反的"纯粹的"过程。只有在前者而非在后者之中,商品才是按照其价值进行交换的。在 1868 年 7 月 11 日致库格曼的信中,马克思以他特有的辛辣抨击市民经济中常出现的把经验与理论假定相混淆的做法:"庸俗经济学家根本想不到,**实际的日常的交换关系**和**价值量**是**不能直接等同的**。"①

在《资本论》三册和《剩余价值理论》中的其他无数地方,马克思一再强调,现实中的商品**不是**按照其价值出售,而是按照其**生产价格**出售,在此过程中"**大多数商品**的生产价格[费用价格]必定**偏离它们的价值**"②。正因此,他反对李嘉图的观点。李嘉图认为商品是以其价值出售的:"这是第一个**错误的前提**……商品按其价值交换只是例外。"③与亚当·斯密相反,马克思说:"甚至商品的平均价格也**总是不同于商品的价值**,这一点我将在后面说明。"④

这里关于价值所做的探讨,同样适用于**剩余价值**。我们尽管可以在再生产图式中看到剩余价值,却无法在现实中看到。因为剩余价值是"不可见之物",与此同时,在资本主义的现实中出现的只有**各种利润形式**如企业盈利、利息、商业利润、地租等。在图式的每个生产领域中所表现的剩余价值因此只是暂时的假设,它们

---

① 马克思 1868 年 7 月 11 日致库格曼,《马克思恩格斯文集》第 10 卷,北京:人民出版社,2009 年,第 290 页。黑体字"实际的"和"价值"由格罗斯曼所为。——译者注
② 《马克思恩格斯全集》第 1 版第 26 卷(第三册),北京:人民出版社,1974 年,第 85 页。格罗斯曼的引用与原文有细微差别,在《剩余价值理论》原始手稿之中,马克思使用的是 Kostenpreis(费用价格),格罗斯曼在引用考茨基所编辑的《剩余价值理论》时,都将 Kostenpreis 改为 Produktionspreis(生产价格),因此译者将"费用价格"加上方括号,置于"生产价格"后面,以示区别。黑体字由格罗斯曼所为。——译者注
③ 《马克思恩格斯全集》第 1 版第 26 卷(第二册),北京:人民出版社,1973 年,第 24 页。黑体字由格罗斯曼所为。——译者注
④ 《马克思恩格斯全集》第 1 版第 26 卷(第一册),北京:人民出版社,1972 年,第 76 页。黑体字"商品的价值"由格罗斯曼所为。——译者注

与现实并不相符。最终,这也同样存在于在图式中可见的利润率。在一个建立在**价值**之上的再生产图式中,即在商品按照其价值出售的假设之下,必然在图式的每个部分中存在**不同的利润率**,与此同时,一个由竞争决定的资本主义体系的**经验**也显示出,在现实中,个别领域中**不同利润率趋向平均**受到一个**一般的**即**平均利润率**的支配,这已经蕴含于生产价格的概念中:"生产价格以及它所包含的**一般利润率**的存在和概念,是建立在**单个商品不是按照它们的价值出售**这样一个基础上的"①,正如相反,"单单一般利润率的存在,就已经决定了有一种不同于**价值**的**生产价格**〔费用价格〕"②。

这样可以得出,只是表现为价值、剩余价值和各个个别领域中不同的利润率的再生产图式,首先**与具体的现实处于矛盾之中**。再生产图式,特别是商品按照其价值进行交换这一假设的理论的、暂时的特征,因此也是清楚的。**现实的过程**和在再生产图式中的过程是完全不同的。而且确切说来,这并非是一个对图式中叙述的过程**偶然的**、暂时的背离的问题,这些过程因此似乎是被科学忽视了,而是再生产的现实过程**在根本上**是一种和图式所揭示出的完全不同的过程。价格对价值的偏离,正如它在现实中表现出的,并非单纯**暂时的**波动,正如在市场价格上出现的情况一样,而是实际上所发生的价值的转变在生产价格中"造成对价

---

① 《马克思恩格斯文集》第 7 卷,北京:人民出版社,2009 年,第 860 页。黑体字由格罗斯曼所为。——译者注
② 《马克思恩格斯全集》第 1 版第 26 卷(第二册),北京:人民出版社,1973 年,第 194 页。黑体字"生产价格"由格罗斯曼所为。——译者注

的**经常偏离**"①。在图式之中,在个别领域里,由它生产的**剩余价值**被实现。这与在现实之中完全不同。在这一期间所实现的并非剩余价值,而是与它**持续**偏离的**平均利润**。"所以一切资本,不管它们本身生产多少剩余价值,都力求通过它们的商品的价格来实现**平均利润**,而不是实现这个剩余价值,也就是说,力求实现生产价格。"②

"所以,在这里,"马克思这样说道,"**价值理论**好像同现实的**运动**不一致,同生产的**实际现象**不一致,因此,理解这些现象的任何企图,也好像必须完全放弃。"③

三、作为资本主义生产"调节器"的生产价格和一般利润率

为了理解资本主义的机制,局限于这样一个论断是不够的:再生产过程的价值图式和其中包含的剩余价值范畴以及在个别的生产领域中的特殊利润率不符合具体的现实。我们要继续问:哪些范畴对于资本主义现实有决定意义,对资本主义机制的"现实运动"极为重要?马克思对这个问题的回答——它构成了《资本论》第三册的内容——是众所周知的。并非理论上假定的价值,而是经验基础上的生产价格构成了客观的引力中心,每天的市场价格围绕这个中心摇摆。对于具体的资本运动来说,特别重要的并非图式中以理论的方式假定的各种利润率,而是经验基础上的一般

---

① 《马克思恩格斯全集》第 1 版第 26 卷(第二册),北京:人民出版社,1973 年,第 234 页。黑体字由格罗斯曼所为。——译者注
② 《马克思恩格斯文集》第 7 卷,北京:人民出版社,2009 年,第 194 页。黑体字由格罗斯曼所为。——译者注
③ 同上书,第 171 页。黑体字由格罗斯曼所为。——译者注

平均利润率。

"另一方面,"马克思说,"毫无疑问,如果撇开那些非本质的、偶然的、互相抵消的差别不说,对不同产业部门来说,平均利润率的**差别实际上并不存在,而且也不可能存在,除非把资本主义生产的整个体系摧毁**。"①马克思说,这种**一般利润率**是"资本主义生产的**推动力**"②,"这个**平均利润**……在资本主义生产方式下就是这样"被确立为"生产的**调节器**"③,它是"资本主义社会……的调节规律"④。出于同样的理由,对马克思来说,"资本主义竞争的基本规律,即调节**一般利润率**和由它决定的所谓**生产价格**的规律"⑤。关于这一平均化,马克思最终认为"这个平均化运动……**整个资本主义生产就是建立在这个运动的基础上的**"⑥。因为不是价值,而是生产价格才"**是现实中起调节作用的平均市场价格**",也就是说它构成了现实的市场价格随之波动的基础:"市场价格固然会高于或低于这个**起调节作用的生产价格**,但是这些变动会互相抵消"⑦,"在每个生产部门,成为**起调节作用的平均价格**的,不是价值,而是和价值不同的**生产价格**"⑧。

然而,"起调节作用的平均价格"无非意味着,从长期来看,是生产价格而不是价值构成了**再生产的条件**,正如马克思明确地说:

---

① 《马克思恩格斯文集》第7卷,北京:人民出版社,2009年,第171页。黑体字由格罗斯曼所为。——译者注
② 同上书,第288页。黑体字由格罗斯曼所为。——译者注
③ 同上书,第885页。黑体字由格罗斯曼所为。——译者注
④ 同上书,第929页。
⑤ 同上书,第45页。黑体字由格罗斯曼所为。——译者注
⑥ 同上书,第493页。黑体字由格罗斯曼所为。——译者注
⑦ 同上书,第974页。黑体字由格罗斯曼所为。——译者注
⑧ 同上书,第988页。黑体字由格罗斯曼所为。——译者注

"实际上这就是……李嘉图所说的'生产价格''生产费用',重农学派所说的'必要价格'……**因为从长期来看生产价格是供给的条件,是每个特殊生产部门商品再生产的条件。**"①

还有更多!一般利润率的实际重要性和意义将会被更明确地强调出来,假如我们考虑一下,企业主的**经济上的阶级利益的一致性**就建立在其上。假如商品是按照它的价值来进行交换的,那么每个企业主就只对剥削为了自己而劳作的工人感兴趣,他的收益也与"他的"工人所生产的剩余价值相一致了。直到剩余价值转变为平均利润引发了"每一单个资本家,同每一个特殊生产部门的所有资本家总体一样,参与总资本对全体工人阶级的剥削,并参与决定这个剥削的程度,这不只是出于一般的阶级同情,而且也是出于**直接的经济利益**,因为……平均利润率取决于总资本对总劳动的剥削程度"②。

如果我们坚持这个价值图式,即商品在此按照它们的价值出售,那么在个别领域里就会出现**不同的利润率**,那么就无法顾及③

---

① 《马克思恩格斯文集》第 7 卷,北京:人民出版社,2009 年,第 220 页。黑体字由格罗斯曼所为。——译者注
② 同上书,第 219 页。黑体字由格罗斯曼所为。——译者注
③ 斯滕伯格(Sternburg)反对我的价值概念,认为它"忽视了资本主义中的竞争的意义"[《科学的变革》(*Die Umwälzung der Wissenschaft*),柏林:普拉格尔出版社(Prager),1930 年,第 12 页],这完全颠倒了事实。我并没有忽视竞争,确切说它在过去整整 30 年里关于积累和危机问题的讨论中一直被忽略了。斯滕伯格先生确实**说到**了考察竞争的必要性,但是却和从杜冈-巴拉诺夫斯基到布哈林这些研究者一样,很少**进行**实际研究,因为他们所有人都凭借着一种仅仅了解价值的图式进行研究。然而在价值概念中存在的却还是个别领域中的**利润率的差异性**,因此这就已经包含了对竞争的排除,因为"只有不同部门的资本的**竞争**,才能形成那种使不同部门之间的利润率**平均化**的生产价格"(《马克思恩格斯文集》第 7 卷,北京:人民出版社,2009 年,第 201 页。黑体字由格罗斯曼所为。——译者注)。在人们将危机作为从**一开始是部分的**,从个别领域的比例失调中产生出来的而加(转下页)

竞争及其后果——进行调节的生产价格的事实——那么平均利润率，也就是"推动力"，"整个资本主义生产所依靠的推动力"就消失了！

因为一个这样的价值图式并没有告诉我们也不能告诉我们作为整体的生产价格和平均利润，所以显而易见也很少能够解释产生自剩余价值分割的**利润**个别的**部分**形式；它因此不适合"说明**资本运动过程作为整体考察**时所产生的各种**具体形式**"①。所有这些利润形式的存在都是与价值图式不相容的，因此在为它奠定基础的价值理论的立场上看，也首先无法被解释。

价值图式仅包括了纯粹的**生产性的**，参与了价值和剩余价值生产的，但却不是在**流通领域**中产生作用的货币和商人资

（接上页）以对待的地方——正如在前述研究者的著作中——考虑竞争，即利润率平均化的趋势，就是绝对必要的。和他们不同，在我的书中是围绕对**从一开始普遍的、总体领域里同时把握的过度积累危机**(Überakkumulationskrisen)的解释。对于总体的社会来说，"将价值同生产价格区分开来失去了意义"（参看我的《资本主义制度的积累和崩溃规律：危机理论》，第107、211页），因为在这里两个量是等同的。

另外一个对我的批判也是不正确的，就是认为竞争的效果已经包含于价值自身之中了，因为竞争决定价值，即社会必要劳动时间。这一观点和马克思价值学说的根本基础是绝对不一致的。事实上竞争的功能对于价值并非决定性的，而是纯粹的名义性的。它并不决定社会必要劳动时间，而只是事后确定社会必要劳动时间。竞争首先发生在市场上，也就是内在于流通领域之中。然而价值却是在**生产**之中被创造的，是在一切竞争之前发生的。马克思说："商品的价值**在**商品进入流通**以前**就表现为商品价格，因此它是流通的**前提**，不是流通的**结果**。"《《马克思恩格斯文集》第5卷，北京：人民出版社，2009年，第184页。黑体字由格罗斯曼所为。——译者注）重农主义者魁奈和梅西耶·德·拉·里维埃（Mercier de la Rivière）就早已意识到，商品**在**它在市场上进行交换**之前**就拥有交换价值。[参见《马克思恩格斯文集》第5卷，第184页，以及奥古斯特·翁肯（August Oncken）：《国民经济学史》（Geschichte der Nationalökonomie），莱比锡：希施费尔德出版社（Hirschfeld），1902年，第370页。]

① 《马克思恩格斯文集》第7卷，北京：人民出版社，2009年，第29页。黑体字"具体形式"由格罗斯曼所为。——译者注

本。当工业生产者将商品按照它的价值，也就是说按照与价值在量上等同的"**与价值相一致的价格**"①来进行销售（正如在价值图式里发生的一样），所以**贸易利润**，也就是根本没有参与生产的**商人资本**的利润的存在，就是一个无法解释的秘密。"乍一看来，只要产品按照它们的价值出售，纯粹的、独立的商业利润好像是不可能的。"②"考察产业资本时直接得出的关于价值形成、利润等等的原理，**并不直接适用于商人资本**。"③只要我们因此停留在**价值**考察之内，那么与此同时，资本主义现实的现象的一个庞大的、重要的部分——商业资本的利润——特别是在它国际化的形式中，也即**世界市场和世界贸易的现象**是无法解释的。

图式的价值（与价值相一致的价格）转化为生产价格，不同利润率在图式的个别领域之中平均化为一般的利润率，也不足以说明商业利润的存在。因为我们在一般利润率的形成，以及与价值相一致的价格转化为生产价格的过程中，仅仅考察了生产性的，也就是参与剩余价值的**创造**的资本。一个这样的平均化过程可能因此是纯粹的、对一般利润率的"**最初考察**"，而绝非其"**完成形态**"④。未参与剩余价值创造的商业资本始终未被考虑。为了解释商业利润的存在，就要求在逼近方法中接下来的步骤，也就是说，只有**生产性**资本最初的平均化之后，通过"**商业资本**……参加

---

① 《马克思恩格斯文集》第 7 卷，北京：人民出版社，2009 年，第 195 页。黑体字由格罗斯曼所为。——译者注
② 同上书，第 367 页。
③ 同上书，第 362 页。黑体字由格罗斯曼所为。——译者注
④ 同上书，第 377 页。黑体字由格罗斯曼所为。——译者注

这个平均化",也就是通过第二个程度的平均化而得到"补充"①。只有通过这样才能达到平均利润率的"完成形态",在**生产价格**现在已经经历了一种"有限制的规定",并且进而在"**商业价格**"之中被修正之后,通过这些,最初的平均利润"就表现在比以前狭窄的范围内了"②。我们看到,如果要理解商业利润具体的、经验上呈现出的形式,就必须先要在逼近方法中对价值图式进行一系列的转变。在价值图式的前提下,即没有对从关于"生产价格"的"与价值相一致的价格"到"商业价格"的表象这一中间阶段的发现,那么商业利润的存在既不可能,也无法被把握。

还不仅仅于此！还有更多的问题,在这种价值图式下表现的**积累过程**,通过商业利润的存在,也就是通过价值转化为生产价格和商业价格,被严重地**修改**了。

因为这是非常清楚的,在价值图式中所叙述的剩余价值的任何一个部分,都会转移为作为利润的商业资本,并被积累在流通领域之内(贸易企业的企业大楼、办公设备、运营资本等),意味着"对产业资本的利润作了一种扣除"③以及"相应地缩小预付资本生产地执行职能的范围"④。为了未来,剩余价值的这一部分从在价值图式中表达的生产资本的积累中分离出来,不会继续参与剩余价值的**创造**,然而还会参与利润的**分配**。通过两个事实：通过积极方面的降低以及消极方面的扩大,产业资本的积累速度会

---

① 《马克思恩格斯文集》第7卷,北京：人民出版社,2009年,第377页。黑体字由格罗斯曼所为。——译者注
② 同上书,第377页。
③ 同上书,第319页。
④ 《马克思恩格斯文集》第6卷,北京：人民出版社,2009年,第150页。

被相应降低下来。"同产业资本相比,商人资本越大,产业利润率就越小。"①与此同时,很明显,通过商业资本这一事实,剩余价值的一部分——从卢森堡的"不可避免的剩余价值的剩余"的一部分出发——从生产的领域转移到了流通的领域。与价值相一致的价格向生产价格以及各自的商业价格的换算,因而也导致了对所有价值图式中计算出的比例的破坏!

这里关于商业资本所做的探讨,也逐字逐句地、出于同样的理由适用于**货币资本**和**银行资本**。而且这一资本仅仅在流通领域中发挥作用,它尽管参与了分配,但却并不参与剩余价值的生产。假如商品按照它的价值出售,也就是说工业保留了它们首先占有的**全部**的剩余价值,这样"在这种前提下……银行资本就不能存在",因为这不会产生任何利润。②

最后,在价值图式的基础上,不但货币利息的存在是不可能的,而且利息率的流向也是无法理解的。"利息率对利润率的关系,同商品市场价格对商品价值的关系相类似。就利息率由利润率决定来说,利息率总是由**一般**利润率决定,而不是由可能在特殊产业部门内占统治地位的**特殊**利润率决定,更不是由某个资本家可能在某个特殊营业部门内获得的额外利润决定。因此,一般利润率事实上会作为经验的、既定的事实,再表现在平均利息率上……"③马克思在另一个地方说道:"在这个意义上我们可以说,利息是由利润调

---

① 《马克思恩格斯文集》第7卷,北京:人民出版社,2009年,第319页。
② 《马克思恩格斯全集》第2版第37卷,北京:人民出版社,2019年,第103页。
③ 《马克思恩格斯文集》第7卷,北京:人民出版社,2009年,第409—410页。黑体字由格罗斯曼所为。——译者注

节的……是由一般利润率调节的。"①在一个在个别领域中有着不同利润率以及总的剩余价值的价值图式中,利润率的存在及其运动都是无法解释的,包括银行资本和金融资本,即那些资本的具体形式,也没有可能得到解释,这些恰恰是被希法亭判定为对于资本主义的最新发展来说具有决定性的重要意义的东西。

同样的问题也存在于现代的、资本主义形式下的**地租**,它"只存在于以**资本主义**生产方式为基础的社会"②。在价值图式下,也就是在全部商品都以价值出售这样的假定下,地租的存在也是无法解释的。③

上述的描述充分说明,用于认识资本主义生产过程的**具体**经过的根本不是再生产图式中所表达的范畴:价值、剩余价值和具有决定性意义的各种不同的利润率;而是**它所没有把握的范畴:生产价格、利润及其部分形式**,最后是一般的**平均利润率**。对资本主义具体生产的直接认识首先应归于这些范畴,因为正是平均利润是这种生产的"调节器"和"推动力",因为"全部资本主义运动"

---

① 《马克思恩格斯文集》第 7 卷,北京:人民出版社,2009 年,第 403 页。
② 《马克思恩格斯全集》第 1 版第 26 卷(第三册),北京:人民出版社,1974 年,第 442 页。黑体字由格罗斯曼所为。——译者注
③ 因为**绝对地租**不过就是一种"超额利润"(Überprofit),即一种"超过平均利润的余额"。[《马克思恩格斯全集》第 1 版第 26 卷(第三册),北京:人民出版社,1974 年,第 455 页。"这个(农产品的)价值超过费用价格的余额就形成绝对地租。但是,为了能对价值超过费用价格的这种余额进行衡量,费用价格应当是第一性的,也就是说,它应当作为规律由工业强加给农业。"《马克思恩格斯全集》第 1 版第 26 卷(第三册),北京:人民出版社,1974 年,第 105—106 页。]"如果工业利润不调节农业利润,地租反而绝对不能得到解释。"[《马克思恩格斯全集》第 1 版第 26 卷(第三册),北京:人民出版社,1974 年,第 105 页。]"要能够谈论超过平均利润的余额,这个平均利润本身必须已被确立为标准,并且已被确立为生产的**调节器**(在资本主义生产方式下就是这样)。"《马克思恩格斯文集》第 7 卷,北京:人民出版社,2009 年,第 885 页。黑体字由格罗斯曼所为。——译者注)因此从一个其中不存在这种调节器的价值图式出发,也就无法解释绝对地租的存在。

都立足于不同利润率的**平均化运动**上。

回忆一下这一事实就清楚了,一个缺少现实的资本主义运动赖以立足的一切真实的范畴的价值图式,对我们来说也许是历史的发展趋势,也就是"资本积累的**一般规律**",正如马克思在《资本论》第一册中所描述的,可以认识,但却不可能有能力在思维行程中再现资本的**具体运动形式**。正因此,从这一**价值**图式中产生的关于个别生产领域的均衡或失调的结论并非是结论性的,至少不是成熟的。

四、作为一个历史和理论出发点的价值图式

如果我们根据经验给已有的范畴——生产价格、平均利润和一般利润率——以调节器、资本主义生产的推动力的角色,于是就产生了一个问题:价值的功能何在?建立在价值基础上的再生产图式难道不是毫无意义的吗,因为它没有表达出与资本主义商品生产相等的反映,并且没有直接的现实性效果?这样的一种结论是错误的。尽管生产价格是现实的,价值还是保留了它对于资本主义的中心意义。正如马克思所强调的,这体现在两个方面:

第一,它们是**历史先在**,适用于自足生产者——手工业者、农民——的简单的、前资本主义时期的商品生产。"只要它处于这样一种情况:固定在每个生产部门中的生产资料很不容易从一个部门转移到另一个部门"[1],也就是说,只要对资本的流动来说有着法律上和实际上的障碍,这些障碍就会阻止一般利润率的形成。[2] 只有在简单商品生产的这个时期,商品以其(市场)价值交换不是简单的

---

[1] 《马克思恩格斯文集》第7卷,北京:人民出版社,2009年,第198页。
[2] 同上书,第218—219页。

理论假设,而是**事实性的过程**,并且在这种意义上:每天市场价格的不断涨落也是**围绕作为重心的价值**进行的。①

第二,在**资本主义**商品生产中,价值在交换中的原有功能被改变了:商品现在以在量上不等同于价值的**生产价格**进行交换,在这一过程中,价值对于衍生出生产价格来说完成了**理论先在**的功能。**生产价格**是资本主义生产规模的**调节器**,它决定资本的流向,即决定了资本在个别的生产领域中不断供给还是撤出,也就是决定了社会总资本的分配,是生产价格而非价值**决定了这一分配是均衡还是失调**。与此同时,资产阶级经济学却将生产价格作为事实而接受,而没有进一步考察它的起源。马克思指出,生产价格本身必须从价值中引申出来,没有这样的引申,"一般利润率(从而商品的生产价格)就是一个没有意义、没有内容的概念"②。为了探讨平均利润,人们必须了解用以计算平均的组成部分。"没有这一规定,平均利润就是**无中生有**的平均,就是纯粹的幻想。只有在这个意义上,**价值规律**才支配着资本主义中的商品价格运动。"③但是这没有妨碍**在个别的生产领域中**,**不是价值**,而是**生产价格**才处于**中心**,日常的市场价格就是围绕着这个中心来变动,④并且"在

---

① 《马克思恩格斯文集》第7卷,北京:人民出版社,2009年,第199页。
② 同上书,第176—177页。
③ 《马克思恩格斯全集》第1版第26卷(第二册),北京:人民出版社,1973年,第210页。需要注意的是,该段引文后一句并非出自马克思的原文,而是格罗斯曼对马克思原文内容的转述。在原文注释中,作者误将《资本论》第三册的内容(《马克思恩格斯文集》第7卷,北京:人民出版社,2009年,第197页)引为出处。——译者注
④ 因此,当卡尔·迪尔(Karl Diehl)表面上向马克思让步,将马克思理论中单个商品**价格和价值的不一致**视作合理和必然的,而宣称"对于**平均市场价格**来说,马克思却是将劳动价值作为了波动的中心点"[卡尔·迪尔:《论卡尔·马克思经济体系中价值与价格的关系》(*Über das Verhältnis von Wert und Preis im ökonomischen System von K. Marx*),耶拿:费舍尔出版社(Fischer),1898年,第6页,并且在《对大卫·李嘉(转下页)

一定时期内朝这个中心来拉平的"①。进一步讲,是生产价格**而非价值**调节生产、生产的规模和资本的分配,恰恰是这些环节规定了对于理解**危机**——只要它能够回溯到资本分配的失调之上——具有决定性意义的东西。②

我们看到,商品按照其价值出售并不适用于资本主义现实。马克思说:"商品按照它们的价值或接近于它们的价值进行的交换,比那种按照它们的生产价格进行的交换,所要求的发展**阶段要低得多**。按照它们的生产价格进行的交换,则需要**资本主义的发展达到一定的高度**。"③"**资本主义**在一国社会内**越是发展**"④,资本就越能够实现在个别的工业领域里各个不同的利润率(以及生产价格的形成)的平均化。

从上文可以得出,卢森堡和她的追随者的论证,同样也包括希法亭和奥托·鲍威尔,从一开始就必然是错误的,因为他们都将资本主义危机的规律性在一个图式上进行说明(或者否定),这一图式只是认识到商品按照其价值出售,故而依照马克思的表述,这是发展的一种"**更低的阶段**",也就是**前资本主义**商品生产。因此他

(接上页)图的经济学基本规律的社会科学解释》(*Sozialwissenschaftliche Erläuterungen zu D. Ricardos Grundgesetzen der Volkswirtschaft*)第3版中也是如此,莱比锡:费利克斯·迈纳出版社(Felix Meiner Verlag),1921年,第1册,第96页],就是不正确的。

① 《马克思恩格斯文集》第7卷,北京:人民出版社,2009年,第200页。

② "整个资本主义生产过程,是由产品的价格来调节的。可是**起调节作用的生产价格**本身,又是由利润率的平均化和与**之相适应的资本**在不同社会生产部门之间的**分配**来调节的。因此,在这里,**利润**不是表现为产品分配的**主要因素**,而是表现为产品**生产**本身的主要因素。"(《马克思恩格斯文集》第7卷,北京:人民出版社,2009年,第999页。黑体字由格罗斯曼所为。——译者注)

③ 《马克思恩格斯文集》第7卷,北京:人民出版社,2009年,第197页。黑体字由格罗斯曼所为。——译者注

④ 同上书,第218页。黑体字由格罗斯曼所为。——译者注

们忽视了对于**发达**资本主义具有决定性的生产价格图式,因而也恰恰忽视了对于所有**这些**在发达资本主义中分配的均衡或失调来说具有决定性的环节,例如生产价格和平均利润等。现实的、调节着整个机制的范畴被忽视了;相反,所考察的是那些非现实的(利润率的差异性)范畴和那些——假如它们能够实现的话——注定"把资本主义生产的整个体系摧毁"的东西!

这一类处理方式的不足是清楚的。假如之前描述的价值理论和"生产的现实表象"之间的对立,价值图式和资本主义现实之间的对立被排除的话,那么人们在资本主义再生产过程的分析之中,就不再停留在带有不同利润率的价值图式之上,人们必须在事实上只是将其作为一个"理论上的先在"来考察,也就是说价值理论,还有价值图式只是被作为分析的**起点**,从它出发还要借助于一系列**中间环节**的帮助,来找到能够通往现实的表象,通往生产价格和一般利润率的桥梁。简言之,价值图式必须被转变为向**生产价格图式**的多阶段的逐步接近。"显然,**一般利润率**的出现、实现和确立,使得**价值必然转化为不同于**价值的**生产价格[费用价格]**。"①

马克思正是在《资本论》第二册**开始**了他对**价值图式**之上的危机问题的研究。但是他对这一远离现实,首先又和现实处于矛盾之中的抽象阶段的论证,不是也不可能是最终确定的。这一论证具有一种完全**暂时性**的特征,是通过《资本论》第三册的学说,通过价值转变为生产价格的学说而得到完成的。**价值图式**仅仅构成了马克思分析的萌芽形式,逼近方法(Annäherungsverfahren)中的

---

① 《马克思恩格斯全集》第1版第26卷(第二册),北京:人民出版社,1973年,第493页。

第一阶段,它还必须通过一系列价格形式的形态变化才能够成熟!

马克思的价值图式把分析只局限于作为整体的价值和**剩余价值的创造之上**,即它们如何从**生产过程**中产生出来,与此同时却首先忽略了竞争和**流通领域对剩余价值分配的影响**。作为补充,被排除的要素也必须被考虑,因此对生产过程中创造剩余价值的分析,要补充上对**在流通过程中**通过竞争实现的**分配**的分析。

从前文可以得出,对于危机问题来说——只要它涉及个别生产领域相互依赖与均衡比例——就得出了如下结论,它同时还揭示出了决定性的研究道路。

如果对危机的规律性的研究对于**资本主义现实**具有证明力,那么它就不可能局限在**价值图式**里,不可能局限在逼近方法的最初阶段,而必须在一切阶段中有效,必须在**生产价格图式**上得到证实。

五、马克思《资本论》第三册的危机问题和学说

以上所论述的研究计划与马克思主义阵营处理危机问题的实际历史形成了鲜明对立。"在政治经济学中,"马克思说,"不用脑子的传统比在其他任何一门科学中都更加顽固。"[①]我们将会看到,这不仅适用于资产阶级经济学,也适用于某些马克思的追随者的政治经济学。首先在《资本论》第二册引申出的针对危机问题的再生产图式没有被认识到。在 1886 年发表在《新时代》上的关于《资本论》第二册的一份评论中,考茨基给出了他的理由,为何在他看来这一册对于工人阶级来说比第一册的**价值更少**。对他们来

---

① 《马克思恩格斯全集》第 1 版第 26 卷(第三册),北京:人民出版社,1974 年,第 366 页。

说,只有工厂中的剩余价值生产是重要的。更进一步的问题,例如这种剩余价值是如何**实现**的,资本家们反而比工人阶级更感兴趣。同样的判断,一部分甚至用同样的语言,在十年后(1895年),在《资本论》第三册出版之际,被伯恩施坦在其所做的对马克思彻底成功完成的主要著作的回顾之中不加批判地重复了。运动的实践者往往只读了第一册,其余几册几十年来手头上都没有。"由于你想在狱中钻研《资本论》第二册和第三册,"恩格斯1895年3月16日在给维也纳的维克多·阿德勒的信中说,"为了使你省些劲,我想给你几点提示。"①所以希法亭不无道理地谈到,在杜冈-巴拉诺夫斯基的书于1901年出版之前,"第二册中的分析如此被人忽视"②,并接着补充说:"杜冈-巴拉诺夫斯基的贡献是:他在他著名的《关于英国商业危机的理论和历史研究》中,指出对危机问题的这种研究的意义。值得注意的仅仅是需要有这样一个提示。"③

随着杜冈-巴拉诺夫斯基这本书的面世,人们转向了另一个极端。在此之前,对于危机问题,人们根本没有看到再生产图式的意义,而现在,人们开始——正如我在另外一篇文章④中提到的——过分热情地赞誉它,人们将它描述成"客观的社会存在",认为它是**资本主义再生产过程的精确描摹**,这样,从再生产图式的关系中可

---

① 《马克思恩格斯文集》第10卷,北京:人民出版社,2009年,第697页。——译者注
② 鲁道夫·希法亭:《金融资本》,福民等译,北京:商务印书馆,1994年,第273页。译文有所改动。——译者注
③ 同上书,第481页。
④ 格罗斯曼:《马克思与罗莎·卢森堡再生产图式中金的生产》(*Die Goldproduktion im Reproduktionsschema von Marx und Rosa Luxemburg*),莱比锡:希施费尔德出版社,1932年。罗莎·卢森堡:《资本积累论》,董文琪译,北京:商务印书馆,2021年,第175页及以下几页。

以直接引申出关于资本主义现实中的过程的结论！故而如罗莎·卢森堡所说:"我们要问,再生产过程的分析图式**对于现实来说有什么样的意义**。"①她的回答是,马克思图式的准确比例构成了"社会再生产的普遍而绝对的基础",确切地说既适用于资本主义的,也适用于社会主义的,总而言之,适用于任何一种有计划的生产!② 在一个按照计划进行调控的社会主义经济中,生产准确地符合于图式的比例。"在**资本主义经济**中,"罗莎·卢森堡继续说,"这样的被计划组织并不存在于全过程,**事情也不会像图式所设计的那样,沿着一个数学公式顺利运行**。相反,再生产进程表现出对图式比例的持续背离。"③"然而,除了所有的这些背离以外,**该图式还呈现了一个社会必要的平均水平,所有的这些运动都必须以该水平为核心,且一旦离开,就永远有动力返回**。"④

奥托·鲍威尔对待事情的方式也没什么不同。而且在他那里,**价值图式**已经表达了那种在资本积累和人口之间的平衡状态,现实再生产的循环围绕着这一平衡状态波动。现实具体揭示了对价值图式的平衡状态的不断周期性的**背离**,通过与人口增长成比例的生产的机制揭露出一种积累过剩或积累不足。但与此同时,在资本主义生产方式中存在一种趋势,它——尽管"通过大的危机的中介"——"自动地消除了积累过剩和积累不足,资本的积累始

---

① 罗莎·卢森堡:《资本积累论》,董文琪译,北京:商务印书馆,2021年,第79页。译文有所改动。黑体字由格罗斯曼所为。——译者注
② 同上书,第59、79、106页。
③ 同上书,第79页。黑体字由格罗斯曼所为。——译者注
④ 同上书,第80页。黑体字由格罗斯曼所为。——译者注

终符合于人口的增长"①。也就是说,**现实的运动努力达到那种理论上计算出的,通过价值图式代表的平衡状态。**

在与上述马克思从平均利润和生产价格的调节功能发展出的学说的引人注意的对立中,在与这一学说,即不是价值而是其变形的形式即**生产价格**构成市场价格摇摆的**重心的对立中**,罗莎·卢森堡和奥托·鲍威尔都认为这个功能属于价值。在这两人看来,价值图式的关系不仅反映了马克思的逼近方法的最初阶段,而且也直接反映了现实。

从马克思和罗莎·卢森堡及奥托·鲍威尔在价值图式观点上的分歧中,可以得出对于分析危机问题来说更进一步的结论。在《资本论》第二册发展出来的有着价值和——缺乏竞争因而不能平衡——不同利润率的再生产图式不符合现实。如果价值理论与现实现象并不矛盾,而是能够解释现实现象,那么价值——与马克思《资本论》第三册的理论相一致——借助于竞争就会转化为更具体的生产价格,也就是要发展出"大量的中间环节",它们形成了一般利润率,最后形成了以经验呈现出的利润形式(利息、地租和商业收益)。罗莎·卢森堡和奥托·鲍威尔承认马克思方法论上的、暂时的假设——商品以其价值出售的现实有效性——所以把价值图式看作是对现实的反映,**他们因此从一开始就在他们的问题范围内把价值转化为生产价格并且进一步转化为商业价格的必然性排除出去了。**他们放弃了在图式中所表现的关系的**更进一步具体化的方法,**放弃了**提高再生产图式的准确性的方法**。人们无需逐步地接近对现实的理

---

① 《新时代》(*Neue Zeit*),斯图加特:狄茨出版社,1913 年,第 1 册,第 872 页。

解,因为在罗莎·卢森堡和奥托·鲍威尔看来,图式已经反映了现实!

这一致命错误的逻辑后果是,在罗莎·卢森堡和奥托·鲍威尔看来,不仅价值—价格转形的问题不存在,甚至与此相关的**一般利润率**问题,以及剩余价值转化为**特殊的利润形式**(商业收益、利息等)的问题,**也就是马克思在《资本论》第三册里的整个学说都不存在**!他们始终停留在价值图式的"胚胎形式"之内,停留在远离现实性的抽象阶段之上,而没有进入"形态变化",也就是通往接近具体的资本主义现实的道路。由于对马克思的方法论有致命的误解,价值—价格转形问题与危机问题之间的联系也被忽视了,没有被探讨,这已经通过前文的探讨清楚地表现出来。

那么,这一联系和价格计算的独特功能存在于哪里呢?为了揭示出它,我们转而提出这个问题,即它们在罗莎·卢森堡那里是如何存在的。通过她对马克思再生产图式的批判分析,她获得了这样的结果,即在一个这样的图式内——只要在它的两个部类中存在资本不同的有机组成——商品的彻底销售,因而一种平衡是不可能的,因为"年年增加**消费资料的剩余**"①。"第二部类中**没有销路的剩余价值余额**,将会通过对不断提高的劳动生产率的考虑而得到加强,因为这些……表明没有销路的生活资料的剩余,要比这一剩余以价值形式所体现的数量多得多。"②

假设我们是罗莎·卢森堡的话,如何来进行论证呢?她论证了什么?仅仅是这样的状况,在**价值图式内部**的第二部类中**产生**

---

① 罗莎·卢森堡:《资本积累论》,董文琪译,北京:商务印书馆,2021年,第334页。黑体字由格罗斯曼所为。——译者注
② 同上书,第336页。黑体字由格罗斯曼所为。——译者注

了"没有销路的剩余",也就是基于这样的前提：商品以其价值交换。但是我们知道，这一假设是**不符合现实的**。在作为罗莎·卢森堡分析的基础的价值图式之中，个别生产部门中**不同的利润率**由于缺乏竞争不能平均化为平均利润率。这也是与现实不符的，在现实中存在着作为竞争结果的不同利润率平均化为一般利润率的趋势。罗莎·卢森堡从一个没有现实效用的图式中推导出的结论——对一个没有销路的消费品剩余的证明——对于现实来说有怎样的说服力？**既然因为竞争，价值转变为生产价格，并因此在图式的个别产业部门之下剩余价值发生了新的分配，在此过程中必然会带来图式中个别领域先前的均衡比例的改变**，故而完全有可能的是，**价值图式**中的"消费品剩余"在此之后消失在**生产价格图式**之中，并反过来，价值图式最初的平衡也在生产价格图式中转变为一种失调。仅仅局限于价值图式的分析，凭借价值和不同的利润率而非凭借生产价格和一般利润率所进行的证明的不足，就是显而易见的。然而罗莎·卢森堡自己说："这样，不仅社会总资本和它的对等物，社会总剩余价值，都是客观存在的真实数量，而且更重要的是，它们之间的关系，**也就是平均利润在引导和指挥着整个交换过程……通过价值规律机制**，独立于个体商品种类的特定**价值关系**而在它们之间建立数量交换关系。"平均利润率因此就是引导性的力量，"每一个私人资本其实都只被视为社会总资本的一部分，并被根据数量大小分配其在从社会所榨取的剩余价值中的应有的利润，而**不管这一特定的资本实际创造了多少**"[①]。

---

① 罗莎·卢森堡：《资本积累论》，董文琪译，北京：商务印书馆，2021年，第53—54页。译文有所改动。黑体字由格罗斯曼所为。——译者注

根据卢森堡的描述，平均利润引导着整个商品交换。然而，她用一个没有平均利润的图式来检验这样一个问题：无剩余的交换是否可能？再也没有比这更大的矛盾了。进一步讲，正如罗莎·卢森堡所确定的，个别商品的交换关系"独立于它们的特定价值关系"而在具体的现实性中发生，当每个资本不是实现为从它自身产生出的**剩余价值**的量，而是纯粹得到了与其量成比例的平均**利润**，因而罗莎·卢森堡间接地承认了，她关于**剩余价值**实现的必然性的理论是错误的，她也间接承认了，商品并**不是按照它的价值**，而是**按照价格**，也就是按照生产价格进行交换的，生产价格始终是与价值相偏离的，因为在马克思看来，"只有**平均利润率**……才能确立生产价格［费用价格］"①。毕竟，在马克思的体系中，相等的平均利润与偏离价值的生产价格是相关的概念！因此，罗莎·卢森堡从她自己对平均利润的经验事实，以及对她分析的进一步发展来说居于核心的领导角色的陈述中，**没有得出任何结果**。她尽管承认平均利润存在，同时却坚持商品按照其价值出售的观点，这就是一个明显的逻辑矛盾。前文摘录的她著作的段落，也是她**唯一一处**讨论平均利润的地方，并以一种隐蔽的方式讨论了生产价格。然而，没有一处将这种洞察力用于对危机问题的分析。

卢森堡自己显然有这样的感觉，**价值图式**是一个远离现实的结构，当她在关于《资本论》第三册及其与第一册的价值学说的关系的"反批判"中说："因为，**平均利润的理论**——马克思的经济理论的**最重要的发现之一**——对于它的论据是至关重要的。单是这

---

① 《马克思恩格斯全集》第1版第26卷（第二册），北京：人民出版社，1973年，第246页。

一点就对第一卷里的**价值理论**赋予了**真实的意义**。"①

她确信,不是第一册的**价值理论**,而是第三册的"生产价格"和平均利润才有"真实的意义"。但是在她关于"积累"的书中和她的"反批判"中,没有一次提到生产价格,并且紧紧依托一个错误的前提,Ⅰ(v+m)和Ⅱc之间按照它们的价值进行的商品交换不只是方法论的**假设**,而是资本主义现实下一个**真实的过程**!因此,比如她讲到,对于图式的第一部类的生活资料需求,通过这一部类的可变资本和剩余价值而被表达出来,只能从第二部类的产品中得到满足,"但消费品只能通过交换部类Ⅰ中的产品……的**等价部分**而获得"②。在她去世后才出版的最后的著作中,她还宣称:"所有商品**按照它们的价值**进行交换。"③罗莎·卢森堡这一自身充满矛盾的观点——因为这一观点她陷入庸俗社会主义的最糟糕的谬误之中——并非偶然。这源自她的错误观念,即**剩余价值的自然形态**是一劳永逸的,并规定了它的功能,要么是作为第一部类的生产资料,要么是作为第二部类的消费资料来发挥作用。对于罗莎·卢森堡来说,从这一功能的预先规定得出了任何**剩余价值**(或其中一部分)从第二部类**转移**到第一部类都是不可能的。剩余价值的这

---

① 罗莎·卢森堡、尼·布哈林:《帝国主义与资本积累》,中国社会科学院哲学研究所马克思主义哲学史研究室编,柴金如等译,哈尔滨:黑龙江人民出版社,1982年,第82页。译文有所改动。除了"平均利润",其余黑体字皆由格罗斯曼所为。——译者注
② 罗莎·卢森堡:《资本积累论》,董文琪译,北京:商务印书馆,2021年,第104、339页。黑体字由格罗斯曼所为。——译者注
③ 《国民经济学导论》(*Einführung in die Nationalökonomie*),柏林:劳布出版社(Laub),1925年,第239页。爱德华·海曼(Eduard Heimann):"在市场上的商品数量按照**相等的**价值进行交换。"[《剩余价值与共同体经济》(*Mehrwert und Gemeinwirtschaft*),柏林:英格尔曼出版社(Hans Robert Engelmann),1922年,第10页。]

样一种转移的失败,在罗莎·卢森堡看来还源自第二个原因,即在两个部类之间的交换关系的**等价**。①

于是卢森堡必然否定了《资本论》第三册的全部内容,特别是其中发展出的关于生产价格和相等利润率的形成的学说。她承认第三册的中心是关于平均利润的学说,即"马克思的经济理论的最重要的发现之一",并不能掩盖她放弃平均利润学说的事实;相反,当罗莎·卢森堡指出出现相等的平均利润的**唯一途径**是不可能的,这种放弃就被这一事实所强调。我们还记得马克思的简单再生产图式:

Ⅰ　$4\,000c + 1\,000v + 1\,000m = 6\,000$　　利润率＝20%
Ⅱ　$2\,000c + 1\,000v + 1\,000m = 4\,000$　　利润率＝33%

我们看到,如果我们坚持价值图式,坚持等价交换,也就是坚持第一部类的 $1\,000v + 1\,000m$ 以**同等价值**交换第二部类的 $2\,000c$,那么马克思关于生产价格的理论就被忽略了,那么在两大部类里就**必然**存在**不同的**利润率:第一部类是 20%,第二部类是 33%。在一个 25% 的利润率的给定情况下,在马克思图式的两个部类之中怎么能产生一个**相同的**利润率呢?这一提示看起来近乎是平庸无奇的了,它只有在生产价格形成的道路上才是可能的,也就是通过这种情况,第一部类的商品以**高于它们的价值**出售到第二部类,与此相反,第二部类的商品只要它们到达第一部类,就以

---

①　罗莎·卢森堡:《资本积累论》,董文琪译,北京:商务印书馆,2021年,第339页。

低于它们的**价值**出售。只有当第一部类为了它的$(v+m)=2\,000$的价值单位，从第二部类中获得**更多的**，也就是 $2\,250$ 的价值单位，在两个部类中才能产生相等的利润率。凭借这种方式，**第二部类剩余价值的一部分通过交换的道路转移到第一部类之中**。只有通过这种方式，在第一部类中，才能获得一个与最初得到的剩余价值($=1\,000m$)相比更大的利润（即 $1\,250$），这在 $5\,000c$ 的隐藏资本之中构成了 25% 的利润率。在第二部类中，取代最初剩余价值($=1\,000m$)的是一份 750 的利润，这在 $3\,000c$ 的预付资本之中同样构成了 25% 的利润率。

通过利润率平均化的趋势，通过第二部类部分剩余价值转化为第一部类的事实，卢森堡的第二部类"没有销路的消费品剩余"的学说从根本上动摇了，按照前文论述，是非常清楚的，她的"不可动摇的地位"（斯滕伯格）最后不过是肥皂泡，一碰到现实就破灭了。如果卢森堡要从事实上证实"没有销路的消费品剩余"的思想，她就不仅需要动用价值图式基础上的证据，也需要生产价格图式内部的证据，并且必须表明，这样一种无法销售的剩余在平均利润形成后是必然的。① 这样的证据她没有拿出来过，也没有尝试着拿出来。

---

① 在奥托·鲍威尔知名的再生产图式中，在第一个生产年中，**每一个**部类从剩余价值中留出 $10\,000c$ 和 $2\,500v$ 用于积累的目的。实际的积累是另外一种样子。它在第一部类中要**更多**，确切将由 $14\,666c$ 和 $3\,667v$ 构成，相反第二部类则要**更少**，具体只有 $5\,334c$ 和 $1\,333v$。（格罗斯曼没有准确地引用奥托·鲍威尔再生产图式中的数据，第一部类的数据应为 $134\,666c$ 和 $53\,667v$，第二部类的数据应为 $85\,334c$ 和 $51\,333v$。——译者注）这表明，鲍威尔将第二部类中确定用于积累的一部分剩余价值**转移**到了第一部类，而没有在任何地方以在科学上令人信服的理由对这一转移做出论证。海伦·鲍威尔海伦妮·鲍威尔（Helene Bauer）的补救尝试指出，这样一种转移在**信贷体系**中能够发生，必须作为一种幼稚的借口加以看待。信贷体系中的这种转移——它可能在**现实**中扮演一个重要的角色——在再生产过程的**理论**分析上是被禁止的。然而在马克思再生产图式众多的简化的前提中，还（转下页）

不同生产部门的利润率平均化的趋势是一种经经验证实的**观点**,该观点经过整整一个世纪被各个不同科学领域里的理论家普遍接受。李嘉图和马尔萨斯已经把它看作是一个事实。马克思在说到它的时候还把它叫作"经验的、既定的事实"①,一种"实际的事实"②。"对**竞争**——生产的外部表现——的**考察**表明,等量资本平均说来提供等量利润。"③即使是最近的一些理论家,例如庞巴维克等人,对于由竞争决定的资本主义的这一平均化趋势也没有争议。④

只是在对这个事实的解释方法上,特别是后李嘉图学派在方向上和在解释的困难上发生了分歧,因为学派不知道把相同利润率的**事实**和劳动价值**理论**统一起来。这里正是马克思的历史性创举之处。他知道,通过他关于生产价格和价值之间的差别理论来

(接上页)有这样的方法论假设,即要**从信用中抽象出来**。这一图式的任务恰恰在于,揭示它两个部类之间的**交换**关系,并检验一种**完全的出售**是否可能。人们在解决问题过程中陷入困难之后,就不允许在事后对最初形成的前提做出改变了。因此弗里茨·斯滕伯格能够非常轻易地宣布战胜了鲍威尔。然而对于奥托·鲍威尔来说,剩余价值的一部分从第二部类向第一部类的转移构成了一个无法解释的困难,他被这一困难所阻碍,因而这一转移在文本中所出现的观点的立场上来看,不仅是允许的和有根据的,而且还是必要的。人们在迄今为止的讨论中忽视了这一状况,在鲍威尔图式的部类之中存在着**不同的利润率**(在第一部类中=29.4%,在第二部类中=38.4%)。假如一个相同的,即 33.3% 的平均利润率被制造出来,那么要从第二部类向第一部类转移的必然不是 5 833(例如奥托·鲍威尔),即 4 666c 和 1 167v,而是 6 667。而这一转移是**在交换的道路上**实现的!然而,在一个不平等的交换中,两个部类的商品不是按照它的价值,而是按照**生产价格**来进行交换的。

① 《马克思恩格斯文集》第 7 卷,北京:人民出版社,2009 年,第 409 页。
② 同上书,第 190 页。
③ 《马克思恩格斯全集》第 1 版第 26 卷(第三册),北京:人民出版社,1974 年,第 70 页。黑体字由格罗斯曼所为。——译者注
④ 因此,庞巴维克说道:"作为**经验的事实**无疑可以有这一假设,即资本利润的平均化在发生着。"[《资本与资本利息》(*Kapital und Kapitalzins*),因斯布鲁克:瓦格纳大学书店出版社(Verlag der Wagnerischen Universitäts Buchhandlung),第 3 版,1914 年,第 1 册,第 537 页。]同样,西格弗里德·布奇(Siegfried Budge)认为:"经验告诉我们,利润率的趋势是平均化,它在经济推动的假装的平衡状态下,在经济的'静力学'中平均了。"[《资本利润》(*Der Kapitalprofit*),耶拿:费舍尔出版社,1920 年,第 6 页。]

解释相同利润率的事实,从这一价值规律来进行解释的话,首先和劳动价值规律相矛盾。卢森堡不顾一切经验,否认第二部类的部分剩余价值转化为第一部类的可能性,也否认了生产价格形成的可能性,坚持个别领域里的商品按照其价值进行交换,她不能从劳动价值理论出发解释平均利润率;虽然她僵化地坚持价值理论,在这里她却背叛了马克思理论体系的基础。因为在不同生产领域之间的商品按照同样的价值进行交换,是无法解释相等利润率的事实的。因此,为了能够解释这一事实,罗莎·卢森堡没有放弃图式中两个部类之间的"等价交换"这一错误前提,也没有放弃剩余价值不可能从第二部类转移到第一部类的错误前提,而是宁愿牺牲事实,宁愿坚持商品"等价"交换的错误前提!罗莎·卢森堡大笔一挥,就把马克思关于相等平均利润率的全部学说一笔勾销了,这在她看来还是"马克思的经济理论的最重要的发现之一"。

六、并非超越马克思——回到李嘉图

前面所展开的关于卢森堡对危机问题的处理的评说,也完全适用于一切从事于危机和积累问题的马克思主义理论家。无论听起来多么不可思议,但这是一个事实,在关于资本主义生产过程不受干扰的可能性的整个讨论中,从 1901 年杜冈-巴拉诺夫斯基出版的书开始,到现在已经有 30 多年了,根本的问题——在逼近方法的一切阶段上证明危机问题——还没有人提出来。无论是新和谐主义者考茨基、希法亭和奥托·鲍威尔,还是罗莎·卢森堡及其追随者,或者最后是布哈林和其他共产主义理论家,都只是在这个问题初始阶段,借助于了解价值、剩余价值和不同的利润率的价值图式来处理它，而没有在**生产价格的图式**基础上强化他们的分析和结论，这个图式表明了对生产价格、竞争和一般利润率起调节作用的范畴。无论人们是说明了资本主义危机的必然性，还是像新和谐主义者那样，他们说出了无危机过程的可能性，但清楚的是，这种从价值图式中产生的结论过于草率了，缺乏证明力。正如一个关于资本主义中商品交换的均衡和失调的必然性的价值图式的分析所可能教给我们的，在价值图式中如此费劲算出来的萧条比例，在通过利润率平均化的趋势，以及受此影响的剩余价值的再分配，必然会被**颠覆**！上述理论家没有一位认识到价值转化为生产价格对于危机问题的意义和影响广度，甚至只字未提，何况讨论。①

---

① 这同样也适用于伊萨克·伊里奇·鲁宾(Isaak Ilych Rubin)，他在他的《马克思价值理论文集》[*Skizzen zur Marxschen Werttheorie*，第 4 版，莫斯科：国家出版社(Государственное издательство)，1929 年，俄文]中尽管确定了："劳动价值和生产价格的理论并不是代表着两个不同的经济类型，而是对同一个资本主义经济进行**科学抽象的两个阶段**。"(第 217 页)然而他既没有继续探讨价值转变为生产价格的问题，也没有探讨从中得出的对于危机问题而产生的结果，尽管在鲁宾看来，生产价格代表了价值的一个更为**具体的**抽象阶段。同样的情况也发生在众多其他学者之上，例如：卡尔·迪尔《论卡尔·马克思经济体系中价值与价格的关系》，耶拿：费舍尔出版社，1898 年)，杜冈-巴拉诺夫斯基《马克思主义的理论基础》(*Theoretische Grundlagen des Marxismus*)，莱比锡：东克尔和洪布洛特出版社(Dunker & Humblot)，1905 年，尤其是第 174 页及以下几页]，拉迪斯劳斯·冯·波特凯维茨(Ladislaus von Bortkiewicz)[《马克思体系中的价值计算与价格计算》("Wertrechnung und Preisrechnung im Marxschen System")，《社会科学与社会政策文库》(*Archiv für Sozialwissenschaft und Sozialpolitik*)，1907 年，以及《对马克思〈资本论〉第三册理论基础的考察》("Zur Berichtigung der grundlegenden theoretischen Konstruktion von Marx im Ⅲ. Band des Kapital")，《国民经济学与统计学年鉴》(*Jahrbücher für Nationalökonomie und Statistik*)，1907 年]，以及最近的汉斯·蔡瑟(Hans Zeisl)[《对马克思价值学说的批判》("Ein Einwand gegen die Marxsche Wertlehre")，《战斗》(*Der Kampf*)，维也纳，1930 年。]和埃米尔·瓦尔特(Emil Walter)[《对劳动价值学说的清算？》("Liquidation der Arbeitswertlehre?")，同上]。他们所有人都将兴趣集中在价值—价格计算问题之上。但是他们仅仅是在这一观点之下开展讨论的，即在多大程度上马克思从价值引申出的生产价格是正确的，并且和马克思价值学说的基础是统一的。没有一个人认识到价值—价格转形问题对于危机问题的意义。

自李嘉图和马尔萨斯以来,资产阶级经济学已经见识了相等利润率的"实际的事实"。但是,无论古典主义者还是后李嘉图学派都没有能够使事实符合价值理论,在理论上陷入死胡同,被迫要么照顾理论放弃事实,要么照顾事实放弃理论。① 正是理论和事实之间的矛盾,以及从抽象的劳动价值规律中引申出一般利润率的不可能性,最终葬送了后李嘉图学派。马克思在他的悼文中说出了该学派解体的原因:"**一般利润率**的形成。……**不理解价值和生产价格[费用价格]的关系。**"②他还特别批评李嘉图将与现实的协调一致视作"**从属于**"一般利润率的,而没有"研究一般利润率的**存在**究竟同价值决定于劳动时间这一规定符合到什么程度",与此同时在实际上"乍看起来倒是**矛盾**的,所以一般利润率的存在还须要通过许多**中介环节**来阐明"③。因此马克思强调了李嘉图的方法在"科学上的不完备性",这在他看来"导致错误的结论",并在李嘉图那里是这样的,他"从商品的**价值**量决定于劳动时间这个规定出发",接下来研究了其他经济关系和经济范畴是否与这个价值规定相矛盾。这一方法的不完备性因而就在于,它"**跳过必要的中介环节**,企图**直接**证明各种经济范畴相互一致"④。

---

① 在马克思看来,"理论家的这种混乱"在于"以前的经济学,或者硬是抽掉剩余价值和利润之间、剩余价值率和利润率之间的差别,以便能够坚持作为基础的**价值规定**,或者在放弃这个价值规定的同时,也放弃了对待问题的科学态度的全部基础,以便坚持那种在**现象**上引人注目的差别"(《马克思恩格斯文集》第7卷,北京:人民出版社,2009年,第188—189页。黑体字由格罗斯曼所为。——译者注)。
② 《马克思恩格斯全集》第1版第26卷(第三册),北京:人民出版社,1974年,第259页。黑体字由格罗斯曼所为。——译者注
③ 《马克思恩格斯全集》第1版第26卷(第二册),北京:人民出版社,1973年,第192页。黑体字由格罗斯曼所为。——译者注
④ 同上书,第181页。黑体字"跳过必要的中介环节"由格罗斯曼所为。——译者注

马克思通过重新构建了这些"中介环节",通过一般利润率的形成理论,以及价值转化为生产价格及商业价格,他使劳动价值理论符合了事实,他使经济理论超越了后李嘉图学派走向崩溃的点。

可是到目前为止对危机和积累问题的整个讨论中,马克思理论研究的这一特别结果却消失了。对罗莎·卢森堡来说,和对奥托·鲍威尔、希法亭与布哈林一样,它并不存在。他们的分析都深陷于远离事实的价值图式的领域,而毫不考虑这一图式只是接近事实的第一步,而没有反映事实本身。他们忽略了,这种没有丰富的"中介环节"的图式不是研究发达**资本主义**生产方式及其**具体形式**——资本"在其现实的运动中"相互对抗——的合适手段。因此恩格斯在《资本论》第二册前言中正确地说道:"第二册的卓越的研究……**仅仅是第三册的内容的引言**,而第三册,将阐明马克思对资本主义基础上的社会再生产过程的研究的**最终结论**。"①因此,《资本论》第二册中在价值图式基础上对再生产过程的描述只包含了这样论证的**引言**,其**结论**要在《资本论》第三册,在价值图式转化为生产价格图式的学说中才会出现。通过这一学说,马克思的思想的链条才获圆满,越过所有阶段最后到达具体现实的逼近方法才告完成。迄今为止,对马克思的讨论是一种奇怪的方式:不是依靠马克思在一切阶段上论证的总体性,而只是坚持从这一圆满的思想链上破裂的"引言",也就是坚持价值图式。上述理论家没有继续发展马克思,而是又回到了这样的原点:"不理解价值和生产价格[费用价格]之间的关系",1850 年前后的后李嘉图学派正是停留在这一点上最后失败的。

---

① 《马克思恩格斯文集》第 6 卷,北京:人民出版社,2009 年,第 25 页。黑体字由格罗斯曼所为。——译者注

马克思、古典政治经济学和动力学问题*

[德]亨里克·格罗斯曼

李乾坤 译

主流观点认为马克思只是古典经济学家们的学生、其工作的收尾人或继任者。① 随之而来就会有一个明确的构想：亚当·斯

---

* 原文题为"Marx, die klassische Nationalökonomie und das Problem der Dynamik"，这篇论文是为《社会研究杂志》(*Zeitschrift für Sozialforschung*) 撰写的。在希特勒政府迫使法兰克福社会研究所逃离德国后，该杂志在巴黎出版。由于战争的关系，原定刊载这篇论文的印刷工作被推迟到1940年春天，其问世则因德国占领巴黎而被阻止。因此，该作品于1941年在纽约以油印的形式首次出版。它或多或少地在人们的视野中消失了，直到1969年，在德国学生运动对马克思主义文献的推动下，作为《马克思、古典政治经济学和动力学问题》(*Marx, die klassische Nationalökonomie und das Problem der Dynamik*, Frankfurt: Europäische Verlagsanstalt) 得以重印。本文译自英译版"Marx, Classical Economics, and the Problem of Dynamics"，收录于《国际政治经济学杂志》(*International Journal of Political Economy*) 2007年夏，第36卷第2号，第6—83页。——编者注

① 维尔弗雷多·帕累托：《社会主义体系》(*Les systèmes socialistes*)，第2卷，巴黎：贾尔和布里埃出版社，1902年，第3章：《马克思主义经济学》("L'économie marxiste")，第340页；阿尔图罗·拉布里奥拉(Arturo Labriola)：《卡尔马克思，经济学家》(*K. Marx, l'économiste*)，巴黎：里维埃出版社(Rivière)，1923年，第2版，第17页；约瑟夫·熊彼特(Joseph Schumpeter)：《学说史与方法史的诸阶段》("Epochen der Dogmen- und Methodengeschichte")，《社会经济学大纲》(*Grundriss der Sozialökonomik*)第1卷，图宾根，1934年，第24页；罗伯特·维尔布兰特：《卡尔·马克思》(*K. Marx*)，莱比锡：托伊布纳出版社(B. G. Teubner)，1920年，第4版，第101页；奥斯卡·恩伦德尔(Oskar Engländer)：《庞巴维（转下页）

密和大卫·李嘉图的劳动价值论的内在本质导致了社会主义的出现,尽管其创造者并没有得出这一结论。马克思自始至终贯彻李嘉图的理论,"供给"最终似乎成为一个约定俗成的用词。① 从政治经济学批判的一般立场来看,如果的确存在"政治经济学和由它自身产生的反对派的发展,是同资本主义生产中所包含的社会对

(接上页)克与马克思》("Böhm-Bawerk und Marx"),《社会科学与社会政策文库》(*Archiv für Sozialwissenschaft und Sozialpolitik*)第60卷,1928年,第380页;"马克思作为一位价值理论家,确实是最后一位古典学派的伟大人物。"[保罗·道格拉斯(Paul H. Douglas):《斯密的价值与分配理论》("Smith's Theory of Value and Distribution"),约翰·莫里斯·克拉克(J. M. Clark)、保罗·道格拉斯、雅各布·瓦伊纳(Jacob Viner)等:《亚当·斯密:1776—1926》(*Adam Smith 1776 - 1926*),芝加哥:芝加哥大学出版社,1928年,第91页。]社会主义者弗兰茨·梅林(F. Mehring)、康拉德·施密特(Conrad Schmidt),尤其是鲁道夫·希法亭,也不例外,他们在马克思身上看到的不是一个对手和征服者,而是"以威廉·配第为开端,并在马克思那里得到最高表达的古典政治经济学"的完成者[弗兰茨·梅林:《德国社会民主党史》(*Geschichte der deutschen Sozialdemokratie*)第2卷,斯图加特:狄茨出版社,1921年,第11版,第305页。];参见弗兰茨·梅林:《马克思和恩格斯的著作遗产》(*Aus dem literarischen Nachlass von K. Marx und Fr. Engels*)第1卷,斯图加特:狄茨出版社,1920年,第3版,第357页;康拉德·施密特:《在马克思的价值规律基础上的平均利润率》(*Die Durchschnittsprofitrate auf Grundlage des Marxschen Wertgesetzes*),斯图加特:狄茨出版社,1889年,第112页;鲁道夫·希法亭:《金融资本》(*Finance Capital*),M. 瓦特尼克(M. Watnick)和S. 戈登(S. Gordon)译,伦敦:劳特利奇和基根·保罗出版社(Routledge & Kegan Paul),1981年,第21页。莫里斯·多布(M. Dobb)并没有在他的新书中超越传统的观点。如果马克思在《资本论》中没有对他的价值理论给予充分的证明,那是因为它不是一个新的或未知的学说问题。"马克思采取的原则是古典政治经济学固有传统中的一部分……因此,马克思与古典政治经济学的本质区别在于剩余价值理论。"[莫里斯·多布:《政治经济学与资本主义》(*Political Economy and Capitalism*),伦敦:乔治·劳特利奇父子出版社,1938年,第3章:《古典政治经济学与马克思》("Classical Political Economy and Marx"),第67—68,75页。]

① "斯密对于交换价值和国民生产分配问题的表述……几乎不可避免地产生了后李嘉图式的社会主义者的学说,从而产生了马克思的劳动价值论和剥削理论。"(保罗·道格拉斯:《亚当·斯密》,芝加哥:芝加哥大学出版社,1928年,第77页。)同样,芝加哥大学的弗兰克·奈特(Frank H. Knight)教授认为,马克思"无疑是在所有其他人之上将古典(李嘉图)理论发展至其逻辑结论的思想家"。[《美国社会学杂志》(*American Journal of Sociology*)1940年第46卷第1期,第105页。]

立以及阶级斗争的**现实**发展齐头并进的"①,我们就不得不说这样的构想是极其可疑的。

马克思将政治经济学的发展过程分为四个时期,其中,第一个时期是"古典经济学",另外三个则是"庸俗经济学"的各个阶段。马克思认为,政治经济学历史处境的同一性将古典政治经济学的代表们划归到统一的思潮中,尽管有时个体的差异十分巨大(例如,配第、休谟和重农学派之间的关系,或是重农学派和亚当·斯密或李嘉图之间的关系)。② 在这种处境下,现代资本主义以及现代工人阶级开始初露头角,而这个时期是无产阶级和资产阶级之间的"阶级斗争不发展的时期"③。

古典经济学是工业资本主义在崛起和接近权力时的反映,它的实践和理论的攻击点并不是仍然弱小的无产阶级,而是旧社会的代表、封建地主和旧式高利贷者。封建形式的地租和"洪水期前的"生息资本"只是刚刚不得不从属于产业资本,处于依附产业资本的地位"④。

在此之前,李嘉图的地租理论就像休谟的经济学批判一样(《论说文集》第四章)⑤直接反对封建土地所有制,尽管他的价值理论对于资本家阶级和无产阶级之间的斗争具有发言权。在其理论中,工业资产阶级仍然是"天真"的:它可以允许自己在未知或未存在的情况下不顾风险和影响寻求真理。因此劳动价值论的成

---

① 《马克思恩格斯全集》第2版第35卷,北京:人民出版社,2013年,第360页。
② 同上书,第89页。
③ 《马克思恩格斯文集》第5卷,北京:人民出版社,2009年,第16页。
④ 《马克思恩格斯全集》第2版第35卷,北京:人民出版社,2013年,第318页。
⑤ 《马克思恩格斯全集》第2版第37卷,北京:人民出版社,2019年,第273—274页。

熟发展无需担心理论暗示了工人阶级和有产阶级之间的矛盾,①或是生产性和非生产性劳动——特别是那些被归为非生产性类别的封建制度的代表职业——之间的区别。

马克思将"古典"的标签赋予了表达这一前沿阵地的作家,正如约翰·洛克对于"非生产性"的封建土地所有权和地租所做的辩论一样;根据他的说法,"这与高利贷并无二致"。这一前沿阵地在古典的"生产性"和"非生产性"劳动理论中尤为突出,有关新兴资产阶级与之前阶级的关系及其观点是相当清晰的。这一理论与古典古代的观点形成了鲜明的反差,"在古典古代,物质生产劳动带有奴隶制的烙印,这种劳动被看做仅仅是有闲的市民的立足基石"②。不仅如此,从封建时期继承下来的社会阶层和职业也都被认为是非生产性的劳动。

按照马克思的理论,古典经济学的话语体系是:

> 还具有革命性的资产阶级说的话,那时它还没有把整个社会、国家等等置于自己支配之下。所有这些卓越的历来受人尊敬的职业——君主、法官、军官、教士等等,所有由这些职业产生的各个旧的意识形态阶层,所有属于这些阶层的学者、学士、教士……**在经济学上**被放在与他们(资产阶级——亨里克·格罗斯曼注)自己的、由资产阶级以及有闲财富(土地贵族和有闲

---

① 参见亚当·斯密《国民财富的性质和原因的研究》第四篇第七章第二节,他在这里解释说,地租和利润吃掉工资。(中译文请参见亚当·斯密:《国民财富的性质和原因的研究》,郭大力、王亚南译,北京:商务印书馆,1974年,第136—161页。——译者注)
② 《马克思恩格斯全集》第2版第33卷,北京:人民出版社,2004年,第364页。

资本家)豢养的大批仆从和丑角同样的地位。他们不过是社会的**仆人**,就像别人是他们的仆人一样。他们靠**别的人勤劳**的产品生活。因此,他们的人数必须减到必不可少的最低限度。①

只要资产阶级还没有直面"真正的生产工人"进行意识的和公开的敌对,而工人同样可以对资产阶级说"它(资产阶级)是靠**别的人的勤劳**来生活的",资产阶级就仍然可以作为"生产劳动的代表"同封建时期的"非生产性阶级"对立。②

在经济发展的过程中,资产阶级巩固了社会力量;它部分控制了国家,并在一定程度上与封建阶级和"意识形态阶层"达成了妥协。与此同时,无产阶级和它的理论代表们登上了历史舞台,并从古典劳动价值论中得出了平等主义和社会主义的结论(即工人阶级对其全部劳动产品具有权利)。在这种情况下,"事情就反过来了",政治经济学从其自身的立场出发,"力求'在经济学上'证明它从前批判过的东西是合理的"③。古典政治经济学从历史舞台上消失了,庸俗经济学——查默斯、麦克库洛赫、萨伊、加尔涅的时代——政治经济学的第二阶段来临了。19世纪二三十年代的庸俗经济学——政治经济学的"形而上学时代"④——是获胜的资产阶级的表现,现在被认为是保守且偏颇的形势分析,其在英国的理

---

① 《马克思恩格斯全集》第2版第33卷,北京:人民出版社,2004年,第363—364页。
② 同上书,第364页。
③ 同上书,第365页。
④ 《马克思恩格斯全集》第2版第35卷,北京:人民出版社,2013年,第19页。也可参见《资本论》第二版跋,马克思认为1830年"敲响了科学的资产阶级经济学的丧钟"(《马克思恩格斯文集》第5卷,北京:人民出版社,2009年,第17页)。

论代表是马尔萨斯。他攻击李嘉图著作中"对旧社会来说是革命的"任何趋势。① 和李嘉图类似,"马尔萨斯希望有资产阶级生产,只要这一生产不是革命的……而只是为'旧'社会造成更广阔、更适宜的物质基础",而资产阶级刚与这个社会达成了妥协。②

出于对已经表达了它的主张的无产阶级批判的恐惧,描述生产性劳动和非生产性劳动之间差别的古典理论如今已经被抛弃了(例如在萨伊和马尔萨斯那里),取而代之的理念是每一种劳动都是生产性的。同样,马尔萨斯通过引入资本主义中的销售问题,将李嘉图针对地主的地租理论的意义变成了它的直接对立面。马尔萨斯的确强调了一般生产过剩的不可避免,它影响着生产的所有环节。但在此基础上,他希望证明非生产性消费者及其阶级的必要性,即**"不是卖者的买者"**的必要性,也就是卖方可以为他们的产品找到一个市场,因而消耗是必要的(包括战争)。③ 最终,李嘉图的劳动价值论被抛弃了。李嘉图将工资定义为社会生产总值的一部分(相对工资),还大力宣扬了资本主义经济中所固有的阶级关系。④ 随着资本主义生产现实对立的进一步发展,李嘉图劳动价值论中的阶级对立理论也开始声名鹊起。"(理论上的)经济学的反对派也已经因此而多少以经济的、空想的、批判的和革命的形式存在。"⑤

威·汤普森(1824),皮尔西·莱文斯顿(1824),托马斯·霍吉斯金(1825、1827年)是英国工人阶级理论的代表,他们从李嘉图

---

① 《马克思恩格斯全集》第 2 版第 35 卷,北京:人民出版社,2013 年,第 53 页。
② 同上书,第 52 页。
③ 同上书,第 18,50—51 页。
④ 同上书,第 30—31 页。
⑤ 同上书,第 360 页。

的劳动价值论中得出了平等主义的结论和要求。① 正如马尔萨斯1832年的文本中所公开承认的那样,②面对这样的要求,古典劳动价值论被一系列微小的改变抛弃,并被重新塑造成一个毫无意义的生产成本理论:具体劳动创造价值的作用被根除了。如今土地和资本同样被看作是特殊的"生产力",即一种价值的创造,而劳动也仅仅被看作是与前者并列的另一个生产要素。这就意味着李嘉图的"作为工人阶级所获得的份额与它所创造的总产量的关系"的工资概念完全破灭了,资本家的利润来源于其资本的"生产力"(而不是劳动)的结果。同样,地租也被看作是土地生产力的结果,这使得古典理论中针对靠收取地租为生的地主的敌意也变得站不住脚、毫无意义。

政治经济学的第三阶段,即七月革命之后的19世纪三四十年代;这是一个阶级冲突加剧的时期,英国(约翰·格雷,1831;勃雷,1839)与法国(贝魁尔)现存社会组织对无产阶级的批判日益增长以及政治组织第一次尝试工人运动:圣西门主义者、毕舍、路易·勃朗(《劳动组织》,1839)、蒲鲁东开始了对生息资本的斗争。所有这一切的结果是,古典经济学迎来了一个越来越庸俗和转型的时期。③ 原始的理论内容终于被彻底摧毁:让-巴蒂斯特·萨伊和马尔萨斯(比如萨伊的比例失调危机理论,马尔萨斯的一般危机理论)仍然承认和强调资本主义的真正矛盾如今已被经济学理论否

---

① 参见"以李嘉图理论为依据反对经济学家的反对派",《马克思恩格斯全集》第2版第35卷,北京:人民出版社,2013年,第209—301页。
② 同上书,第63—64页。
③ 同上书,第347—364页。

定并消失了。在弗雷德里克·巴师夏的著作中(1848),资本主义已然变成和谐的体系。

政治经济学的第四阶段,即1848年之后充分发展的阶级对抗变得清晰可见的时期,在6月的巴黎战役中工人们第一次为自己的目标而战。造成的结果是,李嘉图学派分崩离析,并完全抛弃了实际的理论。一部分思想家放弃了经济学理论,以历史描述(由威廉·罗雪尔领导的旧历史学派)取而代之。① 抑或是,经济学理论退化成一种伪理论,即它完全抛弃了经济现实的领域,从而进入心理学的较高领域(纳索·西尼尔和赫尔曼·海因里希·戈森的作品中主观价值理论的开端,1853)。这也提供了一种从现实的阶级矛盾向价值创造中资本与劳动地位相同的理念转变的途径。

在实践中,生产成本理论和劳动、资本、土地同等创造价值的理论并不令人满意,因为它们代表了一种琐碎的逻辑循环。为了解释价值的形成过程,产品价值被简化为共同生产它的因素的价值;也就是说,价值是根据价值来解释的(在马克思的劳动价值论中,并没有此类循环,虽然劳动创造价值,但它本身不是价值,而是劳动力商品的使用价值)。来自李嘉图左派的批评压力致使生产成本理论不得不被放弃。然而人们并不希望回到劳动价值论,摆脱此窘境的一种方法就是将经济学转化为心理学。西尼尔在他的《政治经济学》中原则上已经完成了这一转变(伦敦,1836)。他采纳亚当·斯密的两种劳动概念之一,不是作为客观的能量消耗(以时间来衡量)而是作为生产一件物品时所使用的主观努力,西尼尔

---

① 《马克思恩格斯全集》第2版第35卷,北京:人民出版社,2013年,第362页。

将劳动描述为一种心理上的牺牲。然后,为了将资本与劳动并列为创造价值的平行因素,前者也必须被转化为心理的数量。由于工资是对努力劳动的回报,所以利息是对储蓄的主观牺牲的回报、对资本的直接消费的放弃。

上面概述的政治经济学各个阶段的发展引出了以下问题:如果李嘉图像一般的古典经济学一样,在资本主义发展的较低阶段,当阶级对立尚不发达的时候,表达了资产阶级利益,那么马克思,这位处在资本主义发展的高级阶段的无产阶级的理论家,能否接手并"完成"古典经济学的理论和范畴——特别是李嘉图的,正如主流观点所认为的那样?一个并不比这种论点更容易接受的肯定的答案是,马克思在对资本主义的社会主义批判中取得的最初的成就在于,他得出了李嘉图的劳动价值论所包含的社会主义结果,简言之,马克思是"由李嘉图转变而来的社会主义者"。由于马克思之前的社会主义者也对资本主义提出过社会主义批判,但这种批判并不能被看作是马克思理论的本质特征。同时,马克思抨击了平等主义的李嘉图左派那种"肤浅的"批判;换言之,他们在李嘉图理论的基础上批判资本主义,只是攻击"资本主义生产方式的特定结果",而不是"各式各样的前提假设"。一个真正的社会主义批判只能基于一个特定的新理论,求助于新的经济学范畴才能进行。

在他的批判中,马克思从物化的价值形式的神秘性入手,也就是从人们进入生产过程的关系表现为财产的物品或事物之间的关系的事实入手;因此,物化的(thing-defined)形式掩盖了人与人之间的真实关系。因此,马克思谈及了所有价值形式的欺骗性表象。与透明的前资本主义剥削形式相对的是,在现代资本主义价值形式中,剥削者和被剥削者之间的关系被掩盖了,因为工资关系,这种支配雇佣劳动者和雇主之间"交换"的价值形式,产生了工人的所有劳动在工资中得到了充分补偿而没有进行无酬劳动的表象。[1]

根据古典理论,所有交换交易都严格遵循价值规律,也就是说,相等的劳动时间总是与相等的劳动时间进行交换;工人和雇主之间的交换关系也要遵循这一原则。然而,对于马克思来说,工人和雇主之间很显然没有进行等价交换。如果工人得到的工资(以劳动衡量)与他或她在劳动中付出的一样多,那么雇主就没有利润和剩余,而基于这种利润的资本主义经济也就不可能存在。[2] 由于事实上存在利润和资本主义,因此等价交换是不可能发生的。马克思竭尽全力证明资本主义和工人之间的交易既是等价交换又是非等价交换,这取决于是在流通领域(市场)还是在生产过程中考虑这种交易。在市场上,工人和雇主之间的等价交换只是交换形式的一种表象。尽管有所谓的等价交换,

> 以商品生产……为基础的……规律……转变为自己的直接对立物。……资本家和工人之间的交换关系,仅仅成为属于流通过程的一种表面现象,成为一种与内容本身无关的并只是使它神秘化的形式。劳动力的不断买卖是形式。其内容则是,资本家用他总是不付等价物而占有的他人的已经对象

---

[1] "在资产阶级社会的表面上,工人的工资表现为劳动的价格。"(《马克思恩格斯文集》第 5 卷,北京:人民出版社,2009 年,第 613 页。)
[2] 《马克思恩格斯文集》第 5 卷,北京:人民出版社,2009 年,第 614 页。

化的劳动的一部分,来不断再换取更大量的他人的活劳动。①

马克思认为斯密的一个伟大功绩是,他至少感觉到围绕着资本和雇佣劳动之间的交换的价值规律存在缺陷;虽然斯密没能阐明它,但他看到"从结果来看,规律实际上是失效了"②。在马克思看来,是交换价值的形式本身使它的真实内容神秘化。"于是,工资的形式消灭了工作日分为必要劳动和剩余劳动、分为有酬劳动和无酬劳动的一切痕迹。"③如同工资形式一样,交换过程中出现的所有其他价值形式都在使现实神秘化。④ 客观化的价值形式(交换价值、地租、利润、利息、工资、价格等)掩盖和颠倒了人与人之间的真实关系,因为它们使这些关系以"物与物的关系的虚幻形式""社会的象形文字""难以理解和神秘莫测"的东西出现。⑤

事实上,古典经济学家试图将神秘的价值范畴转化为"劳动",并相信通过这种方式,他们已经理解了欺骗性表象背后的本质。马克思期望证明,这种解决方案的尝试导致了矛盾,而这些矛盾在古典主义的领域是无法被克服的。回头看一下早期的经济时代就会发现,神秘的价值形式首先出现在商品生产和交换时期。⑥ 如果这些价值形式被归结为"劳动",那么它们的神秘特性必须是伴

---

① 《马克思恩格斯文集》第5卷,北京:人民出版社,2009年,第673页。
② 《马克思恩格斯全集》第2版第33卷,北京:人民出版社,2004年,第64页。
③ 《马克思恩格斯文集》第5卷,北京:人民出版社,2009年,第619页。
④ 同上书,第100—101页;《马克思恩格斯全集》第2版第31卷,人民出版社,1998年,第441—442页。
⑤ 《马克思恩格斯文集》第5卷,北京:人民出版社,2009年,第90—91页;《马克思恩格斯全集》第2版第35卷,人民出版社,2013年,第304页。
⑥ 《马克思恩格斯文集》第5卷,北京:人民出版社,2009年,第76—77页。

随每一个社会进程而来的永恒表象,因为劳动本身无疑是"人类生活得以实现的永恒的自然必然性"①。然而,这与经验相矛盾,是一种古典观点无法克服的矛盾。

对于想要把握思想中的"具体"的马克思而言,不能简单地消除或忽略神秘的价值范畴,然后用其他"真正的"范畴来取代它。尽管神秘,但交换价值的现象仍然是现实的重要组成部分。马克思的意图并不是要消除神秘的一面,用另一面来取代它,而是要证明二者之间的必然联系,并解释在价值现象中具有欺骗性的是什么。因为资本主义现实是双面的,神秘的那一面和不神秘的那一面杂糅在一起形成了一个具体的统一体,那么反映这一现实的理论也必须是一个对立的统一体。

坚持马克思的教导,即货币过程不应被看作是经济事件的主要因素,而只因被视为对经济事件的决定因素的反映,而真正的过程应该在商品的货币面纱背后去寻找,在生产过程中去寻找,这已经几乎成了一种陈词滥调。货币和商品之间公认的两极对立在商品世界自身内反复出现,作为商品的价值和使用价值之间的对立。因为具有欺骗性的不是货币的金属存在,而是其价值特性。② 马克思讽刺地批判了政治经济学"短浅的眼光",他们看到交换价值误导性要素首先是以其"完成"形式即**货币**形式出现,而不是已经以**商品**价值的形式出现,在其中它们相互作为彼此的等价形式。③ 正是在这种等价形式中,马克思发现了一个秘密:在两种商品的

---

① 《马克思恩格斯文集》第 5 卷,北京:人民出版社,2009 年,第 56 页。
② 《马克思恩格斯全集》第 2 版第 42 卷,北京:人民出版社,2017 年,第 20 页。
③ 《马克思恩格斯文集》第 5 卷,北京:人民出版社,2009 年,第 73 页。

"外部对立"中,其中一种"只是当作使用价值",而另一种——货币——"只是当作交换价值",那么在个别商品中已经存在的"使用价值和价值的内部对立"则变得清晰可见。①

这种错觉并不仅仅存在于货币形式,而且存在于一般的价值形式,因此通常来说,真实的经济过程不仅要揭开货币的面纱,还要揭开价值的面纱。

* * *

在《资本论》第一册关于"商品的拜物教性质及其秘密"的部分,②马克思试图揭开交换价值形式的神秘特性。他采取了两种不同的,但基本概念相似的方法。第一种方法是将商品生产时期与没有商品生产、商品交换或交换价值的早期进行历史比较。没有这些东西,在这些时期中也就没有神秘化:人身依附关系以不加掩饰的形式表现出来,也并没有被交换过程所掩盖。③ 马克思提出了三种不同类型的非商品生产经济作为例证:鲁滨逊,中世纪的封建领主和抵押农奴劳动,以及宗法制农民家庭。在这所有三种情况下,物品的生产纯粹是为了使用而满足生产单位自身的需要。由于在这种情形下没有交换价值,"鲁滨逊和构成他自己创造的财富的物之间的全部关系……是如此简单明了"④。商品生产中神秘性与神秘化的一面显然不是来自商品的使用价值,而只

---

① 《马克思恩格斯文集》第 5 卷,北京:人民出版社,2009 年,第 77 页。
② 同上书,第 88 页及以下几页。
③ 同上书,第 93—96 页。
④ 同上书,第 94 页,并参见第 88—90 页。

是与交换过程和交换价值相联系。①

马克思通过比较商品生产本身不同的方面得出了同样的结果：比较其价值方面与使用价值方面，价值增殖过程与劳动过程。简而言之，使用价值提供了洞悉交换价值范畴的神秘特性的方法。早先经济时期的使用价值如同商品生产时代的产品一样，是人类劳动的结果。然而只有在这个时代，这些产品才会具备神秘特性。同样的原因——就劳动而言——并不会出现完全不同的结果。就像早先经济时代的产品一样，仅仅说商品是"劳动"的结果是不够的。相反，我们必须区分赋予了劳动"二重性"的两个不同方面。一方面，木匠、裁缝和织工"具体的""有用的"劳动生产的不是价值而是使用物品，在技术性劳动过程中执行职能，并作为一种"一定的有目的的生产活动"，对自然的占有是所有社会形态的自然强加的必然性。②另一方面，"设定交换价值"的一般人类劳动在价值增殖过程中执行职能，这是劳动的一个方面，仅出现在以交换为特征的特定的社会形态中。只有交换价值出现时，有用的物品才会成为商品。③ 显而易见，只有这第二个方面，即劳动的"设定交换价值"的特征是所有神秘化和拜物教的根源。在古典经济学中简单地将价值形式还原为"劳动"是错误的，因为劳动本身就是一种虚幻的抽象，"只是一个幽灵"④。

---

① "一旦我们逃到其他的生产形式中去，商品世界的全部神秘性，在商品生产的基础上笼罩着劳动产品的一切魔法妖术，就立刻消失了。"(《马克思恩格斯文集》第 5 卷,北京：人民出版社,2009 年,第 93 页。)
② 《马克思恩格斯文集》第 5 卷,北京：人民出版社,2009 年,第 55—56 页。
③ 同上书,第 77 页。
④ 《马克思恩格斯文集》第 7 卷,北京：人民出版社,2009 年,第 923 页。

通过这种方式,马克思区分了商品中所表现的劳动的双重特性,他认为这一成就构成了他的理论中"崭新的"内容。① 马克思以一种非同寻常的自豪感强调了他的发现的重要性:对劳动二重性的分析是"理解政治经济学的枢纽"②。他在这一要素中看到了他的概念和他所有前辈的概念之间的决定性突破。事实上,他的新观点,即经济过程的二维概念,是马克思反复批评古典经济学家理论单维性——只关注价值——所依据的原则。他一再反对古典主义者和他们的追随者没有区分劳动二重性。"古典政治经济学在任何地方也没有明确地和十分有意识地把表现为价值的劳动同表现为产品使用价值的劳动区分开。"③马克思在对威廉·配第④、亚当·斯密⑤、李嘉图⑥和霍吉斯金⑦的特定批判中为这种一般的

---

① 马克思1868年1月8日致恩格斯,《马克思恩格斯文集》第10卷,北京:人民出版社,2009年,第276页。
② 《马克思恩格斯文集》第5卷,北京:人民出版社,2009年,第55页。马克思在他的著作和书信中多次把这一学说描述为他"崭新的"成就,这是他对理解经济现象最初的贡献,例如1859年的《政治经济学批判》和1867年的《资本论》第一册。
③ 《马克思恩格斯文集》第5卷,北京:人民出版社,2009年,第98页注释(31);同样也可参见第238页注释(21)。
④ 反对配第:"把作为交换价值的源泉的劳动和作为……使用价值的源泉的劳动混为一谈。"(《马克思恩格斯全集》第2版第37卷,北京:人民出版社,2019年,第467页。)
⑤ 反对斯密:"他没有区分劳动本身的二重性,这就是,劳动作为劳动力的耗费创造价值,而作为具体的有用的劳动创造使用物品(使用价值)。"(《马克思恩格斯文集》第6卷,北京:人民出版社,2009年,第418页;参看第426页。)
⑥ 反对李嘉图:"李嘉图没有研究的,是劳动借以表现为商品的统一体的**特殊**形式。……没有对表现在使用价值上的劳动和表现在交换价值上的劳动加以应有的区别。"[《马克思恩格斯全集》第2版第35卷,北京:人民出版社,2013年,第148页;同样也可参见《马克思恩格斯文集》第5卷,北京:人民出版社,2009年,第99页注释(32)和第238页注释(21)。]
⑦ 反对霍吉斯金:"霍吉斯金的错误在于:在研究资本的生产性时,他没有区分开在什么程度上涉及使用价值的生产,在什么程度上涉及交换价值的生产。"[《马克思恩格斯全集》第2版第35卷,北京:人民出版社,2013年,第244页;也可参见C. 克普(C. Koepp):《马克思与霍吉斯金的剩余价值理论之间的关系》(*Das Verhältnis der Mehrwerttheorien von K. Marx und Th. Hodgskin*),维也纳:科尼根出版社(Konegen),1911年,第32、34、39页。]

反对意见给出了更具体的理由。这足以证明,在这里我们处于马克思相对于古典经济学家而言的创新的核心。新构想的重要意义在于马克思使用它来消除纯粹的交换价值范畴的欺骗性,从而为进一步研究资本主义生产奠定基础;这种基础使他得以看到价值面纱的背后,理解这种生产方式之间真正的相互联系。

* * *

马克思讨论他与古典派的关系,并解释他所声称的在政治经济学发展中的地位的段落,尤其证实了我们分析的结果。

《政治经济学批判》(1859)与《资本论》中的这些段落,表明马克思认为古典政治经济学已经基本完成,是李嘉图完成了它,因为在他那里"政治经济学无情地作出了自己的最后结论并以此结束"[①]。马克思认为,约翰·斯图亚特·穆勒试图超越这一界限来发展古典政治经济学,使古典理论与工人阶级的要求相适应的努力,是一种"平淡无味的混合主义",并"宣告了'资产阶级'经济学的破产"[②]。马克思自己能否再次完成已经完成的工作,并"进一步发展"已得出的结论?根据马克思自己的设想,他对古典理论秉持最尖锐的反对立场,这不仅针对如工资、租金、危机等详细理论,还针对经济学的理论基础。因此,他的目标不是进一步发展古典

---

① 《马克思恩格斯全集》第 2 版第 31 卷,北京:人民出版社,1998 年,第 455 页;马克思在《资本论》第二版的跋中也表达了类似的观点(《马克思恩格斯文集》第 5 卷,北京:人民出版社,2009 年,第 16 页)。
② 《马克思恩格斯文集》第 5 卷,北京:人民出版社,2009 年,第 17 页。

理论,而是"使一门科学革命化的**科学尝试**"①。

马克思清楚地解释了这种"革命化"的构成:在《政治经济学批判》开篇中,他首先论及了成熟的商品二重性,并在书的"历史"部分中,对他的理论定位及其与前人理论的关系作了说明。"把商品归结于二重形式的劳动,即把使用价值归结于实在劳动或合乎目的的生产活动,把交换价值归结于劳动时间或相同的社会劳动,是古典政治经济学一个半世纪以上的研究得出的批判性的最后成果;古典政治经济学在英国从威廉·配第开始,到李嘉图结束,在法国从布阿吉尔贝尔开始,到西斯蒙第结束。"②因此我们在这里有两种理解之间的对比:一个(英国人)主要致力于交换价值,另一个(法国人)则致力于使用价值。因此,每一个都只抓住了现实的一个方面。只有在这种历史背景下,马克思自己的理论立场才会清晰地显现出来;也只有在这种背景下,我们才能理解马克思把他对劳动的二重形式的发现描述为是"古典政治经济学一个半世纪以上的研究得出的批判性的最后成果"。马克思的劳动二重性理论只有通过成为这两种理解的批判性的综合时,才是这两种理解的进一步发展。

接下来的分析旨在证明,马克思基于他得出的新观点从根本上改变了从古典经济学中继承下来的最重要的范畴:对于马克思来说,它们都兼具价值和物质的方面。

商品是一个二重实体,是交换价值和使用价值的统一体。这

---

① 马克思1862年12月28日致库格曼,《马克思恩格斯文集》第10卷,北京:人民出版社,2009年,第197页。
② 《马克思恩格斯全集》第2版第31卷,北京:人民出版社,1998年,第445页。

是由于它的起源——劳动——具有二重性,它不仅必须在商品中体现自身,而且必须在所有劳动成果中体现自身。商品是交换价值和使用价值的统一体。① **资本主义生产过程**是技术性劳动过程和价值增殖过程的统一体。② 然而通过人类活动,劳动过程中的生产资料、原材料和辅助材料皆转化为物质产品(使用价值),在价值增殖过程中被创造的新价值超过了生产过程中的使用价值,产生了剩余价值及其衍生品(工业利润、租金、商业利润、利息等)。这种二重性在资本主义生产过程的管理中更加明显,其必要性来源于劳动分工,来源于所使用的生产资料数量的增加和控制其适当使用的需要。一方面,管理职能,由于它来源于以劳动分工为特征的社会劳动过程,在每一种生产方式中都是必要的,就像管弦乐队中指挥的职能一样。另一方面,在资本主义生产方式中,资本家通过对资本的所有权来行使他的管理职能;这是"从这一过程的资本主义的、从而对抗的性质产生的"③。社会总资本的再生产过程也"不仅是价值补偿,而且是物质补偿,因而既要受社会产品的价值组成部分相互之间的比例的制约,又要受它们的使用价值,它们的物质形态的制约"④。**工资**范畴也具有二重性。工人在劳动力市场上出卖的不是"劳动",即活动,因为劳动不是在市场上行使的,而是"劳动力"商品,即劳动能力,为此他或她获得了作为对立物的交换价值,即工资(就像在出售任何其他商品一样)。只是在晚些时候,

---

① 《马克思恩格斯文集》第5卷,北京:人民出版社,2009年,第47—50页。
② 同上书,第204—205、229—230、358—361页。
③ 同上书,第386页。
④ 《马克思恩格斯文集》第6卷,北京:人民出版社,2009年,第438页。

在劳动过程中,也就是在市场之外,这种劳动力才被激活,即被雇主所利用。① 剩余价值是直接从劳动的这种使用价值中获得的。这种将古典的(雇佣)劳动范畴划分为交换价值和使用价值两个方面的做法,有可能避免古典思想家们自身所陷入的矛盾。

资本的范畴也具有二重性。古典经济学家将其区分为固定资本和流动资本。马克思接受了这种区分,但赋予了它完全不同的含义,即固定资本的价值和使用价值的区别也具有决定性的作用。在流通领域内,古典派在固定资本和流动资本之间所做的区分是毫无意义的。这种区分只有对生产资本,即在生产领域内,在劳动过程中,才是有意义的。② 作为货币或商品,资本既不是固定资本,也不是流动资本。③ 它们的物质基础形塑了固定部分和流动部分之间使用形态的区别,它们作为劳动过程的要素执行职能④:流动资本在一个工作周期内被消耗,然而固定资本因其自然形式的耐用性"在一系列反复的劳动过程中"执行职能。由于耐用性不同——从而在时间方面——导致固定资本作为价值⑤和使用价值在自然状态下以完全不同的方式得到补偿。从补偿方式的区别出发,即便在简单再生产的假设下,马克思也推导出了周期性危机必然发生。⑥

---

① 《马克思恩格斯文集》第 5 卷,北京:人民出版社,2009 年,第 207—208 页。
② 《马克思恩格斯文集》第 6 卷,北京:人民出版社,2009 年,第 227—228、213、224、186—187 页。
③ 同上书,第 214、226—228 页。
④ 同上书,第 176 页及以下几页、第 180 页及以下几页、第 186—187 页。
⑤ 同见书,第 220—221、246、186—187、250—251 页。
⑥ 参见《资本论》第三册第二十章第Ⅺ节(《马克思恩格斯文集》第 6 卷,北京:人民出版社,2009 年,第 501—526 页),货币形式(第 506 页)和实物形式(第 511 页)的"固定资本的补偿"。

资本有机构成的范畴是相似变化的结果。李嘉图对资本密集型和劳动密集型的生产领域加以区别,这对于他的利润理论很重要,但这纯粹是在价值方面做出的区分。马克思在李嘉图的范畴之内区分了价值和使用价值,在综合中将它们统一起来。① 因此,有机构成的范畴摇身一变,呈现出一种完全不同的功能,不仅像李嘉图一样用于解释利润,也是资本主义积累"最重要的因素"。②

最终,同样的二重性出现在**平均利润率下降**的范畴当中,这是马克思体系的核心,即"资本主义生产的推动力"③。《资本论》反复强调"潜藏在商品中的使用价值和价值的内部对立",并解释了这种对立与资本主义生产一起发展和增长。④ 商品中的使用价值和价值的对立存在在哪里以及为什么它具有越来越广泛的维度,迄今为止还没有作为一个问题被探讨。如今在《资本论》第三册中有关利润率趋向下降的叙述⑤,当与第一册中有关劳动生产力发

---

① "资本的构成要从双重的意义上来理解。从价值方面来看……[和]从在生产过程中发挥作用的物质方面来看……我把前一种构成叫做资本的价值构成,把后一种构成叫做资本的技术构成。"它们之间的相互关系被叫作**有机**构成,它在"由资本技术构成决定并且反映技术构成变化"的价值构成中体现自身。《马克思恩格斯文集》第5卷,北京:人民出版社,2009年,第707页。也可参见《马克思恩格斯文集》第7卷,北京:人民出版社,2009年,第160—161、173—174页;《马克思恩格斯全集》第2版第34卷,北京:人民出版社,2008年版,第306页。)(引文中的"[和]"为译者所补充。——译者注)

② 《马克思恩格斯文集》第5卷,北京:人民出版社,2009年,第707页。资本的技术构成和价值构成之间的区别的重要性,从马克思为它们创造了完全不同的术语表达这一事实中就可以立即看出:物质形式的技术构成用符号 MP:L[生产资料(means of production)与劳动(labor)的关系]来表示,价值构成用符号 c:v[不变资本(constant capital)与可变资本(variable capital)的关系]来表示。(《马克思恩格斯文集》第5卷,北京:人民出版社,2009年,第242—244页。)

③ 《马克思恩格斯文集》第7卷,北京:人民出版社,2009年,第288页。

④ 《马克思恩格斯文集》第5卷,北京:人民出版社,2009年,第77、106、124、135页;《马克思恩格斯全集》第2版第35卷,北京:人民出版社,2013年,第56—57页。

⑤ 《马克思恩格斯文集》第7卷,北京:人民出版社,2009年,第235—238页。

展的叙述结合时①,就会发现马克思也从劳动二重性中发展了这一范畴,也就是从劳动生产力提高的情况下价值与使用价值量的反向运动中发展了这一范畴。社会越富有,劳动生产力的发展就越快,在一定劳动时间内生产的有用的物品也就越多;但与此同时,这些物品的价值也就越小。由于劳动生产力的提高,越来越多的生产资料(MP)总是由相对较少的劳动力(L)所使用,而使无酬劳动的部分(剩余价值或利润)同样必然逐步下降。因此不断增长的社会财富以资本主义的术语表达了这一事实,即一定的资本显示了利润[率]的下降趋势。利润[率]这一调节和驱动资本主义机制的因素下降,使得机制的进一步存在受到质疑②:使用价值量越大,利润率(按价值计算)下降的趋势就越强。

然而,在对马克思主义经济学的解读中,为了将马克思主义融入古典理论的思想进路,主流理论已经根除了上述劳动二重性的全部理论——而这正是马克思主义所特有的、与古典经济学区分开来

---

① 《马克思恩格斯文集》第5卷,北京:人民出版社,2009年,第59—60页。
② 作为这一推导的进一步依据,我们应当注意到,随着劳动生产力,即始终是"有用的、具体的劳动的生产力"(《马克思恩格斯文集》第5卷,北京:人民出版社,2009年,第59页)的发展,同样的劳动创造出越来越多的使用价值,即物质财富,但是价值量可能会相应下降。"这种对立的运动来源于劳动的二重性。"(同上。)现在,资本主义生产方式的一个经验规律是,资本主义生产方式的发展带来了可变资本相对于不变资本的减少。"这只是说……同数工人……会在同一时间内推动、加工、生产地消费掉数量不断增加的劳动资料,机器和各种固定资本,原料和辅助材料。"(《马克思恩格斯文集》第7卷,北京:人民出版社,2009年,第236页。)"这也只是劳动的社会生产力不断发展的另一种表现。"(同上。)对于使用价值来说,越来越多的有用物品代表着越来越少的价值。"因为所使用的活劳动的量,同……对象化劳动的量相比……不断减少,所以,这种活劳动中……的无酬部分同所使用的总资本的价值量相比,也必然不断减少。"简言之:"因此,一般利润率日益下降的趋势,只是劳动的社会生产力的日益发展**在资本主义生产方式下所特有的表现**。"(同上书,第237页。)

的理论。这一融合显然不是一个简单的意外,从贝奈戴托·克罗齐认为这实质上是主流理论的优点这一事实中可以看出①:证明古典理论站不住脚,本质上是为了证明马克思的理论无效。②

* * *

自一开始,理论政治经济学就是抽象的交换价值学说;当它自身关注生产时,它关注的只是价值领域而忽略了劳动过程。③ 随着边际效用理论和数理学派的兴起,理论越来越排斥分析具体生产过程,而只关注它的预设和框架;分析的重点几乎完全集中在一定市场规模之间的关系上。其结果就是,它的静态特征无法解释经济动态结构的转变。马克思经济学理论标志着对这两种倾向的原则性转向。

资本主义生产方式是由交换价值与增殖的交换价值($M-M'$)之间的关系所决定的。古典理论作为资产阶级经济类型的准确表

---

① "On a pu même incorporer aux doctrines économiques admises celles de Marx, qui paraissait révolutionnaires et qui ne sont que des schémas d'une casuistique particulière."[我们甚至可以将马克思的经济学理论纳入公认的经济学学说中,他的学说看起来是革命性的,但只是一种特殊的诡辩图式。][贝奈戴托·克罗齐(Benedetto Croce):《实践哲学》(*Philosophie de la pratique*),巴黎:费利克斯·阿尔康出版社(Félix Alcan),1911年,第235页。]
② 在一本纪念《国富论》出版150周年的书中,保罗·道格拉斯试图证明"亚当·斯密对价值理论的贡献并不大",这必然导致马克思理论和古典经济学的失败:"失败不是一个人的失败,而是一种价值哲学的失败,《资本论》第三册中向世界展示的最终矛盾的根源就在《国富论》第一卷中。"(保罗·道格拉斯:《斯密的价值与分配理论》,约翰·莫里斯·克拉克、保罗·道格拉斯、雅各布·瓦伊纳等:《亚当·斯密:1776—1926》,芝加哥:芝加哥大学出版社,1928年,第95页。)
③ "每一个有关经济过程的理论的关键点都是价值和利息的理论……五分之四的经济理论文献都是关于它们的研究或争论。"[约瑟夫·熊彼特:《欧根·冯·庞巴维克》,《新奥地利学派传记》(*Neue österreichische Biographie*)第2卷,维也纳:阿玛耳忒亚出版社(Amalthea),1935年,第67页。]

达,从来都不过是抽象的交换理论。① 亚当·斯密在《国富论》开头的确强调了劳动分工是财富的来源。一个民族的财富积累来源于大量的劳动成果,即有用物品的供应。然而随着工作的继续进行,他忘记了使用价值,并没有进一步用它来进行经济分析。② 当然,他也论及物质关系和结构关系,但完全是描述性的。他的学说是一种抽象的交换价值理论。供需之间的社会均衡决定了"天然的"价格,这完全是一种价值的均衡。③

李嘉图在《政治经济学及赋税原理》的第二十章中也是如此。李嘉图敏锐的洞察力完全指向价值(利润),而在他的分析中,商品使用价值方面的作用并没有体现出来。工人阶级的生活依赖于一个资本能够购买的使用价值量。在这一点上,企业主只对交换价值感兴趣,或者只对增殖的交换价值也就是利润感兴趣。在一个如今已十分著名的主张中,李嘉图表达了这一点,即对于一个拥有2万法郎资本,每年获得利润2000法郎(10%)的雇主来说,"不管他的资本是雇100个工人还是雇1000个工人,都是完全无关紧要

---

① 因此,马克思提及古典经济学家"着重量和交换价值",与"只注重质和使用价值"的"古典古代的著作家(柏拉图,色诺芬)""截然相反"。(《马克思恩格斯文集》第5卷,北京:人民出版社,2009年,第422页。)
② 参见埃尔斯特(Elster):《亚当·斯密的学说与所谓的"古典国民经济学家"的学说》("Adam Smiths Lehre und die Lehren der sogenannten 'Klassiker der Volkswirtschaftslehre'"),《经济学词典》(*Wörterbuch der Volkswirtschaft*)第4版第3卷,耶拿:费舍尔出版社,1933年,第213页。也可参见 G. H. 博斯凯(G. H. Bosquet):《关于经济学思想演变的论文》(*Essai sur l'évolution de la pensée économique*),巴黎:马塞尔·贾尔出版社(Marcel Giard),1927年,第199页;以及冈纳·缪尔达尔(Gunnar Myrdal):《国民经济学学说发展中的政治要素》(*Das politische Element in der nationalökonomischen Doktrinbildung*),柏林:容克尔和丁豪普特出版社(Junker und Dünnhaupt),1932年,第95页。
③ 参见埃尔斯特:《亚当·斯密的学说》,同上,第215页。

的……只要利润不低于2 000法郎就可以了"。① 一个给定的资本雇佣100个工人还是1 000个工人取决于具体的经济结构。但这些对于李嘉图来说都是一样的。马克思指出,李嘉图唯一关心的是纯收入(纯利润),即价格超过成本的部分(价值问题),而不是总收入,即维持劳动人口所需的使用价值量。对于后者,李嘉图只从成本的角度去理解,即尽可能地压低成本。用马克思的话来说,"由于国民经济学否认总收入,即除了价值剩余之外的生产和消费的数量的一切意义,从而否认生活本身的一切意义,所以它的抽象**无耻**到了极点"②。

李嘉图的主要兴趣在于分配理论:"确立支配……分配的法则,乃是政治经济学的主要问题。"(《政治经济学及赋税原理》一书的序言)③在写给马尔萨斯的一封信中,他将政治经济学称为一种关于支配一定数量的财富在不同社会阶层中的分配规律的理论。他认为确定这一给定整体的各个部分之间的数学关系是"科学的真正目的"④。因为这个出发点,所以李嘉图的方法是先验和演绎

---

① 这实际上是对李嘉图评论的一种转述:"如果纯收入不会减少,那么总收入的价值究竟是三千磅、一万磅还是一万五千磅,对于资本家又有什么关系呢?"(大卫·李嘉图:《政治经济学及赋税原理》,《大卫·李嘉图全集》第1卷,彼罗·斯拉法主编,M. H. 多布助编,郭大力、王亚南译,北京:商务印书馆,2013年,第332页。)——译者注
② K. Marx:"Aus den Excerptheften", in: *Marx-Engels-Gesamtausgabe*, Part Ⅰ, Vol.3, Berlin, 1932, pp.514ff.中文参见马克思:《〈巴黎笔记〉选译》,《马恩列斯研究资料汇编(1980年)》,北京图书馆马列著作研究室编,北京:书目文献出版社,1982年,第39页。译文有所改动。——译者注
③ 大卫·李嘉图:《政治经济学及赋税原理》,《大卫·李嘉图全集》第1卷,彼罗·斯拉法主编,M. H. 多布助编,郭大力、王亚南译,北京:商务印书馆,2013年,第1页。——译者注
④ "你认为政治经济学研究财富的性质和原因。我认为不如此,它研究决定劳动产品在共同生产它的诸阶级之间分配的规律。不能确定关于数量的规律,但能够相当正确地确定一个关于比例的规律。"(李嘉图1820年10月9日致马尔萨斯,《大卫·李嘉图全集》第8卷,彼罗·斯拉法主编、M.H.多布助编,寿进文译,北京:商务印书馆,2013年,第264页。)

的；他的理论可以从少量的前提当中推演出来。古典理论与其说是对构成资本主义生产方式的实际的经济关系的研究和陈述，不如说是一个逻辑推理体系。

在后古典经济学中，这种避免分析现实劳动过程的倾向变得更加强烈。劳动价值原则包含着一个革命性的要素。这意味着，正如古典理论家们自己指出的那样，在现有的社会秩序下，工人们并没有得到他们全部的劳动成果，而租金和资本回报都是从中扣除的。当英国平等主义的李嘉图学派解释工人们得到全部劳动成果的社会形式基本上是唯一正确和"天然的"社会形式时，他们仅仅只是从经典劳动价值论中得到了一个隐藏的结论。[1]

李嘉图的右翼追随者对李嘉图左派的这种理论转向作出了反应，变得越来越保守。他们感觉到李嘉图的价值理论对阶级和平的威胁。[2] 对生产过程和劳动过程的分析被回避了，以便绕过劳动价值论这一尴尬问题及其对分配和现有社会秩序的危险后果。经济学家把自己限制在分析市场现象即交换上，根据巴师夏的说法，"L'échange, c'est toute l'économie politique"[3]。根据洛桑学

---

[1] 尤其参见托马斯·霍吉斯金《保护劳动反对资本的要求》[Labour Defended Against the Claims of Capital，伦敦：奈特和莱西出版社（Knight and Lacey），1825年]一书中关于工人对全部劳动成果拥有权利的明确表述。

[2] 例如，参见查尔斯·奈特（Charles Knight）的《工业的权利（第1卷）：资本和劳工的权利》[The Rights of Industry (Volume. 1): Capital and Labor，1831年]一书，该书大力抨击了包括霍吉斯金在内的现有产权制度的所有敌人，将他们描述为"人民的邪恶敌人"，是"破坏者"和"破坏的使徒"。不久后，凯里写下了最清晰的表述："李嘉图的体系是一个不和谐的体系……它会产生阶级之间的仇恨……他的书是为通过没收土地[平均地权论（agrarianism）]、战争和掠夺来争取权力的煽动家所准备的真正指南。"[亨利·凯里（H. Carey）：《过去、现在和将来》（The Past, the Present, and the Future），费城：凯里和哈特出版社（Carey & Hart），1848年，第74—75页。]

[3] "交换是政治经济学的全部"；参看 G. H. 博斯凯：《论文》，第226页。

派创始人莱昂·瓦尔拉斯的说法,政治经济学是"la théorie de la valeur d'échange et de l'échange; au contraire il [Walras] nous interdit d'étudier objectivement la production et la répartition"①。

由于急于避免对抗占主导地位的财产利益,经济学家们使出浑身解数让理论尽可能抽象和形式化,摒弃了质的具体的内容。② 简言之,他们试图在市场理论的基础上建立一种分配理论,以便通过分类理论证明,所有的生产要素都按其对产品的贡献比例得到报酬,因此工人得到的工资全额补偿了他或她的劳动。③

同样是在早期,第二条发展路线也开始显现,它出于相同的需要而逃离现实,促使经济学理论进入另一个领域,即心理学。这一趋势始于让·巴蒂斯特·萨伊,他不把商品的使用价值当作物理

---

① "交换价值和交换的理论;相反,他[瓦尔拉斯]禁止我们客观地研究生产和分配。"(G. H. 博斯凯:《论文》,第 208 页。)事实上瓦尔拉斯将他的分析限制在了交换关系上。他只需要一个词来描述整个"生产过程",用一个符号——"生产系数"概念——来代替,用它来理解用来制造一个单位产品的生产资料的数量。然后以一种纯形式的方式,为每个单元产品分配一个相应的"生产系数","生产过程"因此就被处理好了。

② 奥古斯特·瓦尔拉斯在写给儿子莱昂的信(1859 年 2 月 6 日)中清楚地表达了这一动机:"Une chose qui me plaît parfaitement dans le plan de ton travail, c'est le projet que tu as et que j'approuve de tous points, de te maintenir dans les limites les plus offensives à l'égard de M.M. les propriétaires. Cela est très sage et très façile à observer. Il faut faire de l'économie politique comme on ferait de l'acoustique ou de la mécanique."[你的工作计划中,有一件事让我特别高兴,那就是你打算在涉及那些拥有财产的先生们时,保持在最无冒犯的限度之内,这一点我完全赞同。这是非常明智且轻而易举的。一个人必须像实践声学或力学那样实践政治经济学。]L. 莫德斯特·勒鲁瓦(L. Modeste Leroy):《奥古斯特·瓦尔拉斯:生平与作品》(*Auguste Walras, sa vie, son oeuvre*),巴黎:法与法学综合书店(Librairie Générale de Droit et de Jurisprudence),1923 年,第 289 页。

③ 约翰·贝茨·克拉克不断努力地证明这样一个观点,即自由竞争下的价格形成准确地分配给每个人与他的生产努力相对应的东西:"自然规律只要不受阻碍,就可以排除一切剥削。"他在与冯·杜能的论战中声称"工资的自然规律提供出……道德上正当的结果"。(克拉克:《财富的分配》,陈福生、陈振骅译,北京:商务印书馆,1959 年,第 244 页。译文有所改动。——译者注)

现象，而是当作心理量级，即物品的主观效用，他在这些"服务"的基础上构建了主观价值理论。从萨伊到英国的西尼尔(1836)、法国的杜普伊茨(1844)和德国的赫尔曼·海因里希·戈森(1854)，主观价值理论导致边际效用理论成为一般享乐主义理论，政治经济学的研究对象从事物和社会关系的领域转移到主观情感的领域。"庞巴维克对价值的主观分析包含了迄今为止所记录的对快乐和痛苦最精确、最合理的计算"①，正如庞巴维克的"第十个说明"，即"关于情感的可测性"中所示。生产过程就这样被忽视了。② 他仅仅分析了市场现象，试图用人性来解释它们。

更高层次的抽象表现为试图将经济学变成一种"精确的"数学科学，从而无视经济现象的任何质的内容——把市场现象纯粹看作是"经济数量"，并在数学方程中尽可能地体现它们。在现代理论中，可能熊彼特对这种倾向表达得最为清晰。③ 就像所有物质

---

① 冈纳·缪尔达尔:《政治要素》，第 152 页；参见庞巴维克:《资本实证论》(*Positive Theorie des Kapitals*)，Part Ⅱ/2，耶拿：费舍尔出版社，1921 年，第 205—225 页。
② 当然，人们可以反对说，我们可以在庞巴维克的《资本实证论》中找到关于"迂回生产"(第 2 版，耶拿：费舍尔出版社，1902 年，第 15 页)和"资本主义生产过程"(第 81 页)的著名章节。但是，指望庞巴维克真实地描述资本主义生产过程，则是一个错误。我们只找到一般性的规定，这些规定并不试图抓住资本主义生产时代的具体特征，而是打算使其抽象的一般性对所有时期都有效；因而断言消费品可以通过两种方式制造：直接制造，即从高高的树枝上摘下野果；间接制造，即先从另一棵树上砍下一根枝条，然后用它将果子打下来(第 87 页)。如果有人为自己制造了这样一种"中间产品"即工具，那么他就为自己提供了"资本"，并进行了"资本主义生产"，庞巴维克认为这与一切迂回生产相同。

　　这种概念是基于对价值增殖过程和技术性劳动过程的小小的误解，因此对庞巴维克来说，每一种工具都已经是"资本"了，而使用船只捕鱼的美洲土著人或祖鲁人已然是"资本家"，并进行着"资本主义生产"(第 86 页)。根据庞巴维克的术语，资本主义生产在最原始的文化层面就已经存在了。
③ 约瑟夫·熊彼特:《理论国民经济学的本质和内容》(*Das Wesen und der Hauptinhalt der theoretischen Nationalökonomie*)，莱比锡：东克尔和洪布洛特出版社(Duncker & Humblot)，1908 年，第 50 页及以下几页。

经济关系一样,生产过程没有被纳入分析之列。根据熊彼特的说法,经济关系的本质在于"经济数量之间"的关系。这实际上还原为交换关系,经济数量之间的所有其他关系都被忽略了,因为它们是不重要的。

总而言之,我们可以说,尽管理论学派和倾向自古典经济学以来的一个世纪里发生了很大的变化,但它们有一个共同的特点,那就是把实际劳动过程和它所涉及的社会关系从理论分析中排除出去。①

马克思的批判——同旧历史学派一样——针对的是政治经济学抽象的、价值导向的分析模式。然而,后者希望通过浅显地和不加区分地调动生产、消费、商业、税收、农民和工人阶级等方面的历史或统计资料,来克服古典派的理论推导的抽象的"绝对"特性;这方法上仍然是纯粹描述性的,因此在实践中否定了理论知识的可行性。相比之下,马克思给自己设置了"揭示现代社会的经济运动规律"②的任务。这不能通过从"现实世界"抽离出来,而只强调作为"经济总量"的那一面来完成。这类程序不是政治经济学,而是"政治经济学的形而上学",它通过它的抽象手段越来越远离物体,而自以为"越来越接近,以至于深入物体"③。现实并不只是由价值构成,而是价值和使用价值的统一体,马克思的批判始于经济现象的二重性,资产阶级经济模式的本质特征是由价值增殖过程

---

① 有一个例外:由施莫勒(Schmoller)领导的德国历史学派。然而,由于其描述性、折中性及其对理论的反感,我们不得不在这里略过该学派。
② 《马克思恩格斯文集》第5卷,北京:人民出版社,2009年,第10页。
③ 《马克思恩格斯文集》第1卷,北京:人民出版社,2009年,第600页。

与技术性劳动过程的特殊联系所赋予的。主观上,企业主的确只对价值、他的资本的价值增殖和利润方面感兴趣。然而,他只能通过技术性劳动过程来实现他对利润的追求,在这个过程中产生了产品和使用价值。此外,资本主义时期对这一劳动过程给出了特定的标记,它从满足需求的手段变成了价值增殖过程的一种工具。① 马克思批评之前的经济学家只考察了经济学中孤立的个别层面,而不是它的具体的整体。

重商主义者的货币体系仅在流通领域内分析货币形式的资本循环。对于这个问题,重农主义者(魁奈)进行了更深层次的研究,尽管他们认为经济过程是一种永恒的商品循环,因为新价值的产生本身并不是人的工作,而是自然的工作。最终,古典经济学家(亚当·斯密、李嘉图)确实把生产过程作为分析对象,但只是在它是一个价值增殖过程的范围内。因此,他们通过生产间接地采用了构成重商主义基础的相同准则。② 相比于前人,马克思强调生

---

① "在资本主义生产方式下,劳动过程只表现为价值增殖过程的一种手段。"《马克思恩格斯文集》第5卷,北京:人民出版社,2009年,第653页。参见《马克思恩格斯文集》第6卷,北京:人民出版社,2009年,第427页。
② 马克思认为,在危机中,资本主义生产和重商主义之间的这种更深层次的关系格外引人注意。当所有的价值和价格都屈服于暴力的破坏时,人们就突然开始寻找价值稳定的金属货币——黄金储备——作为在普遍不安全中唯一安全的事物;"完全像货币贮藏者所理解的",它成了"至善"(sumum bonum)。这种货币贮藏表明,基于抽象交换价值的生产方式的自然结果是"一切物质财富在实际上贬值或丧失价值",因为抽象价值旁边的"其他一切商品,正因为它们是使用价值……表现为无用之物,表现为废物、玩具"(《马克思恩格斯全集》第2版第31卷,北京:人民出版社,1998年,第541页)。尽管在这里政治经济学自以为比重商主义优越,并攻击它是"纯粹的幻想"和"虚构",但它共享了重商主义的"基本前提"。因此,重商主义"不仅保留着历史的权利,而且在现代经济的一定领域中也完全享有它的公民权"。(同上书,第554页;参见《马克思恩格斯文集》第7卷,北京:人民出版社,2009年,第608、648—649、670页。)

产过程的决定性作用,不仅仅将其单纯地理解为一种价值增殖过程,同时也理解为一个劳动过程。与此同时,资本循环的另外两种形式——货币和商品——也不能被忽视。资本主义现实是循环的统一体:流通过程(货币和商品的流通)和生产过程的统一体(价值增殖过程和劳动过程的统一体)。根据马克思的理论,只有作为价值增殖过程和劳动过程的统一体,生产过程才能形成"资产阶级制度的生理学——对这个制度的内在有机联系和生活过程的理解——的基础、出发点"。① 如在古典理论那里,当生产过程纯粹被理解为一个价值增殖过程的时候,它呈现出"宝藏"的特征,迷失在抽象中而无法把握真实的经济过程。②

由于李嘉图的价值范畴是对具体现实,即价值增殖过程的一种表达,尽管是片面的,马克思在原则上接受并进一步发展了它们。但与此同时,马克思以生产的物质方面来完善它们完全以价值为中心的抽象性,以此修改了价值范畴,使它们的二重性得以体现。马克思对李嘉图价值范畴的批判以及对其所做的改变,与他对黑格尔辩证法的批判和改造的方向一致。③ 这两种批判本质上都反对李嘉图价值范畴和黑格尔辩证法所共有的抽象的、封闭的特征,因为它们都是从"现实的规定性"中抽象出来的。在马克思

---

① 《马克思恩格斯全集》第2版第34卷,北京:人民出版社,2008年,第183页。
② 因此,对于马克思来说,只有在技术性劳动过程中执行生产使用价值的职能的具体劳动,才是"真正的""实在的"劳动(参见《马克思恩格斯全集》第2版第31卷,北京:人民出版社,1998年,第446—447、450—451页),而生产交换价值的抽象劳动只是劳动的"资产阶级形式"(同上书,第448—449、453—454页)。"生产交换价值的劳动只能是资产阶级性质的"(同上书,第453页),而正是这种生产交换价值的劳动要对所有的市场灾难、通货紧缩、生产过剩、经济放缓等负责(参见《马克思恩格斯全集》第1版第4卷,北京:人民出版社,1958年,第106—110页)。
③ 参见《马克思恩格斯文集》第5卷,北京:人民出版社,2009年,第22—23页。

对黑格尔辩证法的批判中,他特别将黑格尔用以作为其《哲学全书》开端的逻辑学与货币和价值做了比较:它是"精神(Geist)的货币",是人和自然的"思想的价值",因为它"同一切现实的规定性毫不相干……是从自然界和现实的人抽象出来的**思维**,即**抽象思维**"①。同样,货币代表了资本主义最"非理性"的形式,而且在生息货币资本中,"资本取得了它的纯粹的物神形式","在这样的形式上,资本的一切规定性都已经消失,它的现实要素也看不出来;它仅仅作为独立的交换价值的存在而存在"②。

马克思在经济学中也贯彻了这一决定性的哲学立场:抽象价值概念化隐藏了"现实的规定性";具体劳动过程的质的内容赋予了资本主义经济特定的区别性特征。只有通过论证每一个特定时代的价值增殖过程与技术性劳动过程之间特定的相互联系,才能理解这些问题。③ "以货币形式为完成形态的价值形式,是极无内容和极其简单的。"④交换价值的范畴"有一种洪水期前的存在"⑤。我们在古罗马、中世纪和资本主义中找到交换价值。在所有这些形式的交换价值背后隐藏着不同的内容。马克思强调,如果"交换

---

① 《马克思恩格斯全集》第 2 版第 3 卷,北京:人民出版社,2002 年,第 317 页。
② 《马克思恩格斯全集》第 2 版第 35 卷,北京:人民出版社,2013 年,第 316 页。
③ 黑格尔已经批判了这种数学化的趋势,这种趋势只掌握了现实的具体总体的一个方面,即数量关系,而忽略了其他一切质的方面。"数学的**目的**或概念是**分量**。而分量恰好是一种无关本质的、无概念的关系。在这种情况下,知识的运动流于表面,未触及事物自身,未触及本质或概念,所以不能说是一种概念把握。"(黑格尔:《精神现象学》,先刚译,北京:人民出版社,2015 年,第 27 页。)相对地,他强调经济学的任务不仅在于表现数量关系,而且还在于表现其要素在其"实现"中的质的关系和运动(参见黑格尔:《法哲学原理》,邓安庆译,北京:人民出版社,2016 年,第 336 页)。
④ 《马克思恩格斯文集》第 5 卷,北京:人民出版社,2009 年,第 7—8 页。
⑤ 《马克思恩格斯全集》第 2 版第 30 卷,北京:人民出版社,1995 年,第 42 页。

价值"与其存在的具体条件相分离,"交换价值"就是一种非现实的抽象,因为交换价值"只能作为一个具体的、生动的既定整体的抽象的单方面的关系而存在"。谁说"交换价值",谁就是以"在一定关系中进行生产的人口"为前提。① 诚然,"政治经济学不是工艺学"②。然而,它也不会把价值增殖过程与作为其赖以存在的基础并与之形成统一体的特定劳动过程分开来进行考察。"具体之所以具体,因为它是许多规定的综合,因而是多样性的统一。"科学的任务是"在思维行程中"导致具体的再现。③

就像史前史学家从若干出土的骨头中重塑一个动物的整个骨架,甚至是它假定的肌肉组织和运动一样,马克思也从特定时代劳动过程的结构和其中所使用的工具类型中看出资本必然趋势的特点。因为工艺学"揭示出人对自然的能动关系,人的生活的直接生产过程,从而人的社会生活关系……的直接生产过程"④。"手推磨产生的是封建主的社会,蒸汽磨产生的是工业资本家的社会。"⑤由于社会关系与生产力紧密联系在一起,从生产力的变化中可以窥见资本主义发展趋势的变化。

最能说明马克思理论思想的是《资本论》第一册第十四章和第

---

① 《马克思恩格斯全集》第 2 版第 30 卷,北京:人民出版社,1995 年,第 42 页。
② 同上书,第 27 页。
③ 同上书,第 42 页。
④ 《马克思恩格斯文集》第 5 卷,北京:人民出版社,2009 年,第 429 页,注释(89)。
⑤ 《马克思恩格斯文集》第 1 卷,北京:人民出版社,2009 年,第 602 页。在给考茨基的一封信中(1884 年 6 月 26 日),恩格斯指责他没有充分认识到劳动过程的作用:"你不应该把……**技术**同政治经济学分开,象你……所做的那样。……正如现代工具制约着资本主义社会一样,蒙昧人的工具制约着**他们的**社会。"(《马克思恩格斯全集》第 1 版第 36 卷,北京:人民出版社,1975 年,第 169—170 页。)

十五章关于"工场手工业"和"机器和大工业"的章节。① 这些并不是马克思所希望描述的大工业从工场手工业中产生的历史描述的片段。这两章具有明显的理论性,这明显可以从一个事实看出来:它们只是涉及"相对剩余价值的生产"部分(第四篇)的章节。作为资本主义生产两个不同阶段的工场手工业和机械化工业的特征是什么?二者都具有资本主义的特征,都以雇佣劳动为基础,且二者都受谋求利润的支配。然而,技术性劳动过程却是完全不同的:工场手工业是"一个以人为器官的生产机构";相比之下,现代大工业则是以机器为基础。② 这种差异表现在资本主义的不同阶段中。以从对具体劳动过程和其中所使用的工具——机器——的分析中推导出资本的这些客观趋势为例,它将阐明马克思对经济事件的理解与其他理论潮流的理解之间在原则上的差异;我们稍后将讨论这种看待事物的方式对危机问题和动力学问题所产生的更深远的影响。

在工场手工业中,生产方式的变革以劳动力为出发点;而在大工业中,则以劳动工具或机器③为出发点,并遵循以下的方式:机器让肌肉力变得不再必要,从而使妇女和儿童大规模融入生产过程成为可能。这降低了劳动力价格,增加了剩余价值,因为现在工作量大得多,而支付给整个"分包"家庭的工资却没有比一家之主以前一个人赚的工资高多少。劳动剥削程度如雪崩一般加剧。④

---

① 《资本论》所有卷都花了这么多篇幅讨论技术性劳动过程,这并非偶然。第一册中关于机械化对劳动过程的塑造的那一章长达 150 余页。但除此之外,马克思还是花了很大篇幅描述与价值增殖过程相关联的技术性劳动过程。
② 《马克思恩格斯文集》第 5 卷,北京:人民出版社,2009 年,第 392 页;参见第 403 页。
③ 同上书,第 427 页。
④ 同上书,第 453—454 页。

更有甚者，雇用少年和未成年工人的倾向，以及同时通过雇用大量儿童和妇女来加强资本专制的行为打破了男工的反抗。① 机器的物质消费代表着必须连本带利分摊一个庞大的资本价值，不仅通过资本的使用而发生，而且在机器由于诸要素的破坏作用而闲置时也发生，因此资本家倾向于让工人们日夜工作。每一项新发明都给机器造成贬值的威胁，这进一步加剧了上述情况。因此资本家通过缩短再生产总价值的周期来尽量减少机器的"无形"损耗的风险。②"由此产生了经济学上的悖论，即缩短劳动时间的最有力的手段，竟变为把工人及其家属的全部生活时间转化为受资本支配的增殖资本价值的劳动时间的最可靠的手段。"③

延长劳动时间的另一个推动力是，为了扩大生产规模通常所需的支出由此得以节省，以便他们可以购买额外的机器和厂房。如果没有这些额外支出，增加生产就意味着增加剩余价值量，而每单位产品的资本支出却在减少，这又增加了利润额。④

机器导致了劳动加剧的倾向，特别是在工人的反抗导致法律禁止广泛增加工作时间的状况之下。实际上，在工厂里，"工人要服从机器的连续的、划一的运动，早已造成了最严格的纪律"⑤。机器速度的加快，迫使工人们要更加专注和活跃。⑥

---

① 《马克思恩格斯文集》第 5 卷，北京：人民出版社，2009 年，第 463 页。至于工场手工业时期特有的工人的不服从行为，参见《马克思恩格斯文集》第 5 卷，北京：人民出版社，2009 年，第 425—426 页。
② 同上书，第 464—465 页。
③ 同上书，第 469 页。
④ 同上书，第 466 页。
⑤ 同上书，第 473 页。
⑥ 同上书，第 474—475 页。

在这里,剥削率下降和建立产业后备军的趋势起了作用。在资本主义发展的较高阶段,为增加相对剩余价值,从而为增加剩余价值量而使用的机器,随着机械化的普及,产生了相反的趋势,即剥削率下降。因为,可实现的剩余价值量取决于两个因素:剩余价值率和"同时使用的工人人数"。① 在追求更多相对剩余价值的过程中,资本家被驱使通过利用相对于活劳动更多数量的机器来不断发展劳动生产力,他只有"减少一定资本所使用的工人人数,才能产生这样的结果"②。一部分以前是可变的并带来剩余价值的资本,逐渐转化为不生产剩余价值的固定资本。因此,出现了创造过剩劳动人口的趋势,这与可实现的剩余价值量相对于所使用资本的规模而下降的趋势是正好相反的。"可见,利用机器生产剩余价值包含着一个内在的矛盾:在一定量资本所提供的剩余价值的两个因素中,机器要提高一个因素,要提高剩余价值率,就只有减少另一个因素,减少工人人数。"③最后,马克思着重强调了机器产生的动态推动力。工场手工业"力图根据传统把一度找到的[它最适当的分工]形式保持下来"④,因此它无法掌控整个社会并将其转化为最深的层次⑤;以机器为基础的大规模工业则在利润率下降的推动下,不断地革新劳动过程的技术,从而革新社会结构。

---

① 《马克思恩格斯文集》第 5 卷,北京:人民出版社,2009 年,第 468 页。
② 同上。
③ 同上。
④ 同上书,第 421 页。括号中内容为英译者补充。——译者注
⑤ 同上书,第 425 页。

* * *

自古典政治经济学以来,主流经济学理论的第二个特征——第一个特征是对价值增殖过程的片面处理——就是它们的静态的特征。没有人质疑发现了"经济循环"(《经济表》)的重农学派理论的静态性质。斯密和李嘉图的理论就是静态的。他们所有的范畴都是基于"均衡"的概念,在均衡之上,"自然价格"(价值)作为理想的点而发挥作用,市场价格在经济流动中围绕它上下波动。因此,在李嘉图机制中没有危机的位置,危机是作为纯粹的外生事故(由于战争、歉收和国家干预等)而登场。[①] 经济周期本身总是在均衡状态下运动,也总是遵循相同的轨迹。李嘉图所预见的在遥远的未来资本积累将会放缓并最终停止,必须被描述为仅仅是一种表面上的动态;因为"动态"因素(人口增长的压力和随之而来的地租上涨所导致的利润率下降)并不是经济过程内在所固有的,而是一个自然的因素,是这个过程外生的因素。

这在李嘉图的追随者那里依然如此。在法国,让·巴蒂斯特·萨伊的市场理论,即供给同样是一种需求的理论,因此本质上所有生产作为供给生产的表述都创造了它自己的需求,从而得出结论,在任何时候,无论生产的范围如何,在供给和需求之间的均衡都是可能的。这说明资本的无限积累和扩大生产是可能的,因

[①] 参见让·韦耶(Jean Weiller):《经济均衡的古典概念》(*La Conception classique d'un équilibre économique*),巴黎:里维埃出版社,1934 年,第 11 页,以及约翰·莫里斯·克拉克:《静力学与动力学之间的关系》("The Relation Between Statics and Dynamics"),《纪念约翰·贝茨·克拉克的经济学论文集》(*Economic Essays in Honor of J. B. Clark*),纽约:麦克米伦公司(Macmillan),1937 年,第 51 页。

为一切生产要素的充分利用没有受到任何阻碍。

可以肯定的是,约翰·斯图亚特·穆勒(1848 年)是第一个试图通过区分静力学和动力学来考量经济动态特征的人。但是通过力学来划分研究对象,其对于进一步发展政治经济学是灾难性的。穆勒的分析自始至终都是静态的。他第一次分析了静态的经济机制(人口、生产和资本规模不变,技术也不变)并研究了它的规律之后,他寻求"在已有的均衡理论之外加上一种运动的理论,即在政治经济学的静态理论之外加上一种政治经济学的动态理论"[1]。

静态图景引入了若干修正——如人口增长、资本增加等,其构想的经济系统的本质仿佛可能通过这样的修饰失去静态的特征;仿佛存在两个资本主义,一个是静态的,另一个则是动态的。然而,如果资本主义是动态的,如果我们不同时说明静力学是如何过渡到动力学的,那么研究一个假想的静态经济规律有什么意义呢?[2]

作为均衡理论,主流学说原则上不能从系统中推导出普遍危机,因为根据理论,价格代表了一种自动机制,为的是恢复均衡和纠正干扰。如果这些理论想要将经验上可观察到的干扰因素之一,即实际上可观察到的偏离均衡的趋势纳入系统,它们必然会陷入一个基本的矛盾:如果一味地遵循均衡理论的论点,只会说明

---

[1] 约翰·斯图亚特·穆勒,《政治经济学原理》第四篇第一章第一节。(约翰·穆勒:《政治经济学原理》下卷,胡企林、朱泱译,北京:商务印书馆,2009 年,第 260 页。)
[2] "现在主要的问题是从静态经济学转向动态经济学。"(克拉克:《静力学与动力学之间的关系》,第 46 页。)

这种对均衡的干扰是由"外部"引起的,是由经济的既定事实的变化所引起的。从均衡理论的观点来看,经济只能通过一种方式反映出变化了的既定事实:运用调整,即创造一种新的均衡趋势。我们不可能理解在这样的系统中危机如何能够发生。①

阿尔弗雷德·马歇尔(1890)试图将古典理论与边际效用理论结合起来,他的理论显然是静态的理论。的确,他研究了一个发展中的社会如何变化。然而,这仅仅为他的分析提供了一个外部既定事实。在这种分析中,经济适应了如人口和资本这些自主变化的外部条件,但没有任何发展来源于经济本身。马歇尔式的经济没有发展起来。马歇尔理论的核心是一个一般均衡的概念,一旦它涉及经济机制的所有部分,②就不允许有进一步的变化。这个基本概念被应用到特定的问题上。均衡绝不是一种理论上的辅助的架构,而是一种在现实中发挥作用的倾向。③

整个系统是由一种一般均衡状态(最大满足的状态)的概念所支配的,在自由竞争的作用下,经济趋向于这种状态。只是由于方法不充分,马歇尔实现了这一静态的经济图景,因为他——即使是他的"一般均衡理论"——没有关于整个系统的理论,在这种理论中,所有局部市场和生产过程都被同时处理,也就是说,这种理论

---

① 参见亨里克·格罗斯曼:《资本主义制度的积累和崩溃规律》(*Das Akkumulations- und Zusammenbruchgesetz des kapitalistischen Systems*),莱比锡:弗朗茨·施泰纳出版社,1939 年,第 284 页。
② "供求平衡的一般理论也是贯通分配和交换的中心问题之各部分结构的一个基本观念。"(马歇尔:《经济学原理》上卷,朱志泰译,北京:商务印书馆,1964 年,第 14 页。)
③ "当供求处于稳定均衡时,如有任何意外之事使得生产规模离开它的均衡位置,则将有某些力量立即发生作用,它们有使它恢复均衡位置的趋势。"(马歇尔:《经济学原理》下卷,陈良璧译,北京:商务印书馆,1965 年,第 37 页。)

掌握了系统的一般相互依存关系。事实上,他提出的是一个关于局部市场的特殊均衡理论,他总是依据现有经济数量之间的关系来进行理解:当数量和需求曲线被给定时,价格水平是确定的,或者当数量和价格已知时,需求曲线是确定的。因此,亨利·勒德韦尔·穆尔(Henry Ludwell Moore)恰当地将马歇尔的分析方法描述为"静态的,局限于一个变量的函数"①。

按照熊彼特的说法,美国上一代最富影响力的理论家约翰·贝茨·克拉克"在仔细定义静止状态的过程中迈出了重要的一步,超越了上述穆勒的观点……他还积极地提出了独特的动力学理论假设"②。然而,除了假设之外,他没有任何进展。克拉克在谈及动力学时表示无奈:"但是,发展这门科学的工作,是极其繁重的,没有经过数十年的工作是不能完成的。"③他真正提供的是一个虚构的静态经济的图景;年复一年,雇佣工人和资本的数量与生产工具和技术都没有变化。这个社会没有经历过资本和劳动从一个生产部门转移到另一个部门,就像消费者的需求保持不变一样。在

---

① 马歇尔本人也意识到他的结构的弱点,即不现实的特点。"他意识到用他的方法不可能解决实际问题,除非具体的动态函数可以取代他所假设的静态结构",同时他寄希望于数学运算的"科学机器"的改进。[亨利·勒德韦尔·穆尔:《综合经济学》(Synthetic Economics),纽约:麦克米伦公司,1929 年,第 93 页。]希克斯也强调了马歇尔的建构的这种静态特征,指出"他甚至在动态分析中也不愿意放弃静态的观念……他的动力学采取了非常静态的'均衡'用语,同时它们的中心论点导向于介绍那一'有名的虚构事实'——静止状态,但他的动力学并没有因此变得平易通晓";马歇尔关于"短时期"和"长时期"的区分,以及在后者的供求之间存在"充分适应"的假设,也"不是一个能非常适合一般动态理论的观念"。(希克斯:《价值与资本》,薛蕃康译,北京:商务印书馆,1962 年,第 108—109 页。译文有所改动。——译者注)
② 熊彼特:《经济发展理论》(Theorie der wirtschaftlichen Entwicklung),莱比锡:东克尔和洪布洛特出版社,1912 年,第 86 页。
③ 克拉克:《财富的分配》,陈福生、陈振骅译,北京:商务印书馆,1959 年,第 328 页。

这种假设下,他对分配原则进行考察,并展示了如何设定价格、工资和资本利息;商品以其"自然"价格即成本价格出售,这样企业家就不会获得利润。① 克拉克承认:"这种图景完全是一种假想。静态社会不可能存在……实际的社会永远是动态的。工业社会总是不断假设新的形式,履行新的职能。"② 然而从这一认识中,他没有得出任何结论。克拉克认为,以这种方式孤立出的静态力量具有真正的意义;它们作为基本的组成力量始终活跃在动态世界中,因此表明了真正的趋势。③ 此外,尽管他强调了"静态"的"假设"特征,尽管他提及的所有内容都与现实的动态本质有关,但克拉克在他后来的代表作《经济理论纲要》(*Essentials of Economic Theory*, 1915)中几乎完全放弃了动力学。他的经济社会图景是静态的。静态模型在竞争型的经济中自我保全,即使它不是理想的和纯粹的形式。只要自由竞争存在,"最活跃的社会则最贴近它们的静态模式"④。这种情况在当今(不完全竞争的)社会中并没有本质区别。⑤ 这一社会要素的动态性本身就比在其要素流动性较低时更快地将其带入静止状态。在高度工业化的美国社会,它的"正常"(静态)形式比在停滞的亚洲社会更加完美地实现。⑥ "尽管它在

---

① 克拉克:《财富的分配》,陈福生、陈振骅译,北京:商务印书馆,1959年,第300页;《序》,第4—5页。
② 同上书,第22—23页。译文有所改动。——译者注
③ "这里所描绘的静态的情形,就是社会……每时每刻所趋向的情形。"(克拉克:《财富的分配》,陈福生、陈振骅译,北京:商务印书馆,1959年,第302页。译文有所改动。——译者注)
④ 约翰·贝茨·克拉克:《经济理论纲要》,纽约:麦克米伦公司,1915年,第195页。
⑤ "一个高度动态的社会的实际形态相对接近于它的静态模式,尽管前者从来都与后者不符。"(同上。)
⑥ 同上书,第197页。

实际的社会状态中从未被完全复制过,但是为了科学的目的,静止形态本身就是一种现实。"①简言之,"使社会永远趋向其自然形态的静态影响始终是根本的,它们的趋势并没有被进步所抑制"②。克拉克没有讨论社会动态特征的构成,以及它是如何被干扰的。他把动态演变及其对经济有机体的迅速改变表述为不同的静止状态在时间上的连续。③

在纯粹的边际效用方法中,理论的静态特征甚至更为明显。因为这个理论假定消费者(需要)调节生产,将经济还原为不同主观欲望之间的主观偏好,因此,它几乎无法处理动态的结构变化。它们仅仅是理论所预设的外部既定事实,它既不调查也不解释它们的产生。于是熊彼特(1912)注意到"由主观价值理论所完成的伟大理论改革没有波及理论大厦的静态特征……事实上,新的分析使理论本质上的静态特征变得更加强大而清晰"④。

正如罗什-阿居索尔(Roche-Agussol)所观察到的那样,边际效用理论的主要研究对象是"本质上静态的问题",即"在需求和满足需求的手段的**给定**条件下"⑤,对一种物品的估价和分配。随着时间变化的引入,这一理论甚至从它自己的角度来看也必然无法

---

① 约翰·贝茨·克拉克:《经济理论纲要》,纽约:麦克米伦公司,1915年,第197页。
② 同上书,第198页。
③ 同上书,第196页。最近一位克拉克的批评者公正地指出,由于他的所有抽象假设,克拉克所描绘的图景与现实完全相反:"人们承认,这种对静态力量的孤立使研究呈现出一种不真实的样子,并使其成为'英雄般的理论'。"[保罗·霍曼(Paul Homan):《现代经济学思想》(*Contemporary Economic Thought*),纽约:哈珀兄弟出版社(Harper & Brothers),1928年,第38页。]
④ 熊彼特:《经济发展理论》,第86页。
⑤ 罗什-阿居索尔:《价值理论》("Die Werttheorie"),《价值、价格、生产、货币和信用:当代经济理论》(*Wert, Preis, Production, Geld und Kredit: Die Wirtschaftstheorie der Gegenwart*),维也纳:施普林格出版社(Springer),1932年,第2卷,第36页。

发挥作用,因为它无法说明未来的需求和满足需求的方法。门格尔(Carl Menger)意识到了这一点,并解释说:"将理论政治经济学……理解为研究国民经济发展的规律的学科,诸如此类的认识是片面的怪论……这是一个……走向失常的活生生的例证。"① 边际主义学派的另一位创始人威廉姆·斯坦利·杰文斯(William Stanley Jevons)的理论也明显是静态的。杰文斯借用了力学的概念(比如"无穷小量")来建构他的交换理论。"交换法则颇与杠杆的平衡法则(那是由虚速度原理决定的)相似。"② 杰文斯当然知道所有的经济现象都是动态的,因此必须以时间单位来考虑它们。然而,他在他的书的第三章中谈及经济量理论时,要了一个小花招,以排除他分析中的时间因素。他从一开始就放弃"依其本来的复杂性来完全解决问题"(这将是"一个运动的或动力学的问题"),并将自己局限于确定均衡实现后交换停止的条件这样的"纯粹静态问题"之中。③

直到今天,边际主义一直保持着这种特性;由此,限于篇幅,我们只列举几个典型的例子。因此弗兰克·哈尼曼·奈特(Frank Hyneman Knight)强调,历史不会停滞不前,"资本主义作为主导形式会自行演变成其他的组织形式"④,但他认为,"这类社会发展

---

① 卡尔·门格尔:《社会科学方法论探究》,姚中秋译,北京:商务印书馆,2018 年,第 118 页。译文有所改动。——译者注
② 斯坦利·杰文斯:《政治经济学理论》,郭大力译,北京:商务印书馆,1984 年,第 2 页。
③ 同上书,第 86 页。
④ 弗兰克·哈尼曼·奈特:《静力学与动力学》("Statik und Dynamik"),《国民经济学杂志》(*Zeitschrift für Nationalökonomie*)1931 年(应为 1930 年,可能是格罗斯曼笔误。下同。——译者注)第 2 卷,第 25 页。

的败落……恰恰在经济学理论家的领域之外",因为均衡趋势的概念完全不适用于这种变化。① 他将研究这种变化的视线转移到历史科学中,并得出结论:"(在经济学中),不存在经济动力学这种表达的用武之地。在这个领域里,动力学的意义应该被称为进化的或历史的经济学理论。"②

埃瓦尔德·沙梅斯(Ewald Schams)的立场也一样。在他看来,经济学是"经济量的理论",理解数量关系和依赖关系需要用到函数概念和方程式。③ 他意识到资本主义经济具有动态特征。然而,正如今天所公认的那样,④函数关系理论必然是静态的,因为它只探究给定值之间的关系;因为我们并没有专门处理动态变化的动态推理模式,沙梅斯遂得出我们被迫使用静态概念的结论。作为一种关系理论时,数理经济学就像几何学一样没有什么发展空间。与"不论是存在静止的现实,还是只有一个运动的经济……在逻辑上定义的静力学永远是预设的"这一问题完全无关。⑤ 因此,沙梅斯反对将理论划分为静力学和动力学。"所有的数量经济学理论自始至终都是静态的。"经济变化只能被理解为不同静止均衡状态之间的连续比较,即"比较静力学",也就是"在一定时间间

---

① 弗兰克·哈尼曼·奈特:《静力学与动力学》,《国民经济学杂志》1931年,第2卷,第26页。
② 同上书,第7页。
③ 埃瓦尔德·沙梅斯:《比较静力学》("Komparative Statik"),《国民经济学杂志》1930年第2卷,第46—48页。
④ 汉斯·梅耶:《函数的价格理论的认识论价值》("Der Erkenntniswert der funktionellen Preistheorien"),《价值、价格、生产、货币和信用:当代经济理论》,第2卷,维也纳:施普林格出版社,1932年。
⑤ 沙梅斯:《比较静力学》,《国民经济学杂志》1930年第2卷,第49页。

隔内的两个数量依赖关系状态的比较"①。在数量经济学内,不可能有具体的动态问题,而最多是些不再关涉数量,而是涉及经济既定事实的发展的理论问题。然而,这些都不在理论经济学的范畴之内。②

认识到不能用数学方法处理变化和非等价关系这一点,似乎导致了一些使用主流方法的人对理论"动态化"的尝试进行激烈的斗争,并导致了静态均衡理论的复兴。③ 在康拉德(Otto Conrad)看来,市场经济在没有任何总体调节的情况下,是"一种自我调节机制,它趋向惯性状态,也就是趋向匀速运动"。自我调节的本质在于"机制被引向一种静止状态"——"这一趋势的确从未达到目标,但如果交换经济在缺乏集中管理的情况下不至于崩溃混乱,就

---

① 沙梅斯:《比较静力学》,《国民经济学杂志》1930年第2卷,第49—50页。
② 值得注意的是,尽管沙梅斯承认现实的动态特性,但他为反对将理论"动态化"的企图,反对直接将时间因素引入分析的企图而进行的这种激烈斗争,提出了另一个理由。也就是说,如果我们把经济学看作是"经济量的理论",那么数学方法证明它对于"精确"处理复杂的质的关系是必不可少的,因为这些关系不是用"普通逻辑"就能掌握的。利用这种数量系统的最重要的方法论原则是"关系的等价性,即使用可以表达数量依赖关系的方程式"。(沙梅斯:《比较静力学》,《国民经济学杂志》1930年第2卷,第48页。)然而,这一方法位于静力学的中心,因为函数方法只能把握给定值、数量等之间的关系,而不能把握它们的形成。如果我们现在跟随运动,也就是跟随时间的变化,就会发现"不成比例的运动的规律性打破关系的等价性",沙梅斯如此说道,而没有进一步的评论。"两个以上独立运动的同时发生无法用数学方法来处理。"(同上书,第49页。)"不可能使用具有非等价关系的微积分方程。"(同上书,第55页。)然而,如果人们不是从给定的价格和数量开始,而是跟随时间的变化,那么面临的任务就会是处理未来的变化,而并不是确定给定数量之间的精确关系,"满足于对相关性和数学价格预期的计算"。然而,这样的话,人们已经抛弃了"精确理论",并"进入了玩弄概率的理论家们的社会"(同上)。数学上的"精确"方法,最初被描述为是不可或缺的,因为它是准确研究现实的最佳手段,而在这里它却变成了目的本身。现实是动态的。然而,由于我们不能用数学工具掌握动态运动,我们就必须把自己限制在静力学中,从而避免放弃数学的"精确"程序。
③ 参见奥托·康拉德:《均衡理论的基本假设》("Die Grundannahmen der Gleichgewichtstheorie"),《国民经济学杂志》1936年第7卷,第243页。

只能归功于这一趋势。"①当然,康拉德知道存在危机,存在不能被描述为趋向惯性状态的运动的扰动,因此他假设存在一种趋向均衡的趋势,假设"调节装置正确地执行职能[原文如此!——格罗斯曼注]"。如果没有这个假设,"接近惯性状态的过程就可能持续受阻"②。

康拉德将变化理解为一连串的惯性状态;他发现不可能使这些状态之间的任何非惯性条件概念化。③ 亚历山大·比利莫维奇(Alexander Bilimovic)承认,目前为止,理论已经成功地界定了静态经济的平衡方程,而没有界定动态经济的平衡方程,因此"迄今为止,为经济均衡所精心制定的流行图式与现实不符"。但是这些图式是可以改进的,比利莫维奇希望可以建构一个非静态经济的数学"模型",因为到目前为止,将静态经济图式动态化的尝试都没有成功,而这不应该归因于这些图式的一些基本缺陷。④

这种对理论的双重划分,难道不让人联想起约翰·斯图亚特·穆勒的类似计划吗?考虑到一个基本事实,即从"静态"到"动态"之间不可能有任何桥梁,哪怕动态被认为是一系列静止状态的

---

① 参见奥托·康拉德:《均衡理论的基本假设》,《国民经济学杂志》1936年第7卷,第236页。
② 同上书,第239页。
③ 同样,路德维希·毛里茨·拉赫曼(Ludwing Maurits Lachmann)将"动态均衡理论"理解为一种"关注均衡在时间上的变化,并且描述从一个均衡到下一个均衡的过渡"的理论。动力学理论所要全力解决的困难不是原则性或本质性的问题,而应"归因于……我们的分析工具的不足"。[《价格预期与跨期均衡》("Preiserwartungen und intertemporales Gleichgewicht"),《国民经济学杂志》1937年第8卷,第33—34页。]
④ 亚历山大·比利莫维奇:《捍卫均衡理念》("Zur Verteidigung der Gleichgewichtsidee"),《国民经济学杂志》1937年第8卷,第220—224页。

延续,这种尝试难道不是像穆勒的计划那样毫无希望吗? 除非不同的静止状态彼此相随,否则我们将只能讨论相同静止状态的持续存在。静态推理无法解释这些新的连续状态的发生,只是因为"静态分析的均衡不允许增长,这种分析只能以连续的均衡状态来描述一个不断扩大的系统,留下中间的过渡阶段没有分析,也留下了论点有效性的危险"①。

当我们认为静态分析不是一种真实的趋势,而是一种方法论的手段时,这些困难就真正开始出现了,因为从这种想象状态到非均衡变化的现实之间并没有一个桥梁。"如果经济完全是一个非均衡变化的过程——无论它是随着时间的推移而进步,还是随着时间的推移而衰退——将特定的均衡状态作为这种变化的起点或过渡阶段又有什么意义呢? 如果均衡从来不是起点、终点或过渡点,我们如何表现得它'好像'存在一样?"②如果我们从静态均衡的假设出发,动力学的全部问题就被还原为关于"打断"这一假设条件的因素这样的问题。我们可以从哈伯勒(Gottfried Von Haberler)处得知,对他来说经济体系天然趋向均衡。正因如此,需要解释的只有经济周期中的衰退即"长期的向下波动",而非向上波动,"因为向上波动,接近充分就业,可以解释为经济体系所固有的趋于平衡状态的一种自然后果"③。

---

① R. T. 哈罗德(R. T. Harrod):《经济扩张理论研究》("Studies in the Theory of Economic Expansion"),《国民经济学杂志》1937 年第 8 卷,第 496 页。
② 卡尔·博德(Karl Bode):《繁荣与萧条》("Prosperität und Depression"),《国民经济学杂志》1937 年第 8 卷,第 599 页。
③ 哈伯勒:《繁荣与萧条》,朱应庚等译,蔡受百校,北京:商务印书馆,1963 年,第 288 页。

最近，主流理论的另一个派别对"静止状态"的概念提出了更多的批评，因为它与现实脱节，所以认为它是不必要的。正如希克斯所言，这些理论家被迫承认"任何现实经济的实际状态在事实上决不是静态的，然而静态理论家自然地把现实看作为'趋向于'静止；虽然这种趋势的存在也是很成问题的……静态理论本身并没有指明现实含有这种趋向"。其实，希克斯认为静态经济的概念对限制科学的发展负有直接责任，因为它忽略了动态问题。①

我们可以快速应对以数学为导向的思维模式，因为与其说我们乐于对它进行彻底的批判，不如说我们对揭示它的静态特征感兴趣。②"对经济的任何解释都没有莱昂·瓦尔拉斯的解释更静态。"③正如洛桑学院的一块纪念牌匾所言，瓦尔拉斯被誉为"qui le premier a établi des conditions générales de l'équilibre économique"[最先确定经济均衡的一般条件]的理论家。根据瓦尔拉斯的说法，经济可以被比作海洋，虽然在某个时刻被风暴掀起巨浪，但是会逐渐消退直到水平如镜。同样，一般均衡的经济骚动会扩散到整个经济系统，但瓦尔拉斯认为它们只是振荡，而振幅会随着时间的推移减弱，直到恢复均衡。④ 他从未有过关于这种静态条件是否普遍不可实现的疑问。相反，瓦尔拉斯相信持久均衡是可能的。"L'on pourrait

---

① 希克斯：《价值与资本》，薛蕃康译，北京：商务印书馆，1962年，第107—108页。
② 除了瓦尔拉斯和帕累托，希克斯还把克努特·维克塞尔归为洛桑学派，因为他和他们一样都是以一种静态的方式在进行思考。维克塞尔的"资本理论限于考虑关于静止状态的虚假的抽象观念"。（希克斯：《价值与资本》，薛蕃康译，北京：商务印书馆，1962年，第3页。）
③ 熊彼特：《经济发展理论》，第86页。
④ 莱昂·瓦尔拉斯：《纯粹经济学要义》，蔡受百译，北京：商务印书馆，1989年，第294—308页。

d'autant mieux réprimer ou prévenir ces crises qu'on connaîtrait mieux les conditions idéales de l'équilibre."①[我们对于平衡的理想条件知道得越多,就越加能够控制和防止这种危机。]

维尔弗雷多·帕累托(Vilfredo Pareto)的作品也是如此。希克斯称帕累托的《政治经济学手册》(*Manuel d'économie politique*)是"经济科学迄今为止所能创造出的最完整的静态价值理论"②。帕累托区分了研究的三个方面:静力学理论作为经济学说的一部分得到最充分的实现;连续均衡的理论("关于连续均衡的理论,我们想法不多");以及与经济现象的运动研究相关的动力学理论:"除了经济危机的特殊理论之外,并没有动态理论。"③帕累托本人对动力学研究没有什么贡献,有碍于他所做出的关于研究的三分法适用于现实的假设④;他全情投入静力学,他的中心问题——事实上是唯一的问题——是均衡问题⑤,从第三章至第六章他都致力于阐述这一问题;而关于静力学和动力学的联系,他并没有进行阐述。⑥ 帕累托强调了经济均衡方程的重要性,并将其归结为类似于拉格朗日方程在力学中的作用,将现实概念化为一个"continuelles oscillations autour d'un point central d'équilibre"

---

① 莱昂·瓦尔拉斯:《纯粹经济学要义》,蔡受百译,北京:商务印书馆,1989年,第405页。
② 约翰·理查德·希克斯(John Richard Hicks):《对价值的再考察》("A Reconsideration of Value"),《经济学》(*Economics*),1934年,第52页。
③ 维尔弗雷多·帕累托:《政治经济学手册》,巴黎:V. 贾尔和E. 布里埃出版社(V. Giard & E. Brière),1909年,第148页。
④ "Cette division correspond à la réalité concrète."[这种划分符合具体的现实。](同上书,第147页。)仿佛我们有两种不同的经验对象,一种是静态经济,一种是动态经济!
⑤ "L'object principal de notre étude est l'équilibre économique."[经济均衡是我们研究的主要对象。](同上书,第150页。)
⑥ 同上。

[围绕中心均衡点位置的连续振荡]的系统,并认为这个均衡中心本身就处于运动之中。① 均衡是否与经济运动的概念兼容的问题从来没有被提出来,而且明显被一种站不住脚的假设排除在外,即所有经济现象同时以相同的节奏变化。②

如果我们考虑到帕累托只关心现有市场价值之间的关系,或者在他后来的表述中只关心现有无差异组合之间的偏好,那么帕累托理论的静态性质是可以被理解的。根据他的构想,拥有特定数量商品的两个人在市场上相互交换商品,直到双方同意不再进一步交换为止时,均衡就可以实现。因此,如果这里的条件没有变化或变化非常微小,系统就会"tend à se rétablir, à revenir à son premier état"[倾向于重塑自我,重返原始状态],所达到的均衡就可以被定义为"un état qui se mantiendraient indéfiniment"[一种无限期持续下去的状态]。

帕累托从力学中借用了静力学和均衡趋势的概念,却没有考虑它们在经济学中是否有意义。他关于所有经济量一般相互依存的方法,长期以来被认为是现代奇迹,就像所有放弃发展性解读的功能分析模式一样,基本上都是静态的:它只展示了已给定的经济量(效用或无差异组合之间的关系),而没有展示系统

---

① 罗森施泰因-罗丹(Rosenstein-Rodan)正确地评价道:"毫无疑问,数理经济学就像每一种静态理论一样,只希望解释趋向均衡的趋势,并将经济过程的实际进展理解为是对均衡状态的背离。""因此,它假定在各式各样的波动之后,将会发展出一种均衡状态,并将持续不变。"[罗森施泰因-罗丹:《经济均衡的数学理论中的时间因素》("Das Zeitmoment in der mathematischen Theorie des wirtschaftlichen Gleichgewichtes"),《国民经济学杂志》1929年第1卷,第136页。]
② 《政治经济学手册》(Ⅲ,第十章)中明确提出了经济现象的节奏同步的假设;帕累托的追随者阿方索·德·彼得里-托内利(Alfonso de Pietri-Tonelli)同样如此。

的动力、这些数量的起源或系统因此正在改变的方向。要做到这一点,就必须把生产过程看作是"经济量"变化的源泉,但这一点从一开始就被排除在分析之外。① 希克斯确实认为帕累托的交换方程经过某些修正后可以延伸到生产过程中,②但他提出的限制条件是,这些措施只对静态的经济有效,没有资本积累(用希克斯的话说,没有净储蓄)或其他经济既定事实的变化。因此,正如希克斯所承认的那样,帕累托的方程"与现实相去甚远……这不是对现实的描述"③。

1846 年,马克思在对蒲鲁东的批判中写道:"每一个社会中的生产关系都形成一个统一的整体。"④那些强调所有经济量"一般相互依存"的事实,反对分析从实践中的经济生活过程中孤立出来的现象群的方法的同一类作者们,将这一整体分解成各个部门,把市场现象从劳动过程领域中划分出来,并将他们的研究集中在这

---

① 正如阿莫罗索(Luigi Amoroso)所强调的:"a base della statics economica paretiana sono due confetti fondamentali: di richezza, di ofelimità. Non esistono differenze sostanziali fra produzione."[帕累托的经济静力学有两个基本概念:财富和满足度。各种类型的生产之间没有实质性的区别。]阿莫罗索问道,旧的经济学划分,生产、交换、消费和分配,又是如何呢? 他的答案是,根据帕累托的观点,"non esiste nella realtà una distinzione di cose corrispondente a questa distinzione di parole ... ma tutti i problemi economici sono compressi nelle condizioni generali dell'equilibrio, limitamente alla sola condizione che restano invariate le forze e gli vincoli quali esistono nella posizione iniziale."[在现实中,并没有与这种文字上的区别相对应的事物的区别……但所有经济问题都包含在均衡的一般条件之中,考虑到唯一的条件是各种力量和关系并没有从初始状态中有所变化。][路易吉·阿莫罗索:《经济力学》("La Meccanica Economica"),《经济人报》(*Giornali degli Economisti*),罗马,1924 年,第 46—47 页。]
② 约翰·理查德·希克斯:《均衡与经济周期》("Gleichgewicht und Konjunktur"),《国民经济学杂志》1933 年第 4 卷,第 442 页。
③ 同上书,第 444 页。
④ 《马克思恩格斯文集》第 1 卷,北京:人民出版社,2009 年,第 603 页。——译者注

个人为分离的交换领域。帕累托只有通过考虑给定市场规模之间的函数关系①，同时排除劳动过程的动态因素，也就是通过"系统完全去动态化"，才能得出他的"均衡方程"。②

这个例子也说明了用来建立均衡方程大厦的数学方法精确性的本质。它的精确性不在于经济知识的内容，而在于计算技术。尽管它们是精确的，数学程序也可能导致极大的误差，因为方程所依据的假设限制了它们可能得到的结果的科学价值。③

青春洋溢的数理学派（瓦尔拉斯、马歇尔、埃奇沃思、《政治经济学课程》时期的帕累托，以及庞巴维克）相信他们可以测量一切，并基于这样一种假设，即效用在原则上是一个可测量的数值，或是如果我们有足够的信息就可以测量的数值，建立了一个均衡方程的大厦。一代人之后，大家开始冷静下来。一些人从一开始就反对的事情现在被普遍认可了：边际效用作为一种密集的心理数量是无法被测量的，不能进行任何数学运算。④ 然而如果边际效用是不可测量的，那么社会总效用也是如此，因此建立在这个虚幻基

---

① "商品流通当然只和已有的、既定的价值有关。"（《马克思恩格斯文集》第 6 卷，北京：人民出版社，2009 年，第 244 页。）
② 汉斯·梅耶：《函数的价格理论的认识论价值》，《价值、价格、生产、货币和信用：当代经济理论》第 2 卷，维也纳：施普林格出版社，第 239 页。可以肯定的是，梅耶不够始终如一。作为一个边际主义者，他认为消费者的需求是"整个系统的驱动力"（第 239 页）。但正如凯恩斯学派的最新作品直接承认的那样，需求不是一个动机因素，而是一个结果，一个取决于投资量的变量；投资本身受到生产过程中可实现的盈利能力的制约。
③ 同上书，第 205 页。
④ "效用只是并将继续是一种可以比较但不能测量的数量……在我们看来，试图把效用当作一个普通的广泛的数量来对待……是注定要失败的……人们无法让效用服从于普通算术和代数运算。"［欧文·费雪：《价值和价格理论中的数学研究》(*Mathematical Investigations in the Theory of Value and Prices*)，纽黑文：耶鲁大学出版社（Yale University Press），1892 年，第 88 页。］

础上的所有"均衡方程"都是无关痛痒的。

尽管边际效用理论最初只是受到反对数学导向的人的批评，但随即它就遭受了自身追随者的抨击，从而导致了理论的分化。[1] 然而边际效用理论的崩溃并没有导致均衡方程被抛弃；相反，人们试图为这些方程提供另一个基础。帕累托在他的《政治经济学手册》中以"序数"无差异曲线的概念为庇护，用以建构他的偏好理论及其均衡方程，并据称是以经验为基础的。[2] 批评表明，由于方程的预设中有任意的元素，该理论是站不住脚的，因为数学是通过假设商品的无限可分性和商品的无限可替代性（如坚果换苹果）能够满足需求来进行的，无差异曲线背后的假设与现实条件之间产生了鸿沟。[3] 商品的无限可替代性的假设如果被普遍化，"会导致最荒谬的后果"，在这样的日常消费中，较小或最小数量的面包可以被大量的酒"替代"，或较少的肉可以被较多的盐"替代"！[4] 因此，这些荒谬的结论以及推导出的无差异曲线、需求曲线、价格关系和均衡点并不是一种近似的呈现，而"实际上是对现实的讽刺"[5]。

---

[1] "这是一个理论自我分解的奇特过程——黑格尔辩证法的最好例证——不久前，它还被誉为将经济学置于科学的基础之上的关键步骤。" H. 贝尔纳代利（H. Bernadelli）:《边际效用理论的终结?》("The End of the Marginal Utility Theory?")，《经济学刊》(*Economica*) 1938 年 5 月。

[2] 比如，人们可以问一个有 100 个苹果和 100 个坚果的人需要多少个坚果才能弥补 10 个或 20 个苹果的损失。这样我们就能得到 80 个苹果和 140 个坚果的一个组合。

[3] 参见梅耶:《函数的价格理论的认识论价值》,《价值、价格、生产、货币和信用：当代经济理论》第 2 卷，维也纳：施普林格出版社，第 214 页。

[4] 同上书，第 211—212 页。

[5] 同上书，第 212 页；参见第 216 页。也可参见翁贝托·里奇（Umberto Ricci）:《帕累托与纯粹经济学》("Pareto e l'economia pura")，《经济人报》1924 年，第 43 页；亨利·舒尔茨（Henry Schultz）:《意大利数理经济学学派》("The Italian School of Mathematical Economics")，《政治经济学杂志》(*Journal of Political Economy*) 1931 年第 39 期，第 77 页及以下几页；以及汉斯·梅耶:《函数的价格理论（转下页）

如果我们考虑到这样的情况,即在一个单独个体和他所拥有的少数商品的情况下,已经有无限多可能的无差异组合,我们就可以理解拥有 4 000 万居民和几千种商品的情况下,"整整一代人的时间和精力不足以"去收集建构数亿个无差异组合所需的无限量的信息,就算是再花一代人的时间和精力也不足以解出这样建构的方程。①

第一次世界大战后蔓延开的货币危机理论——维克塞尔和新维克塞尔主义者试图通过调节中央银行收取的利率,以纯粹货币方式克服商业周期,稳定经济、货币价值及世界价格——这也是静态特征的体现。② 尽管维克塞尔认为危机真正的原因"原则上"在于商品方面,但这对他的思想并没有什么影响,因为他认为经济系

(接上页)的认识论价值》,《价值、价格、生产、货币和信用:当代经济理论》第 2 卷,维也纳:施普林格出版社,第 207—208 页。他强调在只有两种商品的情况下,无差别组合能够保持一条直线的形式;在三种商品的组合情况下,无差异图形变成了三维的;在现实条件下——也就是在有成千上万种商品的情况下——我们有"无法表征的"无差异图形,因为它们必须在成千上万个维度的空间中——"varieties dans l'hyperspace"[多维空间中的多样性]——中被建构,它们纯粹是虚构的,不再与经济现实有任何关系。

① 同样,洛桑学派的方法在其所处的时代是如此令人惊叹——所有经济量的普遍相互依存的方法——今天应对该学派未能超越毫无价值的泛泛之说负责。这导致洛桑学派"在理论上无所作为"。[O. 朗格(O. Lange):《经济量与孤立方法的一般相互依存》("Die allgemeine Interdependenz der Wirtschaftsgrössen und die Isoliermethode"),《国民经济学杂志》1932 年第 4 卷,第 56 页。]希克斯强调"瓦尔拉斯的体系明显是贫乏的",因为它与现实相去甚远。(希克斯:《价值与资本》,薛蕃康译,北京:商务印书馆,1962 年,第 55 页。译文有所改动。——译者注)正如胡塞尔所说,这种失败的危险在于数学自身的性质;它是一种可以应用的技术,且事实上经常应用于各式各样的领域,包括不重要的领域。"那些以无比熟练的技巧运用着数学方法并不断更新和充实着这些方法的研究者们,常常显得全然没有能力来充分论证……这些方法的合理运用的界限。"(胡塞尔:《逻辑研究》第 1 卷,倪梁康译,北京:商务印书馆,2017 年,第 23 页。)因此,在经济理论领域中,数学方法的运用与结果的可悲性结合在一起。

② 克努特·维克塞尔:《国民经济学讲义》下卷,解革、刘海琳译,北京:商务印书馆,2017 年,第 195—222 页。

统的重心通过经济与信贷的联系转移到了货币方面。通过适度调节利率,"真正的危机制造因素"将被消除并退化为"和平膨胀"。① 这不但适用于个别国家,而且主要适用于世界经济。"因此,[中央]信贷机构的工作仅仅是以这样一种方式相互调节它们的利率,以维持国际收支平衡和世界价格的总体水平在一个稳定的水平上。"被哈耶克称为"所有未来货币理论最重要的基础"②的正是这种静态的经济构想。事实上,这一构想是所有货币危机理论的基础,例如欧文·费雪(Irving Fischer)③和拉尔夫·乔治·霍特里(Ralph George Hawtrey)的理论。对于后者而言,经济波动不一定与资本主义机制的本质有关,而是"全球范围内信贷紧缩的结果"④。因此,危机周期是"纯粹货币现象",而"繁荣与萧条的交替"的经济活动变化的唯一原因就是"货币流动的变化"。"如果可以使货币流动稳定,经济局势的波动就可以避免"⑤,繁荣就可能

---

① 克努特·维克塞尔:《国民经济学讲义》下卷,解革、刘海琳译,北京:商务印书馆,2017年,第211—212页。
② 弗里德里希·冯·哈耶克(Friedrich von Hayek):《货币理论与经济周期理论》(*Geldtheorie und Konjunkturtheorie*),维也纳:赫尔德-皮希勒-坦普斯基出版社(Hölder-Pichler-Tempsky),1929年。维克塞尔的新马尔萨斯主义也根植于一个非动态的生产力概念,据此,每个国家在经济上只能维持一个确定的最适宜的人口数,超过的话必然导致国家贫困——该观点标志着它明确退回到18世纪上半叶的观点水平。[参见约翰·彼得·聚斯米尔希(Johann Peter Süssmilch):《人类种族变迁中的神圣秩序》(*Die Göttliche Ordnung in den Veränderungen des menschlichen Geschlechts*)第2版第1卷,柏林:实验中学书店出版社(Verlag des Buchladens der Realschule),1761年,第142页。]
③ 参见欧文·费雪:《稳定美元》(*Stabilizing the Dollar*),纽约:麦克米伦公司,1920年。
④ 拉尔夫·乔治·霍特里:《货币与信贷》(*Währung und Kredit*),耶拿:费舍尔出版社,1926年,第124页。
⑤ 哈伯勒:《繁荣与萧条》,朱应庚等译,蔡受百校,北京:商务印书馆,1963年,第32页;拉尔夫·乔治·霍特里:《贸易与信贷》(*Trade and Credit*),伦敦:朗蔓、格林出版社(Longmans, Green),1928年,第98页。

永远持续下去。

先是来自 1900—1901 年大危机的压力,后是一战后对经济的猛烈冲击,这些均让人怀疑主流学说的静态概念的正确性。人们开始更加关注危机问题,并收集关于过去危机的走向的经验材料。为了研究这一系列问题而建立的研究经济条件的研究所,试图在这些材料的基础上解释商业周期的规律及其阶段。除了价值方面,现在人们开始关注生产过程中的物质要素,在产品分析中引入生产资料和消费资料的区别,强调它们在商业周期中的不同作用。例如斯庇索夫(Spiethoff)和卡塞尔(Cassel),强调了所谓耐用(固定)资本[1]在危机成因中的具体作用,也强调了渐进式技术进步的作用、不同生产部门结构之间的比例失调,[2]以及建设工期长短对周期进程的影响[阿夫塔利翁(Aftalion)]。

---

[1] 参见哈伯勒:《繁荣与萧条》,朱应庚等译,蔡受百校,北京:商务印书馆,1963 年,第 90 页。

[2] 同上书,第 54、88—89 页。冯·哈伯勒(同上书,第 85—86 页)准确无误地评价了非货币形式的过度投资的理论,他将阿瑟·斯庇索夫和古斯塔夫·卡塞尔作为该理论的代表:"从这两位作家的著作中,我们可以看到一种很重要的渊源于马克思思想方面的高度成果。"(同上书,第 90 页。——译者注)关于现在人们普遍接受的生产品生产和消费品生产的区别,首先参见马克思"社会生产的两个部类"(《马克思恩格斯文集》第 6 卷,北京:人民出版社,2009 年,第 438 页及以下几页);关于耐用资本(固定资本)的具体作用,参见马克思"固定资本的补偿"(《马克思恩格斯文集》第 6 卷,人民出版社,2009 年,第 501 页及以下几页);关于建设工期长短对周期的影响,参见《马克思恩格斯文集》第 6 卷,人民出版社 2009 年版,第 346、409、535—536 页。物质要素之间的这种区别被首次引入最近的文献,是在杜冈-巴拉诺夫斯基关于英国危机的书中(1901),后来又被受到马克思影响的斯庇索夫等人引入,这可以从杜冈抄自马克思的再生产图式中立马看出。然而,桑巴特盛赞杜冈是"现代危机理论之父",斯庇索夫称赞杜冈的书是"第一部关于危机的科学著作"[维尔纳·桑巴特(Werner Sombart):《社会政策协会著作集》(*Schriften des Vereins für Sozialpolitik*)第 113 卷,第 130 页。];阿瑟·斯庇索夫:《杜冈-巴拉诺夫斯基与 L. 波勒的危机理论》("Die Krisentheorien von Tugan-Baranowsky und L. Pohle"),《施莫勒年鉴》(*Schmollers Jahrbuch*),新系列,第 27 卷,1903 年,第 70 页。

这些努力并不令人满意,因为每个作者都只把脱离整个过程的一个物质方面作为其危机理论的基础。因此,基于部分观察,他们的理论有着偶然和折中的特性。约翰·莫里斯·克拉克(John Maurice Clark)①、罗伊·福布斯·哈罗德(Roy Forbes Harrod)②、莱昂纳多·波特·艾尔斯(Leonard Porter Ayres)③等人最近试图利用生产资料的耐用性作为解释经济过程周期性特征和"资本货物"即生产性工业更强波动的基础(所谓的加速原理),也是如此。这些思想家试图用经验上的关联性来解释特殊的危机问题;他们认为旧的静态理论对于理解动态过程并不是非常管用,因此他们与政治经济学的理论基础决裂。另一方面,由于他们没有建立统一的动态理论,没有使这些事实要素能够在理论上被吸收,所以这些对危机的新研究仍然是经济学子域中的特殊理论,缺乏更广泛的理论基础。④

在主流理论中,只有很小的一个群体意识到缺乏一般动态理论。正如梅耶所说,理论家们"越来越强烈地"感受到"到目前为止

---

① 约翰·莫里斯·克拉克:《商业加速与需求规律》("Business Acceleration and the Law of Demand"),《政治经济学杂志》1917 年第 35 期。
② 罗伊·福布斯·哈罗德[实际作者应为西蒙·库兹涅茨(Simon Kuznets),格罗斯曼误作为罗伊·福布斯·哈罗德。——译者注]:《商业周期中的资本货物与成品之间的关系》("Relations Between Capital Goods and Finished Products in the Business Cycle"),《纪念韦斯利·克莱尔·米切尔的经济学论文集》(*Economic Essays in Honor of W. C. Mitchell*),纽约:哥伦比亚大学出版社(Columbia University Press),1935 年。
③ 莱昂纳多·波特·艾尔斯:《商业周期中的转折点》(*Turning Points in Business Cycles*),纽约:麦克米伦公司,1939 年。
④ 用保罗·霍曼一篇题为《目前的僵局》("The Present Impasse")的文章中的话说:"可以毫不夸张地说,最近对周期成因的研究,在破坏对旧有类型的理论的坚持方面,所起到的作用不亚于任何其他单一的原因。这导致许多经济学家把他们的问题归结为一个变化的过程,而非一个静态的情况。"(《现代经济学思想》,纽约:哈珀兄弟出版社,1928 年,第 453 页。)

的理论不尽如人意和不充分的特性",尤其是它们的根本缺陷,其系统化知识的建构"不可能阐述和吸收现实经济过程提出的某些问题"。由于其给定价值量之间交换关系的"纯粹静态的思维模式","直到当下所发展的价格理论固有的静态系统"所描述的只不过是"现有均衡中给定的价格关系",它无法把握"明显的动态周期和危机问题",因为"对经济现实过程的研究"需要"洞察价格形成的过程"。① 综上所述,所有这些体系都放弃了试图理解经济体系在特定方向上的全球运动,即其发展的趋势。这样一种理解对他们来说是不可能的,因为他们只局限于研究给定数量之间的交换关系。但是,从交换方程中我们可以看出,一个经济主体所处置的所有商品数量和价格都会影响其他商品和价格的增加;商品或价格(正和负)增加量的总和为零。没有可计算的余数可以作为整个体系动态方向的指数。②

事实上,市场上"经济量"之间的交换关系并不是随时间变化的真实过程,而是一种转移的过程,代表了一种不受时间影响的"运动",即循环运动。如果我们希望了解经济体系的全过程,我们不仅必须了解给定数量之间的交换关系,还必须了解它们的变化、增减,或者(如梅耶所说的)"价格形成"的过程。结果表明,正负变化在总的计算中不再抵消,而是获得了特定的价值(如利润率的下降),也就是说,指出了整个体系的运动方向和它的发展趋势。因此,被马克思确定为《资本论》中主要的理论任务和被边际效用理

---

① 梅耶:《函数的价格理论的认识论价值》,《价值、价格、生产、货币和信用:当代经济理论》第 2 卷,维也纳:施普林格出版社,第 148 页。
② 参见沙梅斯:《比较静力学》,《国民经济学杂志》1930 年第 2 卷,第 30 页。

论从经济学领域中排斥出去的对经济运动规律的研究,最后甚至出现在了主流理论的前沿位置。如今,第一次有一小群在主流方法下工作的理论家——施特雷勒(Streller)、阿莫罗索(Amoroso)、罗森施泰因-罗丹(Rosenstein-Rodan)、里奇(Ricci)、摩根斯坦(Morgenstern)、博德(Bode)等——已经对均衡思维模式及其同步经济运动的虚构假设提出了原则性的反对。他们试图通过对这种思维方式进行批判来为动态理论奠定基础,声称在"不同经济过程的不同节奏"的现实假设下,"均衡位置只能偶然出现"。均衡趋势是**一种**可能性;另一种可能性则是由于不同步的运动,一种变化"总是产生其他变化;结果是造成一种变化的**无穷动**,时间系数不相等,而且一般而言,不存在均衡状态"。均衡理论必须证明第二组时间系数群不会出现。他们没有提供这样的证明,而且他们假定所有经济过程步调统一,从而阻断了对动态问题的理解之路。

数理学派的均衡体系之所以存在,只是因为它是一种"没有时间的经济":"数理学派的均衡体系既不包含时间指数也不包含时间系数,因此他们根本无法理解真正的均衡条件。"[1]同时,对数学理论的批判并没有涉及理论的某一特定方面或某一特定原理,而是单独挑出这一理论,"因为它提供了对所有经济学派共有的思想进路最精确的表述,所以对于所有其他的表述,它所被证明的缺陷都是更加尖锐的"[2]。

因此,均衡理论的基本错误不只是"它们已经冻结了运动

---

[1] 罗森施泰因-罗丹:《经济均衡的数学理论中的时间因素》,《国民经济学杂志》1929年第1卷,第131,134页。
[2] 同上书,第129页。

的、自变的量，把它们当作不变的量"。因为如果这些运动具有相同持续时间，如果它们是等时的，那么经济过程的实际进程就可以被理解为一系列"连续的均衡"，其中每一处均衡都由均衡体系来界定。① 然而沙梅斯说，当理论开始处理非等时的运动时，也就是说当它明确地引入时间因素 t 时，于是"假设经济周期是伪恒定的，我们将看到静态体系处在其最薄弱的点上"②。由于时间因素的排序，也就是不同的运动周期的排序，打破了构成数学方程体系基础的关系的等价性，所以这些关系不能用数学方法来处理。③ 因此，可以理解人们建议放弃理论经济学，是因为它逐渐失去了与现实的所有关系。将资本主义表现为一种通过自我调节而趋向均衡的机制的理论，是不足以把握过去几十年的经济发展的，特别是这一时期的特点，即试图通过以垄断性调节为目的的有意识干预来建立这种均衡。

因此，主流理论面临一个两难局面。只要数理经济学受到均衡概念的支配，它就可以庆祝它的"胜利"。然而，这些都未能解释经济的动力学。它们把这种运动描绘为围绕均衡位置的振荡，或

---

① 罗森施泰因-罗丹：《经济均衡的数学理论中的时间因素》，《国民经济学杂志》1929年第1卷，第135页。因此，"运动的均衡"的概念是矛盾的，因为经济因素的实际运动总是不均衡的。然而亨利·勒德韦尔·穆尔在其著作《综合经济学》一书第五章"运动的均衡"中，试图在美国马铃薯长期生产的经验基础上，证明交换、生产、积累和分配作为"一个运动的一般均衡"是同步进行的。然而，他并没有成功。正如翁贝托·里奇在他的评论中所指出的，事实上穆尔描述的不是一个运动的均衡，而是一个运动的不均衡。参见翁贝托·里奇：《亨利·勒德韦尔·穆尔的〈综合经济学〉》("Die 'synthetische Ökonomie' von Henry Ludwell Moore")，《国民经济学杂志》1930年第1卷，第654页。
② 沙梅斯：《比较静力学》，《国民经济学杂志》1930年第2卷，第42页。
③ 同上书，第55页。或者，正如施特雷勒所表达的这种想法：均衡方程只有在更大程度上从现实中抽象出来，才有可能实现；然而，事实证明"在方程中引入时间因素 t，立马使它无法解决了"［施特雷勒：《理论国民经济学的动力学》(*Die Dynamik der theoretischen Nationalökonomie*)，图宾根：莫尔出版社(Mohr)，1928年，第12页］。

描绘为达到新的均衡之前的短暂干扰。① 相比之下，现实采取了长期不均衡运动的形式，而不是趋向均衡，表现出越来越多的不均衡。从李嘉图到现在，一个多世纪以来，主流理论中的所有倾向都强调这种经济的静态特征——它能够适应社会不断变化的要求——的原因，显然在于为现有的社会秩序辩护的需要，即证明现有的社会秩序是一种理性的、自我调节的机制，在其中自我调节的概念应该掩盖资本的破坏、企业和企业家破产、大规模失业、资本投资不足、货币危机和财富随意分配等实际混乱的事实。② 只有这样，我们才能理解诸如静力学和动力学这样的概念已经从理论物理学被借用到经济理论中去了，而对这种理论的双重划分没有任何理由。③

我们一旦考虑到经济中终究没有"非动态的"过程，甚至所谓的静态经济也会"运动"或经历一个循环过程，这种划分的不可靠性就会清晰可见。因此，静力学与动力学的区别并不在于前者研

---

① 因此，卡佛最近写道："事实上，每一个动态运动要么是对静止状态的干扰，要么是一系列运动，通过这些运动，静止状态正在重新确立自身，或者说，通过这些运动，在受到干扰之后，新的静止状态正在建立起来。"托马斯·尼克松·卡佛（Thomas Nixon Carver）：《静止状态》("The Static State")，《纪念约翰·贝茨·克拉克的经济学论文集》，纽约：麦克米伦出版社，1927年，第29页。

② 李嘉图强调，尽管经济条件不断变化，但通过自我调节机制，资本将完全按照当前的需要在不同的工业部门之间进行分配，"既不因供给过多而屡屡发生过剩现象，也不因供不应求而形成异常高昂的价格"（大卫·李嘉图：《政治经济学及赋税原理》，《大卫·李嘉图全集》第1卷，彼罗·斯拉法主编，M. H. 多布助编，郭大力、王亚南译，北京：商务印书馆，2013年，第332页）。康拉德也跟我们保证，只有在迈向均衡的压力下，没有统一方向的经济才不会陷入混乱（见上文）。哈耶克的用语很独特，一方面，他只看到经济的"调整"，另一方面，他认为两次"调整"之间的动荡和灾难的间隔"无伤大雅"。（哈耶克：《物价与生产》（Preise und Produktion），维也纳：施普林格出版社，1931年，第23页。）

③ 因此，动力学的概念只是被含糊地提出：在静态的思维模式中，只需要定义静力学；因而动力学则是另一种不再需要定义的"对应物"，并且被认为是以某种方式"补充"静力学。

究的是不变的现象,而后者研究的是运动、变化的现象。相反,我们把运动已经达到完全均衡的动态经济过程看作是静态的,由于所有主观和客观条件持续存在,它以不变的形式无止境地重复一个又一个周期(一种循环过程)。① 因此,不应仅仅将动态经济理解为一种运动的经济(静态经济也会"运动"),而应理解为其运动没有达到均衡,从而在时间的进程中进入不均衡状态的经济过程,这只是说这一经济过程的运动也从一个周期变化到另一个周期,因此经济过程的结果——经济结构——反过来也经历着不断的变化。

自约翰·斯图亚特·穆勒以来,经济学家就一直受到理论双重划分的约束,但他们只发展了静力学,即对均衡趋势的研究。他们只谈到动力学和理论"动态化"的需求,而没有能建构一个完整的动力学理论。直到最近,一些人才开始慢慢将自己从传统观念的独裁中解放出来。正如博德所说,他们最终看到,坚持均衡条件的概念是没有意义的,在现实中,"均衡无处可留,无处可去,无处可行"。

然而,认识到均衡方法的不可靠性并没有使主流理论的立场更站得住脚。一方面,显然需要一种动态理论来解释现实;但是,另一方面,必须承认这种理论的建构会引起根本性的困难。②

---

① 亚历山大·比利莫维奇:《静态经济方程组中的利息与企业家的良知》("Zins und Unternehmergewissen im Gleichungssystem der stationären Wirtschaft"),《国民经济学杂志》1937 年第 8 卷,第 298 页。
② "只有静态理论可以被认为是已知的;动态理论则几乎完全是未经探索的、尚未成型的;到目前为止,只有这种理论的必要性可以得到显著的论证。"(施特雷勒:《理论国民经济学的动力学》,第 26 页。)约翰·贝茨·克拉克向我们保证:"我们拥有一个基本上完全静态的经济学,而动力学则处于起步阶段……而且很可能注定永远停留在这个阶段。"(《静力学与动力学之间的关系》,第 46、48 页。)同样,希克斯认为,"动态理论,许多作者都需要这样一种理论,但在那时尚未产生"(希克斯:《价值与资本》,薛蕃康译,北京:商务印书馆,1962 年,第 4 页);并参见哈罗德(《国民经济学杂志》1937 年第 8 卷)及其他人。

* * *

在目前主流经济学中,只有最先进的少数人——而且只是在世界大战①的动荡之后——才发现,动态的现实无法用均衡来解释,而马克思在1867年就已经在他的"劳动二重性"理论中阐明了这一点。这一理论是在《资本论》第二册中关于各类资本循环和资本周转时间的论述中完成的。在这里,马克思也不得不进入未探究的领域,开始创造与时间因素相关的所有概念范畴(循环、周转、周转时间、周转周期)。他有理由批判古典经济学家忽略了对时间因素、循环形式和周转形式的研究。② 从他们纯粹以价值为导向的研究模式的角度来看,这种忽视是可以被理解的。与此相反,马克思被他关于所有经济现象的二重性的概念所引导,他不是把经济视为静态的,而是处在它特有的运动模式中。因为采取货币形式的预付资本只能通过在整个循环中改变它的形式去维持和扩大,从货币形式变成生产要素形式,再从这些形式变成成品或商品形式。在进入下一个阶段之前,资本必须在这三个阶段的每一个阶段都花费一个由生产和分配过程的技术所决定的给定的最少时间。资本"是一种运动,是一个经过各个不同阶段的循环过程……因此,它只能理解为运动,而不能理解为静止物"③。除了第一册中描述了"生产时间"以外,第二册中分析的是"流通时间"④;这不

---

① 指第一次世界大战(1914—1918年)。——译者注
② 参见《马克思恩格斯文集》第6卷,北京:人民出版社,2009年,第173页。
③ 同上书,第121—122页。
④ 同上书,第138页。

仅具体影响了大部分利润,而且给了马克思一个机会来讨论整个运动本身的形式①,循环的持续时间同步还是不同步的问题,即从一个阶段无干扰地过渡到下一个阶段的条件。通常资本循环只在它的不同形式无中断地相继进行的情况下才会发生。② 马克思展示了这种正常循环的理论假设条件,而现实中只有在特殊情况下它才会实现;不受干扰的进程取决于资本在其全部三种形式中的并列存在。每一部分正常的相继进行都取决于资本的并列存在,即取决于资本在货币资本、生产资本和商品资本这全部的三种形式中的持续有效性,以及资本在这些形式中的分割比例。③ 在这个简单的表述中,动力学问题被掩盖了。这三种资本形式的并列存在与它们的同步是一致的,因此预设了价值是不变的,因为它们属于同一时间单位。然而,只有在这种情况下,我们才能谈及"三个循环的统一"④。相比之下,相继进行是一个时间过程,因此它包含了资本个别部分的价值革命的可能性,这必然会阻碍资本从一个阶段顺利过渡到下一个阶段。⑤ 因此马克思认为,只有在价值和技术恒久不变这一不切实际的前提下才

---

① 参见《马克思恩格斯文集》第 6 卷,北京:人民出版社,2009 年,第 121—122 页。
② 同上书,第 119—120 页。
③ 同上。
④ 同上书,第 121 页。
⑤ "因为资本流通过程不是一天就完了,而是要经历一个相当长的时期资本才能返回自身……因为在这个时期内**市场上**发生重大的变革和变化;因为劳动生产率发生重大的变动,因而商品的**实际价值**也发生重大的变动,所以,很明显,从起点——作为前提的资本——到它经过一个这样的时期返回自身,必然会发生一些大灾难,危机的各种要素必然会积累和发展起来。"(《马克思恩格斯全集》第 2 版第 34 卷,北京:人民出版社,2008 年,第 562 页。)

能实现均衡。① 由于这一条件在现实中是无法实现的,因此资本循环必然不规则地运动,即处于不均衡状态。

整个叙述的高潮是对"资本周转"的分析,马克思以此表示资本在其全部三个阶段的循环,"不是当作孤立的过程,而是当作周期性的过程"。这种周转的持续时间,由它的生产时间和流通时间之和决定,马克思称之为"周转时间",并用以计量"资本生活过程经历的周期,或者说,计量同一资本价值的增殖过程或生产过程更新、重复的时间"②。最后,在叙述了单个资本的周转之后,马克思开始叙述"预付资本的总周转。周转的周期"③,以便在他的论证中强调那些在不均衡方向上起作用的因素。

在他的再生产图式中,马克思是从所有生产部门的所有资本都有相同的一年周转时间这一假设出发的。然而,虽然对于主流理论来说,所有运动的同步是观察事物的最终方式,但是对于马克思来说,这只是一个初步的简化假设,是逼近程序中的第一步。后来他承认,现实中"资本的周转时间在不同的投资部门是不同的",因此周转时间的差异取决于每种商品(农产品、皮革制品等)的自然和技术生产条件。④ 除了这些源自生产过程,"会使投在不同生

---

① "循环要正常进行……W—G—W[必须]不仅是一种商品由另一种商品代替,而且是按同一价值比例来代替。……这就是假定,商品……在循环中不发生价值变动;不然的话,过程就不能正常进行。"(《马克思恩格斯文集》第 6 卷,北京:人民出版社,2009 年,第 85—86 页。)("[必须]"为英译者所补充。——译者注)
② 《马克思恩格斯文集》第 6 卷,北京:人民出版社,2009 年,第 174 页。
③ 即章节的标题,《马克思恩格斯文集》第 6 卷,北京:人民出版社,2009 年,第 204 页。
④ 《马克思恩格斯文集》第 6 卷,北京:人民出版社,2009 年,第 174 页。参见对农业(同上书,第 266 页),森林文化(同上书,第 271 页及以下几页),以及畜牧饲养(同上书,第 272 页)不同周转时间的分析。

产部门的资本的周转期间产生差别"的情况,还必须要加上由流通领域的条件给定的那些情况(如改进交通运输工具,由此缩短了商品运输时间)。① 不言而喻,考虑到再生产图式方程中的原始均衡要求假设所有资本的周转时间都相同,总周转时间的所有这些差异必然会在系统中产生不均衡。

除了不同生产部门的资本总周转时间不同这些不均衡的来源之外,在各个部门内部还有进一步的区别因素,因为资本的流动部分和固定部分的周转时间是不同的。关于流动资本,马克思研究了劳动期间与周转期间的关系问题,因为在这两个期间运作的流动资本的数量是由这两个期间的持续时间决定的。在劳动期间等于、大于或小于流通周期②这三种可能的情况中,只有在第一种情况下,即"劳动期间和流通时间相等、各占周转期间的一半"③,在劳动过程中运作的资本才能不受干扰地进入流通阶段。当两个期间不相等,但流通期间是劳动期间的"简单倍数"时——例如,劳动期间是三周,但流通期间是六、九、十二周等等——情况也是如此。④ 因此,只有在这种"例外情况"下,周转过程才能不受干扰地"正常"进行,而这样的情况在现实中只会偶然发生。

在其他所有情况下,即对大多数社会流动资本来说,正常的过程必然在每年或多年周转周期内发生改变。也就是说,预付的流动资本可能是"游离"或"束缚"的,⑤从而形成信贷扩张或收缩的

---

① 《马克思恩格斯文集》第6卷,北京:人民出版社,2009年,第277页。
② 同上书,第295—310页。
③ 同上书,第290页。
④ 同上书,第308—309、311—313页。
⑤ 同上书,第126页。

客观基础和主观冲动,因此也形成对特定生产规模本身的扩张或收缩的冲动,以取代原先所假定的在规模不变的情况下,从劳动期间到流通期间的正常过渡。这些冲动并非来自外界而是内生的,"由单纯的周转运动这一机制",也就是说,是由劳动期间和流通期间的时间差产生。①信贷扩张和收缩远非生产规模变化的主要原因(如各种货币危机理论所假设的那样),而是一个受周转机制制约的因变量。②

同样,时间因素(生产资料的耐用性)构成了固定资本和流动资本之间区别的基础。"只要它们的使用时间比流动资本的周转期间长"③,也就是说,只要"固定资本组成部分的周转,从而它的必要的周转时间,包括流动资本组成部分的多次周转"④,生产过程中使用的劳动资料"就只形成固定资本"⑤。

从这两种资本的耐用性的差异来看,两种劳动资料的补偿也存在差异,因为我们不仅从价值方面将这种补偿看作是(货币的补偿),而且同样看作是实物的补偿。劳动力和那些代表流动资本(原材料)的生产资料在较短周期内消耗殆尽,因此必须不断更新,而固定资本的实物补偿并不是连续不断的,而是周期性地发生。⑥

---

① 《马克思恩格斯文集》第6卷,北京:人民出版社,2009年,第313页。
② 没有人认识到马克思的分析对于理解资本主义经济动态过程的重要性,令人惊讶的是,甚至恩格斯也没有认识到,他认为马克思把"一件……并不怎么重要的事情看得过于重要了",即马克思所说的"货币资本的'游离'"只是"不厌其烦的计算造成的不确切的结果"(恩格斯注,《马克思恩格斯文集》第6卷,北京:人民出版社,2009年,第315页)。
③ 《马克思恩格斯文集》第6卷,北京:人民出版社,2009年,第309页。
④ 同上书,第187页。
⑤ 同上书,第309页。
⑥ 同上书,第511页及以下几页。

马克思将货币形式和实物形式这两种资本补偿所需的时间周期之间的差异作为他解释危机的周期性的一个要素("物质基础")。①

只要仅从价值方面考虑再生产过程和均衡问题,我们就不会遇到我们在这里所讨论的问题,因为固定资本和流动资本寿命之间的差异与自然形式有关,而非与价值有关。如果纯粹从价值的角度考虑马克思的简单再生产图式,并假定资本的所有部分每年都要更新,那么这种图式中所有运动的同步性将消除固定资本和流动资本之间的具体差异,②并随之消除与不同的补偿时间密切相关的整个问题。因为作为价值,固定资本和流动资本每年都是要更新的。当我们从使用价值层面考虑图式时,问题就出现了。只有现在这两种资本的寿命之间的差异才会出现,随之而来的问题是它们的补偿条件也不同。(最初假定的补偿条件的同步性只是一种初步的近似值,与现实不符。)原材料每年都必须更换,而固定资本(例如图式中的第二部类,即消费品产业的2 000c)的寿命有好几年,即"在它执行职能的全部时间内就不用更新"③;所以在好几年内,它不能被第一部类出售,第一部类为第二部类生产这种固定资本。但是,由于第一部类的年生产能力仍然是2 000c,那么这个部门必然会出现生产过剩。"尽管是规模不变的再生产,但危机——生产危机——还是会发生。"④只

---

① 《马克思恩格斯文集》第6卷,北京:人民出版社,2009年,第207页。
② 在简单再生产图式中,"总价值=9 000,按照假定,其中不包括继续以实物形式执行职能的固定资本"(《马克思恩格斯文集》第6卷,北京:人民出版社,2009年,第441页)。
③ 《马克思恩格斯文集》第6卷,北京:人民出版社,2009年,第556页。
④ 同上书,第524页。

有在第二部类(尽管在第一部类中预设了简单再生产)在几年内扩大的情况下,①"正常"生产才可能在第一部类中发生,因此,第一部类每年都会出现一个新的、额外的市场(加速原理)。然而,这是不可能的。② 因为在给定的技术基础上,第二部类更快的扩大预设了劳动人口不可能增加。图式中第二部类必须在第二年增加一倍,第三年增加两倍,这样一来,其中雇佣的劳动人口第二年必须增加100%,第三年增加50%,第四年增加33%!

除了迄今为止所讨论的缺乏均衡的原因之外,一个更为根本和普遍的原因来自资本主义生产方式的结构,特别是来自其二重性所产生的张力。

在马克思之前与在马克思之后的各种理论将均衡的条件限制在子市场当中,③并只考虑价值。数量与价值之间的关系只能从数量对边际价值的影响的角度来分析。在这种假设下,均衡总是可以实现的。④ 与此相反,马克思表明,子市场(货币市场、劳动力市场、生产或消费品市场)从理论上得出的均衡,不外乎是生产过程或流通过程从理论上所得出的均衡。相反,由于马克思把资本主义生产过程设想成资本在不同阶段的"循环",所以他强调均衡的概念化必须与所有阶段总的相互关系联系起来。考虑到

---

① "如果要使事情正常地进行,第Ⅱ部类就必须比第Ⅰ部类积累得快。"(《马克思恩格斯文集》第6卷,北京:人民出版社,2009年,第577页。)
② 可以看出,马克思的加速原理与主流文献中所提出的加速原理完全相反。
③ "静态理论本质上只研究一个单一市场。"(施特雷勒:《理论国民经济学的动力学》,第39页。)
④ "均衡必须被看作是价格的均衡。"只要满足"价格必须高到足以平衡需求和供应"这个条件,"这种系统就总是会有解决的方案,它允许每个生产要素得以充分利用"。[G. 卡塞尔:《凯恩斯的〈通论〉》("Keynes's 'General Theory'"),《国际劳工评论》(*International Labor Review*)1937年第36卷第4期,第438、444页。]

这一点，他是第一个对"整个过程"的均衡状态进行细微的定义并研究其出现的条件的人，同时他证明了这些条件在资本主义生产方式下是不可能实现的。由此可见，对于马克思来说，"正常过程""均衡状态"，并不是指"平均""典型"或"最经常发生"的过程，而是指纯粹臆想出来的（在虚构条件下）无干扰的再生产过程，在现实中并不发生，而只是充当一种分析工具。因为再生产问题涉及整个社会进程，要理解它就需要考虑它的二重性；也就是说，"再生产过程必须从 W′的各个组成部分的价值补偿和物质补偿的观点来加以考察"①。只有当两组条件——价值方面的条件和使用价值方面的条件——同时得到满足时，均衡才会实现。

正如马克思所理解的那样，危机问题及其解决方案是"在于把社会产品的**价值**组成部分和它的**物质**组成部分作比较时"②产生的。在 W′…W′的循环中，"正是要通过说明这个总产品 W′的每一价值部分会变成什么，才能认识社会再生产的条件"③。就价值而言，所有生产的商品必须在市场上销售，不得有剩余出现（销售均衡）。此外，还有一个问题就是，购买的材料数量、使用价值会变成什么——它们是否实际上在生产过程中全部被使用了，包括个人消费（生产均衡）。④ 关键在于，"产品价值的一部分再转化为

---

① 《马克思恩格斯文集》第 6 卷，北京：人民出版社，2009 年，第 436 页。
② 同上书，第 479 页。
③ 同上书，第 436 页。
④ 因此马克思谈到了"生产的社会平衡"（《马克思恩格斯文集》第 7 卷，北京：人民出版社，2009 年，第 996 页）。我们的分析不考虑未被使用的储备，因为假设了所有生产要素都被直接使用。

资本,另一部分进入……个人消费……这个运动不仅是价值补偿,而且是物质补偿,因而既要受社会产品的价值组成部分相互之间的比例的制约,又要受它们的使用价值,它们的物质形态的制约"①。

从上述内容可以看出,在文献中经常存在的一种断言,即马克思认为使用价值"不属于政治经济学的研究范围",是基于一种误解。马克思认为,在政治经济学的边界之外,只有"作为使用价值的使用价值",即主观效用意义上的使用价值。② 他将其与"作为物质形态的使用价值"进行了对比,后者不是主观效用,而是具有确定经济意义形态的客观事物,③即在市场上进行交换或在劳动过程中作为生产资料执行职能的一种具有特定自然形式的事物。马克思遂而谈及"使用价值或使用物品",谈及使用价值或"物质形态""使用价值或商品体""商品体的可感觉的……对象性""生产资料的量",以区别于它们的价值。④ 如此定义的使用价值在马克思的体系中具有决定性的意义。⑤

在主流理论的影响下,马克思主义作家(考茨基、鲁道夫·希

---

① 《马克思恩格斯文集》第6卷,北京:人民出版社,2009年,第437—438页。
② 《马克思恩格斯全集》第2版第31卷,北京:人民出版社,1998年,第420页。
③ 《马克思恩格斯全集》第2版第34卷,北京:人民出版社,2008年,第553页。
④ 《马克思恩格斯文集》第5卷,北京:人民出版社,2009年,第76页;《马克思恩格斯文集》第6卷,北京:人民出版社,2009年,第438页;《马克思恩格斯文集》第5卷,北京:人民出版社,2009年,第81、61页;《马克思恩格斯文集》第7卷,北京:人民出版社,2009年,第54页。
⑤ 我们只有在处理价值增殖过程即剩余价值的创造时,才能从使用价值里抽象出来:"在考察剩余价值本身的时候,产品的实物形式……是无关紧要的。在考察实际再生产过程的时候,它却具有重要意义……这里我们又有了一个说明**使用价值**本身具有经济意义的例子。"(《马克思恩格斯全集》第2版第35卷,北京:人民出版社,2013年,第224页;也可参见《马克思恩格斯全集》第2版第34卷,北京:人民出版社,2008年,第553页。)

法亭、奥托·鲍威尔、罗莎·卢森堡、布哈林)也只从价值的角度来处理均衡问题,因为它的条件在马克思的"经济表"中有详细的说明。如果要使所有供应和需求的价值量无剩余地交换,那么在马克思的再生产图式的每个部类中都必须有特定的价值数量比例。对再生产物质方面即劳动过程的分析,被还原为这样一个最简单的表述,在再生产过程中,第一部类生产生产资料,第二部类生产消费资料。

然而,马克思的均衡概念与此有根本上的不同。他表明,在生产图式的所有部类和子部类当中,根据所考察的生产领域特殊性质,除了价值比例之外,劳动的量和生产资料(机器、原材料、结构)的量之间必须有非常明确的技术比例,而在每个生产领域中,这些使用价值表示多少价值量对于技术性劳动过程而言是相当无关紧要的。① 这种生产要素的技术比例是由工厂的技术管理者直接安排的。然而,对于不同生产部门之间的相互关系而言,它也是整个社会内部生产过程不受干扰的基本条件,因为作为社会分工的结果,劳动过程的早期和后期的不同阶段作为"社会总劳动的一部分"是相互依赖的。尽管它们表面上是独立的,但生产者很快就发现"人与人的互相独立为物与物的全面依赖的体系所补充"②。只

---

① "在实际的劳动过程中,所有这些物之所以能提供服务,是因为它们作为**使用价值**,而不是作为交换价值,更不是作为资本,同实现在它们身上的劳动发生关系。"(《马克思恩格斯全集》第 2 版第 35 卷,北京:人民出版社,2013 年,第 238—239 页。)

② 《马克思恩格斯文集》第 5 卷,北京:人民出版社,2009 年,第 90、129 页。这就是马克思谈及"社会总生产的……互相依赖的部门"以及将其联结在一起的"内在联系"的原因。不但生产毛皮的畜牧部门、加工毛皮的制革部门和使用皮革的制鞋部门在数量上相互依赖,而且供给它们以生产资料的各种工业部门也互相依(转下页)

有当各个工业部门之间存在这种技术性的组织和相应的数量协调的情况下,技术劳动过程中所有生产要素的"充分利用"才是可能的,原材料、机器或劳动力既没有闲置,也没有短缺。

总之,整个资本主义生产体系的均衡条件是其各个基本要素之间的双重比例关系。对于市场上无剩余的销售而言,每个生产部门内部的价值成比例是必要的,而技术性劳动过程要求所有生产部门以及每个部门内部由技术状况所决定的所有生产要素的数量都成比例。在资本主义生产方式中,技术比例从一开始就和价值比例一样没有被给定,因为"社会生产有机体,它的量的构成……是自发地偶然地形成的"①。但是,这种双重比例关系是否有可能实现呢?通过这个问题,我们到达马克思关于"总过程"——技术性劳动过程和基于价值的流通过程的统一——的均衡问题的概念核心。这一概念与主流的概念之间的区别将在简单再生产的例子中体现得最为清楚。

"前提是……社会资本,今年和去年一样,再提供一样多的商品价值,满足一样多的需要。"(即提供了一样多的使用价值)在这样的情况下,例如,歉收使棉花减产一半,尽管这一数量的价值与先前两倍的棉花相同,那么现在是否存在再生产的均衡?或者,简单来说,在"价值可以不变,而使用价值量减少"的情况下,是否还

(接上页)赖(同上书,第 408、410 页)。由此可见,理解资本主义的动力是非常重要的,它为单个的工业领域如机械纺纱领域中的生产手段带来革命,就必须在其他领域中,如机械织布和染色业中,也进行类似的革命,否则这些工业部门之间的技术比例必然会出现不一致的情况(同上书,第 440 页)。

① 《马克思恩格斯文集》第 5 卷,北京:人民出版社,2009 年,第 129 页;参见第 412—413 页。

存在再生产的均衡?① 就价值而言,在简单再生产的图式中仍然存在"销售均衡"。但就技术性劳动过程而言,图式必然表现出巨大的紊乱。由于缺乏棉花,半数的纺锤和织布机也必然停工,即工业规模减半。"再生产不能按原有规模**重新进行**。"②这个例子表明了主流理论仅仅关注价值是不够的。这一理论假设价值方程中所表达的均衡条件总能实现。当然,它知道某个时刻固定在一个工业部门的资本只是很难转移到另一个部门。然而,它把这些情况当作只在短期内阻碍价值均衡的实现的"摩擦"来处理。相比之下,它认为"调整"在较长的时间内都是可能的,而没有任何困难存在,因为在这种情况下,与其说是转移固定化的旧资本,不如说是投资新资本,从而在生产中实现"调整的过程",通过这样的手段,正确的价值比例随即可以在交换方程的两边建立起来。与这一观点相反,马克思证明,除了例外和偶然的情况,所有静态理论所坚持的经济应该趋向于价值均衡这一点,是不可能达到的,因为技术性劳动过程中产生的客观且持久的阻力和障碍在原则上排除了这样一种均衡。即使从纯粹物质的观点来看,自由转移资本是可能的,而且如果这种转让是按照确定均衡的确立的价值方程进行的,但由于价值比例与定量技术比例原则上并不一致,整个系统的均衡也是不可能达到的。暂时的局部均衡——例如,商品市场上的价值均衡——是很有可能的,但随后就会出现生产不均衡的情况,从而使各种生产资源得不到利用。相反,在数量上可能存在生产

---

① 《马克思恩格斯文集》第6卷,北京:人民出版社,2009年,第438页。参见《马克思恩格斯全集》第2版第34卷,北京:人民出版社,2008年,第584—585页。
② 《马克思恩格斯全集》第2版第34卷,北京:人民出版社,2008年,第584页。

均衡,但在市场上则不存在价值均衡。因此,对于生产规模所要求的、部分取决于固定资本规模的特定数量的技术比例,[1]相应的价值比例已经给定,不能以理论上假定的价值均衡条件所要求的方式,按照企业家的自由意志加以改变。简言之,价值比例关系的弹性较小,因为它与技术比例关系密切相关。在这些状况下,两组比例不一致,以及整个系统趋于失衡是一个不可避免的结果。均衡——"正常过程"——是我们在资本主义生产基础上所建构的一种纯粹的抽象,是建立在与这种抽象相反的实际运动即连续不断的失衡的基础之上的概念虚构。"在国民经济学中,规律由它的对立面,由无规律性来决定。国民经济学的真正规律是**偶然性**。"[2]

马克思不仅否认价格机制具有调节功能,否认它所假定的产生供求相等的倾向,[3]而且他还证明,这种机制一旦陷入失衡,就会不断产生放大这种状况的力量。因为生产得太多,就会有一种生产得更多的动力! 从亚当·斯密到现在的主流学派之所以能够从理论上得出一种以调整生产量来满足需求的、由竞争驱动的趋势,仅仅是因为他们把竞争预设为一种给定的东西,经济的一种神秘特质,而并没有研究它的起源。"竞争必须说明经济学家所不理解的一切东西,其实正好相反,经济学家必须说明竞争。"[4]

与主流观点相反,马克思证明,没有任何一种均衡机制使生产

---

[1] 《马克思恩格斯文集》第6卷,北京:人民出版社,2009年,第185页。
[2] 《马克思恩格斯全集》第1版第42卷,北京:人民出版社,1979年,第18页。
[3] "供求实际上从来不会一致;如果它们达到一致,那也只是偶然现象,所以在科学上等于零,可以看做没有发生过的事情。"《马克思恩格斯文集》第7卷,北京:人民出版社,2009年,第211页。)
[4] 同上书,第980页。

适应需要。马克思认为,在现代大工业和大型固定资本出现之前,以消费为导向,即根据需求调节生产是早期资本主义的特征。目前,当固定资本在总资本中所占的比例越来越大时,就不可能存在这种生产与需求相"调和"的问题;产业家们无视"市场指令",也就是表现为所谓的价格下跌,以限制生产。① 事实上,高度发达的资本主义经济的特点不是以消费为导向,而是以生产为导向:生产走在需求前面。因此,由于上述原因,长期的固定资本存在一种周期性生产过剩的内在趋势,而这些资本是无利可图的。② 然而,由于生产固定资本的领域总有生产过剩的趋势,所以存在竞争的压力,这并不符合供求平衡的方向。当所有产业家由于生产过剩而没有足够的空间(销售)时,每个人都面临着以牺牲他人为代价而使自己免于破产的压力。面对价格和利润的下降,每个有能力这样做的产业家都不会限制生产,而是通过引进一种更好、更便宜的技术,扩大生产规模,以寻求比他的竞争对手更便宜的生产,并且

---

① 参见《马克思恩格斯全集》第 1 版第 4 卷,北京:人民出版社,1958 年,第 109 页。关于早期资本主义"直至 18 世纪,包括 18 世纪"都不存在扩张阶段、周期性繁荣和随之而来的崩溃,参见维尔纳·桑巴特:《现代资本主义》(*Der moderne Kapitalismus*)第 4 版第 2 卷,莱比锡:东克尔和洪布洛特出版社,1921 年,第 214 页及以下几页。

② 参看《马克思恩格斯全集》第 1 版第 4 卷,北京:人民出版社,1958 年,第 109 页。"李嘉图无法回答的是,当每一种资本都能得到适当的利用时,**竞争**和随之而来的破产、贸易危机从何而来,萨伊先生也同样无法回答。""如果相对于资本的使用,资本不是很多,那么竞争一般来说就无法解释。"[卡尔·马克思:《摘录》("Aus den Exzerptheften"),《关于方法和实践的文章》(*Texte zu Methode und Praxis*),第 2 卷,京特·希尔曼(Günther Hillmann)编,慕尼黑:罗沃尔特出版社(Rowohlt),1966 年,164—165 页。]最近唯一看到这个问题的作家是威拉德·L. 索普(Winard L. Thorpe)。"在竞争中,"他说,"可以肯定的是,会存在一定程度的产能过剩。"[威拉德·L. 索普:《产能过剩的问题》("The Problem of Overcapacity"),《纪念韦斯利·克莱尔·米切尔的经济学论文集》,纽约:哥伦比亚大学出版社,1935 年,第 491 页。]

仍然盈利。因此,固定资本持续的生产过剩形成了一种对技术进行不断革命的永恒的推动力,也形成了对资本主义生产方式所特有的价值进行不断革命的永恒的推动力。① 事实上,技术的不断改进和生产规模的不断扩大加剧了普遍的生产过剩,而个体产业家则保护了自己的盈利能力及其进步企业的市场。②

因此,在最初的生产过剩的压力下,资本主义机制结构的彻底转变席卷了整个社会:一方面,随着生产规模的扩大,我们发现个体企业使用了新的、更高的技术。对额外利润的获取吸引了新的企业家;该运动变得普及;"上升"随之而来。另一方面——与此同时,作为技术改进普及的直接结果,通过与之密切相关的价值革命("社会必要"劳动时间的缩短)——技术相对落后的企业受到来自价格下跌和生产过剩的更大威胁,被迫退出竞争。然而,由于较少的、新的大型企业的生产能力超过了许多旧的、淘汰的小型企业,最终的结果将是整个社会生产规模的增长。这一运动不断重复。因为拥有最现代化技术的新的大型企业,很快也会由于技术创新的普及而失去它们的优势地位,而游戏重新开始。

生产过剩的周期性压力增强了技术持续革命的推动力,同时伴随着"周期性的价值革命"。产业家昨天还希望通过引进新工艺来获得额外的剩余价值,但今天他们却受到拥有更好的技术的后来者的威胁,因而他必定只满足于平均利润;明天他则可

---

① 《马克思恩格斯文集》第 6 卷,北京:人民出版社,2009 年,第 122 页。
② 《马克思恩格斯文集》第 7 卷,北京:人民出版社,2009 年,第 150—152 页、第 198 页及以下几页。

能会无法支付成本或出现亏损而退出市场。① 这是对额外利润的永恒追求,是通过革新个体企业的技术来保卫剩余利润的特权之岛的无尽尝试。这里所描绘的"现实运动"表明,事实上并不是"调整"生产来适应需求;相反,生产总是跑在需求前面,价格机制的"调节"职能是不存在的。价格下跌的时期——远没有导致生产削减——在过去和现在都仍是技术进步和生产增长最快的时期。鉴于现有经济机制明显的结构性失灵,主流理论也开始发现存在一种"无穷动"式的变化,一种朝向非均衡的趋势,而非假定的均衡趋势。② 并不会出现价格机制执行使供求相匹配的调节职能的情况,只会出现"均衡一旦被打破"就"永远失去"的情况。③

动态运动的理论不能只表现出个别的动态因素,还要使人们理解整个系统的不均衡运动及其原因,除此之外,还必须显示出这种动态运动对整个系统产生的结果。马克思力图在一个统一的理论中,不仅解释经济周期的过程,还要解释它对整个系统的结构变化的影响。只有通过这种方法,他才能说明经济系统整个发展进程的方向,即它的"发展趋势"。这与下面的事实并不矛盾,即在一个特定的发展水平上,他所描述的运动方向撞上一个极限并接近其终点。当证明资本主义动力的这种极限本身是由系统的基本条件所决定的——通过"劳动二重性"——并且可以从这些条件中推

---

① 参见《马克思恩格斯文集》第 6 卷,北京:人民出版社,2009 年,第 122 页。
② 参见罗森施泰因-罗丹:《经济均衡的数学理论中的时间因素》,《国民经济学杂志》1929 年第 1 卷,第 131 页。
③ 里奇:《亨利·勒德韦尔·穆尔的〈综合经济学〉》,《国民经济学杂志》1930 年第 1 卷,第 655 页。

导出来时,这一理论的有效性就不会受到质疑。①

我们已经看到②,资本主义生产体系的发展带来了企业最小规模的增加趋势,因此也带来了在"正常"条件下建立企业所需的资本数额的增加。③ 由此可见,某一特定时刻的生产规模(企业规模)并不取决于商人的自由意志。"现在生产力发展的水平责成他在一定的限度内进行生产。"④因此后者在技术上是给定的。不言而喻,这使得技术比例更难与所需的价值比例相一致。资本主义的发展过程带来了资本有机构成的增加趋势。给定资本中总是较多的部分被转化为生产资料(means of production,MP),而较少的部分则被转化为劳动力(labor power,LP)。⑤ 从价值角度看,c

---

① 马克思认为,作为未来更高社会形式的条件,不仅是客观因素——经济的一定的发展成熟,而且是主观因素——人类自身的一定的发展成熟。对他来说,世界历史"不外是人通过人的劳动而诞生的过程,是自然界对人来说的生成过程"(《马克思恩格斯全集》第 2 版第 3 卷,北京:人民出版社,2002 年,第 310 页;参见第 291—292、320—321 页)。"征服"对象世界同时也是世界对人来说的生成过程。对马克思来说,对它的掌控与"拥有",不是通过理论研究,而是通过劳动,通过人的实践活动来完成的;由此,马克思划清了自己与费尔巴哈等人之间的界限[赫伯特·马库塞:《历史唯物主义的基础》,《法兰克福学派论著选辑》(上卷),上海社会科学院哲学研究所外国哲学研究室编,北京:商务印书馆,1998 年,第 315 页]。然而,以征服自然、合乎人性为结果的劳动,不是"创造价值"的劳动,而是"真实的""具体的"劳动,即生产物品供人使用的劳动——简言之,是人的生产力的发展。然而在现有的社会秩序中,具体劳动总是与创造价值的劳动相联系,具体劳动的渐进发展程度必须通过它的价值的表现,通过利润率的下降来衡量。此外,如上所示,利润率的下降仅仅是社会财富的资本主义表现,因为劳动生产力的发展水平也是资本本身统治接近被扬弃的征兆:"因此,利息的减少只有当它是资本的统治正在完成的征兆,也即当它是异化正在完成因而加速其扬弃的征兆的时候,才是资本的扬弃的征兆。"(《马克思恩格斯全集》第 2 版第 3 卷,北京:人民出版社,2002 年,第 351 页。)
② 因为我已经在其他地方(《资本主义制度的积累和崩溃规律》)证明了对积累过程的价值导向的理解给均衡问题带来的后果,所以在这里,我仅强调那些从技术性劳动过程的物质方面阻碍建立均衡,并进一步增加物质和价值比例间的不协调的方面。
③ 《马克思恩格斯文集》第 5 卷,北京:人民出版社,2009 年,第 722 页。
④ 《马克思恩格斯全集》第 1 版第 4 卷,北京:人民出版社,1958 年,第 86 页。
⑤ 《马克思恩格斯文集》第 5 卷,北京:人民出版社,2009 年,第 718—721 页。

与 v 之间的比例肯定在增长,但是——由于技术的进步(生产资料贬值)——比起 MP 相对 LP 的数量增长则要慢得多。由于资本在数量上和价值上的增长率不同,价值与物质比例的一致相比以往更不可能了。

此外,对技术性劳动过程的分析得出了不同的个别生产部门之间不平等发展的规律。① 事实上,正是这种发展中的比例失调的例子,最能说明马克思的观点与主流理论之间的差异。后者将不平等发展表述为资本积累在不同部门达到不同的价值量——例如,在一个部门中达到 20%,在另一个部门中达到 35%,等等——这些价值的比例失调会带来紊乱。马克思认为,这可能发生但没有必要,也没有触及问题的本质。即使所有领域在价值方面的积累都是相等的,例如 1% 时,也必然会产生紊乱,因为物质方面的扩大在所有生产部门中不会同样相等;因为在所有部门的资本增长的百分比相同(例如 1%)的情况下,不同部门的物质扩大会有所不同,例如,在一个领域中达到 5%,在另一个领域中达到 20%。这种扩张是由每个领域独特的技术特点决定的,马克思认为,正是这些特点构成技术发展飞跃的基础。②

与前文讨论的不平等发展规律有关,但又不完全一致的是,在

---

① "社会劳动生产力在每个特殊生产部门的特殊发展,在程度上是不同的。"(《马克思恩格斯文集》第 7 卷,北京:人民出版社,2009 年,第 183 页。)
② "如果其他所有资本都按相同的比率积累,那就不能由此得出结论说,它们的生产也全都按相同的比率增加。……这两个行业生产出相同的价值,但是同一价值表现出来的商品量却大不相同。因此,为什么价值增加 1% 而商品量增加 20% 的 A 行业[的商品量],必定能在价值同样增加 1% 而商品量只增加 5% 的 B 行业里找到市场,这完全不可理解。在这里忽视了使用价值和交换价值的区别。"(《马克思恩格斯全集》第 2 版第 35 卷,北京:人民出版社,2013 年,第 125—126 页。)

抽象上可能的价值连续积累与事实上不连续、不均衡的物质扩大之间的矛盾。庸俗的马克思主义文献喜欢从纯粹的价值方面来看待积累,假设任何价值的总和都可以积累,例如[参见洛拉(Laurat)],资本家消费掉50%的剩余价值,另外50%的剩余价值则逐年积累。并没有人质疑留作积累的那一半剩余价值是否足以购买扩大生产所需的生产资料的数量。这一观念源于这样一种假设:无论多小,利润的每一次增长都可以转化为生产技术设备同样小的增长,因而这就是商品无限可分性的前提。针对这一点,马克思强调价值积累与物质积累之间并不存在这种并行性,因为并不是赚到的每一元的收入都可以积累起来,也就是说,转化为生产的物质要素。为了扩大生产规模,通常有一个规定的最低限度的资本要求;有一整套技术上相关的机器必须同时购置(例如,在纺织业中),①因此,扩大始终只能用这套机器或按其倍数的机器来进行。② 这种物质关系——以及它们所隐含的价值关系——因此决定了扩大所需的最低限度的货币资本量,而且在每个行业中,物质关系都是不同的。③ 总之,马克思认为,"生产过程可能扩大的比例不是任意规定的,而是技术上规定的"④。例如,在一个生产部门中,全部剩余价值(或部分剩余价值)足以扩大生产,并因此被投入使用,而在其他部门,剩余价值必须先贮藏几年,直到达到"实际积累"所要

---

① 参见《马克思恩格斯文集》第6卷,北京:人民出版社,2009年,第96—97页。
② 参见《马克思恩格斯文集》第5卷,北京:人民出版社,2009年,第401页。
③ 参见《马克思恩格斯文集》第6卷,北京:人民出版社,2009年,第96—97、353—354、356—357页。
④ 同上书,第91页。

求的最低限度。① 虽然一个生产部门可以以这种方式逐年扩大，但其他部门的扩大只有在间隔数年才有可能。

我们从生产的角度所考察的再生产过程的价值方面和物质方面的不一致，在我们考察来自需求方面的力量时，表现得更为严重。所有生产领域按比例统一扩大的想法是基于一种默认假设，即需求（消费）也可以按比例统一扩大。与这一假设相反，马克思坚持认为供个人或生产性消费的某些商品的使用是受限制的、缺乏弹性的，这必然导致不同领域生产的不均衡的物质扩大。一个只需要两辆拖拉机来耕种田地的人是不会因为拖拉机价格下降了一半就买四辆拖拉机。其他条件不变，对拖拉机的需求不仅取决于它们的价格，而且在数量上也取决于种植面积的大小。"但是使用价值——消费——和价值无关，而和量有关。为什么因为我现在能用以前一把刀那样便宜的价格买六把刀，我就非得买六把刀不可，这完全不可理解。"②

所有这些因素都排除了技术和价值的均衡运动，从而阻碍了理论所假设的作为均衡条件的生产设备的价值和数量发展的双重比例关系。事实上，均衡不可能是亘古不变的"规则"。随着技术和价值革命的持续推动，生产设备的价值和物质方面的协调必然变得更加困难，它们之间的不协调必然不断增加。随着技术变革

---

① 参见《马克思恩格斯文集》第 6 卷，北京：人民出版社，2009 年，第 550—551 页。
② 《马克思恩格斯全集》第 2 版第 35 卷，北京：人民出版社，2013 年，第 126—127 页。无弹性需求的事实也构成了——与货币的作用并列——马克思批判詹姆斯·穆勒—萨伊的供求一致理论的主要论点，通过这一理论，一般危机的可能性也就被排除了。(参见《马克思恩格斯全集》第 2 版第 35 卷，北京：人民出版社，2013 年，第 106—109 页。)

和生产力的发展,生产设备的两个方面迈向相反的方向:单个商品的价值趋于下降,而物质产品量却在增加。基于这种状况,均衡,即政治经济学所预设的规则,可以说只是在普遍的不规则内部偶然出现的,在持续的不均衡中的一个短暂的过渡点。①

---

① "在这种生产方式下,规则只能作为没有规则性的盲目起作用的平均数规律来为自己开辟道路。"(《马克思恩格斯文集》第5卷,北京:人民出版社,2009年,第123页。)

论马克思的货币理论*

[德] 弗里德里希·波洛克

李乾坤 译

一

在马克思所有社会经济学著作中,对货币理论的论述都扮演了重要角色。《资本论》前100页,以及作为《资本论》先导的《政治经济学批判》,几乎只是在研究货币理论问题。通过遗留下来的《资本论》第二册、第三册和《剩余价值理论》手稿所建构的东西,可以看到一部内容丰富的货币理论学说的大厦的纲领,在其中包含每一个具有一定重要性的货币问题。但是马克思并没有完成这个

---

* 原文题为"Zur Marxschen Geldtheorie",1928年发表于《社会主义与工人运动史文库》(*Archiv für die Geschichte des Sozialismus und der Arbeiterbewegung*),第193—209页。

　　弗里德里希·波洛克(Friedrich Pollock,1894—1970),德国西方马克思主义学者,法兰克福学派重要成员。波洛克1894年生于一个同化了的犹太皮革厂主家庭。1911年,他与霍克海默相识,并结下牢固的友谊,直至1970年秋去世。第一次世界大战后,他进入慕尼黑、弗莱堡、法兰克福等大学学习经济学和政治学。1923年,他以题为《论卡尔·马克思的货币理论》(*Zur Geldtheorie von Karl Marx*)的博士论文获得法兰克福大学的经济学博士学位。1929年,波洛克前往苏联,对社会主义计划经济进行了一次实地考察,回到德国撰写了一篇题为《苏联的计划经济实验(1917—1927)》(*Die planwirtschaftlichen Versuche in der Sowjetunion 1917—1927*)的考察报告,作为社会研究所丛书的第2卷出版。——编者注

庞大的建筑,甚至在一些部分没有写下最概略的提纲。完成马克思著作的任务——也就是在破碎地存在于马克思文本所有部分中的文章和边注的基础上,得到从中明显表露出的整体理论,并以体系化的方式制定出马克思的货币理论——遇到不少大的困难。因为在马克思那里,货币理论是与他的总的体系密切结合在一起的,因此这样的一种尝试,只有在和一个对于体系其他部分来说具有相匹配的功能相联系的时候才可行。这些困难也许可以解释为什么迄今为止没有关于马克思货币理论的充分的、体系化的和批判的阐述。在马克思主义阵营中,关于这一主题所写的东西或者是关于特殊问题的(例如在《新时代》1912 年和 1913 年对黄金生产和物价上涨的大讨论),或者更多是一种通俗化的而非科学的深入研究。希法亭在他的《金融资本》关于货币理论的第一章,将问题聚焦在他的主题的问题之上了,并且在其他一些关键点上(名义货币理论、价值与价格关系等)严重地偏离了马克思。①

在非马克思主义的阵营中,迄今为止没人讨论过马克思货币理论的意义。霍夫曼(Friedrich Hoffman)的《货币价值理论的批判学说史》(*Kritischen Dogmengeschichte der Geldwerttheorie*, 1907)中写了一些相关的东西,但完全停留在肤浅的层面上。

不久前赫伯特·布劳克(Herbert Block)对这一问题进行了研究。② 他对马克思的货币和信用理论进行了一个简短的描述(第 1—30 页),而后对货币理论进行了更为详细的阐发(第 31—35

---

① 参见考茨基在《新时代》第 29 卷第 1 期、第 30 卷第 1 期上的批判。
② 参见赫伯特·布劳克:《马克思的货币理论》(*Die Marxsche Geldtheorie*),耶拿:费舍尔出版社,1926 年,共 145 页。后文中引用此书处,将直接在文中标注页码。

页)。相关的批判他想要留在未来的研究中来进行。

关于货币理论和马克思的总体系之间不可分离的联系,布劳克通过允诺将要"详细地研究货币学说和马克思其他理论,特别是价值理论之间的关系"(第44页)而打发掉了。布劳克这本书的意义在于,它对马克思的货币理论进行了更为详细的研究尝试。与之相反,这本书作为马克思货币学说的系统化的再创造,尽管在这一学说的问题式上进行了许多敏锐的论述,但在总体上是失败的。因为布劳克恰恰在根本上给予了这一学说一个完全不充分的、在许多点上不切实际的形象。论证这一判断就有必要更深入地探究马克思货币理论的本质。

二

"如果事物的表现形式和事物的本质会直接合而为一,一切科学就都成为多余的了。"[①]马克思在《资本论》中如是说。这是马克思的一个常常被争论的学说,而且对于这一学说的理解驱使人们反思马克思的前提,所以有必要在其整体的效果内阐释清楚本质和现象的区别。因为这一学说给予了使"政治经济学批判"与"庸俗经济学"体系区分开来的印记。假如庸俗经济学的特征是单纯将"表现形式"系统化,[②]那么我们就要弄清楚,而且正如马克思所说,彻底弄清楚在"本质"概念之下,对于马克思来说他要质疑的政治经济学的主题是什么。

马克思的出发点是,对应于人的社会联系的是这样一个功能,

[①] 《马克思恩格斯文集》第7卷,北京:人民出版社,2009年,第925页。
[②] 《马克思恩格斯文集》第5卷,北京:人民出版社,2009年,第99页,注释(32)。

对这一功能的执行就是所有其他社会行为的前提："现实生活的生产和再生产。"每个社会存在的这种必要条件在一个特定水平上使得分工在更广的范围内变得必要。然而与此同时,在前资本主义生产方式的统治下,单个人在劳动分工的社会再生产过程中的位置,也在他们和被生产出的对象的关系上变得显而易见,正如在他们个别的个人关系之中,在资产阶级生产方式之中,并不存在那种一致性。在商品生产社会中,在生产过程中存在的关系消失在社会形式之下,因此这些关系只有通过深入的分析才可能再次被发现。对于罗马的一个奴隶来说,他在生产过程中的奴隶的位置表现为他奴隶生活的一切个人的事情之中,这并不需要任何马克思主义者来向他阐明。一个现代的企业家,也许他在生产过程中扮演了决定性的角色,"在规则面前"和他的办公职员也是平等的,而且对社会的基本结构和对他自身功能的意义,都可能有着最荒谬的看法。"既然把看得见的、只是表面的运动归结为内部的现实的运动是一种科学工作,那么,不言而喻,在资本主义生产当事人和流通当事人的头脑中,关于生产规律形成的观念,必然会完全偏离这些规律,必然只是表面运动在意识中的表现。"①

毋庸置疑,在分工的资产阶级生产过程中的劳动个体的成果拥有它的实际的社会意义——否则社会就将迅即停止存在。由此而决定的个体对社会的依赖性,被资产阶级法律规范所掩盖,在这些法律规范的基础上,人们作为自由的、自主的和相互独立的主体而并列存在。对于个体来说变得可见的,是竞争的现象,"对存在

---

① 《马克思恩格斯文集》第 7 卷,北京:人民出版社,2009 年,第 348 页。

的斗争",在根本上是自己的和他人的私人经济的事情。对于社会再生产过程结构的认识,通过对法律形式所做的一种描述——在这些形式之下再生产过程发生着——是无法获得的。但是对马克思来说,将个别人之间进行的商品交换的事实和商品交换的制度进行一种体系化,同样无法达到目标。马克思的出发点毋宁说是这样的认识,在资产阶级经济学范畴之下,真实的生产关系隐藏了起来,只有通过一种彻底的分析才能够认识到它。

对于马克思来说,什么是政治经济学的本质?什么是它的现象?可以这样表述:作为本质的始终是生产过程的现实地、历史地决定的社会关系;与之相反,纯粹的现象则是法律的和其他的文化形式,在这些形式之中生产过程得以发生,特别是那些可见的、指向物性的事实构成的范畴,在这些范畴中有商品、价值、货币,这些范畴只有通过回溯到那种关系之中才能够真正得到解释。在这些范畴之中,马克思探讨的第一个同样也是最基础的范畴就是商品概念。

究竟什么使得一件实物产品,比如在一个封闭的自给自足的经济中生产出的鞋,和作为商品的鞋区分开来?不是自然的特征。两种鞋作为物可以是完全相等的,因而也可以随意地进行交换。对一方面是一种偶然的、以自我需要为目的的生产方式之中的产品的所有者和被生产出的物,与另一方面商品所有者和商品之间关系的考察,更加接近了需被追问的特性。不是在生产者自身的店铺中,不是在他家庭或他主人的习惯中为他决定了商品是否能够满足他想要达到的目的,而是在市场上达到的,也就是说,通过他是否卖出以及卖出多少钱的事实。

以上问题恰恰取决于总的社会交换过程,对于这一过程一个人大多是不会有什么影响的,而且一个人作为个体也根本不能全面掌握这个过程。他只知道,他拿来交换商品的东西,商品的"交换价值"会直接地展现在他面前;在交换之后,商品的命运,对它使用价值规定性的实现,就是另一个空间的事情了。

这就提出了这一问题,交换价值的规定是不是作为无数个体的自由意志决定的盲目结果而发生的,因此市场作为主体性评价的总和,归根结底是作为个体的或大众心理学的对象来把握的,或者是否尽管有决定的波动,或许对于评价者来说还是无意识地受到一个规律的支配的,这一规律通过表面上占据统治地位的供给和需求的运动,与其说变得明显,不如说变得模糊了?马克思通过对单纯地把握的交换的分析来寻找答案。依照这种分析,商品的交换价值在原则上只是对包含在商品之中的价值的表达;价值的尺度是社会必要劳动时间。这一事实在马克思那里最终建立在总的交换行为之上。个体的估价,供给和需求,竞争的全部事实都是衍生出的现象,对于这些现象的唯一的描述对于我们来说根本没能进入表象之下。

商品经济的秘密在于,个体商品生产者对社会生活再生产的贡献并不是靠产品自身来满足的使用来衡量的,而是按照在交换价值中表现出的商品价值的高低来衡量的。通过交换价值的相等,商品生产者获悉了他的哪些个体劳动对于社会是有价值的。但这是如何发生的?即便是他在交换中获得的商品,也是个体劳动的一个产品。当商品生产者的个体劳动按照他对社会再生产过程的贡献来评价,而且他以这种方式——尽管他拥有生产的表面上的自由,他想要什么,想要多少——而被必要地规定,那么按照那一过程的要求来塑造他的劳动是如何可能的？这是马克思价值学说的基本问题。

在其他的生产方式中,社会的维持是通过每个社会分支的劳动而直接地被规定的,并且是通过能够满足这些劳动的社会的需要。在商品生产社会中这种自我保存应当如何调节,从表象来看,在每个人都按照自由的判断来生产,既不是因为他自己需要的要求,也不是因为某种能够整体把握社会需要的、以计划的方式进行安排的权力机关的指令,这首先就是一个秘密。这种调节的问题,正是马克思通过价值学说要解决的。

这一学说建立在这样的思想上,在商品生产的每个方式中,社会物质生活的延续,只有在商品的数量能够使生产者来交换他的产品的情况下才是可能的,商品的数量是按照投入到出售的商品之上的劳动在社会再生产过程中的比重来进行衡量的。只有当这一规律即价值规律能够实现,在一个自由商品生产者的社会中,尽管缺少一个全面的计划,生产也能够以社会存在所必要的方式平稳地得到保存。只有这样,劳动才能以一种大概正确的比例被分配到单个的生产部门中去。① 因而,并非由个人所承担的个体劳动的规模对于个人所期待的交换过程结果是决定性的,而是这一结果的量就是刚才所展现出的比重。这一比重只能通过总劳动时间中的那一部分来衡量,就是社会在通过社会生活再生产的必要性而给定的界限内部,在出售的一瞬间所能够花费在相应商品上

---

① 竞争的规律在马克思看来是次要的：在竞争的帮助下,价值规律得以实现。

的那一部分时间,也即通过分摊在商品上的社会必要劳动时间。

在社会必要劳动时间概念中,马克思做了两个看起来相矛盾的规定,就是技术要求的平均劳动的时间,以及社会需要的时间,二者以辩证的方式融合在一起。恰恰随着技术的某个特定状况下是必要的平均时间的使用,使个体私人劳动变成社会必要劳动的条件才能够满足。甚至当一个商品 A 的所有单位(Einheit)都在技术上被毫无缺点地制造出来,结果或许将表明,提供到市场上的总量要比社会在既定的关系下想要和有能力容纳的更多。在这种情况下,**第二种**条件就不会奏效,因为有比社会"必要的"、比符合于"社会需要"的更多的劳动投入商品 A 的总量上,劳动中的一部分因此就是浪费的,并不构成价值。因为用在一个商品上的劳动只有在社会的维度是必要的才可以计算,既然"耗费在这种商品总量上的社会劳动的总量,就必须同这种商品的社会需要的量相适应,即同有支付能力的社会需要的量相适应"[①]。

个人的个体劳动因此按照注入他们产品中的社会必要劳动时间来衡量,也就是说作为个体劳动的产品,商品是一个有用的物,拥有使用价值;只要商品化身为在和其他商品的交换关系之中表现出来的"价值",它就拥有交换价值,就展现了生产者参与社会的总劳动的部分,也就是一种社会的关系。商品是"使用价值和交换价值的直接**统一**"[②],"一个可感觉而又超感觉的物"[③]。

---

① 《马克思恩格斯文集》第 7 卷,北京:人民出版社,2009 年,第 214 页。
② 《马克思恩格斯全集》第 2 版第 31 卷,北京:人民出版社,1998 年,第 434 页。译文有所改动。——译者注
③ 同上书,第 435 页。

以前面的详细论述为基础的马克思的分析的本质,是这样的认识,为何不是个体的,而是社会必要劳动时间构成了交换过程中的量。马克思自己将劳动的这两种类型的区分,对劳动二重性的发现,视为——除了他对剩余价值的基本研究以外——建立在"对事实的**全部**理解的基础"之上的他这本书"最好的地方"[①]。

只是将商品当作有用的物,以及将商品的生产和交换作为研究的对象,也就是说只看到"可感觉的"而非"超感觉的"方面,那么就无从了解达到马克思论断的开端。与之相反,马克思对此会说,这种做法无法实现科学的真正目的,就是透过表现形式看到事物的本质。对于马克思来说,在关于商品的学说中就有商品的整个世界,以及在其中所进行的表现形式。独立地看,这一领域是一个机械过程的总和。在其中可见的是劳动能量的消耗及其生理上的更新,具体的物在形式和地点上的转换,一定的合规律性和一切种类的实质的机构,都在这些过程中共同起作用。当然,对于隐藏在现象之下的社会关系的研究,必然以对可见的现象的描述和体系化为前提。但是在那些为解决政治经济学的任务已经采取了这些前提的地方,在马克思看来这种解决方式又陷入同样的表象之中,在其中这样的从事经济的人必然沉湎其中,这正是马克思所讲的"商品的拜物教性质"[②]。在这里,必须对这一表达做一个简短的说明。

拜物教"把物在社会生产过程中像被打上烙印一样获得的社

[①] 马克思 1867 年 8 月 24 日致恩格斯,《马克思恩格斯全集》第 1 版第 31 卷,北京:人民出版社,1972 年,第 331 页。
[②] 《马克思恩格斯文集》第 5 卷,北京:人民出版社,2009 年,第 88 页。

会的经济的性质,变为一种自然的、由这些物的物质本性产生的性质"①。我们已经强调过了,商品生产中的劳动的社会特征并没有在个体劳动上显现出来并被普遍意识到。这种生产方式的特征所带来的是从劳动之中产生的、将社会的总劳动产品中一个相应的部分以另一种**形式**表现出来的要求。马克思指出,恰恰是这一**内容**,通过这一内容一个财物(Gut)获得了作为"价值"的承载者的商品特征。拜物教就表现为,在具体的物的特征(煤的热值等)之中寻找价值的起源,而不是在生产者承担的劳动(这种劳动似乎化身于物之中)的社会关系(gesellschaftliche Relevanz)中去寻找。因此比例(Proportionen)——在其中特定的商品相互交换——就表现为源自它的本性,与此同时在这种"等式"之中,还隐藏了"互相全面依赖的私人劳动",向"它们的社会的比例尺度"②的不断化简。

这里关于商品所探讨的内容,适用于商品经济的所有范畴,特别是资本和货币。到处可见的是人们没有将"带有特殊社会特征"的自然物认清为它们所是的东西,也就是社会的生产关系的表现(Darstellung)。马克思相信通过社会必要劳动时间的交换调节,是维持商品经济的前提。这种调节不是通过工时的直接报告来进行的,而是只能通过交换过程的关系来进行。这些规定——在这样一种最简单的关系中就已经存在——的辩证发展,导向了货币。这段说明:"**20 码麻布＝1 件上衣**这一形式,只是 **20 码麻布＝2 英镑**

---

① 《马克思恩格斯文集》第 6 卷,北京:人民出版社,2009 年,第 251 页。
② 《马克思恩格斯文集》第 5 卷,北京:人民出版社,2009 年,第 92 页。

这一形式的未经发展的基础,所以,最简单的商品形式——在这种形式中,商品的价值还没有表现为对其他一切商品的关系,而只是表现为和它自己的天然形式**不相同的东西**——就包含着**货币形式的全部秘密**,因此也就包含着萌芽状态中的**劳动产品的一切资产阶级形式的全部秘密**。"[1]这段说明指出了将货币必然建立在商品经济本质之中的决定性的、体系化的任务。因为当用于生产一个商品的个体劳动在社会总劳动中的比重,只有通过在这一商品处于和其他商品的关系中,采取相对价值形式才能表现出来,而且出于这种必要性,某个特定商品被迫作为一般等价物而划分出来,那么按照前述的道理,货币就被化作商品经济的一个必要条件。"因为产品不是作为生产者的直接消费品生产出来,而只是作为**价值的承担者**,也可以说,是作为支取所有社会劳动体现物的一定量的凭证生产出来,所以一切产品作为**价值**都必须具有一种和它作为使用价值的存在不同的存在形式。正是它们中包含的劳动作为社会劳动的这种发展,它们的**价值**的发展,决定了货币的形成,决定了商品必须互相表现为货币,即表现为交换价值的独立的存在形式;产品所以能这样,那只是因为它们把一种商品从商品总额中分离出来,所有商品都用这种分离出来的商品的使用价值来衡量自己的价值,从而把这种特殊商品中包含的劳动直接转化为**一般的社会劳动**。"[2]

依照马克思的理论,一个发达的商品经济如果没有货币的话,

---

[1] 马克思1867年6月22日致恩格斯,《马克思恩格斯全集》第1版第31卷,北京:人民出版社,1972年,第311页。
[2] 《马克思恩格斯全集》第1版第26卷(第三册),北京:人民出版社,1974年,第155—156页。

既不可能在事实上存在,也根本无法想象。相距遥远的是,作为"一个被聪明地创造出的解决办法",来排除掉交换活动特定的不便性,在马克思那里,货币作为每一个生产方式的建构性因素,其中在法律上相互独立的生产者的私人劳动,是"社会生活"的再生产的原因。对商品的分析,作为与生产社会形式相对的商品生产社会的特征要素,使得货币成为商品的必要补充。

货币是一种商品,而且是一种"可感觉而又超感觉的物"的商品。**可感觉**的方面是商品的自然形式,它作为自然物的定在,因此也是商品满足任何一种需要的资格——它的使用价值,这是它除了一切货币功能以外的它的价值。**超感觉**的方面是商品通过在自身中包含了在社会必要劳动时间中的特定的比重,而作为一种社会关系的表达。

货币商品通过作为"一般等价物"而有规律地反映了每种商品在社会劳动中的比重,而和一切其他商品相区别,货币商品同时是"社会劳动的单个化身"①,或者换一种表达:"这种商品的自然形式同时就是抽象人类劳动的直接的社会实现形式。"②所有其他的劳动产品是否、多大比例在事实上由社会劳动表现出来,按照前面所讲的,只有在交换中被证实出来,在它采取了"价值形式"的那个时刻。只有在交换完成后,商品的占有者才会知道,他的商品究竟能否存在于一种实际的交换关系中。与之相对,从货币商品的功能中衍生出一般等价物,不论采取任何一种形式的一般等价物,在商品经济的内部都必须是每个交换关系的构成部分。以货币发挥

---

① 《马克思恩格斯文集》第 5 卷,北京:人民出版社,2009 年,第 161 页。
② 同上书,第 166 页。

功能的商品因此是唯一的、有规律的,而且为了商品的生产,也一定符合于规定,商品的占有只是掩盖了一个在任何时间都可实现的"对在社会中存在的商品之谜的一个相应的量的要求"。总结起来或许可以说,"货币事实上无非是劳动及其产品的社会性的一种特殊表现,但是,这种社会性,和私人生产的基础相对立,归根到底总要表现为一个物,表现为和其他商品并列的一种特殊商品"①。

和商品一样,作为物的货币也没有被把握,在马克思看来,它的本质只有作为"生产关系"才能被认清。它作为商品的性质,就已经赋予了货币以这种特征,而且它的特殊地位建立在特殊的社会关系之上。对一个商品作为一般等价物的排除建立在社会的协调一致之上,而且在货币占有者与一切商品占有者相对立的特殊地位之中发挥作用:货币占有者手中的是"一般的商品",从而一种"特殊的商品"的每一个所有者都努力获得对它的占有;对它的占有意味着对社会劳动的任何一个产品中,每一个与货币的价值量相一致的量的使用的可能性。由于商品经济的独特性,商品生产者必须在生产过程的一个特定位置上达到那样一点,在这一点上,商品生产者符合于他的、按照社会工时来衡量的个体劳动,来获得对陌生的私人劳动任意一个产品的使用,假如再生产过程不被打扰继续运行的话。

商品生产者一般对这些关系一无所知。他看到了一个物,货币,拥有特殊的性质,所有商品都由它来表示自身的价值,而与之相反,每个商品占有者都准备好了提供他劳动的产品。与前述相

---

① 《马克思恩格斯文集》第 7 卷,北京:人民出版社,2009 年,第 686 页。

离很远的是,在这种事实情况下来推测社会关系,商品的生产者相信在这里涉及了货币商品的自然性质;用马克思的话就是,他将货币变成了物神。与之相应,在理论中,拜物教的特征是这样表现的,在货币学说中作为基础的并非研究商品经济生产过程的那种独特性质,而是表现为研究一个没有货币的有规律的、商品交换的技术障碍的**外在**标志。在这样一种分析的位置上,一种对那些货币商品的自然特征的描述其实就推迟了,这种分析使得它成为适应于克服那些困难。

在马克思的体系中,对于判断货币角色具有关键作用的思维过程是这样的:只有当社会必要劳动时间调节了商品交换,一个商品生产者的社会才能存在下去。这种调节并不是以理性的方式发生的,相反进行交换的人对之一无所知,而且也不会知道花费在商品上的社会必要工时的数量。当每个个体在社会总劳动中的比重,和他在这一比重基础上对社会劳动产品的要求,通过用一个等价的产品来交换自己需要的产品时,这样就足够了。在每次和他的产品事实上等价的是什么,也就是说产品中包含了多少社会必要劳动时间,是由每个人各自的社会总状况得出的,在这之上不仅他自己的和被交换的商品,而且社会的总的商品和力量的存储都一起发生作用。为了使所有商品发挥出这种影响,换句话说,为了让商品生产者真正地获得符合于他们社会必要劳动时间比重的他人的产品,不但两个商品,而且一切商品都必须可以用统一计量单位进行比较,这种必要性可能作为外在的技术强制强加给社会。这样就需要一种可以作为其他商品的一般等价物而被排除出来的商品,这就是货币。货币的必要性因此扎根在商品生产社会最深的结构特性之中。商品生产越是扩张,这种必要性的后果就越是广泛,货币需要承担的功能就越是多样。对货币全部特性的理解,特别是对在高度发达的资本主义经济中的那些形式规定性的理解,依赖于对以上论述过的基础性的关系的认识。

三

如今,理解马克思货币理论的入口从一开始就被布劳克堵死了,其对马克思关于本质和现象的根本区分的理解是完全错误的。依照他的观点,仅仅需要"区分马克思在研究对象时的两种考察方式,然而这两种方式在他的叙述中常常是不加区分地交织在一起的……"(第61页)一种是"社会哲学的",另一种是"经济理论的"。按照第一种考察方式,在货币中看到了一种社会的理解,这种理解据说是一个思维的过程,它与经济学理论毫不相干。布劳克接着讲:"一个哲学的内容是无法被放置在经济学的范畴中的……因此我将用一个特别的段落①探讨马克思货币哲学的考察,而且我在这里只会探讨货币的经济概念。在经济的意义上,马克思将货币理解为一个商品,它因其自然的特质而胜任,一个与其他一切商品对立的一般等价物的功能。"(第62页)

布劳克因此将马克思对本质和现象的区分划分为两个在根本上不同的考察方式,这两种方式在马克思那里非常不恰当地纠缠在一起,因此人们必须将其仔细地区分出来。对此需要说的是,布

---

① 这一段包括了关于亚当·穆勒、西美尔和马克思的关系的非常具有启发性的详细论述,然而要找到关于独特的"经济哲学"问题的讨论,却是徒劳的。

劳克意义上的一种"经济理论的"考察方式,在马克思那里根本不存在,因为这种方式恰恰将会走向马克思抨击庸俗经济学家们时所说的情况:对单纯表现形式的描述和体系化,而没有探求它们的本质。这显然体现在一种对货币的所谓"经济学的"定义的考察,借助于马克思将货币作为一种带有独特自然性质的商品。照这么说,马克思自己就成为前文所描绘的"拜物教"的牺牲品。当我们更近地观察这一定义,并且回忆马克思是如何理解"商品"的,那么我们就站在了"哲学的"考察方式之中,据说这种考察方式交给了一个特殊段落来探讨。因为按照马克思的观点,商品的本质恰恰在于只能将其理解为"可感觉的超感觉的"物,它和所有其他经济范畴一样,"不是一种物,而是一种以物为中介的人和人之间的社会关系"①。布劳克显然不理解马克思体系的这一基本思想,因而以为可以将马克思那里的经济范畴视作与看起来一样的古典经济学的经济范畴本质相同。②

布劳克问道:"在马克思的货币理论中,究竟哪些东西是马克思的?"(第44页)他这样回答:它不是个别的理论,而是马克思如何将他前人不同的学说相互融合并结合到他的体系中的方式和方法。

如果将这一回答和上述关于马克思货币理论的内容所讲的话

---

① 《马克思恩格斯文集》第5卷,北京:人民出版社,2009年,第877—878页。
② 布劳克接下来的句子似乎与这句话相矛盾:"马克思接受了古典经济学的概念系统,但是他……是在社会关系之中来理解每一个经济范畴的,社会关系在发展的不同阶段会显露出不同的结构。"(赫伯特·布劳克:《马克思的货币理论》,耶拿:费舍尔出版社,1926年,第42页。)布劳克借助于这句话只是想说,古典经济学家将这些靠不住的概念视作永恒的范畴,与此同时,马克思却强调这些概念的历史条件。

做个对比,就会清楚地发现,在布劳克的书中对马克思货币理论本质的把握是多么欠缺。马克思的了不起的成就,即从他对商品生产社会的基本理解中所创立的一种"货币的社会理论",被布劳克理解为对不同要素的一种"独特的"结合和一体化,一种综合,按照布劳克的认识也不会拒绝这种表达。此外,他还确信必须要确定马克思在别的领域没有像在货币理论领域上"以这样一种非独立的方式进行研究",而且据他讲,这是一个轻松的领域,将货币理论"拆分一部分给重商主义,一部分给生产成本学说、价值量理论、银行原理等等"(第33页)。尽管布劳克显然有最好的意图,要认识马克思最独特的成就,但是阻碍了他的是他对马克思体系中经济理论元素和哲学元素的不幸分离。马克思从他前人(有意识地、非常清楚地说明来源)那里接受来的理论,从头到尾涉及的是表象的世界。马克思把他们的描述作为他的表述的基础,恰恰常常对它们以更为丰富的方式进行修改或补充。比如价值量理论,作为货币理论的效用领域,马克思凭借强制汇率的国家纸币流通来证明。但是这种对表象形式的描述在马克思那里根本不是关键。将这样的理论插入他的体系中,相对于他撕碎货币的面纱,并证明"货币拜物教的谜"不过就是"变得明显了,耀眼了"的"商品拜物教的谜"[1]来说,从来是处于第二位的。

关于布劳克对马克思辩证方法的攻击,在这里就不做详细讨论了。这些批评既不新鲜,也并不能从专门知识中得到论证,它对

---

[1] 《马克思恩格斯文集》第5卷,北京:人民出版社,2009年,第113页。

判断马克思货币理论也没有什么关系。①

与之相反,有必要至少部分地对布劳克的那些批判做个探讨,这些批判是布劳克针对在马克思体系中具有基础作用的、对于货币理论尤其重要的"社会必要劳动实践"概念的。它的内容大致如下:

(1) 社会必要劳动时间在马克思那里意味着最初的技术决定的平均劳动。当这一观点在论述过程中遭遇困难的时候,马克思提出了"一个新转变"的概念:对于社会需要必要的时间(第49页)。②

(2) 社会需要并不能在工时中表达出来,因为"需要并不是客观确定的量,而是通过货币手段规定的,需要支配了货币手段,并且通过市场上的价格而出现"③。

(3) "新转向"将货币理论导向了量的理论(第51、55、96、112页)。

(4) 认为要通过竞争来规定价值,然而竞争只有存在价值的差

---

① 据布劳克讲(第39页及以下几页),马克思"贬低"了、"肤浅化"了自然规律性的辩证法,它被马克思变形为一种"完全悬在空中,变得没有什么意义的方法"(第35页),并且借助于"对概念的变魔术式的更换"(第39页)而进行论证。与具备概念的辩证流畅性的命题相反,"马克思自己认识到了明确的概念的必要性:'在这种一般的研究中,始终要设定的前提是,现实的关系符合于它们的概念'……"人们立刻就可以看到布劳克完全幼稚的错误理解。他在这个地方引用的引文与概念应当是明确的或是流畅的问题根本没关系,而只是一处对所谓"孤立的方法"的描述。当布劳克甚至在这一语境下引用恩格斯关于马克思的概念本质的句子时,他的谬误就更加显而易见了。

② 我们已经在上文对"社会必要劳动时间"做过解释了。布劳克的"新转向"观点和他自己提出的事实相矛盾,不仅如他所说,是一个"开端",而且对于价值和社会需要之间联系的明确论述,都能在《政治经济学批判》和《资本论》中找到。

③ 社会需要并没有固定的量,这一点马克思比任何人都清楚:"它的固定性是一种假象。如果生活资料便宜了或者货币工资提高了,工人就会购买更多的生活资料,对这些商品种类就会产生更大的'社会需要'。这里完全撇开需要救济的贫民等不说,这种人的'需求'甚至低于他们的身体需要的最低限度。……**市场上**出现的对商品的需要,即需求,和**实际的社会**需要之间存在着数量上的差别,这种差别的界限,对不同的商品说来当然是极不相同的……"(《马克思恩格斯文集》第7卷,北京:人民出版社,2009年,第209—210页。)——对于每一个时间点来说,将社会的需要作为大量因素的特定结果来思考和演说都是有意义的,在给定的生产力状况下,社会需要的满足,一定量的具体的工时(在一个没有市场的、由中央领导的经济中是可以计算出的)是必要的。

别才能解释。"假如价值是通过竞争被建构的,那么一种标准的偏差才能发生作用的力量,就会在内容上规定标准自身。"(第53页)①

(5) 要将主体性的因素注入到客体性的价值学说之中(第54、58、94页)。②

(6) 得出了通过企业家灵活的和投机性的活动来探讨价值形成的理论(第54页)。③

(7) 最终达到了一个恶性循环,因为马克思从生产中推导出了分配,然而在这里反过来,生产被回溯到需要之上(第54页)。④

---

① 价值在马克思那里并不是通过竞争被"建构"的,而是"单个的商品生产者只有通过产品的跌价或涨价才能明白,社会需要什么、需要多少和不需要什么"。(恩格斯,布劳克引用,第50页。中文可参见《马克思恩格斯文集》第4卷,北京:人民出版社,2009年,第210页。——译者注)当供给和需求消失了,因此全部提供的商品作为社会必要所承认的过多的供给,因此就会看到,投入到相应商品之上的劳动,高于与支付能力相符的社会需要。需求的偏高是相反情况的征兆:社会准备好了将与个体生产者所投入的劳动相比更大量的劳动投入到一个商品上去。(参见《马克思恩格斯文集》第7卷,北京:人民出版社,2009年,第193—221页。)
② 布劳克的论证并不能证明他的论断,反而清楚地展示出了马克思的价值理论不能被放进"主体的"或"客体的"价值学说框架之中。
③ 这种反对意见据塔季扬娜·格里戈罗维奇(Tatjana Grigorovici)说,已经由海因里希·冯·西贝尔(Heinrich von Sybel)在1872年第一次提出。假如我们不同意格里戈罗维奇文章的主要观点的话,那么似乎正是这一反对观点被证明为不可靠。参见被布劳克频繁引用的著作:《马克思和拉萨尔的价值学说》(*Die Wertlehre bei Marx und Lassalle*),维也纳:[作者自费出版],1908年,第6—16页。
④ 这一反对观点有些特殊,布劳克在前述论文中引用的马克思的句子,其实已经包含了对他自己的回答:"在这里顺便指出,'社会需要',也就是说,调节需求原则的东西,本质上是由不同阶级的互相关系和它们各自的经济地位决定的,因而也就是,第一是由全部剩余价值和工资的比率决定的,第二是由剩余价值所分成的不同部分⋯⋯的比率决定的。**这里再一次表明,在供求关系借以发生作用的基础得到说明以前,供求关系绝对不能说明什么问题。**"(《马克思恩格斯文集》第7卷,北京:人民出版社,2009年,第202页。黑体字由波洛克所为。——译者注)最后一句我们加粗的话被布劳克去除了,因为这句话对他来说在这一语境中似乎是无关紧要的。但恰恰在这句话中,马克思的观点最为清楚地表达了出来。通过生产资料的分配,马克思自然地确定了,在既有的关系下,要有多少社会产品分配到工资、剩余价值和生产设备的更新之上,而不是单个的工资、薪金、地租等之上。因为布劳克与马克思截然相反的观点,阻碍了布劳克对这一简单事实的认识;按照他的观点,是"需求始终是本能行动的结果,以及经济学体系的既定的出发点"(赫伯特·布劳克:《马克思的货币理论》,耶拿:费舍尔出版社,1926年,第54页)。

(8) 与马克思的货币理论相一致的是作为技术的平均的社会必要劳动时间这个第一个观点,而且这一观点只有在荒谬的前提下,即所有商品都按它们的价值出售才是成立的(第55页)。

(9) 对技术意义上的社会必要劳动时间的解释,在和货币理论进行结合时,必然导向无危机的经济理论(第81、103页)。

从这些由布劳克所推导出的问题之中,我们只需探讨那个拥有直接的货币理论后果的问题,对于剩下的点,我们只做简短的评注。

我们从布劳克一再重复的断言出发,就是"新的转向"必然从货币理论走向量的理论。

马克思说,詹姆斯·斯图亚特是"第一个提出流通中的货币量决定于商品价格还是商品价格决定于流通中的货币量这个问题的人"①。将货币量作为商品价格的特定环节来考察的学说,就被用"量的理论"这一概念来加以总结。马克思拒绝了量的理论,接受了相反的观点。从质的方面来看中介着社会生活再生产的流通过程,独立地加以考察,所显示出的不过是单调的W—G—W过程,不过是商品价值的形式变化。作为流通手段发挥作用的货币的任务,只限于为商品价值赋予货币形式。货币"不过是把已经在商品价格总额中**观念地**表现出来的金额**实在地**表现出来"②。由此得出,在一个特定的时间段里,作为**流通手段**发挥作用的货币的量,是通过实现了的商品价格总额规定的。③

---

① 《马克思恩格斯全集》第2版第31卷,北京:人民出版社,1998年,第560页。
② 《马克思恩格斯文集》第5卷,北京:人民出版社,2009年,第139页。黑体字由波洛克所为。——译者注
③ 同上。

从马克思流通概念中必然得出的这一规律,在马克思的研究过程中又得到了不同的补充。它通过货币的流通速度①,通过作为支付手段的货币功能②,以及通过"在资本主义流通之中所服从的复杂交换过程和它们不同类型的货币替代品"③而进行调节。规律的基本结构却没有因为这些调节而发生改变,它始终通过这一公式表达自身:商品价格总额=流通货币额。

乍一看,马克思的规律和量的理论的区别,似乎在马克思那里只是等式的左边规定右边,而量的理论则将左边视作被决定的变化量。然而这一区分还要深刻得多:量的理论总是在考察相应的国家中存在的总的货币量,并将其与"具有支付能力的需求"等同起来。马克思却从没有谈及过这一相等,对于他来说,更多关心的是涉及**流通**货币的量的一种规律。马克思想要证明,在流通的领域中不会存在比在这一领域中所需要的更多的货币;一种可能发生的过剩,或者是通过降低流通速度,或者通过纳入储备而被排除。纸币,即凭借强制力的国家纸币,和"货币"的区别恰恰在于,它并不能离开流通的领域,因此一旦它以高于流通所需要的(金)货币量的名义数量而进行发行,就会影响价格上涨。布劳克在这里犯了一个初级的错误,就是假设在马克思那里,流通的货币量等同于用于购买商品所使用的货币额,即和总的有支付能力的需求等同。但是在马克思那里,从未将这两个量直接联系在一起。有

---

① 《马克思恩格斯文集》第 5 卷,北京:人民出版社,2009 年,第 142 页。
② 同上书,第 158 页。
③ 作者标注该处引文的出处为 Kapital Ⅱ,305,但根据现行文献,并未查到相应位置,可能作者引用有讹误,此处引文为译者翻译。——译者注

支付能力的需求是通过社会必要劳动时间的耗费而存在的,货币在这一过程中并未扮演决定性的角色,而仅仅是证明性质的角色。当布劳克在另外的地方(第103页)说,马克思的观点"在根本上立足于商品和商品的交换这种直观之上",这么讲是完全正确的。①只有当他再一次忘记这一基本的直观,布劳克才能得出这一结论,在社会需要的意义上对价值理论进行的一种解释,才是"在市场上存在的(准确讲是流通的)货币量",并非取决于"和它相对立的价格总额"(准确讲是待实现的商品价格总额),而是需要所支配的金额,也即一个既存的货币额,分配在那些其价格是货币量的可除尽的一部分的商品之上。

布劳克关于"第二稿"中的马克思价值学说"在对货币学说的合乎逻辑的运用之中已经包含了量的理论"的证明,是失败的。

它也并不能更好地证明布劳克的第五个论点:只有在空想的前提下,所有的商品都能按照它们的价值(在技术平均的意义上)出售,货币和价值理论在马克思那里才是相互协调的。因为否则的话,据他讲,就将有"不平等的价值量相互交换,比如商品形式中的十个价值单位,就可以和货币的九个价值单位进行交换,而剩下的则无法实现"(第51页)。但是在这里,布劳克却明确说他研究的这一部分只涉及"简单商品生产"(第65页),在简单商品生产之中,按照马克思的观点,价值还没有转换为"生产价格",而是全部商品的交换按照它们的价值进行。然而这和现在所有在市场上出

---

① 在这一语境中,布劳克进一步评论说,商品必须按照这种方式进行交换,即"没有任何剩余",而马克思忽视了"W—W的统一在W—G和G—G阶段里被分裂了",这对于任何一个了解马克思体系的人来说都是荒谬的。

现的、在事实上已经被销售出去的商品完全不等同。只有在出售之后，商品占有者才知道他的商品是否体现以及体现多少价值。诚然，对于马克思那里的"简单商品生产"适用的是这样的规律，商品或者按照其价值出售或者根本找不到销路。人们或许会争论这一规律的正确性，这的确是常常发生的事情，但是人们假定它是正确的，这样布劳克的反对意见就被拆穿了。一个完全不同的问题是，在多大程度上价值向"生产价格"的转变会触及货币的价值尺度功能，这个问题需要更为仔细的检验，对此马克思并没有给出明确的答案。布劳克尝试着解决，在塑造价值的劳动的位置上，假设了一种"塑造生产价格的劳动"而非价值实体（第99页），表现得与马克思体系的基本结构不相一致。

布劳克在与社会必要劳动时间的关联中来证明马克思的货币理论是荒谬的最后尝试，与这一判断联系在一起，"每个商品，只要包含了社会必要劳动时间，就必然能找到销路"（第81页）。相反，只字未提的是，假如人们在技术的意义上没有错误地理解社会必要劳动的话。但是布劳克接着说："是的，只要技术意义上的社会必要劳动被提出来，经济的运行就必然要比萨伊和李嘉图所梦想的远为平静、和谐……他们并不否认任何萧条，因为恰恰通过价格的下降，生产才能调整到正确的道路上，并避免危机。相反，在马克思货币理论的基础上，不景气的经济，是一批量的理论家因为熟练的货币政策而造成的，从对于经济的一种要求中……被打上现实的烙印，这种现实使马克思危机理论的灾难警告失去了正当性"（第81页）。因此与之相应，正如布劳克在另外一处（第103页）讲到的，必须"将马克思的理论导向对危机的否认"。

在这一思想进程中隐藏了整整一大堆误解,在这里不再讨论其中没完没了的混乱了。在本质上布劳克的论证基于四个错误的假设之上,这些假设我们已经看到了一部分:"满足于流通要求的量的黄金"等同于具有支付能力的需求;所有提供的商品因此必然都能找到销路;社会必要劳动等于技术平均劳动;最后马克思出于方法的原因在《资本论》第一册中所做的假设,即供给和需求是相互满足的这一观点绝对化了。最后一点假设的荒谬性轻易地就可以从接下来的句子里看出来,它同时也是对马克思关于这里讨论的问题的一个合适的总结:"要使一个商品按照它的市场价值来出售,也就是说,按照它包含的社会必要劳动来出售,耗费在这种商品总量上的社会劳动的总量,就必须同这种商品的社会需要的量相适应,即同有支付能力的社会需要的量相适应。竞争,同供求比例的变动相适应的市场价格的波动,总是力图把耗费在每一种商品上的劳动的总量归结到这个标准上来。"①

前述引文已经证明了布劳克对马克思货币理论的叙述和批判是根本立不住脚的。因此,再去探讨其他的那些论点就是完全多余的了,对它们的强调只能进一步证明我们的观点。还应该再次强调的是,在布劳克的著作之中还能找到一些有趣的细节,它们非常适合于引发对马克思货币理论问题的反思。我们在这里提一下布劳克关于黄金价值问题的论述(第65页等),关于通过支持货币

---

① 《马克思恩格斯文集》第 7 卷,北京:人民出版社,2009 年,第 214 页。

理论的生产价格学说所产生的困难(第93页等),关于贮藏理论的问题(第103页等),等等。因此最终可以说,对于构成本文开始时所要求的对马克思货币理论体系化的、批判的再现的准备来说,布劳克的书在一定意义上是有贡献的。

国家资本主义：
它的可能性及其限度[*]

[德] 弗里德里希·波洛克

田笑楠　张金权　译

在这篇文章中，没有什么本质上新的东西可以被预期。此处所阐述的每一个思想都曾在其他地方被表达过了。我们的目的是把分散广泛且有时是相互冲突的想法整合为比较连贯一致的概要，以构成讨论国家资本主义的可行性的起点。

关于本研究的方法，应该强调以下几点。国家资本主义这种东西是否存在或能否存在，这一点存在很多质疑。这里指的则是一种模型[①]，这种模型可以从欧洲的，在一定程度上甚至是美国的长期可见的要素中建立。自第一次世界大战结束以来，欧洲的经济与社会发展被解释为从私人资本主义向国家资本主义转变的过

---

[*] 原文题为"State Capitalism: Its Possibilities and Limitations"，收录于《哲学和社会科学研究》(*Studies in Philosophy and Social Science*) 1941年第9卷，第200—225页。——编者注
[①] "模型"这一术语此处是在马克斯·韦伯的"理想类型"(ideal type)意义上使用。

渡性过程。最接近后者的极权主义形式的是民族社会主义①的德国。从理论上讲,国家资本主义的极权主义形式并不是现有转型过程的唯一可能的结果。然而,为它建构一个模型要比为国家资本主义的民主形式建构一个模型更容易,对于后者,我们的经验没有为我们提供什么线索。我们的基本假设之一就是,19世纪的自由贸易与自由企业正在消失。它们的恢复注定是要失败的,原因与后拿破仑时期的法国企图恢复封建主义是注定失败的相类似。国家资本主义的极权主义形式是对所有西方文明的所有价值的致命威胁。那些想要维持这些价值的人必须充分了解"侵略者"的可能性及其限度,如果他们的抵抗想要成功的话。除此之外,他们必须能够证明在不断变化的条件下,能够以什么样的方式维持民主的价值。如果我们关于私人资本主义时代的终结正在到来的假设是正确的,那么恢复它的最英勇的斗争只能导致能量的浪费,并最终成为极权主义的开路先锋。

"国家资本主义"的概念

在关于即将到来的社会秩序的暴增的文献中,"国家资本主义"这个词语被大多数作者回避掉了,取而代之的是其他词语。"国家组织私有财产的垄断资本主义"(State organized private-property monopoly capitalism)、"管理型社会"(managerial society)、

---

① 民族社会主义(Nationalsozialismus),其简称即"纳粹(Nazi)主义",是第二次世界大战前由阿道夫·希特勒等提出的政治主张,核心是种族主义和领袖原则,反对美英自由资本主义和共产主义。民族社会主义与社会主义毫无关系,而是垄断资本主义在总危机时的一种极端政治形式。法兰克福学派的理论家对这种资本主义形式进行了系统、深入的批判。——编者注

"管控资本主义"(administrative capitalism)、"官僚制集体主义"(bureaucratic collectivism)、"极权主义国家经济"(totalitarian state economy)、"地位资本主义"(status capitalism)、"新重商主义"(neo-mercantilism)、"武力经济"(economy of force)、"国家社会主义"(state socialism)都是用来分辨同一现象的非常不完整的标签。"国家资本主义"这个词(也就是这个论点)可能会误导人,因为它可以被理解为表示这样一种社会,在其中国家是所有资本的唯一所有者,而那些使用这个词的人不一定是这个意思。然而,它所暗含的四项要比所有其他建议的术语都要好一些:国家资本主义是私人资本主义的后继者;国家承担了私人资本家的重要职能;对利润的兴趣仍然起到了一个重要的作用;以及它不是社会主义。我们将"国家资本主义"两个最典型的变种,即它的极权主义形式与民主形式,定义为这样一种社会秩序,它在以下几点上不同于它的历史起源"私人资本主义":

(1)市场被剥夺了协调生产与分配的控制职能,这个职能已被一个直接控制的体系所接管。贸易、企业和劳工的自由受到政府的干预到了这样一种地步,即它们实际上被废除了。自发市场中所谓的经济规律消失了。

(2)这些控制权属于国家,国家使用包括"伪市场"在内的新旧手段组合,来调节与扩大生产,并使其与消费相协调。所有资源的充分利用①被认为是经济领域的主要成就。国家超越和平时期

---

① 这里简单地理解为所有生产要素不存在技术上可以避免的"闲置"。关于这个概念的讨论,参见约翰·梅纳德·凯恩斯:《就业、利息和货币通论》(*The General Theory of Employment, Interest and Money*),伦敦:帕尔格雷夫·麦克米伦出版社,1936年。

国家活动的所有限制。

（3）在国家资本主义的极权主义形式下，国家是一个新的统治集团的权力工具，这个统治集团来源于最强大的既得利益者的合并、工业与商业管理的顶层、国家官僚的高层（包括军队）和获胜的政党官僚的领导者。每个不属于这个集团的人都只是统治的对象。

在国家资本主义的民主形式下，国家拥有同样的控制职能，但本身是由人民控制的。它是建立在这样一些制度的基础之上，这些制度防止官僚把它的行政地位转变为一种权力的工具，从而为将民主体系变形为一种极权主义体系奠定基础。

市场体系的遗产

我们从这样一个假设开始：当市场经济对使用现有资源来说变成了一种完全不合适的工具时，国家资本主义的时刻就到来了。中型私营企业和自由贸易——19世纪人类生产力巨大发展的基础——正逐渐被自由主义、私人垄断和政府干预的产物所破坏。经济活动集中于大型企业，其后果是僵化价格、自负盈亏和不断增长的集中，政府对信贷体系和对外贸易的控制，工会的准垄断地位以及随之而来的劳动力市场僵化，大规模的劳工失业和资本闲置以及为安抚失业者所需要的大量政府支出，这些都是市场体系衰落的征兆。它们在不同程度上成为第一次世界大战之后所有工业化国家的特征。[①]

---

① 关于"市场机制的崩溃"的最好的简短陈述仍然是参议院第13号文件（第七十四届国会，第一次会议）的附录A，关于《工业价格及其相对的不灵活性》["Industrial Prices and Their Relative Inflexibility"，加德纳·C.米恩斯（Gardiner C. Means）著，1935年］。也可参见阿瑟·罗伯特·伯恩斯（Arthur Robert Burns）、爱德华·H.张伯伦（Edward H. Chamberlin）、琼·罗宾逊（Joan Robinson）最近所著的关于竞争衰退的书。

各种政府机关最近所收集的资料显示出美国在何种程度上也有类似的发展。① 当代农业中的技术革命加剧了由垄断所导致的市场机制的混乱。② 自第一次世界大战以来,世界市场的混乱令人震惊,它已经阻断了在19世纪对克服市场困难有所帮助的出口渠道。人们已经认识到了这种境况所涉及的危险,并且正在做出巨大努力来解决创造充分就业的问题,同时使美国的市场体系从扼杀它的力量中解放出来。类似的发展可能达到除了经济体系的重组外,任何措施都不能阻止社会结构的彻底解体的地步。这样一种重组可能通过一系列的权宜之计而发生,其中很多是相互冲突的,没有先入为主的计划,而且常常与其创始人的原初意图背道而驰。从理论上来说,有可能建构一个可以取代过时的体系的新组织的完整模型,并承诺实现两个目标:保证充分就业与维持旧的社会结构的基本要素。

如果要用另一种组织形式取代市场体系,新体系必须承担某些必然与分工相关联的职能。从最广泛的角度来看,这些"必要"③职能分为三类:协调需要与资源,指导生产,分配。这意味着:

(1) 一种根据消费品、工厂、机器和原材料的再生产和扩大来确定社会需要的方式,④

(2) 以实现充分就业和"尽最大可能"满足公认的需要的方

---

① 参见下文 F. 韦尔(F. Weil)在本期的评论。
② 参见下文 P. 马辛(P. Massing)在本期的评论。
③ 可以把它们定义如下:如果没有它们,即使是社会最低限度的生活需要也无法再生产出来。然而,下面这个描述把"必要"职能理解为在一定历史条件下取得最好结果的那些职能。这就是自由主义理论对市场体系的要求。
④ 在这个简单的方案中,奢侈品被归入消费品,国防物资被归入机器。

式,来分配所有可用的资源,

(3) 协调和控制所有的生产过程,以便获得最佳的绩效,以及

(4) 社会产品的分配。

市场体系在执行"必要"职能方面的基本弱点被一再讨论,因为它的浪费和低效率越来越多地超过了它早期的成就。批评主要是针对价格机制在引导生产方面的缺陷,针对利润动机的矛盾表现,它阻碍了可用资源的使用,以及针对协调不均衡经济的致命机制,即商业周期及其累积性的破坏过程。但是,在第一次世界大战之前,当市场机制仍然起作用时,即便它在实践上始终远远没有发挥它在理论上应该发挥的作用,垄断的侵入及其僵化价格就逐渐导致市场体系在越来越大的范围内崩溃。

一系列新规则

国家资本主义以建立在新旧手段组合的基础上的一系列新规则代替了市场的方法。

(1) 为生产、消费、储蓄和投资制订一个总体计划。把计划原则引入生产过程意味着要建构一个计划,在国家规模上用所有可利用的资源实现某些选定的目的。这并不必然意味着事先制定好所有的细节或者说消费者完全没有任何选择的自由。但它与市场体系形成鲜明对比,因为关于什么需求应该得到满足以及如何满足的最终决定权,不是留给匿名的、不可靠的事后(post festum)市场民意调查,而是留给在生产开始之前,对目的和手段至少大致上是有意识的决定。关于计划的讨论已经达到了这样一种地步:好像反对这样一种总体计划的技术可行性的

论据能够被驳倒。① 一个计划社会的真正问题并不在于经济领域,而在于政治领域,在于这样的一些原则,这些原则决定了哪类需求应该享有优先权,应该花多少时间用来工作,应该消费掉多少社会产品以及多少社会产品用于扩大,等等。显然,这些决定不可能是完全任意的,而是在很大程度上取决于可利用的资源。

(2)价格不再被允许充当经济过程的主人,而是在经济过程的所有重要部分中都被管理着。这是从计划的原则中推导出来的,而且意味着在对计划经济的支持中,市场被剥夺了它的主要职能。它并不意味着价格不能再存在,而是意味着如果它们还存在,它们的特性就已经彻底改变了。表面上看起来没有发生任何变化,价格被引用,商品与服务以货币形式支付;单一价格的升与降可能十分普遍。但是,价格与生产成本之间的关系是一方面,需求与供给之间的关系是另一方面,尽管它们总体上是严格相互联系的,但是在它们倾向于干扰总体计划的那些情况下就会变得互不关涉。市场体系所保留下来的仍然像它的前身那样运作,但是它的职能已经从经济过程的总管理者变为一个受到严密控制的工具。② 在

---

① 关于计划理论的最近文献的讨论,参见爱德华·海曼(Eduard Heimann):《关于社会主义经济理论的文献》("Literature on the Theory of a Socialist Economy"),《社会研究》(*Social Research*)第 6 卷,第 87 页及以下几页;卡尔·兰道尔(Carl Landauer):《关于经济计划的文献》("Literature on Economic Planning"),《社会研究》第 7 卷,第 498 页及以下几页;H. D. 迪金森(H. D. Dickinson):《社会主义经济学》(*Economics of Socialism*),伦敦:牛津大学出版社(Oxford University Press),1939 年。

我们并非暗示在纳粹德国存在一个总体计划,或者在那里曾经存在过。取而代之的是尽可能迅速、有效地武装起来这一目标,并充分利用所有资源。一些计划元素已经形成,而最初作为宣传口号在德国使用的"计划原则"正在那里迅速蔓延。

② 关于新职能和"伪市场"的表现的出色分析,参见 A. 洛(A. Lowe):《经济分析与社会结构》("Economic Analysis and Social Structure"),《曼彻斯特学派》(*The Manchester School*)1936 年第 7 卷,第 30 页及以下几页。洛的论据与"公有制下的定价过程"有关。然而,对生产资料的公共控制,与国家所有权有着同样的经济后果。

最近的几十年里，管理价格在破坏市场的自动性方面做了很大贡献却没有创造出接管其"必要"职能的新手段。它们的作用是以非垄断的市场价格为代价来确保垄断利润。在国家资本主义下，它们被用作将生产与消费纳入总体计划的补充手段。

（3）个体与集团对利润的兴趣以及所有其他特殊利益都要严格地服从于总体计划或者任何替代计划。理解这一原则的后果，我们就能对极权主义的惊人力量有透彻的理解。对利润的兴趣在纳粹德国的作用存在着两种相互矛盾的解释。一种声称利润动机仍然发挥着和以前一样的作用；另一种则指出，资本家已经被剥夺了他们的社会地位，而旧的意义上的利润已不再存在。我们认为这两种看法都倾向于忽视了像"利润"这样一个范畴在现代社会中的转变。在极权主义形式的国家资本主义社会中，对利润的兴趣也许仍然是十分重要的。但是，即使是最强大的利润兴趣也会逐渐服从于总体"计划"。没有一个国家资本主义的政府能够或将会取消利润动机，原因有两个：第一，取消利润动机将会摧毁整个体系的特性；第二，利润动机在许多方面仍然是一个有效的激励措施。然而，在每种情况下，当单个集团或个人的利益与总体计划或者任何替代计划相矛盾时，个别的利益必须让路。这是**先公后私**(Gemeinnutz geht vor Eigennutz)这一意识形态的真实含义。整个统治集团的利益是决定性的，而不是那些组成这一集团的个人的利益是决定性的。① 当与私人资本主义仍然盛行的国家——强大的集团利益妨碍了许多为"共同利益"所必需的紧急任务的执

---

① 显然，在使私人利益服从于"共同"利益的过程中，首当其冲的是社会各个领域中的"小人物"。

行——的最近经验相比时，就能充分理解这一国家资本主义原则的重要意义。这并不需要用任何邪恶意志或异常贪婪来解释它。在一个以每个人的自我利益为基础的系统中，这个原则有时会以一种与它的基本哲学的乐观主义相矛盾的形式出现。如果"私恶即公利"（private vices are public benefits）这句话是正确的，那么它也只是在典型的经济单位相对较小和自由的市场发挥作用的条件下才是可能的。

反对自由主义的国家资本主义政策已经明白有一些狭隘的限制，在这些限制之外，对私人利益的追求不能与有效的总体计划相协调，而且它已经产生了结果。①

（4）在国家活动的所有领域（在国家资本主义的条件下，这意味着是在整个社会生活的所有领域），猜测与即兴行为都让位于科学管理的原则。这条规则符合国家资本主义社会的基本概念，即社会是一个堪比现代钢铁、化工或汽车生产巨头的整合单位（integrated unit）。大规模生产不仅要求细致的总体计划，还包括对所有单一过程进行系统的阐述。在准备材料与机器和筹备生产的要素方面的每一个浪费和错误都会被放大无数倍，甚至可能会危及整个生产过程。只要衡量单一过程在获得计划者认为最理想的社会产品的能力取代了以前对私人成本（如工资）与社会成本（如失业）之间的区分，那么这同样适用于社会。但是，一旦这个

---

① 作为结果的一个例子就是，民族社会主义德国在建立一个巨大的战争机器方面，具有惊人的弹性和效率。然而，这不应该解释为私有财产利益在德国没有努力争取优先地位。例如，在汽车标准化方面，有重大关切的私人利益决定了所采取的所有措施。由于德国从未公布过经济政策的总体计划，因此不可能确定私人利益在多大程度上获得了优先性。

"合理化"原则变成了对所有公共活动的强制,那么它将会被应用于以前是猜测工作、例行公事与应付了事的领域:军事准备、战争行为、对公共舆论的表现、国家强权的应用、对外贸易和外交政策等等。①

(5)计划的执行由国家权力强制进行,以至于没有任何基本的东西留给市场规律或其他经济"规律"的运作。② 这可以解释为一条补充性规则,即它把所有经济问题都作为最后的政治问题来处理的原则。创造一个国家不应介入的经济领域,这对私人资本主义时代来说是必不可少的,现在却被彻底否定了。政府指令取代自由放任的机制并不意味着个人自主性与个人责任的终结,而是甚至可能被置于更加广泛的基础上,但将被纳入总体计划的框架内。在私人资本主义的非垄断阶段,资本家(无论是个人或是被其经理人所代表的一群股东集团)在市场规律的界限内有处理自己财产的权力。在国家资本主义下,这种权力被转移到了政府手中,而政府仍然受到某些"自然"的限制,但却从不受控制的市场的暴政中解放出来。③ 政治手段取代经济手段作为经济生活的再生产的最后保障,改变了整个历史时期的特征。它标志着以经济为

---

① 纳粹的部分成功看起来可以更好地解释为现有的最佳手段在所有领域(从消除被征服国家的饮食中的重要维生素到国际宣传中的实际垄断)中的合理应用,而非解释为军事或组织特征的任何先天素质。在这种联系中,我们可以回忆起德国工业最初是从美国学习科学管理的。
② 例如,新的投资不再自动流入利润最高的经济领域,而是由规划委员会指导。因此,所谓的利润均衡化的机制不再起作用。
③ 参见第 215 页及以下几页。(该处页码为原书页码,可参见本书第 200 页及以下几页。——编者注)

主导的时代过渡到了以政治为主导的时代。①

在私人资本主义下，所有的社会关系都为市场所调节；人们是作为交换过程的代理人，作为买家或卖家而相互接触的。一个人的收入来源与财产规模决定了他的社会地位。利润动机保证了社会经济机制的运行。在国家资本主义下，人们是作为指挥者或被指挥者而相互接触的；一个人能够指挥或者必须服从的程度首先取决于他在政治机构中的地位，其次才取决于他的财产规模。劳动力被直接占有，而不是通过市场的"迂回"方式。在国家资本主义下，情况变化的另一个方面是，权力动力取代利润动力。显然，利润动力是权力动力的一种特定形式。在私人资本主义下，更大的利润标志着更大的权力和更少依赖其他人的命令。然而，差异不仅在于利润动力是权力动力的一个中介形式，而且后者在本质上与统治集团的权力地位联系在一起，而前者只与个人相关。②

生产的控制

对国家资本主义实现其计划的手段的讨论，必须紧紧围绕所有高度工业化的国家现有的技术与组织的可能性。我们不是指任何未来的发展，而是指此时此刻就可以使用现有的资源。然而，如果能够证明国家资本主义制度能够比市场更加成功地执行劳动分

---

① 弗兰克·芒克(Frank Munk)：《武力经济学》(The Economics of Force)，纽约：乔治·W. 斯图尔特出版社(George W. Stewart)，1940年。劳伦斯·丹尼斯(Lawrence Dennis)：《战争与革命的动力学》(The Dynamics of War and Revolution)，纽约：每周外国来信出版社(Weekly Foreign Letter)，1940年。
② 参见本文第210页。（该处页码为原书页码，可参见本书第193—194页。——编者注）

工所要求的"必要"职能，那么期望在短期内可以获得更大的资源就似乎是合理的。国家资本主义必须解决生产领域中的以下问题，才能使社会产品不断增长：创造建立在所有生产单位的协作基础上的充分就业；在满足技术进步的水平上再生产现有的工厂、原材料、管理和劳动力资源；以及扩大现有的工厂。所有这些任务都必须在总体计划之中体现出来。鉴于这个计划，执行就取决于解决单纯的技术性的与行政的任务，而不是取决于为一个未知的、很大程度上不可预知的市场进行生产的经济任务。生产是为了一个明确的用途，而不是市场体系意义上的"商品"生产。① 现代大型企业与企业协会在执行大量计划时所积累起来的经验，使全面的生产控制在技术上成为可能。控制的特定手段包括现代的统计学与会计学方法，定期报告工厂与供给的所有变化，为了将来的需求而对工人进行系统培训，所有技术与行政程序的合理化，以及在现代大型企业与卡特尔中发展起来的所有其他手段。除了这些已经取代了正确猜测未来的市场需求将会如何的这种神秘的企业家艺术的传统方法以外，国家也获得了蕴含在对货币与信贷的完全控制之中的额外的控制权力。银行转变为单纯的政府机构。② 每一项投资，无论是用于补偿还是用于扩张，都服从于计划，无论是过度储蓄还是过度扩张，无论是"投资不利"还是"投资错误"

---

① 参见鲁道夫·希法亭：《国家资本主义还是极权主义国家经济》("State Capitalism or Totalitarian State Economy")，《社会主义信使》(*Socialistichesky Vestnik*)，巴黎，1940年(俄文)。应该理解的是，"为使用而生产"并不意味着"为和谐社会中自由人的使用"而生产，而只是与为市场而生产相反。
② 关于纳粹德国这一趋势的令人印象深刻的讨论，参见达尔·希契柯克(Dal Hitchcock)：《德国金融革命》("The German Financial Revolution")，《哈泼斯月刊》(*Harpers Monthly*)1941年2月。

(Fehlinvestitionen),都不能造成大规模的混乱。由于计划委员会的中心地位,必然要发生的错误能相对容易地被追踪到。尽管它们也可能是纯粹的浪费,但把它们记在整个经济上,而不是记在单个企业上,它们的破坏性影响就可以降到最低。除了银行以外,许多由商业利益集团所发展起来的组织(贸易协会、卡特尔、商会等)充当着或者被转变为控制生产的政府机构。对资本的严格控制,无论是以其货币形式,还是以工厂、机器、商品的形式,都从根本上改变了生产资料及其所有者即"资本家"的私有财产的特质。尽管在私人资本主义下由所有者承担的许多风险(不是所有的风险)可能已经消除,但只有在政府认为合适的情况下,才会给他留下这么多的利润。对价格的管理,对分配利润的限制,将剩余利润强制投资于政府债券或者是资本家不会自愿选择的风险企业,最后是严厉的征税——所有这些措施都为了同一个目的,即把资本家变为一个纯粹的食利者,只要他的投资是成功的,其收入就由政府法令固定下来,但是如果没有支付任何"利息",他就无权收回他的资本。

近年来,我们的模型中所描述的这种情况的趋势得到了广泛的讨论。一个极端的说法就是杜尔宾(E. F. M. Durbin)的说法:"工业资本中的财产已经完全失去了本应以它为基础的社会职能。它已不再是管理的回报,它在很大程度上已不再是对个人储蓄的奖励。资本中的财产已成为对工业产品中所占份额的无用要求。这种制度不仅站不住脚,而且它是毫无用处的。"[①]下面的评论也

[①] E. F. M. 杜尔宾:《民主社会主义的政治》(*The Politic of Democratic Socialism*),伦敦:劳特利奇出版社,1940年,第135页。

批评了同样的现象:"今天管理的重点不是在风险企业,不是在资本主义所要求的抓住机遇上,而是在价格控制、市场划分及规避风险上。这可能是好的短期政策。但是:如果企业不情愿冒险,那么有人很快就会问,为什么它应该享有利润,为什么管理层不能由政府雇用,政府被要求把握所有这些机遇,并且政府可能想要指导工业。"①

这种失去其作为资本私人所有者的社会职能的趋势,在股东失去对管理的控制中得以体现。迄今为止,它在德国关于股份制公司的新的立法——在这个立法中,股东被依法剥夺了干预管理的任何权利——中达到了顶点。

归纳起来,在国家资本主义下,私人资本家的地位在三个方面发生了变化:②

(1) 企业家与资本家的职能,即指导生产与自行决定自己的资本投资,是相互分离的。管理层实际上独立于"资本",而不必在公司财产中占有重要份额。

(2) 企业家与资本家的职能被政府所干预或接管了。

(3) 资本家(就他不是因其管理资格的特点而被接受为企业家而言)沦为一个纯粹的食利者。

这里,动机的问题出现了。在私人资本主义下,资本家保持、

---

① 引自《商业主管报告》(*Report for the Business Executive*),1940 年 11 月 28 日。
② 关于民族社会主义下实际发生的变化,参见下文第 226 页及以下几页[该处指载于《哲学和社会科学研究》1941 年第 9 卷第 2 期的古尔兰(A. R. L. Gurland)的文章《民族社会主义下的技术趋势与经济结构》("Technological Trends and Economic Structure under National Socialism")。——译者注]古尔兰给出的解释与这里所坚持的解释不同。

扩张和改进生产的决定性动机是对利润的兴趣,以及如果努力松懈就会带来经济崩溃的永久威胁。非资本家在饥饿和对更加美好生活与保障的渴望驱使下,进行有效的合作。在国家资本主义下,这两个群体都失去了他们的动机的重要部分。是什么样的新设备将会接管他们最"必要的"职能?是什么会防止国家资本主义社会所有领域的停滞甚至倒退?对于大多数人来说,即那些既不拥有也不能控制生产资料的人,答案是简单的。失业这条皮鞭被政治恐怖所取代,物质与意识形态的酬报的允诺继续激励着最大限度的个人努力。利润动机对于资本家与管理官僚而言,仍然扮演着重要的角色,因为有效的投资与管理能够获得巨大的补偿。个人的主动性从对财产利益的阻碍中解放出来,并得到系统性的激励。① 然而在控制集团内部,政治权力的意志变成了动力的中心。每一个决定都是以保持与扩大整个集团及其每个成员的权力为目标导向。新工业帝国的建立和旧工业帝国的扩大都以此为目标。但是我们在这里还有一个原则的来源,即个人利益必须始终服从于共同(群体)利益。这个原则反过来又对加强政府控制起到决定性的作用,因为只有一个强大的政府才能够在为整个集团的权力利益服务的同时整合相互冲突的利益。

分 配 的 控 制

"我们已经学会了如何在实践中无限量地生产一切东西,但是我们却不知如何分配商品。"这是描述私人资本主义在其最新阶段

---

① 参见卡尔·德雷埃尔(Carl Dreher):《为什么希特勒会胜利》("Why Hitler Wins"),《哈泼斯月刊》1940 年 10 月。

之谜的流行表述。

如果有一个总体计划以及执行它的政治权力,国家资本主义就能够找到充分的技术手段来分配一切可以用现有资源生产的东西。私人资本主义的主要困难被消除了,在国家资本主义下,生产的成功并不必然取决于在不稳定的市场上以有利可图的价格为产品找到买主,而是有意识地导向满足在很大程度上事先确定好的公共的与私人的需求。由于总体计划的技术错误或者是消费者需求中未预期的行为而必须要做的调整,不一定导致个体生产者的损失,更不会导致他的经济灾难。行政部门能够很容易地将损失集中起来。可用以维系竞争市场"必要的"分配职能的手段,可以顺便地分为直接分配(优先权、配额等等)与管理价格。前者首先适用于向生产者分配商品,后者主要是指消费领域。然而,在这两种手段的运用领域之间并不存在严格的划界线。① 劳动力就是综合运用这两种方法的一个突出例子。

在建构国家资本主义下的分配机制的粗略模型时,我们必须时刻谨记生产与生产者的消费是同一过程的两个方面。因为在现代条件下,生产者与消费者通常不是同一个人,所以分配就充当了整合它们的一种手段。生产计划是建立在关于多少社会产品用于消费,多少社会产品用于扩张这样一种相对任意的决定的基础之上的。②

---

① 到目前为止,最接近国家资本主义分配模式的方法是在苏维埃俄国进行的。参见 L. E. 哈伯德(L. E. Hubbard):《苏维埃贸易与分配》(*Soviet Trade and Distribution*),伦敦:麦克米伦公司,1938 年。德国的趋势显示出同样的方向。
② 至于对这一决定的任意性的限制,参见下文第 215 页及以下几页(此处页码为原书页码,可参见本书第 200 页及以下几页。——编者注)。

在过去 10 年内所出版的关于社会主义计划的文献中，国家资本主义下分配的所有主要问题都已经被彻底讨论了。[①] 尽管所有支持计划社会的作者都同意必须废除市场的暴政，但在关于在何处为伪市场的用途划定界限的问题上却存在着意见分歧。一些作者建议，社会化产业的管理者应该"像在竞争性的资本主义下那样办事"，他们应该"参加竞争"。[②] 一定程度上建构在这种讨论的结果之上的模型，可以用于说明国家资本主义下的分配是如何进行的。对生产者的商品分配是从下列情况开始的：

（1）大多数生产设备为私人所有，但由政府所控制。

（2）每个产业都以卡特尔的形式组织起来。

（3）在规划当局与垄断者所允许的界限之内，价格对供求的变化以及成本结构的变化作出反应。

（4）存在对社会产品结构的总体计划。

在这些情况下，优先权与配额制度将会确保计划在其广泛的范围内得以执行。这些分配包括现有资源的再生产、扩张（包括国防）以及每个产业都应该生产的消费品的总产量。在每个产业内，配额制度将提供所分配资源的分配。配额可以根据一个更加详细的计划或者根据消费者选择的表达方式来进行分配。在这种设置中，留给弹性价格的空间并没有多少。利润动机的部分存续将会

[①] 参见上文第 204 页的注释。（该处页码为原书页码，可参见本书第 186 页脚注①。——编者注）最新的重要出版物是 E. F. M. 杜尔宾的作品，同上。大多数主张"在计划目标的约束内"故意"操纵"市场的优越性的人，几乎没有注意到这样一个事实：计划远远不等同于社会主义。这就是为什么他们的工作，尽管如此重要，看起来更像是对国家资本主义理论的贡献。

[②] L. 罗宾斯（L. Robbins）：《经济计划与国际秩序》（*Economic Planning and Internationol Order*），伦敦：麦克米伦公司，1937 年，第 208 页。

诱使那些为其产品提供更高价格的制造商们反过来抬高他们的"要素"价格。但"价格控制办公室"不会允许价格高于与总体计划相符的水平。因为所有主要的生产单位都在卡特尔的控制之下,不应该高估使价格保持弹性的倾向。在所有情况下,为保持充分就业所必需的公共工程的巨大作用将使政府的控制得到极大的促进。

严格意义上的充分就业,只能在劳动力方面实现。由于技术上的原因,这在工厂与设备方面是不可能的。根据最新的技术发展所建造的新工厂与新机器要求最小规模的工厂,这通常在它们完成的时刻造成暂时性的产能过剩。如果不能快速地找到使用这种过剩产能的方式,将会出现一些闲置资本。如果对它们的产品的需求暂时饱和了,整个耐用品产业(比如机床)都可能发生这种情况。无论是这种情况,还是其他"失调"情况,都不会产生自由市场体系下这样恶性的累积效应,[1]因为资本所有者的损失可以从集中的利润或公共资源中得到补偿,在规划劳动力供给时所提供的持续储备将照顾到被取代的工人。技术性失业将以一种类似的方式处理。事实证明,相反的情况即资本的周期性短缺在计划社会中是可以避免的。[2]

国家资本主义下的劳动力像其他资源一样被分配到不同的生产部门中去。这并不妨碍规划当局区分工资。相反,在要求付出

---

[1] 参见戈特弗里德·冯·哈伯勒(Gottfried von Haberler):《繁荣与萧条》(*Prosperity and Depression*),日内瓦:国际联盟经济智力服务(Economic Intelligence Service, League of Nations),1937年。
[2] 参见卡尔·兰道尔:《计划经济与交往经济》(*Planwirtschaft und Verkehrswirtschaft*),慕尼黑:东克尔和洪布洛特出版社,1931年。

额外努力的地方,会给予更高的实际工资形式的补贴。从使用昂贵机器的高级技工身上榨取优质产品,监工的鞭子是行不通的。然而,工资表的这种差别不是市场条件的结果,而是工资管理者的决定。任何企业家都不能支付比这个机构所固定下来的更高的工资。

有了对工资的绝对控制,政府就处于一个可以相对容易地处理消费品的分配的地位。至于像战时一样严重匮乏的情况下,直接分配消费品也许是唯一适合的分配手段。在这样一种情况下,消费者的选择是非常有限的,但不是完全被排除在外。① 然而,如果有更加充足的消费品的供应,消费者就会像现在一样自由,或者凭借由充分就业所创造的更大的购买力,在国家资本主义下消费者的选择甚至比现在更加自由。为了以现有的手段来达到这一目标,将会建立一个消费品的伪市场。其运作的出发点是明确界定将会用在消费上的购买力与所有现有消费品的价格总额之间的关系。这两个总额必须相等。换句话说,付给消费者的总收入,除去税收、强制的和自愿的储蓄后,必须与用于销售的所有消费品的价格总额相等。如果消费者的"净"收入更高,就会导致人们争夺商品、哄抬物价(根据我们的定义,"净"收入不包括储蓄)。如果"净"收入更低,就只有部分产品可以被分配。因此,分配消费品的第一步是使一定时期内所有消费者的"净"收入与由总体计划所决定的消费品产量和现有库存的总和相等。这个第一步由于以下两个原因而证明是不足的:

---

① 例如,参见德国和英国的纺织品分配的"点"制度。

（1）消费者的自愿性储蓄可能会偏离计划——他们的储蓄可能比计算均衡时预期的要多或少。这两种情况都可以通过使用需求和供给的市场规律来补救，它将创造通货膨胀或通货紧缩的价格运动来"清除市场"——如果价格控制机构允许的话。

（2）消费者的选择也许会背离计划者的计算——他们可能喜欢某些产品而拒绝其他产品。在这里，旧的市场机制可以再次被允许发挥作用，抬高需求较大的商品的价格，并在存在供过于求的情况下降低价格。补贴与附加税制度将会消除严重的损失，以及可能干扰计划执行职能的剩余利润。分配机构可以完全"驳回"消费者对所有实际目的的选择，或是将价格定得极高，或是将价格定得不成比例的低。迄今为止，价格机制遵循着自由市场体系中同样的规律。差异体现在变化的价格对生产所施加的影响上。价格信号只是在符合总体计划和已建立起来的关于消费的公共政策的情况下才影响生产。价格运动是显示消费者喜好与生产计划之间差异的最有价值的工具。然而，它们却不能像迫使自由市场中每一个非垄断生产者那样迫使规划当局跟随这些消费者意志的表示。[1] 在私人资本主义下，垄断者在抵抗市场信号时，以所有非垄断的市场各方为代价，扰乱了整个市场体系。在国家资本主义下，价格与生产之间的脱节不能造成任何伤害。因为协调生产与消费的职能已经从市场转交到了规划当局的手中。人们对如何事先计算消费者的选择这个问题给予了很大关注。规划委员会不需要有

---

[1] 关于这一整个系列问题，参见奥斯卡·朗格(Oskar Lange)：《论社会主义的经济理论》(*On the Economic Theory of Socialism*)，E. 利平科特(E. Lippincott)编，明尼阿波利斯：明尼苏达大学出版社(University of Minnesota Press)，1938年。

"上帝般的"品质。事实证明,①消费者的选择自由实际上只存在于一个非常有限的程度。在对大量的消费者进行研究时,可以明显地发现收入的多少、传统与宣传相当程度上拉平了所有个人的偏好表范围。大型制造业与分销企业以及卡特尔的经验,为专门研究计划的文献作出了最有价值的补充。

国家资本主义的经济限度

在提出经济限度的问题时,我们是指那些可能会限制国家资本主义中决策的随意性的限度,而这在与此相反的社会结构中可能不会出现。我们并不关心应用于每一种社会结构的限度,比如说那些由于必须再生产给定的资源与必须保持充分就业和最佳效率而产生的限度。针对国家资本主义制度的经济可行性,第一个也是最常见的反对意见是,它只适用于短缺经济,尤其是备战与战争时期。这种论点认为,对于短缺经济来说,私人资本主义所奋力抗争的大多数经济困难并不存在。不必担忧生产过剩与投资过度,所有的产品,无论生产效率如何低下,质量如何糟糕,都能找到现成的需求。但是,暂时的紧急情况一旦过去,并且在所有领域都出现了更多的供应,那么将会证明,国家资本主义完全不足以保证现有资源得到最佳的利用,不足以避免一种产品的生产出现瓶颈而其他产品出现生产过剩,也不足以尽可能低的成本为消费者提供他们可能需要的东西。即

---

① 参见国家资源规划委员会关于《消费者收入和资源使用模式》(Consumer Incomes and Patterns of Resources Use)的研究报告,参见《哲学与社会科学研究》第 8 卷,1939—1949 年,第 483—490 页的评论。

使所有的生产资料都在政府的控制之下，高效的计划也只有在紧急情况下才是可能的。这个观点所提出的论据可归结如下：[1]在计划经济中，成本无法解释，消费者的自由选择必定被忽略，高效的生产与分配的动机消失了，结果在现代条件下计划经济的生产力必定比市场经济低得多。

我们认为，任何认真研究关于计划的现代文献的人一定会得出这个结论：无论他对计划的社会后果持什么样的反对意见，这些反对它的经济效率的论据都已不再成立。所有高效计划的技术手段，包括依据消费者的需要和最先进的技术可能性扩大生产，以及考虑到公共卫生、个人风险和失业（从未在私营企业的成本单中得到充分计算）方面的成本——所有这些技术手段今天都是可以获得的。

另一个反驳意见认为，一旦国家资本主义从集中于军备转向真正的和平经济，如果它想避免失业的话，其唯一的选择就是花费非常大一部分的国民收入用于建构现代"金字塔"，或者大幅度提高生活标准。不存在任何可以阻止国家资本主义政府这样做的经济原因。这些障碍是政治性的，这些稍后再来处理。[2]

第三个论据指向相反的方向。它反对的理由是国家资本主义必然导致技术的停滞甚至倒退。如果市场规律不再起作用，投资

---

[1] 关于这一论据的历史和细节的最好的调查是 F. A. 冯·哈耶克所编的《集体主义的经济计划》(*Collectivist Economic Planning*)，伦敦：劳特利奇出版社，1935 年。关于反驳意见，参见奥斯卡·朗格，同上。
[2] 参见第 218 页及以下几页。（该处页码为原书页码，可参见本书 200 页及以下几页。——编者注）

将会放缓,技术进步将会停止。只要军备竞赛继续,情况就可能是相反的。除了利润动机以外,统治集团的重要利益将会刺激投资与技术进步。在尽力保持与扩张权力时,统治集团将与外国利益发生冲突,而它的成功则依赖于它的军事力量。然而,这是技术效率的一个职能。技术进步速度的任何懈怠都可能会导致军事上的劣势和毁灭。① 只有在所有可能的敌人都将消失以后,因为整个世界都将被一个极权主义国家所控制,技术进步与资本扩张的问题才会涌现。

也许有人会问,国家资本主义的存在与扩张难道没有任何经济上的限度吗？随着它的兴起,会不会出现一种乌托邦,在其中,如果没有政治因素的干预,所有的经济需要都能轻易地实现？自由主义理论不也相信它已经证明,如果不加干预,市场体系将保证其成员充分使用所有资源吗？内在的力量阻止了市场体系执行职能,并引进了私人垄断和政府越来越多的干预,后来不是变得很明显吗？尽管我们得到预警,我们还是不能发现任何内在的经济力量、旧有的或新类型的"经济规律"能够阻止国家资本主义的运作。② 对生产与分配的政府控制为消除萧条、累积性的破坏过程,以及资本闲置和劳动力失业的经济原因提供了手段。我们甚至可

---

① 德国的经验表明,在工业化的历史上,可能从来没有出现过新发明被如此迅速地投入应用,也没有如此巨大比例的国家收入被用于投资。参见上文第 210 页及以下几页。（该处页码为原书页码,可参见本书第 193 页及以下几页。——编者注）
② 这也适用于利润率下降的趋势,根据马克思的理论,这种趋势对私人资本主义造成了极大的破坏。如果资本的扩张受制于一个由控股集团批准的总体计划,那么,剩余价值与投资资本的比率可以接近于零,而不会产生任何干扰。然而,这种下降是通过强制维持充分就业来被最有效地抵消。我们不会讨论国家资本主义本身是否在利润率下降的压力下出现,也不会讨论在市场经济的限制之外说"价值"有多大意义。

以说,在国家资本主义下,经济学作为一门社会科学已经失去了它的对象。当所有经济活动的调和都是由有意识的计划而不是由市场的自然规律实现时,旧有意义上的经济问题便不再存在了。以前经济学家绞尽脑汁解决交换过程之谜,而在国家资本主义下,他需要解决的仅仅是管理问题。国家资本主义确实存在限度,但是它们来源于自然条件,以及国家资本主义寻找永恒存在的社会结构。

自然的与其他非经济的限度[①]

(1) 为了充分地发挥作用,国家资本主义需要一个高度工业化的国家所特有的对原材料、工厂和各种类型的劳动力(技术家、管理者以及熟练的和不熟练的劳动力)的充足供应。如果没有原材料、机器装备和现代工业社会的技能的充足供应,国家资本主义的干预必定伴随着更大的浪费,这可能比市场经济下的浪费更大。对于第一个的限度,即原材料供应不足,所能提供的一个典型的例子就是纳粹德国。为了弥补原材料基础的不足——太小,无法应付军备计划——而不得不建造巨大的机器。生产者获得原材料的困难,以及由此产生的新机器,[②]不能归咎于系统本身,而应归于它从一开始就缺乏一个主要的先决条件。

(2) 在控制国家的一个或几个集团中,会突然出现重大利益

---

① 接下来的大多数论证都只提到了国家资本主义的极权主义形式。
② 参见京特·赖曼(Günter Reimann):《吸血鬼经济:在法西斯主义下做生意》(*The Vampire Economy: Doing Business under Fascism*),纽约:先锋出版社(Vanguard),1939年。

的分歧。它们可能来源于管理层内的不同立场，保持或扩张权力的不同方案，或是为了控制权的垄断进行的斗争。除非采取适当的措施来克服这些分歧，否则将会出现糟糕的妥协与持续的斗争。

（3）统治阶级内部的利益冲突可能会阻碍一个总体计划的建构，该计划体现了所有现有资源的最优化，达到一致的选择这一目的。只要没有建立任何共同的意志，目的的选择本身就代表了一个主要问题。在我们的讨论中，我们总是从"给定的一个总体计划"这个假设开始的。这意味着必须从多种可能的目的中选择有一定目的的计划。

一旦消费、补偿与扩大的最低要求得以实现，计划者就有很大的回旋余地。如果他们的决定不能汇集成一个一致的方案，就不能起草任何关于最优化使用与发展特定生产力的总体计划。

（4）然而，利益冲突并不只在统治集团内部运作。由于极权主义的国家资本主义是对抗性社会最糟糕的表现，来自上面的统治意志和来自下面的反压迫深深地割裂了国家资本主义计划者的伪自由。规划委员会尽管拥有指导整个经济过程的所有技术手段，但它本身就是一个远远超出其控制的社会力量之间的斗争舞台。我们将会看到，对抗性社会中的计划只是在技术的意义上与一个已经建立起利益协调的社会所使用的工具相同而已。政治因素每一步都干预着最优计划的建构与执行。下面的段落将提供一些例子。

在侵略的恐惧或者新的征服对象消失以后，如何来推动生产的扩大与技术的进步呢？在这样的条件下，难道不会出现可怕的技术停滞，从而破坏所有在提高生活水平的同时减少劳动的艰辛的可能吗？① 有一种观点认为，在极权主义的国家资本主义下，将会出现一系列新的动机，它们将把支配人的驱动力与支配自然的意志结合起来，并抵制向一种静态经济的发展。但这是如此遥远的观点，我们可以把这个问题放在一边，更何况在国家资本主义的条件下，有大量的理由保持生产力是静态的。

在国家资本主义制度下，如果扩大方案允许的话，总体生活水平是否会超越狭隘的限制？这个问题只有在国家资本主义的民主形式下可以得到肯定的回答。然而，对于它的极权主义的对应物而言，问题就不同了。极权主义国家中的少数统治者不仅通过恐怖和原子化来维持它的权力，而且通过控制生产资料以及使被统治的大多数人处于彻底的精神依赖中来维持它的权力。大众没有任何质疑现存秩序的持久性和正当性的机会；战争的美德得到了发展，所有的"女子气"（effeminacy），所有对个人幸福的渴望都被根除了。生活水平的提高可能会抵制这样一种政策。这将意味着更多的闲暇时间，更多的职业技能，更多的批判性思考的机会，从中可能发展出一种革命精神。一个广泛流传的错误是认为最危险的革命活动都是由社会最悲惨的阶层鼓动起来的。对自由与正义的革命渴望不是在贫民中，而是在本身就处于一个相对较好的地

---

① 尤利安·贡佩尔茨（Julian Gumperz）在《生产的扩大与极权主义体系》（*The Expansion of Production and the Totalitarian System*，未发表）中指出，在财产"变成权利、特权、优先权、交易的半主权职能，即越来越与生产的积极性和实际的推进相脱节之后，这种职能创造了一个新的阶级，并为其所占有……"这个阶级"代表了技能、能力、知识、传统的留存，它将经济社会的组织从一个点转移到另一个点，并组织完成新的生产水平……经济社会所遭受的生产过剩很大程度上集中在这个进步阶级的生产过剩……因此，极权主义经济从根源上阻止这些技能的生产和再生产不是偶然的，而是必不可少的……"

位的个人或群体中找到了它最肥沃的繁殖地。极权主义的国家资本主义中的统治阶级可能因此决定从其自身的安全角度来考虑，一个低的总体生活水平和长期辛苦的工作时间是可取的。军备竞赛和对外国"侵略"威胁的兴奋，似乎是保持低生活水平和高战争美德的适当手段，同时维持了充分就业和促进技术进步。但是这一系列相关的事物，将会提供一个关于生产力的政治限度的显著例子。

允许提出一个高度探究性的问题，如果极权主义的国家资本主义体现在一个统一的世界国家，侵略的威胁永远消失了，那么会发生什么？在充分就业的条件下，即使是做梦也想不到的公共工程的范围也不能阻止一般生活水平的提高。在这种情况下，最聪明的意识形态的大众统治工具与最可怕的恐怖手段看来都不能长期维系一个少数人的独裁，它再也不能宣称自己是维持生产与保护人民免遭外侵所必需的。如果我们的假设是正确的，极权主义的国家资本主义不会容忍大众的高生活水平，也不能经受大规模的失业，那么结果就似乎是它不能在一种和平经济中持续下去。然而，只要一个民族的国家资本主义还没有征服整个地球，就总会有大量的机会将大多数多余的生产能力（超过最低生活水平的要求）用于日益增长的、技术上更加完善的军备上。

为什么在一个国家征服整个世界之前，侵略政策不能寿终正寝？甚至是在一个极权主义国家已经在它自己的领土之内获得了完全的独裁统治之后，"备战"和对外战争必须以飞快的速度进行以防御来自外部的侵略和来自内部的革命。一个民主制的国家资本主义，尽管内部是安全的，但却受到极权主义侵略的威胁，而必须武装到牙齿,准备战斗,直到所有的极权主义国家转变成民主制国家。在20世纪,很明显的是,建立在奴隶制劳动基础上的社会不可能与根据自由劳动原则所组织起来的社会并存。这在我们的时代同样适用于民主社会与极权主义社会。

国家资本主义下的国家控制

如果国家资本主义是一种可行的制度,在垄断市场破坏的条件下,它在生产力方面优于私人资本主义,那么它的政治含义是什么呢?如果国家成为所有人类活动的全能的审计官,那么"谁来控制审计官"这个问题就包含了国家资本主义是为自由开辟了新的道路,还是导致了绝大多数人丧失自由这个问题。在国家资本主义的两种极端形式,即极权主义和民主制之间,还有大量的其他形式可以考虑。一切都依赖于社会集团在最后的分析中指导政府的决策,而政府在所有事项上的权力——无论是"经济的"还是"非经济的"——在近代历史上从未被超越过。以下是对极权主义的国家资本主义下的社会结构所做的粗略概括:

(1) 政府是由一个新的统治阶级所控制和组成的。我们已经把这个新阶级定义为企业、国家和政党中的主要官僚与其余既得利益集团的联合体。① 我们已经提过,继承的或得来的财富在为这个统治集团开辟道路方面仍然起着作用,但它不是参加这个集

---

① 这同样适用于德国和意大利,在那里,半封建的地主和大企业仍然存在,并成为统治集团的一部分。苏维埃俄国的情况则不同,在那里,旧的既得利益已经被抹去了。由于在俄国,生产资料的财产已经完全从私人所有者转移到国家手中,甚至不再以上面讨论的修改和缩小的形式存在,因此我们的国家资本主义模式是否适合于现阶段的苏联,就有点令人怀疑了。

团的必要条件。一个人在经济与行政机构中的地位,连同党派关系和个人的资格,对一个人的政治权力具有决定性的作用。新的统治阶级通过它对国家的掌控,控制了它想控制的一切,包括总体经济计划、外交政策、权利与义务、个人的生与死。它的决定不受任何宪法保障的约束,而只受到旨在维护和扩大自己的权力的一套规则的约束。我们已经看到了对总体经济计划的控制涉及关于如何在生产品与消费品之间分配"生产要素"的所有基本决定,关于工作日、劳动条件、工资和价格的所有基本决定。总而言之,对总体经济计划的控制意味着对生活水平的控制。统治阶级内部各个集团之间的利益对抗可能会导致严重的困难。然而,维持新地位的阶级利益在它们变成对体系的威胁之前,可能会在很长一段时间内强大到足以克服这些对立。构成统治阶级的那些人因为他们在私人资本主义的垄断机构中的地位,或是因为与它们的合作,已经为他们的任务做好了准备。在那里,数量快速增长的决定性职能赋予了一个相对较小的官僚群体。领导者和追随者的原则在被公布为社会的基本原则之前就已经盛行了很久,因为越来越多的责任集中在政府、企业、工会和政党的高层。

(2)那些不是作为管理者而是作为"资本家"的资本的所有者,以及在整个私人资本主义时代能够实施强大的政治影响的资本所有者,不再有任何必要的社会职能。他们在新的统治阶级可能准许的时间和范围上获得其投资的利息。从他们的社会效用的角度来看,他们构成剩余的人口。在高额遗产税、受控制的股票市场以及新的统治阶级对"攫取型资本"(raffenden Kapital)普遍敌视的态度的影响下,这些"资本家"将有可能消失。对他们的普遍仇视之所以能够发展，只是因为资本主义的经济规律把他们的社会角色转变成寄生虫的角色。

（3）一个半独立的群体，不属于统治阶级，但享有比全体职工（Gefolgschaften）更多的特权，是处于政府控制之下的自由职业者和经营自己企业的中小商人。只要达到与我们的模型相对应的那种充分发展的国家资本主义，这二者都会消失。在国家资本主义下，获得了前所未有的动力的集中化过程吸收了独立的中小型企业。医药、新闻业与其他自由职业的社会化趋势把它们的成员转变成了政府雇员。

（4）大多数人成为各种类型的领薪雇员。他们受制于领导的指令与服从原则。他们所有的政治权利都被破坏了，精心策划的原子化简化了将他们置于严格控制之下的任务。劳工的集体谈判、罢工、随意更换工作和住所的权利（如果其市场地位允许的话）被废除。工作变成了强制性的，工资也由政府机构所固定，工人及其家庭的闲暇时间由上面来组织。在某些方面，这与私人资本主义下的劳工地位是相对立的，并恢复了封建条件下的许多特征。

（5）新的国家作为一个机构公开出现，所有的世俗权力都体现在其中，并为新的统治阶级充当其强权政治的工具。看似独立的机构，像政党、军队和企业构成了它的专门武器。然而，在手段与运用这些手段的人之间存在着一种复杂的关系，这导致这些机构具有某种真正的独立性。政治统治一方面是通过有组织的恐怖与压倒性的宣传来实现的，另一方面是通过为所有关键群体提供充分就业和适当的生活水平，为每一个自愿、完全服从的国民承诺安全和更加丰富的生活来实现的。这种体系远非是仅仅建立在粗暴的武力基础之上。因为它为它的国民提供了许多"现实的"满足，它的存在部分取决于被统治者的同意，但是这种同意并不能改变国家资本主义社会的对抗性特征。在其中，统治阶级的权力利益阻止人民为了他们自己的福利而充分使用生产力，阻止他们控制社会的组织与活动。

我们已在多处提到我们所认为的国家资本主义的民主形式的特殊特征是什么。由于迄今为止，在实践中没有出现过它的任何形式，并且由于对它的讨论仍然处于一个形成阶段，①我们就不打算在这里为它建构一个模型。

但是，在非极权主义国家，国家资本主义的趋势正在增长。越来越多的观察者承认——往往是不情愿的——私人资本主义不再能处理新的任务。"所有的战后国内重建计划都是从这样的假设开始的，即在国家和国际领域，差不多永久性的政府控制将取代自由放任的方法。因此不是在极权主义控制与回到'自由企业'之间做出选择；而是在极权主义控制与每个国家的人民为了整个社会的利益而自愿接受控制之间做出选择。"②这是所有大规模的政府干预措施的教训，如果它们没有被协调成一个总体计划，它们将有助于破坏市场机制。如果政府要在更严肃的战后重建计划中规定

---

① 查尔斯·A. 比尔德（Charles A. Beard）的《公共政策与普遍福利》[*Public Policy and the General Welfare*，纽约：法勒和莱因哈特股份有限公司（Farrar and Rinehart, Inc.），1941 年]标志着这一讨论中的重要一步。

② 薇拉·米歇尔斯·迪恩（Vera Micheles Dean）：《迈向新的世界秩序》（"Toward a New World Order"），《国外政策报告》（*Foreign Policy Reports*）1941 年 5 月 15 日，第 55 页。

所有被确认为强制性的项目,①那么它必须拥有足够的权力,而且这些权力可能不会在达到国家资本主义前就半途而废。

对于每一个相信民主价值的人来说,关于国家资本主义是否能被置于民主控制之下的调查是至关重要的。民主制所遭遇到的社会问题与道德问题表述如下:"我们如何才能有效地利用我们的资源,同时又能保全我们的自由与民主的传统的基本价值?我们如何才能雇佣我们的失业者,如何才能充分地利用我们的工厂与设备,如何才能利用最好的现代技术,然而在这一切之中,个人的价值来源和个人在社会中的成就却是基本的目标?我们如何才能获得有效的资源组织,同时又能保持个人行动的最大自由?"②极权主义的国家资本主义以极权主义的压迫为代价提供了经济问题的解决方案。为了保证国家由大多数人而不是由少数人所控制,需要采取的必要措施是什么?可以设计哪些方法和手段来防止在国家资本主义下国家、工业与政党官僚所拥有的巨大权力被滥用?如何使经济自由的丧失与政治自由的维持相兼容?今天的分裂性动力如何才能被整合性动力所取代?导致不可逾越的社会对立发

---

① "英国一家由进步的经济学家、商人、公务员和教授组成的情况调查组织,即 PEP[政治和经济计划(Political and Economic Planning)],在其于 1940 年所准备的初步方案中包括下列项目:战后在全面使用人力和资源的基础上保持充分的经济活动,'而不考虑过时的财政标准';在科学的营养标准和对受抚养人的适当供给的基础上,保证最低的生活标准;在社会规划的住房与社会福利设施方案的基础上,保证最低住房标准;提供医疗保健和合理的经济保障措施,包括就业、事故、疾病、鳏寡和老年的危险;在每个国家提供平等的教育机会,并重新建立一个欧洲高等教育和研究体系,向世界各地有能力的学生开放;提供文化和娱乐活动,并在欧洲范围内建立青年培训和休闲组织。"(薇拉·米歇尔斯·迪恩:《迈向新的世界秩序》,《国外政策报告》1941 年 5 月 15 日,第 55 页。)
② 国家资源委员会:《美国的经济结构》(*The Structure of the American Economy*),华盛顿特区,1939 年,第 3 页。

展起来的根源将会如何消除,从而不会出现持反对意见的部分的利益和旨在支配大多数人的官僚之间的政治联盟?民主制的国家资本主义难道只是一个过渡阶段,要么导致总体性压迫,要么导致消除资本主义制度的残余?

国家资本主义的民主形式的主要障碍是其政治性,而且只能通过政治手段来克服。如果我们的论点被证明是正确的,社会在其目前水平上可以通过经济计划克服市场体系的障碍。这个国家最聪明的一些人正在研究如何以民主的方式进行这种计划的问题,但是在每一个问题的答案出来之前,还必须做大量的理论工作。

民族社会主义是一种新秩序吗?*

[德] 弗里德里希·波洛克

田笑楠　张金权　译

当我谈到一种新秩序时,我指的不是轴心国在欧洲各地正在建立的,或在即将召开的和平会议上可能制定的边界、联盟、傀儡

---

* 原文题为"Is National Socialism a New Order?",收录于《哲学和社会科学研究》(*Studies in Philosophy and Social Science*)1941年第9卷,第440—455页。——编者注

以下是1941年11月至12月期间,社会研究所在哥伦比亚大学所做的一系列公开讲座的最后一场讲座。其他四场讲座分别是:

赫伯特·马尔库塞:《民族社会主义下的国家与个人》("State and Individual under National Socialism");

A. R. L. 古尔兰(A. R. L. Gurland):《民族社会主义下的私有财产》("Private Property under National Socialism");

弗朗茨·诺伊曼(Franz Neumann):《德国的新统治者们》("The New Rulers in Germany");

奥托·基希海默(Otto Kirchheimer):《民族社会主义下的法律秩序》("The Legal Order under National Socialism",也发表在这一期)。

作者的目的是双重的:总结前面四场讲座,并回答民族社会主义是不是一种新秩序的问题。这两个任务的结合强调了先前所讨论的、作者和他的同事有部分分歧的那些观点。由于不可能发表整个系列,因此这里以其原始形式提供最后一场讲座的文本,其中囊括了前面几场讲座的主要观点及其有争议的问题。这个讲座展示了国家资本主义的一般理论(如《哲学和社会科学研究》第9卷第2期,第200页及以下几页的概述)在纳粹德国的应用。(作者此处所提到的"国家资本主义的一般理论"的概述,即作者的另一篇文章《国家资本主义:它的可能性及其限度》的开头部分。可参见本书第180—183页。——编者注)

国家等新的体系。我的目的是澄清新秩序是一种与垄断资本主义相对的一种新的社会与经济体系。举个最明显的例子,当19世纪的资本主义与先于它的封建制度相比时,必定会被称为一种新的社会与经济体系。但是,比如说,我们是否也必须宣布垄断资本主义与竞争资本主义相比是一种新秩序?

显然,只有在我们选择了一个允许我们把新秩序与旧秩序区分开来的尺度以后,我们才能够继续下去。关于我们的经济和社会体系的基本概念与制度必须作为这样一种尺度。只有在我们就我们自己的社会体系的本质特征达成一致时,对我们问题的回答才会有意义。对于拒绝同意的人而言,答案将会是毫无意义的。

我想把现代社会的本质特征归纳为以下几个标题:

(1) 统治阶级。

(2) 社会的整合。

(3) 经济生活的运行。

(4) 统治者与被统治者之间的关系。

(5) 个人的作用。

在我们进入这些标题的讨论之前,我们必须进行两个方法论的说明。(1) 任何社会体系都不是静态的。持续的社会变化每天都在改变着社会的结构,这样的变化也许不会是立竿见影的。它们可能是隐藏的,尤其是因为制度未变而制度的职能却发生了变化。比如说,财产的法律制度几个世纪以来都保持不变——然而财产在今天的职能与以前的时代却有着根本差别。(2) 在现有的制度中渐渐发生的变化何时变得如此重要,以至于我们不得不提到必然导致一种新秩序的结构变化? 量变何时变为质变? 只有在这种变化已经进行了相当长的时间以后，才能给出一个令人信服的答案。①

一、统治阶级

在民族社会主义下，有四个集团掌握着控制权，它们彼此有明显的区别，有相互冲突的利益，但却因为共同的目的和对共同危险的恐惧而捆绑在一起。这四个集团是大企业、军队、政党与官僚。它们共享了原先是居于其上的国家所垄断的强权。然而直到最近，在资本主义时代，社会权力才主要来源于一个人的财产；在民族社会主义下，一个人的地位由他的社会职能所决定。财富，无论是获得的还是继承的，也许确实有助于获得权力地位，但并非是市场规律和财产权利，而是个人在集团内部的地位决定了他对他的财产的使用。当与所有权和控制权相分离的普遍趋势联系起来看时，就能更好地理解这种发展。② 与拥有多数资本的所有者-管理者

---

① 关于民族社会主义经济和社会的最新的综合性资料，参见弗朗茨·诺依曼：《巨兽：民族社会主义的结构和实践》(*Behemoth: The Structure and Practice of National Socialism*)，纽约：牛津大学出版社，1942年；刘易斯·L. 洛温(Lewis L. Lorwin)：《第二次世界大战的经济后果》(*Economic Consequences of the Second World War*)，纽约：兰登书屋(Random House)，1941年（第一篇和第三篇）；玛克辛·Y. 斯威齐(Maxine Y. Sweezy)：《纳粹经济的结构》(*The Structure of the Nazi Economy*)，马萨诸塞州坎布里奇：哈佛大学出版社(Harvard University Press)，1941年。最近的技术革命与新秩序之间的关系这个重要问题已经在 A. R. L. 古尔兰的《民族社会主义下的技术趋势与经济结构》("Technological Trends and Economic Structure under National Socialism")一文中讨论过了。（《哲学和社会科学研究》第9卷第2期，第226页及以下几页。）

② 关于这一趋势的美国权威著作仍然是 A. A. 伯利(A. A. Berle)和 G. C. 米恩斯(G. C. Means)的《现代公司和私有财产》(*The Modern Corporation and Private Property*)，纽约：麦克米伦公司，1933年）。詹姆斯·伯纳姆(James Burnham)在他的《管理革命》(*Managerial Revolution*，纽约：庄台公司(John Day Company)，1941年)中已经试图挖掘这种趋势将会导向何方。在最近的一篇文章《即将到来的美国统治者》["Coming Rulers of the U.S.", 载《财富》(*Fortune*)1941年11月]（转下页）

并列的是纯粹的管理者,他只有少量利益,但像所有者-管理者一样完全控制着企业。与这两种行使经济权力的人相对的是拥有资本但不行使权力的人。假如他的资本很小,他将会成为超企业的组织所加速了的集中化过程的受害者。通过拒绝他的生产权利、购买原材料或雇佣劳动力的权利来消灭他。另一方面,如果他的资本很大,而企业又是健康发展的,低效率的资本家将会沦为一个纯粹的食利者。

纳粹德国的私有财产状况总结如下:①"私有财产的法律制度在民族社会主义下被保留下来。投资资本要求一个应得的回报,这点从未被质疑过。但是,所有者控制其财产使用的权利却受到多重限制,这些限制由超企业的组织负责处理。它们正由最强大的工业与金融联合企业的代表所操纵。对个人财产所有者的权利所施加的这种压制,导致了少数集团的权力日益增长,而每一个集团都统治着现实的工业帝国。"

我十分同意下列观点:私有财产的法律制度被保留下来了,以及在民族社会主义中显示出的许多固有特征在非极权主义国家已经很明显了,也许只是处于萌芽阶段。但是这意味着私有财产的职能没有发生变化吗?"少数集团的权力日益增长"真的是已经发生了的变化的主要结果吗?我认为,它要更加深入,而且应该说是破坏了私有财产的所有本质特征,而只剩下一个。即使最强大的

(接上页)中,他根据美国的发展提出了他的论点。然而,应该注意到,伯纳姆所说的是一个既定事实(fait accompli),到目前为止,在其中所能看到的只是一种趋势。关于美国仍然存在的所有权控制的范围,参见《200家最大的非金融公司的所有权分布》(*The Distribution of Ownership in the 200 Largest Nonfinancial Corporations*),临时国家经济委员会(Temporary National Economic Committee),第29号专论,华盛顿特区,1940年。

① 由 A. R. L. 古尔兰在前面所提及的讲座中所总结。

联合企业也被剥夺了在有望获得最高利润的地方建立新企业的权利，或在无利可图时停止生产的权利。这些权利已经转移到整个统治集团的手中。正是控制集团之间的妥协决定了生产过程的范围与方向；与这种决定相对的财产所有权则是没有权力的，即便它是来源于对绝大部分股票的所有权，更不用说少数的股票所有者了。

我的这个观点也许会遭到挑战，因为我提到了"内部融资"。但是"内部融资"是由统治集团为促进扩张而故意推动的。像任何其他投资一样，它取决于当局的同意而不是仅仅取决于内在的资金是可用的这一事实。如果一个企业的扩张不符合政府的总体计划，利用积累的储备进行工厂扩张将会被禁止，而且积累的资金就将用于别处，也许会被强制投资于政府债券上。

几乎不用说，所有不属于控制集团的人——城市与乡村的中产阶级、工人与领薪雇员——都没有任何可以将他们的愿望强加给统治者的制度化的手段。他们的组织已经被摧毁，或者转变为统治他们的机构。只有当来自上面的压迫变得过于强大时，统治者害怕他们会反抗，才会使来自下面的压力在一定程度上有效，并强制做出让步。

在这篇简短的总结中，我既不能讨论权力从金融资本向工业的转移，也不能讨论生产品和消费品产业的权力地位的不同趋势。在对统治阶级内部发生的变化的全面调查中，必须对这些和其他过程进行彻底的分析。[1] 依我看来，正是它们的总体性，与财产职

---

[1] 参看弗朗茨·诺依曼：《巨兽：民族社会主义的结构和实践》，纽约，1942年；奥托·基希海默：《政治妥协结构中的变化》("Changes in the Structure of Political Compromise")，《哲学和社会科学研究》第9卷第2期，第264页及以下几页。

能的变化结合起来,才有理由说民族社会主义下的统治阶级发生了质的变化。尽管工业垄断者的权力可能仍然是巨大的,但是今天它要视"暴力践行者"[如哈罗德·拉斯韦尔(Harold Lasswell)对他们的恰当指称]的善意与合作而定。①

二、社会的整合

在民族社会主义下,个人与社会群体以一种在社会意义和法律地位上与传统社会完全不同的方式相遇。在后者中,个人与阶层通过交换的手段作为法律上平等的伙伴关系而相互交流。自由的工人与自由的企业家在市场上相遇。收入指标决定了个人的社会价值与权力。

民族社会主义已经废除了这样的自由经济主体的最后残余;财产与收入不再是个人的社会地位的最重要的决定因素。资本家与劳工同样都被组织在一个无所不包的组织即劳工阵线(Labor Front)中,并在意识形态上融入人民共同体之中。他们之间的关系被定义为领导者与追随者的关系,并建立在命令与服从的基础之上。尽管有工资,但是工资已经失去了一个主要职能,即在经济过程中分配劳动力的职能。社会权力、威望与荣誉现在决定性地取决于一个人在政府与政党等级制度中的位置。因此,财产、收入与社会权力之间的关系被彻底改变了。单独的金钱只能给予有限的权力,或者(正如犹太人的情况)根本没有任何权力。反过来,相当于掌控着生产资料的政治权力,可能成为实际上是无限的收入

---

① 哈罗德·拉斯韦尔:《驻军国家》("The Garrison State"),《美国社会学杂志》(*The American Journal of Sociology*)1941 年第 4 期,第 455 页及以下几页。

的来源。

有人认为,民族社会主义的"领导者与追随者"的关系等同于封建时期的领主与附庸之间的关系。我并不认为这是正确的。我们不能被术语上的相似性所欺骗,尤其是不能被民族社会主义的巧妙宣传所欺骗,这种宣传希望我们相信雇佣者与工人之间的家长制关系。封建社会的特征是建立在与极权主义的纪律相冲突的信任与信仰的契约基础之上的人与人关系的直接性。而一个德国企业的领导者只是一台巨大的官僚机器车轮上的一个齿轮,这台机器已经摧毁了仍然存在于资本主义社会中的个人关系的最后残余。

三、经济生活的运行

民族社会主义没有创造一种计划经济,以至于整个经济生活可以根据一个精心构思的详细计划来指导与执行。它所谓的"四年计划"从来没有公布过,因为它并不存在,而且必须被认为只是一个强制集中控制和加速军备生产的诡计。晚至 1941 年,《法兰克福报》(*Frankfurter Zeitung*)[①]宣称"一个全面计划经济的问题从来没有被认真讨论过"。纳粹德国的计划只是用来处理军备和战争所制造的任务而东拼西凑的一个权宜之计。有人强调:"在民族社会主义管理的最初几年所通过的立法措施,是建立在继承下来的经济体系将永久持续下去这个假设的基础之上的。"[②]考虑到并不存在总体计划和建立计划经济的意图,考虑到备战和战争经

[①] 在 1941 年 6 月 1 日这一期上。
[②] A. R. L. 古尔兰,在前面所提及的讲座中。

济的紧急性质,许多观察者认为并没有出现任何新的经济秩序。在这种观点看来,一个高度垄断化的战争经济在一定程度上加强了垄断的地位,但却并未触及经济结构。我觉得这种观点仍然停留在表面现象之上。即使德国领导层应该致力于维护私人资本主义经济,它对经济的多重干预的客观力量也要比它虔诚的愿望更强大。即使与它的欲望和偏好相反,客观事实也正在摧毁旧秩序的路上。一种必要的干预产生另一种干预。要么选择继续下去并有生存的机会,要么选择停止并遭遇彻底的崩溃,这种令人不快的抉择驱使领导者采取越来越激烈的措施。总结一下:资本主义的所有基本概念和制度都改变了它们的职能;国家对旧有经济秩序的干预,以其纯粹的总体性和强度"变量为质",把垄断资本主义转变为国家资本主义。

让我来考察几个细节:市场、价格与利润。似乎可以肯定的是,纳粹经济不存在任何总计划,而且也不可能为各种工业部门制定出详细的数字。但是显然对农业有一个详细的计划,这导致了对农业生产与销售的全面管制。然而,对工业生产来说,存在一个明确规定的总体纲领,它体现了民族社会主义经济的基本目标:充分的就业,最大限度地不依赖于进口,从国民收入中收回任何可以节省的消费,以及最大限度地生产一般的生产品,尤其是武器。

为实现这个纲领,各种手段任凭这一政权使用;它们已经被描述过了。① 面对这一任务,首当其冲的显然是在国民经济议院

---

① 参见《哲学和社会科学研究》1941年第9卷第2期,第204页及以下几页。(该处指《国家资本主义:它的可能性及其限度》中对应内容,参见本书第185页及以下几页。——编者注)

(National Economic Chamber)中结成同盟并与四年计划的大量官僚机构合作的超企业的组织。对整个经济的这样一种中央指导,导致了作为生产方向盘的市场的实际消失。不仅是许多价格被冻结了,即便是在价格的波动仍被允许的地方,价格也不能再充当增加或缩减生产的标志了。原材料、机器、燃料和劳工的分配正在逐渐取代生产因素的竞价体系。我不认为中央指导仅仅是在每一次战争经济中发展起来的短缺性的结果,并随着紧急情况而消失。恰恰相反,纳粹经济政策所公开宣称的目标是永久性的充分就业,没有反复出现的繁荣与萧条的阶段;或者,用一位纳粹作家的话来表述:"一个没有商业周期的时代,它是民族社会主义目标的实现,它使雇主免遭损失的艰难时期与崩溃的风险。"[1]只有在市场机制作为控制机制被明确废除,并被比以前更加集中化的集中控制所取代的情况下,这个目标才能实现。[2]

所谓的经济激励措施的命运将是什么?是否不再存在利润,利润体系是否也被废除了?我想给出一个自相矛盾的答案:在纳粹德国,现在和将来都会存在利润,甚至是大企业的巨大利润,但是正如我们所知道的,利润体系却不复存在。利润体系已经失去了其主要的经济职能,即引导资本的流动。再次自相矛盾地说,就是在民族社会主义下,生产是为了使用而不是为了利润。应当明白的是,生产是为了使用并不意味着生产是"为了和谐社会中自由

---

[1] 《法兰克福报》1941年6月1日。
[2] 关于利用伪市场的控制机构来代替市场机制的可行性的主要论据,参见《哲学和社会科学研究》第9卷第2期,第204页及以下几页。(该处指《国家资本主义:它的可能性及其限度》中对应内容,可参本书第185页及以下几页。——编者注)

人的需要",而只是与为了市场而生产相反。在资本主义经济中,生产与投资总是迅速地转入最高利润的领域。在民族社会主义下,即使是最强大的利润兴趣也要服从于总体纲领。如果他们按照这个纲领行动(在当时的情况下,他们经常这样做),就可以获得利润。但是,如果他们与这个纲领背道而驰的话,最离谱的利润期望则将毫无结果。在每一种情况下,即单个群体或个人的利益与总体计划或任何替代计划相冲突的情况下,个别利益必须让路。起决定性作用的是整个统治集团的利益,而不是那些属于它的个人利益。即使是非常强大的特殊利益也不能阻止执行为共同利益所必需的紧急任务。①

在民族社会主义中,利润只剩下两种职能:作为财产所有者的收入和作为企业效率的奖励。在第一个方面,它们被严格控制与限制;在第二个方面,它们是对超过平均水平的努力与成就的奖赏。既然商业周期被消除了,"普通企业业绩的经常性利润,一种不会因损失和风险而被抵押的利润,将会比以前的繁荣与萧条时期更小"②,就是十分"自然"的了。

我相信这些话足以阐明我的论点,即民族社会主义正在建立一种新的经济秩序,在其中市场被指令所取代。

---

① 关于美国参战前的情况,参见国防计划调查特别委员会(杜鲁门委员会)的调查结果。以下直截了当的陈述说明了我们的观点:"委员会在已经进行的调查中,发现了许多严重缺乏效率的情况,以及更多关于相关人员的私人利益阻碍和拖延了国防计划的情况。我们今天本应拥有的大量物资和材料还没有生产出来,战争努力因此受到严重的妨碍。"(第七十七届国会,第二次会议,参议院,第480号报告,第5部分,华盛顿特区,1942年,第2页)。
② 《法兰克福报》1941年6月1日。

四、统治者与被统治者之间的关系①

统治集团通过官僚机构行使对大众的统治,上层官僚机构本身就是"妥协"②的伙伴,而警察、司法与政党官僚这些下层官僚机构则是受托驯化大众的执行机关。

在这种新的伙伴关系中,影响的领域并不是一劳永逸地固定下来的。它们根据某一特定集团可能比另一集团更加密切相关的某一特定政策的成或败、相对的强或弱而不断变动。但是这些变动并没有改变两个基本事实:第一,个人的地位在很大程度上变成取决于他在集团内部的地位。反过来,这种地位又得到了行政命令的认可和确认,这些行政命令已经取代了民法的规则。一个新的事态已经出现,可以恰当地称之为"政府与私人企业之间的综合"。第二,这种新的综合的结果是对统治者与被统治者具有同等约束的法治的消失。使统治者与被统治者服从于相同规则的双面理性被单面的技术理性所取代。政府最关心的就是准确和快速地执行其迅速变化的命令。在这样一种体系下,执行机关越来越像机器,而这种机器特质给予国家机器高度的精确性与技术上的可计算性。

纳粹德国的法律就是职能变化的一个十分显著的例子。许多旧的法律机构仍然在运行,并仍然运用历史悠久的规则。司法部

---

① 关于以下内容,参见奥托·基希海默在这一期第 456 页及以下几页的文章(即《民族社会主义下的法律秩序》。——译者注),以及《哲学与社会科学研究》第 9 卷第 2 期,第 264 页及以下几页(即《政治妥协结构中的变化》。——译者注)。
② 参见奥托·基希海默:《政治妥协结构中的变化》,《哲学和社会科学研究》第 9 卷第 2 期,第 264 页。

的工作班子没有改变。民主的法律与极权主义的法律的全部区别似乎可以归结为民族社会主义对恐怖活动的大规模使用。然而,事实上除了表面的东西以外,旧秩序没有留下任何东西。

五、个人的作用①

民族社会主义的政权比任何其他形式的政府都更多地释放个人最残酷的本性。它把人仅仅看作是用以满足巨大的统治和扩张的机器的能量的最终源泉。人类个体只有在他是劳动力的源泉,充当战争与扩张的工具时,才会受到关心甚至是珍爱。官方努力做的所有美化工作与提供的所有休闲,"力量来自欢乐"(Strength Through Joy)②的所有活动,归根到底都是为了增加个人的产量,增强他的业绩,提高他的效率。对个人的动员是没有限制的:民族社会主义拆除了自由主义时代在私人生活和社会生活之间所建立的保护墙。然而,如果不对个人独立性的完全丧失加以补偿,这种动员就会无以为继。由于每一种算是真实地增加了个人自由与幸福的补偿都必然危及统治体系,所以必须找到一种强化而不是弱化这一体系的满足形式。这种满足的形式只有通过废除某些社会禁忌才是可能的,这些社会禁忌在限制个人的动力与欲望的同时,也保护了他的隐私免遭国家与社会的干涉。民族社会主义取消了对非婚生子女及其母亲的歧视,鼓励两性之间的婚

---

① 与个人在现代社会中的角色相关的问题,参看马克斯·霍克海默在这一期上的文章[即《理性的终结》("The End of Reason")。——译者注]。
② 由纳粹党所控制的德意志劳工阵线(Deutsche Arbeitsfront,简称"DAF",英译为"German Labour Front")之下一个负责工人休闲和度假活动的组织,成立于1933年11月27日。德语为"Kraft durch Freude",简称"KdF"。——译者注

外情,并将这整个受保护的隐私领域转变为公共服务领域。但是,必须指出废除禁忌所涉及的自由与快乐的增加,被几个因素有效地抵消了:

第一,个人的私人满足已经变成一种公共事务、一种官方奖励和控制的表现,这个事实消除了这种解放所暗含的危险。

第二,性关系已经变成了第三帝国实行帝国主义人口政策的工具。因而它们是达到民族社会主义政权所设想和指导的一个明确目的的手段。

第三,也许最重要的是,这一领域的解放与本能和冲动的释放巧妙性地相协调,这些本能和冲动被操纵用以针对政权的敌人和替罪羊,例如对弱者和无助者(犹太人、低能者与"不健康的"人)的残忍、对外来种族的仇恨,或者直接为了当前的统治者的利益:对所有类型的命令、痛苦、牺牲或死亡的受虐狂式的服从。被释放的个人因此陷入了一个生理和心理的结构之中,这个结构被用来保证和延续他所受的压迫。

从家庭地位变化的角度来探讨个人角色的根本变化是十分值得的。纳粹德国的家庭处于完全瓦解的状态,被剥夺了它以前的所有职能。它不再能够在经济上保护个人。在自己的孩子面前不小心说的话也许会导致灾难。教育完全交到党的手中,甚至家庭对合法生育的垄断也被打破了。[①] 对家庭这个现代社会的基石的破坏,也许比任何其他单一的论据都更加令人信服地证明了一种新的社会秩序正在纳粹德国建立起来。

---

① 所有这些问题和相关的问题都在格雷戈尔·齐默(Gregor Ziemer)的《死亡教育》(*Education for Death*,纽约:牛津大学出版社,1941年)中有所报道。

我对基本制度和概念的职能变化的粗略分析已经结束。我本应该补充许多其他内容，比如说，新帝国主义的本质。它的决定性的区别就在于旧式的帝国主义可以达到饱和，而新帝国主义必须持续不断地扩张，直到它实现世界统治。

越是深入地比较纳粹德国的新与旧，就越能得出这样的结论：一种新秩序正在形成，一种新的政治、法律、经济和社会秩序。这种新秩序是什么，它能持续吗？

六、新秩序是什么？

给新秩序贴上"国家资本主义"的标签是否有用？① 人们可能会对这个术语提出严肃的反对意见。把民族社会主义体系称为国家是否有意义，已经存在严重的怀疑。另外，"国家资本主义"这个术语可能具有误导性，因为它可能被理解为表示这样一种社会，在其中国家是所有资本的唯一所有者。这确实不是民族社会主义的情况。然而，"国家资本主义"这个术语比任何其他术语都更好地描述了新体系的四个特性：新秩序是私人资本主义的后继者；国家承担着私人资本家的重要职能；资本主义制度，像劳动力的出售或利润，仍然扮演着重要的角色；它不是社会主义。

在最近的讨论中，出现了许多其他的标签，比如说，统制经济（controlled economy）、国家组织的垄断资本主义（state organized monopoly economy）、极权主义国家经济（totalitarian state economy）、

---

① 参见《哲学和社会科学研究》第 9 卷第 2 期，第 200 页及以下几页对这个概念的讨论。（该处指《国家资本主义：它的可能性及其限度》这篇文章开头对"国家资本主义"概念的讨论，参见本书第 180 页及以下几页。——编者注）

新重商主义（neo-mercantilism）、官僚集体主义（bureaucratic collectivism）。我觉得"指令经济"（Command Economy）这个术语最能表达新体系的含义。这个术语是一个纳粹作家在一篇文章中首次使用的①，他在文章中断言："竞争、垄断和指令，每一种经济理论中的这些基本要素，今天无论是在范围上还是力量上都是彼此相等的。但是指令越来越具有分量。"②"指令经济"这个概念打动我的是，它在本质上与"交换经济"这个概念相对立。它提出了一种建立在指令基础之上的经济，就像自由经济建立在交换的基础上一样。新社会被合乎逻辑地描述成与过去的"交换社会"相反的"指令社会"。

在使用这些标签时，我并不希望暗示民族社会主义德国是一个充分发展的国家资本主义或一种完全的指令经济。我想强调的是，比起自由放任的或垄断资本主义的经济概念，新的德国体系更接近于这些经济概念。

新秩序与私人资本主义之间的区别无需任何进一步的讨论。但是，民族社会主义与这样一种经济——"对商品和服务的生产和分配进行经济权力的集中和金融上的控制"③已经成为大多数经济生活领域的典型特征——之间的区别在哪里？当然，在垄断资本主义下，许多生产与分配的条件是以类似于民族社会主义的方

---

① 维利·诺依林（Willi Neuling）：《当今经济中的竞争、垄断和指令》（"Wettbewerb, Monopol und Befehl in der heutigen Wirtschaft"），一项关于德国经济理论的重建的初步研究，《整体国家学杂志》（*Zeitschrift für die gesamte Staatswissenschaft*），1939年，第279页及以下几页。
② 同上书，第317页。
③ 这是临时国家经济委员会对其调查对象的正式描述。

式加以控制的。在纳粹德国以前,许多商品的数量和质量都是由超企业的组织或独立于市场规律的直截了当的垄断机构所确定的。工资和薪水水平不一定会随着供求的变化而变化。但是,市场的操纵权掌握在对立集团的手中;除了改善它们的谈判地位这一目标以外,没有任何其他目标。对市场体系的干预使市场越来越不可行,但没有预见到任何措施可以消除日益严重的动荡。

在民族社会主义下,我们又一次看到了从量到质的典型变化。垄断组织不再作为令人不安的入侵者而运作,而是作为政府的代理人接管了市场的职能。以前或多或少自愿的超企业的组织已经变成了强制性的与综合性的组织。不再是每个特定的工业集团以越来越频繁的生产中断为代价来争取最大的利润,而是它们集体承担了协调整个经济过程从而维持现有社会结构的职责。

这种发展在战争经济的温室中被强化了,但还远未完成。竞争集团之间的激烈斗争在过去就已经出现过,而且假使整个体系能够在战争中存活下来的话,这些斗争很可能再次出现在显著的位置上。与此同时,在对优先权、分配、劳动力与交换的控制影响下,较小的企业正在以最快的速度毁灭。①

---

① 类似的过程正在美国发生。《纽约时报》(1942年2月6日)引用了参议院小企业特别委员会(默里委员会)的一个报告:"小企业……正面临广泛的破产和混乱的局面。除非采取有效的措施……否则战后时期将会看到它完全没有立足之地。然后,大企业及其分支机构和连锁机构,在巨大的金融和政治的支持下,将会进入并占领整个领域……小企业的地位长期以来都一直不稳定。国防计划的效果是使其顺利进行。"

按照这种推理思路,德国经济发展的垄断阶段表现为一种过渡性阶段。在几十年的时间里,新秩序的机关可以说是在自由放任的经济的子宫中发展起来的。当旧体系明显不再可行时,新体系就极为轻而易举地出现,而只有当我们认识到前几十年都是为它做准备的,我们才能理解这一点。

七、新秩序能持续吗?

在过去几年里,我们一直都在反复思考这样一个问题:这种极权主义体系能否持续,它的可能性及其限度又是什么?我并不敢自称对这里所牵涉的多重问题有了一个答案。我将尝试讨论且只是简单讨论的是这个问题的经济方面。

在许多经济专家看来,迄今为止,民族社会主义经济在各种压力下显示了一种巨大的力量,并可能已经克服了所有应该导致其毁灭的障碍。这些关于垮台的预言家们忽略了民族社会主义将一系列新规则运用到它的经济政策上去,这些规则使其经济政策比以前所知的任何经济政策都更加高效。他们还错误估计了公认的经济科学在过去150年里徒劳地试图置于控制之下的那些经济规律的限度。

通过一系列新规则,我理解了那些用以取代自由放任原则的原则。大多数新规则以前已经提到,尤其是充分就业的铁的必要性。极权主义国家能够保证其所有"种族同志"(racial comrades)的一项权利,一项民主国家迄今为止都无法给予其公民的权利:经济安全。诚然,这种安全是以社会的全面野蛮化为代价而获得的。然而,在这个普遍的经济不安全的威胁越来越多的时代,充分就业的整合功能几乎不会被高估。① 在大多数人的心目中，它可能比他们的生活水平更重要（假如这种水平不是低得令人绝望，并有改善的趋势），对小商人而言，它可能比独立性的丧失更重要，或者对于工人而言，它可能比丧失他自己的组织更重要。在继续跟进这些纯粹的经济方面，我们发现那些用来取代市场职能的工具。首先，为所有经济活动所设定的目标，这个目标不是建立在匿名的、不可靠的事后（post festum）市场民意调查的基础之上，而是建立在生产开始以前对生产的目的和手段的有意识的决定的基础之上。其次，价格管理不再被允许作为经济过程的主宰，而是已经沦为一种严密控制的工具。再次，就是我已经讨论过的，即对利润的兴趣服从于总体经济纲领。最后，在公共活动的所有领域中（在民族社会主义下，这意味着在社会生活的所有领域中），科学管理的原则取代了猜测工作。猜测工作与即兴行为都必须让位于一种无所不包的技术理性。这种"合理化"原则正被应用于以前是猜测工作、例行公事与应付了事的领域，例如，军事准备、战争行为、操纵公共意见、给予奖赏、使用法律机制与

---

① 创造持续的充分就业已经成为所有工业化国家的主要经济任务，这是一个迅速蔓延的观点。下面的引文是许多人的代表性观点："充分就业的问题是至关重要的；即便要以彻底修改我们的体系为代价，也必须解决这个问题。如果不解决它，它本身也会——彻底地——修改这个体系。"[埃利奥特·V. 贝尔（Elliot V. Bell），《纽约时报书评》（New York Times Book Review），1941年7月27日。]——"以政治自由换取经济安全的危险诱惑将会一直存在，直到经验证明一个自由政府比起专制政府能为大众提供更高的且是更安全的生活水平。然而，只有在有足量的工作可以获得的情况下，生活安全才会存在，如果认为在战争结束后'顺其自然'就可以实现这一点的话，这将是一个致命的错误。"[卡尔·兰道尔（Carl Landauer）1942年2月15日致《纽约时报》的信。]——"自由企业制度将必须提供充分的保护、充分的就业、充分的商品和服务分配，或让位给政府机构……无论是谁赢了，旧世界都不会'恢复常态'……我们的人民要求经济自由和安全。如果我们不给他们与生俱来的权利，一些其他体系就会尝试这个工作……"[通用电气公司总裁查尔斯·E. 威尔逊（Charles. E. Wilson），《读者文摘》（Readers Digest），1942年1月。]

"恐怖策略"。在经济领域,同样的原则产生了重整军备的许多成功,并抵消了与短缺经济必然相关的官僚习气的一些破坏性影响。

国家不应该也不能干涉经济领域,这个对私人资本主义时代而言如此重要的认识,却正在被彻底地否认。因此,纲领的执行是由国家权力所强制的,没有任何重要的东西留给市场规律或其他经济"规律"来执行职能。在民主制下备受争议的政治相对于经济的首要地位明确地建立了起来。

但是难道我们没有被教导过,政治无法成功地干预经济规律,所有试图通过政治压力来解决它们的努力都以惨败而告终吗?我的答案是,只要经济规律只是从外部受到打击(例如,对货币与价格做手脚来克服商业周期的波动),那么所有这些努力都是徒劳的。但是,当市场被剥夺其主要职能而使经济规律失去作用时,则是另外一回事。这正是发生在民族社会主义德国的情况。我不会宣称德国的统治集团在经济领域拥有无限的权力——在地球上不存在无限的权力这样的事情——但我所要强调的是,在指令经济中,"古典经济学理论与垄断性竞争理论的理论规律在很大程度上被消除了。尽管存在某些不可避免的偏差(这些偏差是由旧秩序残余的共存造成的),但基本事实仍然是,经济领域的每一项指令都获得了一些自由裁量权。这种自由裁量权(Beliebigkeitsspielraum)超越了在个人主义或垄断条件下的一切可能"[①]。

对于我们之中那些希望极权主义秩序由于政治目的与经济需要之间的冲突而必然崩溃的人而言,这一切也许是最讨厌的声音。

---

① 维利·诺依林:《当今经济中的竞争、垄断和指令》,《整体国家学杂志》,1939年,第286页。

就纯粹的经济方面而言,如果德国成功地获得对原材料和食品的充足供应的控制,我看不出新秩序的持续有什么严重的危险。我们都期望德国会遭受军事失败,民族社会主义体系会从地球上消失。但那不是我们目前讨论的重点;我们在这里所关注的是——我们希望是纯粹学术性的——新秩序是否存在着经济上的限度。我这里所说的并不是适用于每一种社会体系的限度,例如那些由于必须再生产给定的资源,实现最优效率,拥有足够的劳动、原材料和机器的供应而产生的限度。我正在探寻在私人资本主义的条件下容易造成失业、生产过剩和投资过度,容易使会计工作不能进行,以及容易产生技术发展的停滞甚至倒退的那些因素。在分析国家资本主义的结构时,我没有发现这些内在的经济力量会阻止新秩序执行职能。指令经济拥有消除萧条的经济原因、累积性的破坏过程,以及资本闲置和劳动力失业的手段。当所有经济活动的调和是被有意识地实现,而不是由市场的"自然规律"来实现时,旧的意义上的经济问题便不再存在了。

新秩序的可能性确实存在限度,但是它们来源于国家资本主义寻找永恒存在的社会结构本身,以及来源于非极权主义的外部世界的反对。如果民主国家能够证明经济安全不能与自由的丧失联系在一起,而是可以在民主条件下实现,那么我就敢预测,在德国和其他地方的民族社会主义的新秩序之后,将会出现一种优越得多的民主的新秩序。[1]

---

[1] 最近,阿尔文·H. 汉森(Alvin H. Hansen)在由国家资源规划委员会发布的一份小册子《战后——充分就业》(*After the War—Full Employment*,华盛顿特区,1942 年)中,试图为这样一种民主的"新秩序"勾勒出一个经济纲领。汉森将问题表述如下:"如果获胜的民主国家在另一个十年的经济挫折与大规模失业中胡乱应付过去,那么我们可以预见到社会的解体,以及早晚会发生另一场国际战火。一个大胆构想、大力推行的战后经济扩张和充分就业的积极纲领,势在必行。民主国家如果要带领世界走出混乱和不安,它们必须首先给他们的人民提供机会、就业和不断提高的生活水平。"

没有经济学的经济?[*]

[德]弗朗茨·诺依曼

张金权 译

一、国家资本主义?

在总结我们的调查进展时,应当注意以下几点:民族社会主义的政治结构显示出许多不同的要素;强大的、无所不包的极权主义国家的概念,尽管在意识形态上现在已经被摒弃,但目前为止它是最有特色的;以捍卫国家的内阁会议为代表的科层制和武装力量的统治是彻底的;国家只在警察和青年管理等部门受到限制,而在这些部门中,党拥有至高无上的权力;潜在的意识形态是种族主

---

[*] 本文节选自弗朗茨·诺依曼的《巨兽:民族社会主义的结构和实践》(Behemoth: The Structure and Practice of National Socialism)第二篇第二章《没有经济学的经济?》("An Economy without Economics?")。

弗朗茨·诺依曼(1900—1954),德国政治理论家和法学家,法兰克福学派成员。1900年出生于德国与波兰边界的西里西亚城卡托维兹镇(现属波兰)的一个犹太商人家庭。1919年,他前往法兰克福大学攻读法律。1923年,他在马克斯·迈耶尔(Max Ernst Mayer)的指导下完成博士论文。1925—1927年,担任著名法学家、《魏玛宪法》的起草者之一胡戈·辛茨海默(Hugo Sinzheimer)的助手。1936年,在哈罗德·拉斯基(Harold Laski)和卡尔·曼海姆(Karl Mannheim)的指导下完成第二篇博士论文,后以《法治:现代社会中的政治理论与法律制度》(The Rule of Law: Political Theory and the Legal System in Modern Society)为书名出版。1939—1941年,诺依曼撰写了代表作《巨兽:民族社会主义的结构和实践》,于1942年首次出版。——编者注

义,种族人民的主权化身为首领。整个结构为两种观念服务,即新秩序(New Order)与无产阶级种族主义:被财阀统治的敌对的民主国家所包围的"穷人"(have-note)国民至高无上。

然而,最重要的也是亟需一个答案的问题是:保持民族社会主义社会团结一致的力量是什么?我们决不能期望能给出一个全面彻底的答案。我们无法提供对民族社会主义社会的全面分析,并且我们必须明确忽略掉文化和教育。本书的第三部分将会解决三个突出的问题:(1)新经济——我们将试图揭露维持民族社会主义社会的物质力量的运作。(2)新社会——分析决定社会结构的社会力量,尤其是阶级分化(class stratification)和精英集团的形成。(3)宣传和恐怖行动作为单一的发展的两个方面:把人变成一种无所不包的力量的被动受害者,这一力量对他软硬兼施,提升他并将其送进集中营。在本书的最后一章,我将试着描绘民族社会主义社会的完整图式——国家、法律、经济、政治和文化交织在一起。

德国经济的成就是惊人的。失业的消除、产量的上升、综合产业的发展、经济活动对战争需要的完全从属、战争之前与战争期间的定量配给制,以及价格控制的成功——这些成就都是难以超越的。所有观察者都会同意这一判断,但在这里,意见不再一致。对于这一奇迹是如何实现的,并没有一致的意见,因为对于经济制度的性质,也没有一致的意见。

有一种否认民族社会主义的资本主义特性的趋势正在增长。① 民族社会主义被称为褐色布尔什维克(brown bolshevism)

---

① 彼得·德鲁克(Peter Drucker):《经济人的终结》(*The End of the Economic Man*),纽约:庄台公司,1939年。弗兰克·芒克(Frank Munk):《武力 (转下页)

制度、国家资本主义制度、官僚集体主义（bureaucratic collectivism）制度和管理科层制（managerial bureaucracy）统治制度。这一思想学派认为德国不再有企业家，而只有管理者；没有贸易和契约的自由；没有投资的自由；市场被废除，由此，市场规律也被废除。因此，价格是管控的（administrative）价格，工资是管控的工资。结果是，价值规律不再有效。价值自始至终是使用价值，而非交换价值。阶级，如果它们的存在被承认的话，不再是生产的结果。工人所遭受的统治不是经济的统治，他所遭受的剥削是政治的，而不再是他在生产过程中地位的结果。对其劳动的占有是一个政治行为，而非经济行为。因此，新经济是没有经济学的经济，经济学已经变成了行政管理的技术。经济人（economic man）已死。利润动机被权力动机所取代。权力，而非经济规律，是这一社会的原动力，由工业管理者、党的官僚、高级公务员和军官组成的精英集团所支配。

几乎所有这些理论都以工业革命的时代已经结束这一观点作为基础。当然，发生了技术变革这件事是被承认的。但是，技术变

（接上页）经济学》(*The Economics of Force*)，纽约：乔治·W. 斯图尔特出版社，1940 年。詹姆斯·伯纳姆（James Burnham）：《管理革命理论》("The Theory of the Managerial Revolution")，《党人评论》(*Partisan Review*) 1941 年 5、6 月，第 181—197 页；《管理革命》(*The Managerial Revolution*)，纽约：庄台公司，1941 年。德怀特·麦克唐纳（Dwight Macdonald）：《德国资本主义的终结》("The End of Capitalism in Germany")，《党人评论》1941 年 5、6 月，第 198—220 页。布鲁诺·R.（Bruno R.）：《世界的官僚化·官僚集体主义·美国的现状》(*La Bureaucratisation du Monde. Le Collectivisme Bureaucratique. Quo Vadis America*)，巴黎：[私人出版]，1939 年。最后一本也是所有提到的书中最重要的一本，是由一位前马克思主义者所撰写的。还有弗里德里希·波洛克：《国家资本主义》，《哲学和社会科学研究》(*Studies in Philosophy and Social Science*) 1941 年第 9 卷，第 200—226 页（参见本书第 180—212 页。——编者注）。

革导致了社会结构的变革却被否认了。这一观点最早是在希特勒掌权之前由所谓的行动集团(Tatkreis)所提出,他们是一群浪漫主义反动派,后来变成了最凶残的民族社会主义分子,与月刊《行动》(Die Tat)有所联系。他们的领导人费迪南德·弗里德(Ferdinand Fried)①宣告发明的时代结束,由此,资本主义也结束了。劳伦斯·丹尼斯(Lawrence Dennis)认为,"作为资本主义动力机制的工业革命已经结束",进一步的技术变革"既没有动力,也没有建设性"②。因此,对于丹尼斯而言,极权主义的政治革命已经取代了工业革命。

德国社会民主党理论家鲁道夫·希法亭(Rudolf Hilferding)③对这类理论作出了最佳阐述,其并非关于德国,而是关于俄国。

政府经济所做的恰恰是取消经济规律的自主性;它不是市场经济,而是供使用的经济。生产什么以及如何生产,不再由价格决定,而是由国家计划委员会(state planning commission)决定,它确定了生产的性质和范围。从外表上看,价格和工资仍然存在,但是它们的功能已经完全改变。它们不再决定生产的进程。那是由中央政府所指挥的……价格和工资现在只是分配的工具,决定了每个人在中央政府分配给总人口的总额中应得到的份额。价格现在已经变成了分配的技术手段,这一手段比起规定了每个人得到

---

① 费迪南德·弗里德:《资本主义的终结》(Das Ende des Kapitalismus),耶拿:欧根·迪德里希斯出版社(Eugen Diederichs),1931年。
② 《战争与革命的动力学》(The Dynamics of War and Revolution),纽约:每周外国来信出版社(Weekly Foreign Letter),1940年,第66页。
③ 引自德怀特·麦克唐纳:《德国资本主义的终结》,《党人评论》,1941年5、6月,第212、213页。

各种产品(已经不再是商品)数量的直接命令要更加简单。价格已经变成了分配的象征,但是它们不再是国家经济的调节器。尽管还保留了形式,但是功能已经完全改变。

那些认为这一理论适用于德国的人,也接受对自由主义和民主所作出的法西斯主义阐释。他们坚持认为资本主义的特征是私营企业、资本家与工人的关系、众多的政治主权国家、议会机构、由资本家组成的统治阶级,以及个人的公民权利或自然权利。这些特征一个也不再存在。

当然,对德国情况的处理方式会有所差异。德意志国家并不拥有国家的全部资本。但是,这一点对我们刚刚所讨论的思想学派没有产生任何影响。因此,该学派认为,无论如何,德意志国家至少控制了全部的资本。然而,对其他作者而言,希法亭的阐述提供了一个理想类型或模式,并且他们认为这正在迅速实现。

因而,这是对许多评论家论及德国时所持观点的简要概括。这是一种诱人的观点,因为它使民族社会主义和民主制之间的差异不仅表现为政治和意识形态上的差异,也表现为经济上的差异,也就是说,这一观点将它们视为两种经济制度,私人资本主义与国家资本主义,或资本主义与管理式独裁(managerial dictatorship)。

有两种不同的方式反驳这一理论。第一种方式将从理论上推断出这一结构的不可能性,而第二种方式将详细地说明德国经济的结构和运作。我们计划主要遵循第二条路线。我们必须要作出一些初步的评论。

"国家资本主义"这个词本身就是一个语词矛盾(contradictio in adiecto)。"'国家资本主义'的概念不能从经济学角度进行分析。一旦国家成为生产资料的唯一所有者,就会使资本主义经济无法运行,破坏维持经济流通过程积极存在的机制。"[1]因此,这样的国家不再是资本主义的国家。也许应称之为奴隶国家或管理式独裁,抑或是官僚集体主义制度,也就是说,必须用政治范畴而非经济范畴来描述它。

理论家们经常提及一种尚未完全实现但正在实现过程中的理想类型或模式。诚然,德国还残留着市场,因此还残留着价格。但国家资本主义学派坚持认为这些残留没有根本的重要性,并且现实正在迅速地向理想模式靠近。这样一种程序几乎是不合法的,并且也无法参照类似的模式——如亚当·斯密和卡尔·马克思所创建的模式——来加以证明。斯密和马克思将他们的分析限定在既定制度内的普遍趋势,并不逾越这些趋势。马克思甚至故意拒绝描绘一个无阶级社会的制度,而是严格地保持在一种秩序的边界内:资本主义。新的理论违背了模式或理想类型必须来源于现实而不能超越现实这一原则。因为它的支持者描述了一种完全异于资本主义的制度,事实上也就是它的直接对立面,而这需要从一种现实跳跃到另一种现实。当然,这一方法论上的反对意见并没有使他们的理论不真实,但却迫使他们详细说明德国的资本主义

---

[1] 鲁道夫·希法亭,引自德怀特·麦克唐纳:《德国资本主义的终结》,《党人评论》,1941年5、6月,第212页。[希法亭的《国家资本主义还是极权主义国家经济》最初以俄文发表在巴黎的一家孟什维克主义报刊《社会主义信使》(1940年4月)上。英文版发表在1947年6月的《现代评论》上。后收录于欧文·豪(Irving Howe)主编的《社会主义基本著作》以及C. 赖特·米尔斯的《马克思主义者》。但这里,诺依曼所引用的希法亭的相关论述,则是引自德怀特·麦克唐纳在《德国资本主义的终结》中对希法亭这一篇文章相关内容的引述。中译本可参见C. 赖特·米尔斯:《马克思主义者》,北京:商务印书馆,1965年,第346—352页。——译者注]

已不复存在。他们不能仅仅指出资本主义内部的趋势以此表明这些趋势必然招致一种没有经济学的强权政治制度,他们必须为每一种相关制度证明他们的论据。这样的证明尚未被提供。而在当前的研究中,我们将证明相反的观点。

最后一个问题,这一"官僚集体主义"对人类而言将意味着什么,它会带来和平与幸福,还是战争与压迫?

在我们看来,这些理论家必须承认他们的制度很可能是个千禧王国(millennium)。现在,社会的维持基本上仅仅基于政治。这样一种社会所遇到的障碍完全是自然的,而非经济的。人力与自然资源是唯一可能阻碍这个社会扩张的因素。在生产力与社会生产条件之间不再有任何对立。利润动机不再抑制劳动生产率。任何工厂都不可能拒绝扩张,因为没有利润动机来阻止它。在资本主义制度下,技术的进步源自利润激励,而现在则源自中央政府机关的决定。是否作出这样的决定,即是生产生产资料还是生产消费资料,不再是由积累的规律所决定,而是由政治权宜所决定。这样的制度很可能每年给每个人一套房子、一辆汽车、六套衣服和十双鞋子。它可以不断提高生活水平。它可以通过安装省力的设备来缩短劳动时间。因此,它可以实现人类的梦想。即便民族社会主义不能征服整个世界,也将如此。因为,在这一学派看来,每个国家都在走德国的路。新政(The New Deal)被视为是官僚集体主义和管理科层制的先驱。世界将很快被分成国家资本主义帝国,所有这些帝国都从经济上的需要中解放出来。但如果的确如此的话,那么甚至也不会有世界市场,并且如果世界市场被废除了,竞争的帝国之间为在该市场中得到更大的份额而展开的战争也不会有。我们拥有的是政治的唯一且排他的统治，并且政治权宜很有可能防止战争在未来几十年里发生。因此，国家资本主义的观点不赞成布哈林于1917年提出的布尔什维克主义的观点，①即认为资本主义国家将会把自身转变为庞大的国家托拉斯，并将参与世界市场的竞争。由此，内部的对抗将在国际的范围内以更高的水平再现出来。这不是国家资本主义者的观点，因为如果整个世界步入国家资本主义或者官僚集体主义，世界市场将会被废除，并且国家之间的关系将会变成完全政治的，即完全由政治的手段来处理。

如果我们都认可这一观点，那么我们也必定得出这样的结论，即只有一系列意外事件能够摧毁这样的制度。如果这样的制度并非由不可避免的经济需要所维系，而是仅仅由政治联系所维系，那么只有政治错误能够摧毁它们。但是，为什么会发生政治错误呢？脱离了经济的政治只是一种技术，一种技艺。它是国家资本主义时代下大众统治的技术，一种实际上已得到高度发展的技术。如果大众统治的要求使其成为必要，生活水平也会提高。消费资料可以被大量地生产出来。如果在下层群体内部出现了对该制度的反对，那么下层群体有可能被收编到精英集团中。如此巧妙的大众统治制度也许能保证该制度千年的稳固。这的确是希特勒对其人民所作出的承诺。巧妙的政治运作甚至可以排除战争，因为没有经济上的需要来推动战争的发生。

---

① 布哈林：《帝国主义和世界经济》(*Imperialism and World Economy*)，新版，纽约：每月评论出版社(Monthly Review Press)，1929年。麦克唐纳：《德国资本主义的终结》，《党人评论》，1941年5、6月，第209页。

但是国家资本主义者并非民族社会主义者。相反,无论他们可能对德国制度的效率有多么感兴趣,并认为它是垄断资本主义内在趋势的必然结果,他们还是强烈地讨厌它,并因此想要找出它衰败的原因。但是他们能够发现这样的原因吗?他们表示制度无法永远提高生活水平,所以他们认为,由此在民众之间将会不可避免地产生不满。他们争辩说,民众因而会开始思考并怀疑技术高效率与恐怖、压抑的机器之间的相容性。肥胖的肚子是否真能造就思想的自由,我不知道。而相反的论点则可能是真的,物质上的满足致使政治上的松懈与沉闷。但是,即便第一个假设是真的,也无法阻止该制度通过将反对者收编进精英统治集团从而压制这种反对的声音。并且,如果民众自己造反,为什么不会建立一个无阶级社会?为什么今天的恐怖分子不会成为明天的无阶级社会的领袖?没有经济上的需要,不可能实现这种转变。

国家资本主义者也许会争辩说,有生物学、形态学或者社会学的规律致使任何社会制度都会自然解体。许多这样的规律已经被"发现"了。历史的周期性理论有很多,但它们的有效性从未得到证明,它们是形而上学的范畴。

因而,这或许是处于官僚集体主义之下的人类的命运。对于一个知识分子来说,这个世界也许并不完全是一个宜居的地方,但对于广大的社会民众而言,它或许会成为天堂。

但是,它可能一样容易成为地狱。大众统治可能要求压迫、扩张恐怖机器、降低生活水平,以及对其他国家资本主义势力进行战争,以控制民众。两种可能性都存在。我们再重复一遍,如果我们接受国家资本主义理论的设想,那么选择完全是由政治权宜所决定的。统治者完全自由地决定其统治的性质：他们的大众统治制度是如此灵活，以至于从内部来看，它似乎是潜在的无懈可击的。

本作者没有接受这种极度悲观的观点。他认为，在德国，资本主义的各种对立正处在更高因而也是更危险的水平上，即便这些对立被官僚机构和人民共同体的意识形态所掩盖。

在分析民族社会主义经济的结构和运作时，我们决不能满足于法律和行政的形式。它们告诉我们的东西很少。"任何想要了解[经济制度的]组织的人，都不能仅仅研究法规、法令和判决……有些法律规定实际上过时了，而有些法律规定从未成为现实。"① 这是官方评论员对商业组织法规的判断。我们甚至超越了这种评述。仔细研究德国的报纸和期刊远比研究法律和行政声明要重要。我们的分析完全基于德国的资料，外国的研究只是偶尔用作参考。

二、民族社会主义经济理论：* 法团国家(Corporate State)的神话

民族社会主义经济理论与前述的"国家资本主义"学说是否相一致？答案是否定的。并没有民族社会主义的经济理论，而只有公共福祉高于私人利益的口号，这一口号反复出现在几乎每一个场合，并被用来掩盖几乎每一条经济政策。除了这种无意义的词句之外，在民族社会主义社会内有多少团体，我们就可以找到多少

---

① 行政顾问埃伯哈特·巴尔特(Eberhart Barth)博士：《商业经济组织的性质和任务》(Wesen und Aufgaben der Organisation der gewerblichen Wirtschaft)，汉堡：汉萨同盟出版社(Hanseatische Verlag)，1939年，第9页。

* 也可参见第320—327页。（指原书页码。——译者注）

经济理论。我们必须彻底意识到,民族社会主义经济制度的结构并不遵循任何蓝图,并不基于任何连贯一致的学说,无论是新重商主义,任何行会或"等级"理论,还是自由主义或社会主义教条。经济制度的组织是实用性的。它完全是由进行战争所要求的最大可能的效率和生产率的需要所指导的。当然,我们可以看到一个明确的模式。但是这一模式并非是由一种学说所设计,而是由经济的物质结构所设计。

1920年2月25日的党纲包含了若干涉及德国经济重组的纲领性宣言。第11、19和25点包含了如下许多要求:打破利息奴役制;废除不劳而获的收入;完全没收战争利润;"将[已经]社会化的[托拉斯]工厂国有化";参与大企业的利润分成;大规模扩大养老保障;将百货公司充公,并将它们廉价租赁给小商业者,以此建立一个健全的中产阶级;在公共合同中,更加照顾小商业者;土地改革;"制定一项为了公共利益而无偿征收土地的法规";废除地租;以及对放高利贷者进行残酷的斗争。纲领还包含了一项有关经济制度组织的具体提案:它要求创设等级与职业议院(estate and occupational chambers),来执行立法机关所颁布的法规,以贯彻"先公后私"的原则。

1926年5月22日,这份纲领被宣布为不可更改,并且民族社会主义阶段的经济理论作者——戈特弗里德·费德尔(Gottfried Feder)——补充说,希特勒要求用间隔式印刷该纲领的两大主要要求:公共福祉优先和打破利息奴役制。[①] 费德尔在书中详细阐

---

① 费德尔:《民族社会主义德国工人党纲领》(*Das Programm der NSDAP*),第116—125版,慕尼黑:弗朗茨·埃赫继任者出版社(Franz Eher Nachfolger Verlag),1937年,第20—21页。

述了这些理论①,阿道夫·希特勒称此书为"我们运动的教义问答书"。最终,希特勒于1926年任命费德尔作为由党纲所引起的所有争论的最高仲裁者。希特勒掌权之后一段时间内,费德尔仍扮演一定的重要角色,被任命为联邦经济部的国务大臣。但他的影响衰弱已久,曾经的最高意识形态仲裁者,如今已无人问津。*

费德尔的重要性下降,暗示了党纲中的经济部分被完全放弃了,因为在这个不可改变的纲领中,没有一点被执行,纲领所谴责的每一种现象都在民族社会主义政权下得到飞速发展。早在1928年4月13日,该纲领的不可改变性就被中止了,此时希特勒正急于赢得土地贵族的支持,通过"一项权威解释"放弃了党纲的第17点,即要求无偿征收土地。取而代之的是,征收对象被限制在"犹太人的不动产投机公司"②。

民族社会主义阶段所发展出的经济理论主要针对的是货币资本的至高地位,为的是保护中产阶级,反对犹太人的企业。而企业家从未被攻击过。相反,像是"阿尔弗雷德·克虏伯(Alfred Krupp)、曼内斯曼(Mannesmann)、维尔纳·西门子(Werner Siemens)、蒂森[父](Thyssen)、博尔西希(Borsig)、克劳斯(Krauss)、玛菲(Maffei)"等人都受到赞誉。③

受党纲第25点的启发,一些民族社会主义分子在法团的基础

---

① 费德尔:《民族和社会基础上的德意志国家》(*Der deutsche Staat auf nationaler und sozialer Grundlage*),第13版,慕尼黑:弗朗茨·埃赫继任者出版社,1933年。
* 费德尔最近去世了(即1941年。——译者注)。
② 费德尔:《民族社会主义德国工人党纲领》,第7页。
③ 费德尔:《民族和社会基础上的德意志国家》,第60页。

上制定了重组德国经济制度的综合计划。① 甚至在希特勒掌权之后②,还建立了一个民族社会主义的法团组织研究所③,但它只存在很短一段时间。

许多观察者持有这种错误观点,即德国的经济组织主要是由等级或法团理念所决定的。这些理念与德国浪漫主义运动联系密切,该运动代表了对资本主义和英国式议会制的首次抗议,并且想要保卫德国的过去。在法国大革命之后出现的亚当·穆勒(Adam Müller),可能是第一个提出与阶级组织相对的等级组织的人,他的经济理论如此混乱,以至于几乎不可能将任何一种秩序带入其中。他担心国家将分裂成两大阶级,并设法防止由贵族、神职人员和工商业者组成的等级制度所引起的对立,这种对立将使产业制度与政治制度融为一体。④ 黑格尔在他的《法哲学原理》(第203、205节)中将各种等级视为国家与市民社会之间的中介,立于公法领域与私法领域之间。他认为法团可以将市民社会与国家融合在一起。在1848年革命之后,最伟大的同时是最不为人所知的等级

---

① 关于等级理念前史的杰出分析,参见泰勒·科尔(Taylor Cole):《第三帝国的法团组织》("Corporative Organization of the Third Reich"),《政治评论》(*The Review of Politics*)1940年第2期,第438—462页。然而,科尔教授没有提及卡尔·马洛(文克布莱西)的影响,以及1918年和1919年社会民主党内部的讨论。
② 马克斯·弗劳恩多费尔(Max Frauendorfer):《民族社会主义的等级思想》(*Der ständische Gedanke im Nationalsozialismus*),第3版,慕尼黑:弗朗茨·埃赫继任者出版社,1933年。
③ 瓦尔特·海因里希(Walter Heinrich)所领导的等级研究所,参看科尔:《第三帝国的法团组织》,《政治评论》1940年第2期,第447页。
④ 亚当·穆勒:《奥地利的国家经济困境与货币关系改革》("Staatswirtschaftliche Verlegenheiten und Reform der Geldverhältnisse in Österreich"),《论文选集》(*Ausgewählte Abhandlungen*),J.巴克萨编,第2版,耶拿:费舍尔出版社,1931年,第200页;以及科尔:《第三帝国的法团组织》,《政治评论》1940年第2期,第439页。

理论家卡尔·马洛(卡尔·格奥尔格·文克布莱西)[Karl Marlo (Karl Georg Winkelblech)]对自由主义经济进行了全面的、在许多方面令人钦佩的批判,并提出了一种等级组织。① 文克布莱西对工业无产阶级的激进化感到害怕,他将这种激进化归因于早期工业主义残酷的经济状况。他也对工匠和手工艺遭受的破坏感到震惊,因此他抨击自由竞争、自由主义,以及国家和社会的分离,这是每一个自由主义制度所固有的。他的理论在1848年提交给法兰克福议会的一次讲话中获得了实际的意义②,他要求建立一个"社会议院[社会议会],它必须考虑到社会立法的整体,并将它所通过的决议提交到政治议院[政治议会]来决定"。"社会议院的成员将由所有社会等级根据选举法选出,该选举法将充分保证所有特殊职业的代表性。"虽然马洛的讲话要求职业议院与政治议院并存,并且前者从属于后者,这一要求后来在魏玛共和国得到满足,但是反动运动很快就抓住了职业制的理念,用以压制议会制,正如俾斯麦的政治社会理论所体现的。俾斯麦将他的理想政治方案描绘成一个强大的君主制,由法团代表(corporate representation)制度来限制。③ 不过,在帝国时期,职业代表制的理念从来都不是很

---

① 卡尔·马洛:《关于工作组织的研究》(Untersuchungen über die Organisation der Arbeit),第1卷:经济学历史导论(Historische Einleitung in die Ökonomie),图宾根:H. 劳普出版社,1885年;第2卷:经济制度的历史与批判(Geschichte und Kritik der ökonomischen Systeme),1884年,第2版,图宾根:H. 劳普出版社。参看杰出的传记,E. 比尔曼(E. Biermann):《卡尔·格奥尔格·文克布莱西(卡尔·马洛)》[Karl Georg Winkelblech (Karl Mario)],两卷,莱比锡:戴夏尔特出版社(Deichert),1909年。
② 公开于E. 比尔曼:《卡尔·格奥尔格·文克布莱西(卡尔·马洛)》,第2卷,第453—456页。
③ 奥托·冯·俾斯麦:《思考与回忆》(Gedanken und Erinnerungen)第1卷,斯图加特:柯塔出版社(J. G. Cotta),1898年,第15—16页。

重要,可能是因为缺乏辛迪加主义(syndicalist)的理论。

但是,它在1918年和1919年再次涌现,此时社会民主党内的修正主义团体[马克斯·科恩(Max Cohen)和朱利叶斯·卡利斯基(Julius Kaliski)]试图将其转变为劳动议院的理念,也就是说,转变为同政治议会具有同等权利的职业代表制。该计划被德国杰出的劳动法学家胡戈·辛茨海默(Hugo Sinzheimer)①所挫败,他在两次精彩的演讲中指出,职业代表制将导致现存的阶级关系固化,破坏议会制所提供的弹性,使社会制度完全僵化,从而关闭了和平变革之路。辛茨海默的反对是成功的。在魏玛宪法中,法团理念只剩下一个由工业、劳动者、消费者、自由职业者和专家组成的临时联邦经济委员会,这是一个没有任何成就值得夸耀的组织,它拥有立法创制权和某些咨询职能,然而,尤其是在大萧条时期,政府部分免除了这些职能。

在意识形态上,法团理念受到了意大利法西斯主义和天主教的社会理论[如已被纳入天主教社会连带主义(solidarism)学说的教皇通谕《四十年》(*Quadragesimo Anno*, 1931)中所表述的]的一定刺激。② 然而,德国天主教徒与他们的奥地利教友不同,他们总是小心翼翼地坚持其法团理念与议会民主之间的相容性。法团理念强烈的反动层面主要是由维也纳社会学家奥特马尔·施潘(Othmar Spann)及其学派所倡导的。③ 该团体在普遍主义学说基

---

① 胡戈·辛茨海默:《委员会制度》(*Das Rätesystem*),美因河畔法兰克福:联合印刷厂以及出版社有限公司(Union-Druckerei und Verlagsanstalt),1919年。
② 科尔:《第三帝国的法团组织》,《政治评论》1940年第2期,第444页。
③ 奥特马尔·施潘:《真正的国家》(*Der wahre Staat*),第3版,耶拿:费舍尔出版社,1931年。

础上制定了一种旨在取代议会制的激进等级理论。社会"整体是一个先于个人而存在的独立现实……它从来不是有形的或是肉眼可见的。必须要有深度的精神集中,要用内在的眼睛去感知它"①。即便是国家和经济也被视作为等级,国家表现为协调其他等级的最高等级。

尽管施潘的理论在1932年得到了更多的关注,并在1933年得到民族社会主义势力范围内的某些团体的推动——等级组织研究所、劳工阵线的某些圈子,以及民族社会主义零售业与手工业组织的领导人——不过,这些理论还是遭到了拒绝,根据蒂森先生在1940年4月29日《生活》(*Life*)上的信件,研究所所长被送进了集中营。

劳工阵线在早期非常强烈地坚持要求一种德国经济制度的法团组织。阵线领导人罗伯特·莱依(Robert Ley)博士在许多演讲中要求这样一种基础:"公民身份与等级资格相挂钩。"(1933年5月9日)"等级是一个人成为一名职业人如化学家、工程师等的立身之所在。"(1933年8月12日)"等级结构的生殖细胞必须是人们于其中非常了解彼此的工厂。对工资和劳动条件的规制是等级的特权。"费德尔在1933年党代表大会上的讲话中还被允许提出,在法团的基础上对德国经济进行彻底的重组。②

事实上,法团主义(corporativism)和民族社会主义是不相容

---

① 施潘:《社会学说》(*Gesellschaftslehre*),莱比锡:奎勒和迈尔出版社(Quelle und Meyer),1930年,第98页。
② 参见瓦尔特·格尔(Walter Gehl)编:《民族社会主义国家》(*Der nationalsozialistische Staat*),布雷斯劳:F. 希尔特出版社(F. Hirt),1933年,第116—127页中的引文。

的。对民族社会主义而言,政治至上是决定性的。"党在战斗岁月里,从未允许自身被诱导……把……经济问题置于前台,宣布综合的、经济上的官方政党计划。"它始终坚持政治高于经济,并因此有意识地维持一个没有任何基本经济取向的政党。这就是首领的经济问题代理威廉·开普勒(Wilhelm Keppler)的观点。①已故的党的经济委员会前主席伯恩哈德·克勒(Bernhard Köhler)表达过相同的观点。"从最一开始,民族社会主义就是人民活生生的感情对人民的整个生活由经济所决定、由物质存在所决定这一事实的反抗。"②仅仅变革经济结构,不会产生"人民生活的社会主义结构"(第9页)。只有政治的变革才能做到这一点。这两篇演讲包含了对法团理念、法团学派的企图、劳工阵线内部团体以及其他各方面的毫不妥协的抨击。阿尔弗雷德·罗森贝格(Alfred Rosenberg)已经抨击过施潘等级理论的哲学基础,即普遍概念的抽象性以及没有纳入种族观念。③ 劳工阵线的领导人罗伯特·莱依也加入了合唱团,④放弃了他以前的错误。

此外,卡特尔很快抓住了等级理念来加强它们的力量,消灭外来者和竞争者。在民族社会主义革命后不久,许多卡特尔立即将

---

① 威廉·开普勒:《民族社会主义经济政策的原则》("Grundsätze nationalsozialistischer Wirtschaftspolitik"),《第三帝国的经济政策》(*Wirtschaftspolitik im Dritten Reich*),慕尼黑:弗朗茨·埃赫继任者出版社,1934年,第3页。
② 克勒:《政治的社会主义》("Politischer Sozialismus"),《第三帝国的经济政策》,第7页。
③ 罗森贝格:《20世纪的神话》(*Der Mythus des 20. Jahrhunderts*),第7版,慕尼黑:霍恩耐兴出版社(Hoheneichen-Verlag),1933年,第695—696页。
④ 《纽约时报》1935年1月2日。科尔:《第三帝国的法团组织》,第450页。

领导原则引入它们的组织。它们任命民族社会主义管理者,并以党的力量为后盾,强迫外来者加入卡特尔组织,否则就将其消灭。等级理念因此被滥用,导致了强制卡特尔化。据民族社会主义分子所言,这是 1933 年整个等级组织被停止的原因之一。①

德国的经济组织确实与法团或等级理论没有相似之处。即便是被官方称之为等级的粮食总会(food estate)和文化院,也都不具备那种特性。它们不是自治的,而是国家机关。它们不是自下而上地运作,而是正相反。它们不规制工资和劳动条件。它们是国家控制的商业组织(不包括劳工),并履行着某些行政职能。

从这一讨论中将会看出,并没有一个有关德国经济组织的权威的民族社会主义学说体系。尽管希特勒在《我的奋斗》(*Mein Kampf*)中对等级意识形态做了一些奉承的评论,但是他本人一再拒绝任何蓝图:"我们要恢复政治至上,政治的职责是组织和领导国家的生命之战"(1933 年 3 月 21 日);"经济委员会、经济组织、经济建设和经济理论都无法消除失业"(1933 年 7 月 6 日)。前述的官方评论员对党的态度做了如下表述:"从各种学说与教条中摆脱出来……导致了这样一种事实,即民族社会主义国家的经济政策是由权宜之计来决定的,并且在不损害其他权益的情况下,在每一个为了人民经济福祉的特定情况下,采取这样的手段是有必要的。"②

---

① 巴尔特(Barth):《商业经济组织的性质和任务》,第 26 页,以及联邦经济部长施密特博士在主要产业家面前的讲话,发表于阿克塞尔·弗里德里希斯(Axel Friedrichs)编:《民族社会主义革命》(*Die nationalsozialistische Revolution*),柏林:容克尔和丁豪普特出版社(Junker und Dünnhaupt Verlag),1935 年,第 207 页。
② 巴尔特:《商业经济组织的性质和任务》,第 11 页。

因此，对于民族社会主义经济的未来结构，存在着相当大的意见分歧。许多人认为当前对经济制度的严格管制，只是一个过渡阶段，是受战争的要求影响的，并坚持认为在战后一定会确立更多的经济自由。他们之所以这样认为，是因为在他们看来，德国的经济组织主要是由德国的具体情况所决定的，尤其是德国缺乏原料。[1] 其他人则倾向于认为永久的国家控制可能是德国经济制度的未来。但是，没有任何一个负责任的民族社会主义领导人要没收私有财产，并用社会主义制度或半社会主义制度（我们所理解的社会主义）来代替受控制的或"受操纵的"资本主义制度。简言之，没有人遵循我们所讨论过的国家资本主义理论。当然，这并不意味着实际的经济制度不是非资本主义的，也不意味着政权的内在趋势最终不会导致或还没有导致管理科层制的独裁。但是，这样的目标并不是民族社会主义的明确目标。

---

[1] 即莱昂哈德·米克施(Leonhard Miksch)：《我们还需要企业家吗？》("Brauchen wir noch Unternehmer?")，《经济曲线》(*Die Wirtschaftskurve*)1941年第20卷，第5—14页，尤其是第7页。

马克思的方法及其分析当代危机的适用性(学术研讨)*

(1936年)

埃利希·弗洛姆　尤利安·贡佩尔茨

马克斯·霍克海默　赫尔伯特·马尔库塞

弗兰茨·列奥波德·诺依曼　弗里德里希·波洛克

李乾坤　译

编者按

打印稿及副本,有手写更正,没有标题/文件夹的标签上写着:"1936年学术研讨"/除了第一张,每张记录都有编码/[1][2][4]:霍克海默档案馆Ⅸ 211;[3][5][6][7][8]:马尔库塞档案馆。

1934年,社会研究所在纽约安顿好之后,除了在哥伦比亚大学的教学活动之外,也恢复了内部的学术研讨。下面的记录就产生自一次这样的研讨会。因为发言记录中没有涉及哪些人参加了

---

* 本文原文出自《马克斯·霍克海默全集》(*Max Horkheimer Gesammelte Schriften*)第12卷,美因河畔法兰克福:费舍尔出版社,1985年,第398—416页。"编者按"为原文编者所为。——编者注

这次研讨会,所以参与成员只能通过主要在 1936 年 5 月 20 日的第四份记录中提及的名字来判断。马尔库塞的参与,尽管在记录本身中没有提及,却可以从他留下的一系列记录,其中一部分有不同的稿本,而且还有他的修改这些事实来确证。显然马尔库塞记录了全部或者多数研讨会。但是无法确定在这些研讨会中是否还有其他没有被提到的讨论者参与。

这些记录记载了研究所在 20 世纪 30 年代对马克思和马克思主义进行的研究的一部分,尽管常常是以暂时的和断片的形式。它展现了对马克思的概念(Begrifflichkeit)——它在这里是在一种"批判的嘲讽"的意义上被理解——的一种非实证主义的解释方式的尝试。

一、关于价值学说(Ⅰ):价值与交换价值

1936 年 4 月 15 日

(1)价值和交换价值并不同时发生,它们只是相互重合。它们的区别意味着什么?

(2)在价值和交换价值的区别中,已经存在一种批判的要素。因为在资产阶级社会中,人和商品事实上是通过它们各自的交换价值来确定的,价值和交换价值完全是同时出现的。在(哲学的和宗教的)意识形态中,价值却得到了一种更高的尊严,并且显然并非与表达了交换价值的价格联系在一起,但是这种分离的欺骗性从马克思的价值概念可以显而易见地得出。因为马克思的价值概念是从经济学中发展出的,按照这一概念,资产阶级社会中的一切都拥有作为交换价值而获得的价值,马克思的价值概念被证实为这样一种概念,从其中可以引申出并解释全部的观点,因此与批判的

被宣传的意识形态联系在一起。尽管价值概念是作为一种经济学的概念被引入的,它却蕴含了超越本来的经济学领域的思想。

(3)一个商品的价值在生产和流通过程的个别阶段从不能被孤立地把握,也就是说试图将其仅仅视作产生自生产之中,或者产生在市场之上。时间环节必须在价值和交换价值的规定上彻底保持外在:在产品放在市场之上,或者只要它被放在市场上并在实际上被交换之前,追问商品的价值的规定是被多长的时间所决定,是没有意义的。只要人们想要将一个个别的交换过程按照价值的方面来理解,那么社会总的生产和流通关系就都要作为总体被纳入各自的生产阶段之中。

(4)马克思方法的逻辑前提,同时表明了对象的历史前提。简单商品生产并非单纯的一个概念的简化,而且也是一个历史的预备阶段。马克思想要伴随着它经济体系的完成,同时作出对一种历史阶段的相应分析。这种对逻辑的和历史的范畴的贯彻,是辩证方法的一个重要特征。

(5)价值规定在马克思那里是通过抽象劳动时间来完成的。抽象劳动时间范畴首先是不可见的。它是一种假设么?如果是的话,那么只有在这一意义上,即通过制定整个体系来扬弃它假设的特征,并且将它表明为决定性的历史事实。

二、关于价值学说(Ⅱ):价值与总的社会再生产
1936 年 4 月 24 日

对 1936 年 4 月 15 日记录的补充:

补充第三点:不可以这样尝试,将价值"仅仅视作产生自生产

之中，或者产生在市场之上"，这种尝试是错误的理解，也是危险的；生产和"市场"的领域在马克思那里并非平行的；价值在马克思那里固然"产生"自生产之中，但是生产的领域应当这样理解，即它包含了流通领域与自身，也恰恰在这一领域中完成。

对价值概念的一种基础的强调是必要的。作为出发点的问题是：资本主义社会尽管以无政府的方式，却始终可以再生产自身，这一切是如何发生的？在前资本主义社会，再生产是在单个的个体权力之下发生的："主人"有计划地在他统治范围内决定生产的劳动分工。在资本主义之中，缺少这样一种计划性的权力：生产是自由进行的；每个人都可以生产他想要生产的东西。因此各自的一种重复只是对于那些处理自身利益的个体来说，然而却完成了一种总的社会再生产。

问题的提出是完全无涉意识形态的。这与社会"究竟"如何能够再生产（从而最好满足每个需要）无关，而是它如何作为这种历史的社会，在历史地给出的水平上再生产。（但是这一问题处于一种历史图式之中，这种模式把握的是从个体权力的计划，经由资本主义的无计划，发展为普遍的理性的计划。）

第一个回答：市场是内在于资本主义无政府状态的理性的、补偿性的要素。在市场上，生产出的商品在这里进行交换，社会的（有支付能力的）需要贯彻在使用价值之上。但是自身是无政府状态的市场，如何调节总社会的再生产呢？

马克思说，通过"价值规律"的作用，再生产得到进行。每个商品的价值通过其对于再生产过程的意义而被决定。价值通过用于生产商品的社会必要劳动时间来规定。为了社会再生产，就要求社会劳动在一定的部类之中，按照社会对于使用价值的需要分配在不同商品范畴之上。"而在社会劳动的联系体现为个人劳动产品的**私人交换**的社会制度下，这种按比例分配劳动所借以实现的形式，正是这些产品的**交换价值**。"①

但在这一回答中不是隐藏着一个循环吗，一个循环论证（petitio principii）吗？价值应当通过社会必要劳动时间来规定。社会必要劳动时间是什么，应当在交换中被证明。而交换自身应当通过社会必要劳动时间来调节。交换和劳动时间概念因而相互通过对方来规定了。

讨论者进而反对劳动时间概念的构成，认为它是通过一种逻辑上不周延的推论过程而完成的。在商品交换中，发生的是一种等价物之间的交换。等价物并不存在于商品的质料之中，并不存在于商品各自的使用价值-物之上，因而，正如马克思所说，只能存在于商品中隐藏的抽象劳动之上。但是为何不是和另一个物 X 一样好？

马克思的概念的批判的嘲讽：它们在价值概念这一开端上就表现出来了。社会的物质再生产过程决定了一切价值，对社会的解剖就是经济学。一切意识形态只是这一过程的一种表象、一种反映。这就是马克思所描绘的资产阶级社会中的事实。资产阶级社会的主题因而是现实主义者和唯物主义者，而马克思则是"唯心主义者"，他要通过确定混入他们意识形态中的现实性，以及现实性与意识形态之间的张力，来揭露他们的现实主义和唯物主义。只要"理性"在其中扮演某个角色，它就不是黑格尔的，和现实的历史过程没有直接联系的形而

---

① 《马克思恩格斯文集》第 10 卷，北京：人民出版社，2009 年，第 289 页。

上学的理性,而是一种从历史过程中生长出的,与人的实际利益相联系的关系。在这一意义上,历史唯物主义是对唯心主义的填充。

这里涉及马克思主义的黑格尔主义的两个连接点:

(1) 马克思将在黑格尔那里没有做过解释的合力(只是解释为"理性的狡计")解释为分散的人的利益。

(2) 在历史哲学中,黑格尔说:战争决定人民的命运,[①]然而哪一个人民精神是有优势的和占据统治地位的,却是偶然的。[②]马克思消除了这一偶然,并指出了在这里发挥作用的合规律性。

再次讨论到价值的量的可规定性问题:一个商品或者一个商品范畴的价值可以直接地被量化么?价格似乎表现了这样一种量化。价格的量在一个给定的生产阶段中,与这一阶段的价值的量相等同。但是个别的价格绝对无法覆盖相应商品的价值。价格对价值的偏离首先产生自资本主义社会的总过程。在强调了价值概念的《资本论》第一册第一篇的抽象阶段上,能够回答这一问题的价格还没有被推演出来。

三、关于价值学说(Ⅲ):总的社会必要劳动时间。马克思的方法和自然科学方法之间的差别(Ⅰ):范畴的历史规定性

(1936 年 5 月 11 日)

讨论涉及以下三点:

[①] 在黑格尔那里并没有这样的思想和表述。
[②] 例如黑格尔:《法哲学》,第 340 节,百年纪念版第 7 卷,斯图加特,1952 年,第 446 页。(参见黑格尔:《法哲学原理》,邓安庆译,北京:人民出版社,2016 年,第 472—473 页。——译者注)

（1）再次讨论了马克思价值学说的循环。在社会必要劳动时间概念中包含这一思想，每个商品的价值是通过它在社会生活再生产中的贡献而被度量的。这似乎是一个规定了交换的客观尺度。进一步的分析却表明，商品对于再生产过程的贡献，除了通过它实际上交换的对象以外根本无法度量，这样的话，交换从这时起就变成了客观贡献的标准。

这一循环在如下意义上更明显了，当在马克思那里交换本身并非一个独立的或者建立在心理要素之上的机械过程。在交换中起作用的全部客观的和主观的要素因此被包括在一个特定的所谓的结构之中，这样社会自身作为资本主义社会进行再生产。"必要"概念与人类需要和个体的再生产根本没有直接关系，而是关系到资本主义的给定的历史条件。宣称价值规律通过全部商品按照其内含的社会必要劳动时间来进行交换，根本触及不到在一些情况下社会的大部分人挨饿或惨死。

（2）在几次关于价值概念的讨论中，引申出了一个关于马克思和自然科学中的理论构成的区别的争论。自然科学中的理论模型——至少按照理想的意图——是一个有着固定关系的体系，它预见可能发生的情况，并通过现实过程来不断证明自身。在马克思的方法论中，从一开始就蕴含了这一思想，即在他理论涉及的发展之中，总是伴随着一种质的变化，因此模型的范畴从来不拥有先验性(a priori)，而是自身不断通过在事实中出现的历史变化而被规定。资本主义社会自身的再生产意味着什么，只有在历史的过程中，作为后验(a posteriori)而进行解释，尽管理论中决定性的趋势被抽象地提前认识到了。自然科学和马克思的模型之间的区别因此就在于，自然科学是从那些质的变化中抽象出来的，并尝试把握规律性的反复发生的情况；与此同时，马克思的理论事实上是要尝试反映现实历史过程。从中产生了理解和运用马克思范畴的特有的困难。贡佩尔茨认为，自然科学模型在最近的发展之中也包含了类似的问题式。

（3）作为这一困难的一个例子，剩余价值概念被提及。能否这样思考，即剩余价值可以以数量的方式进行规定？人们尝试从存在于马克思体系之中的价值与经验地确定的计量价值的唯一联系出发：价值与价格量在一个总的生产阶段中等同。然而到目前为止还不能从这一点继续向前迈一步，并且以数量的方式将社会剩余价值与不变资本和可变资本的再生产的价值——正如在相关生产阶段的开端出现的那样——区别开。资产阶级国民经济学独立于所谓的纯粹经济领域，并按照自己理解的自然科学模型的理念而发展；与此同时，马克思的理论在本质上取决于对时代的总的动力学结构的理解。

从关于对马克思范畴分类到经验地定义的量的讨论，还涉及了利润率和利润量的关系问题，这一关系构成了整个讨论的主题。在接下来的研讨中将会回到这一问题。

四、马克思的方法和自然科学方法之间的差别（Ⅱ）："规律"的理论地位
（1936年5月20日）

按照前几次会议的一般分析，讨论要回到利润率下降规律上来。在今天的危机中，利润率下降规律还是一个决定性的因素么？

波洛克认为，这一规律的作用在今天是没有办法验证的。

贡佩尔茨表示同意：这样的一个证据还没有产生，因为在理论概念和经验事实之间缺少太多的中介了。但是他认为马克思主义经济学家的任务，就是找到在模型和经验之间的中间环节；同样也必须不断让概念网的网眼变得细密。

霍克海默认为这一任务并不那么核心。到底什么叫马克思的规律的可验证性？理论的基础概念在原则上不会像自然科学基本概念和规律那样被验证，因为它是将真理性不断和它所运用对象的活动性联系在一起的。霍克海默十分夸张地认为：这种社会科学规律的可验证性部分依赖于我们的意志。内在于历史理论之中，一个现象始终可以从不同的原因来解释，几种不同的原因解释要被共同加以思考，而没有一种为了解释而考虑原因的事实进行直接分类的可能性。停留在社会科学概念模型之上，甚至即便人们引入了如此多的中间环节，在模型和现实之间始终还是存在裂缝，这一裂缝只有通过人们实践的主体才能够缝补，然而在自然科学之中，模型直接被运用在现实性之上，而主体则被排除出去。

贡佩尔茨相信，在自然科学最近的发展中，可以发现一个走向历史研究和重新引入主体的方向。但是问题是，这一重新引入是否只是服务于将主体在一个普遍性的更高阶段再次排除，从而达到更大的客观性。

波洛克对可验证的规律和只能被推断的趋势之间做出了区别。他将资本的积累、集中和积聚的规律算作前者，而将利润率下降趋势算作后者。

霍克海默指出这种区分并不存在于理论的意义上：所有马克

思的规律都是趋势,都是在同样的意义上是可验证的。人们只有在如下的意义上才能更确切地验证积聚规律,即将其视作纯粹的确定事实,并且独立于理论的总体联系。

诺依曼:从理论统一体的立场出发,在可验证性和可推导性之间并不能做出区别;当一个理论的基本规律被证明了,那么因此所有其他部分的正确性就也得出了。

贡佩尔茨相信,通过对精确的清晰的验证性的拒绝,理论的科学特征也就被扬弃了。

霍克海默同意:由贡佩尔茨在这里设定为基础的科学性概念,尽管不具适用性,但是它是马克思理论的一个实证性特征。

有人尝试将利润率下降的规律特征,通过区分规律的现实存在(Vorhandensein)及其可见性(Sichtbarkeit)[①]来进行解释。这被视作一种托词而被拒绝了。利润率下降规律在早期阶段,能够通过相反的趋势而被过度补偿,但是它只是在资本主义的一开始才有效。利润率下降规律概括了资本主义的一切崩溃趋势。

讨论涉及了资本主义崩溃(Untergang)的问题。

诺依曼反对使用崩溃这一表述,因为将法西斯主义作为一种崩溃的表现是一种成问题的解释,并且导致与之相关的宿命论的误解。人们应当仅仅讨论结构的变化,避免允诺一个最终的阶段。

弗洛姆反对排除崩溃概念。诚然人们必须区别发展的不同阶段,但是资本主义按照理论从一开始就通过自身内在地产生崩溃

[①] "可见性"是马尔库塞在他记录稿(马尔库塞档案馆)中所做的修改/最初在文稿中的表述为:"效果"(Wirksamkeit)。

的规律而处于崩溃之中。然而，在话语的狭义上，崩溃的阶段（Zusammenbruchsstadium）是否已经存在，只能被后验地（a posteriori）、事后（post festum）决定。

五、马克思的方法和自然科学方法之间的差别（Ⅲ）：人的活动性的作用
（1936年5月27日）

（1）与上一次记录相关，引出了关于规律的效用性概念的不同解释。可以这样来理解，它是被实证地确定的。然而概念还可以作为力量的总体（Inbegriff）来理解，这些力量的合力表现了出来，与此同时力量自身却不能在表面上看到。

对现实的认识还要求对"过度补偿的"（überkompensiert）力量的认识。可以说一个事件过程必须从内部来理解。对此的一个例子可以在弗洛伊德偶尔的指示中看到，他让人们注意在其中出现了过度补偿的力量的"前后矛盾的"地方。

（2）只要利润率下降规律被理解为一切崩溃趋势的缩影，那么从表现出来的资本主义经济的矛盾，也可以推导出它的效用性，在这里为了解释这些矛盾，首先还准备了其他的原因。（这一问题必须被继续讨论。在这里不是还存在一种同义反复么？）

（3）①马克思并未"说明"，而是勾画了一个模型，通过这一模型个别的发展过程都通过彼此显露出来。他的理论相对不受数量国民经济学的个别研究和批判的影响。

---

① 打印稿中是"2."；接下来的号码也相应做了修改。

（4）社会主义的理念并不是通过经验的材料而强加的。在这里并不存在自然科学中所假定的"最精密的记录装置"和现实之间的关系。相反，社会主义的理论家描绘了一个只有通过活动中的人的愿望才能够变成现实的事件。——此外，在自然科学之中，前面假定的态度也并非普遍存在。自然科学行为在其开端和之后的阶段的差异性。但是即便治疗概念也与自然"敌对"。两种行为方式的连接点是技术或者说人的实践。

（5）关于资本主义崩溃问题：根本无法提前确定资本主义处于哪一阶段。这取决于人类活动在社会科学中所发挥的特有的角色。"实践者"的任务［在于］，可以说是以实验的方式确认它是否已经关系到最后的阶段了。

（6）自然科学研究和历史研究的差异。实验室中的实验表明：当一定的条件被创造出来，必然会出现一定的结果。重点在于，同样的条件每一次都会带来同样的结果。在历史中，同样的条件不能被随意地再生产出来。自然科学的实验者仅仅是将一个过程付诸实行。然而更重要的是条件性质的差别。政治家想强迫达到一个特定的过程，然而与此同时他自身的参与本身就构成了一个因素。更确切地讲：他的理论和按照这一理论行为的人，都是过程的因素。

（7）贡佩尔茨提及了在马克思主义的规律和自然科学的规律之间的一种相似性，二者都拥有或然性（Wahrscheinlichkeit）的特征。

霍克海默提出了反对意见。

讨论继续进行。

六、事实、概念、规律和总理论之间的关系
（1936年6月3日）

此次讨论延续了上次的记录。

可以将利润率下降规律理解为一切崩溃趋势的缩影，这一表述意味着这是从马克思的基础范畴中必然推导出来的，和其他那些走向崩溃的趋势是从这些范畴中推导出的一样。对具体规律进行详细的直接推导，在这一意义上，在马克思那里承诺已实现的。规律就这一点而言是一种同义反复，即在前提中已经放进了所有后面构成了规律的东西，这一直观是错误的。规律是从特定的基础范畴出发的，并且从自身来解释矛盾。它通过理论的整体联系而确定。

讨论转向了积聚和积累规律在多大程度上可以通过竞争来解释的问题。在原则上，马克思并没有通过将竞争作为最终的原因来解释现象，而是将竞争视作必要的，并将其解释为源自资本主义的基本存在条件；竞争是利润经济的一种"逻辑的"结果，而非基本的现象。当资本主义只是为了创造剩余价值和不断增长的剩余价值而进行生产，这一趋势必然会导向剩余价值的缩小，导向不断增强的竞争。尽管竞争还是一个次要的因素，然而它还是不断地反作用于基本因素之上，而当人们孤立地研究一个个别现象，并且故意放弃回到其最初的原因之上，那么竞争就像其他一系列从属的现象一样被视作"原因"了。

这导向了对个别概念的重要性和人们可以看作资本主义的起源和核心现象的东西的追问。在这里产生了一系列观点。企业家和自由工人的阶级划分本身并不是基础的东西。它和资本主义其

他一切表现一样,归根到底是生产力在一定阶段的条件下与自然冲突的形式。

假如人们可以通过其他原因来进行解释的话,人们一定要用利润率下降规律来解释危机吗?选择用以进行解释的原因的原则是什么?这一提问本身是错误的。危机没有被"解释",因此也没有理由来做"选择",而是要对这些原因进行分析,并且这些分析也不能任意地放在原因的选择之中。它迫切要求发展出所有可以从总理论中必然得出的范畴。

认为理论不受事实影响的观点,将理论和事实之间复杂的关系简单化了。并不能简单地认为事实处于一个方面,而理论则处于另一个方面,而当理论与事实处于矛盾中的时候就是错的。在伯恩施坦和考茨基的讨论①中,关于小型企业和中产阶级的下降和增长的统计,就可以作为例子。理论在一定意义上始终给予事实一种约束。一个事实所拥有的重要性,本身就已经反过来依赖于观察者的理论。始终只有在具体的情况下才能决定,在理论与事实之间的不一致是否已经如此之大,以至于另一个理论看起来比之前的更适合于解释事实。

七、奈特对奥地利边际效用学派的批判(Ⅰ):资本概念
(1936 年 6 月 10 日)

在 1936 年 6 月 3 日的记录中强调了两点:

---

① 在伯恩施坦、考茨基和其他人之间进行的修正主义争论,体现在大量的讲话和论文中。参见爱德华·伯恩施坦:《社会主义的前提和社会民主党的任务》(1899 年版),君特·希尔曼编,汉堡:罗沃尔特出版社,1969 年,第 81、208 页;卡尔·考茨基:《爱德华·伯恩施坦与社会民主党的纲领。一个反批判》,斯图加特:狄茨出版社,1899 年。

（1）在何种程度上可以宣称竞争并非利润经济的基础现象，而是一个"逻辑的"结果？

竞争并非一个自由市场经济的逻辑上必然的要素。然而它以自由市场经济为前提。但是举例来说，或许可以假设有一个生活了 100 人的、由"自由市场经济"统治的岛屿，然而在没有竞争的条件下生产。每个人生产着经过市场被交换的其他对象。——这一想象的市场经济在根本上是一种计划经济么，因为对每个生产者来说，市场是被忽略的？对此应当否定，因为市场的可被忽略性并非岛屿例子中的逻辑上必然的因素。

（2）对危机进行一种"解释"和对其进行分析之间的区别被准确地表达为：自由主义理论试图从外源性的、"偶然的"因素来推导危机。在马克思的理论中危机被理解为资本主义经济过程中的一个环节；危机并不需要解释，它是资本主义生产方式所固有的。需要分析的是这种生产方式相对的作用。伴随着对资本主义生产过程的分析，危机被指明为存在于这一过程的本质之中。

贡佩尔茨汇报了在奈特（芝加哥）和奥地利学派之间关于资本概念的分歧，这一分歧在他看来对于理解马克思的资本概念会有所帮助。①

他首先提及了那些在布鲁金斯学会的出版物中表达的观点：

---

① 弗兰克·哈尼曼·奈特本人一开始是奥地利边际效用学派（卡尔·门格尔、弗里德里希·冯·维泽、庞巴维克）的追随者，在 20 世纪 30 年代写作了一系列论文批判边际效用学派的资本理论。参见《国际社会科学百科全书》（*International Encyclopedia of Social Sciences*）第 8 卷，伦敦：麦克米伦出版社，1968 年，第 425 页及以下几页。

一方面，消费的增长，只有在积累基金的耗费之上才会发生。另一方面，不断增长的消费也要求增长的生产，以及与此相关的新的投资。这只有在通过缩减消费释放资本的情况下才可能。如果消费降低，那么新的投资也不会有利可图。摆脱这一矛盾的一个出路(Ein Ausweg)①要在信用体系的弹性之上寻找。

霍克海默指出，这里所使用的基础概念已经从属于一个特定的价值体系了。

[贡佩尔茨：]**奥地利学派**的资本概念大概是这样的：资本是被生产出的生产资料，可以被使用的物质的东西，也必须不时地（在生产或投资阶段）被替代。在**奈特**看来，存在一种完好无损地保存着的资本基金，与此同时，这一资本所投入的东西却在变化。他使用了一个价值流的图式，在其中不断有被消耗、被使用的商品被新的商品所替代。生产的对象在他看来不是物质的东西，而是人们在交换这些东西中所得到的价值。按照这一观点，生产和消费结合在一起。

霍克海默指出，奈特的资本和生产概念在他的体系之内是一个逻辑上的假设，它在这一体系中发挥了欧几里得几何学中的公理一样的作用。——在马克思那里，资本概念的建构性因素取决于剩余价值的生产。

奈特想要将奥地利学派的资本和生产阶段概念中的错误，通过两个问题揭示出来：

(a) 是否可以说，在一定的条件下一个生产阶段比另一个阶

---

① 打印稿中为"一个解救办法"(Eine Auskunft)。

段更短或更长?

(b) 在现存资本的大小和生产阶段的长短之间是否存在一个可验证的联系?

在奈特看来,这两个问题都要被否定。

在贡佩尔茨看来,在带着争议被运用的生产阶段概念和在马克思那里讨论过的不断增长的资本的有机构成之间存在着一种亲缘关系。这一点,以及引述的这一争论和在其中运用的资本和生产概念到底在多大程度上可以有助于理解马克思的资本概念这一问题,会在下一次会议中进行讨论。

八、奈特对奥地利边际效用学派的批判(Ⅱ):竞争的意义,增长的资本的有机构成,价值的可确定性

(1936年6月17日)

这一次继续讨论前一次会议的问题:竞争是利润经济的一个逻辑上必然的要素么?这样一个观点被提出来,在[马克思《资本论》]第一册的抽象阶段上,可以忽视关于竞争现象的一定研究。将竞争概念作为一个必要的概念引入理论模型,在贡佩尔茨看来会导致对劳动价值论的拒绝,正如奥地利学派所做的那样。

与此相反,应当这样判断:

(1) 正如在利润经济中没有商品会在无竞争的条件下出售,劳动力商品也是如此。我们只有在资本主义经济形式之中才能认识利润经济,竞争要素在根本上构成了它的存在条件。

(2) 作为历史现象的剥削离开了工人的竞争是无法想象的。剥削范畴仅仅涉及自由工人,而自由工人的概念中恰恰包含了自

由地相互竞争。利润经济缺少了竞争在方法上是不可能的,在事实上也是不可想象的,或者从正面来表述:资本主义只有通过自由工人的存在才是可能的,他们倾向于在出卖劳动力商品的时候相互压价。马克思理论的所有概念都只有在竞争参与的条件下才拥有其完整意义。[①](每个个别概念只有在和理论的基础概念的联系之中才能获得它的真理性,鉴于这个个别概念,这些基础概念已经被构想了,正如反过来,基础概念本身只有通过从这些概念中所引申出的结论才得以完成。)

贡佩尔茨关于奈特和奥地利学派之间在资本概念上的争论的报告续篇:

(1)在有争议地运用的生产阶段概念和马克思的增长的资本的有机构成之间,存在何种亲缘关系?

(2)争论中使用的资本和生产概念究竟在何种程度上可以用于说明马克思的资本概念?

贡佩尔茨首先讨论了第一个问题,并相应做出如下定义:利润率不断下降的规律,如它在[马克思《资本论》]第三册中表述的那样,关系到不变的总资本的层面,不变总资本在一个特定的生产阶段从对象化劳动的总体上脱离出来,并且借助于活劳动而转化到产品之上。假使马克思为了这一层面所运用的证明是成功的,

---

① 在马尔库塞的遗稿中,在这份记录上还留下一份他手写的笔记:"作为历史现象和作为一般解释原则的**竞争**。——作为事实的竞争根本不说明任何东西。例如:马克思对**利息**的说明。价值是**什么**,只有在总过程中才能确定,生产过程只是总过程的一个部分。"(马尔库塞档案馆)

那么这一层面就既不能从使用价值方面也不能从价值方面被清楚地确定。它和现存对象化劳动的总体或者不变社会资本的总体的关系是不确定的。简单来讲：在实际利润率的规定之上，m 涉及 C，那么在推导中只涉及转化的部分，因为马克思假设了 c 每年要被完全消耗掉。[①] 总体来说，人们讨论利润率（m/C 的比例）的前提就是两个确定量的实际存在。假如人们将 m 作为确定的量，那么 C（或者 c）就始终是不确定的，因为它在自身之上只是一个纯粹的计算值，并不是通过物质生产过程确定的。

对此提出了反对意见，在一个特定阶段里存在的生产资料 C（c）被表达为抽象的劳动时间，因此表达为确定的量，在原则上是可能的。在资本经济的两个分离的阶段的比较中，当马克思讨论更高的资本的有机构成时，人们就可以更清楚地明白他的意思。

奈特—哈耶克的论证从根本上带来了一般性的反对意见，即要确定 c、v、m 是非常困难的。"矛盾"还存在于更深的地方，即存在于在生产中产生的价值，通过与生产只处于间接联系的过程，怎样可能被共同确定。这一困难说到底是一个辩证方法的困难。在原则上，它可以在对其客体的理论理解的任何位置上开始，因为它将通过分析获得的个别概念与其他概念以及各自的认识整体联系起来。特定的量并不能通过数学来计算，因为产生它的历史过程本身恰恰决定了它。

[①] 按照马克思所使用的缩写，"C"代表资本，"c"代表不变资本，"m"代表剩余价值。

垄断资本主义研讨会上的讨论[*]

（1937年）

亨里克·格罗斯曼　尤利安·贡佩尔茨

马克斯·霍克海默　卡尔·奥古斯特·魏特福格尔

李乾坤　译

编者按

打字稿上的题目为[3]《1937年11月6日会议记录》和[4]《1937年11月20日的研讨记录》/文件夹上写有：（霍克海默字迹）《研讨提纲》，（波洛克字迹）纽约，1937/38年/[1]和[2]未编码，[3]记录有："纽约，1937年11月13日"/霍克海默档案馆：IX 212.1,3,6,5。

前两份记录看起来讨论较少，而更多是魏特福格尔的报告的复述。不过为了让接下来的讨论变得更清晰，还是将它们包含在内。因为记录没有注明日期，四个部分的顺序也没法确切地判断。同样，除了在文中提到的四个发言者以外是否还有其他讨论者参加了研讨会，也没法确定。最后，谁撰写了这份记录也没法确定。

---

[*] 本文原文出自《马克斯·霍克海默全集》第12卷，美因河畔法兰克福：费舍尔出版社，1985年，第417—430页。"编者按"为原文编者所为。——编者注

自从波洛克、格罗斯曼和其他人在《社会研究杂志》前两期（1932、1933 年）发表了相关文章后，狭义上的经济-政治主题的论文被挤到文化理论、社会心理学和意识形态批判的文章的后面。然而这里的讨论记录以及 1936 年春天关于马克思方法的讨论记录却展示出，研究所成员对马克思和马克思主义的研究继续得到了推进。20 世纪 40 年代初，这一研究再次反映在《社会研究杂志》中关于法西斯主义的一部分带有争议的经济的政治的解释之中。

在记录中提及了格罗斯曼和贡佩尔茨的论文提纲，为了便于理解和讨论，在这里先呈现给读者这两篇论文提纲。

亨里克·格罗斯曼：

（1）处于资本积累初始阶段的早期资本主义发展的国家，与自身剩余价值形成所提供的相比，能够以盈利的方式投入更多的资本，从这可以看出，在那些资本积累已经非常发达的国家，带来的结果是在资本上的**过饱和**，这种过饱和表现为较之于不断增长的、寻求投资的资本来说，可盈利的投资机会不断减少，表现为与增长的资本相比的利润额的相对缩小。

生产性投资机会的缩小的结果是，经济的景气（假如忽略非生产性的军备投资的话）是**短暂的**，也就是说，危机会以不断变短的周期而接连出现。

（2）从世界经济的角度来看，有着过剩、无处投入的资本的发达资本主义国家的过饱和意味着**资本输出**的**压力**。因此伴随着过饱和的发展，**资本输出国**的数量也增加了，与此同时，投资领域的数量和范围还是这些，因此**债务国**减少了。因此必然导致对投资领域的争夺的尖锐化,或者更大规模无处投入的资本的积聚,这些资本可能在股票和土地投机的非生产领域之中,试图用在公众的广泛群众的支出之上。

而对投资领域的斗争恰恰导致了资本投入的错误引导——不顾现存的盈利可能性,这会导致债务国的崩溃。

(3) 增加的资本输出,会导致资本对落后地区的迅速入侵,并形成许多制造成品生产的大量货物的新的国家经济。因此带来的是出口的**结构转变**:相对来说,越来越少的成品和越来越多的生产资料(机器等)被出口,但是这需要更广阔的销售地区。

(4) 因为必须从相对下降的利润额中,转变出用于这一增长的不变资本积累的**更大**价值部分,[①] 留下的作为资本家和工人阶级**收入**的利润额部分**不断变得更小**。因此导致了关于工资和利润之间收入分配的阶级斗争的激化,其结果是,工资在社会总产品中的价值构成不断下降,这一事实只有通过如此才能减缓,即按产品来算——由于增长的劳动率——工人消费的商品量不会下降或者甚至能够暂时增长。

(5) 资本家和工人阶级之间为降低了的收入分配进行的斗争,还会通过工人阶级内部为分配进行的斗争而加剧,结果就是,工人阶级分裂为两个不同的群体:一个以少数人组织起来的工人成功地确保了超越平均水平的高生活状况,代价则是大多数人的

---

① 阶段 A: 200 000c+100 000v+100 000m　10%的不变资本　20 000,即 1/5m。
　阶段 B: 1 000 000c+100 000v+110 000m　10%的不变资本　100 000,即 10/11m。
　阶段 C: 4 600 000c+100 000v+120 000m　10%的不变资本　460 000,即**总剩余价值**为达到积累仅要 2.6%就够了!

生活状况因此必然下降到迄今的水平之下。

（6）总经济的收益持续的降低带来的后果是，**长期的**甚至目前还获得了更大收益的**债务**，在持续更大的程度上变成一种不堪忍受的负担，并以增长的程度导致针对债权国（和债权阶层）的**债务国**和**债务阶层的反抗**。

（7）总经济降低的收益导致了集中和积聚的运动，造成了生产和交往中的**垄断大企业**，这些企业通过垄断**高价**（同时在国内和世界市场）致力于在大量买主的消费之上增加收益，以及通过对与他们相关的原材料价格施压来降低他们的主要成本。

（8）总经济收益的降低导致**世界市场**上竞争斗争的加剧。斗争的这种特别的加剧表现为如下情况：到目前为止，这一斗争带来了多种多样为人所知的手段（通过积聚和大生产来降低成本，组成卡特尔，关税战，倾销，压低工资，改良技术，对便宜原材料的占有，等等）的同时，它还限制在**商品一面**，并且在金通货的基础上进行，而金通货则被视作禁止接触的圣所。

在所有目前为止的竞争手段被证明无效之后，竞争的加剧就表现在将通货也纳入竞争领域之中。通货的竞争作为最后的手段，在竞争斗争中保证了价格的优先地位，导致了金本位，以及与此相关的国际自动平衡机制的任务；导致了**世界经济分裂**为个别独立的，通过关税壁垒、外汇管制调节和分担额形成的分离的领域；导致了国际**信用**体系和资本输出的破坏，以及不适当的金分配。自动的国际平衡机制被各个国家人为干预的平衡基金所取代（通货操控）。

（9）这种通货操控"在理论上"应当有助于稳定物价，通过提高价格来降低价格，通过价格下降的过度倾斜的价格景气。它们的真正意义体现在：它们在实践之中**只是片面地、向着通货膨胀的方向**来起作用。通货膨胀和贬值在发达的积累阶段上，在这里要更加开放，会对有着强大工会的国家的工资有直接压力，造成大规模反对，这就产生了以间接的方式降低工资，因而再次制造降低的收益的任务。

（10）闲散资本经常性的过剩，不断发展的重工业持续性的产能，会导致尽管有技术上的一切进步仍要消灭大量的资本和商品，农产品的种植范围被限制，等等，而此时大量的失业者还不能够保障生存的最低要求。资本主义已从它的上升阶段进入下降阶段，在其中为了少数所有者的盈利利益，经济的生产力扩张受到抑制，导致了对大多数人的伤害。

［马克斯·霍克海默档案馆：IX 212.4］

尤利安·贡佩尔茨：

（1）从马克思主义的立场上来看，垄断资本主义的概念更多描绘的是一种在其自身中包含的两个要素的纯粹偶然的结合。这一概念包含了这样的任务，即制造出两个要素在理论上的必要结合，并从资本主义自身的更为一般的、全面的要素之中推导出被称作垄断的发展潮流。因此一定要指出，在理论最初给定的前提下，垄断并不只是次要的，存在于个别的点之上的，而是位于核心的，表现为体系的主要特征的东西。

（2）这样一种证明在格罗斯曼看法的基础上并没有进行。人们可以从格罗斯曼自身的前提中，得出作为必然结果的利润率下降，在这一过程中不必需要垄断资本主义的结果；因为按照它自己的叙述,这一体系会伴随着其他一系列中介遭遇利润率下降,而只有在人们做出如下补充性的假设,即在这些其他中介之中包含的弹性张力被创造出来,资本输出以及与之相关的渗透才会在对外贸易中具有一种不可避免的必然性。资本输出因而成为当前阶段的一种偶然的而非本质性的特征。此外,从商品输出向资本输出的过渡缺少了内在联系,因为二者被赋予了同样的功能。

(3) 资本概念在纲要中在双重意义上被使用,这造成了混乱。在为利润率下降奠定基础的理论推导之中,资本是一个在价值层面上的概念。在资本输出的现实中,资本却代表的是描述价格量的东西,而非价值量的东西。因此要证明,价值形式之中的资本找不到投资处,而价格形式的资本必然处于同样的尴尬境地。

(4) 理论分析是在一些简化了的前提之上进行的,例如关键的前提是它只涉及一个由资本家和工人所构成的体系。然而只要理论模型的条件没有被彻底制造出来,或者从模型到现实的道路没有得到有说服力的证明,那么在经验的事实和在模型基础之上的理论后果之间的平行关系,对于理论的正确性和对于它的误差的不一致,都同样没有什么证明力。

(5) 之前提到了这一判断,即具有发达资本积累的国家展现出资本的过饱和,从这一现象中必然推导出资本输出的必要性。而资本的过饱和存在于这样的形式中,即资本输出没有被描述成一个阀门。只有当过饱和表现为货币资本过剩这样的形式时,资本输出才直接地描述了一种解决办法。

(6) 在向外的资本输出和体系之内的垄断之间的联系是不清楚的。垄断是否以及如何一定会导致资本输出,在两种现象之间存在着何种因果联系,都没有被证明。

(7) 垄断的判断还牵涉到一个经验的规定,即当前阶段的经济被少数一些垄断资本家所操控,与过去经济受到完全的竞争的统治相反。为了能够从科学上证实这些规定,需要对竞争和垄断概念进行精确的定义,然而这在目前的叙述中并没有进行。

[马克斯·霍克海默档案馆:IX 212.2]

一、垄断者资本主义的特征

(1) 大公司和大企业占统治地位,伴随着扩展到目前为止还没有被统治的经济部门之中的明显的趋势。

魏特福格尔的版本:

工业资本和银行资本的紧密融合,在推导中推进的重点:

工业资本,

银行资本,

垄断集中的工业资本。

(2) 通过卡特尔、康采恩和托拉斯在关键经济部门中对生产和价格进行的直接或间接规定。

(3) 竞争(至少在国内)一般被回避了:①工业原材料,重工业(包括化学的)半成品,大部分的成品,首先在第一部类,公共事业,货物运输,银行和保险。

(4) 通过托拉斯和卡特尔政策及国家投资延缓危机的破坏

---

① [打印稿中为分号。]

机制。①

（5）通过垄断企业占有剩余价值的超额部分。这以牺牲非垄断企业为代价而被加强。

（6）自筹资金以及相应的产能过剩与错误投资日益重要。②

（7）总的经济结构变得不断僵化。原因：巨额固定资本，因为进一步的集中化所导致的扩张可能性受限，等等。③

（8）不断增强的资本输出压力。

（9）资本所有权与管理权的分离，伴随着这样的后果，即股息政策，通过领导官僚在与相对少数的股东的联系中所实现的企业统治。

魏特福格尔的版本：

相对少数的股东支配大量资本，以及领导官僚的重要性不断增强。关键所有权和伪所有权在其功能和影响（股息政策）上日益对立。

（10）工人阶级的重组（熟练工人的重要性下降，技术人员的重要性增强，不熟练和半熟练工人在数量上受到重视）对工会、工人内部的阶级区分以及工人阶级的经济和政治力量具有决定性的影响。

（11）国家对垄断租金、经济周期政策（包括货币政策）、对外贸易、工人的生产停顿以及压制的干预力度越来越大。

（12）国家官僚阶层及其与经济官僚阶层的合流日益重要。

---

①②③　导向危机的尖锐化和深化。

（13）理性法的重要性日益降低。

（14）因为阶级对立的加剧和走向权威国家的趋势，议会控制重要性日益降低。（美国目前的情况特殊，工人阶级在议会中没有直接的代表。）

二、垄断资本主义与帝国主义

基本上：分析不能通过选取的"一些例子和个别材料（社会生活现象极其复杂，随时都可以找到任何数量的例子或个别的材料来证实任何一个论点）"来进行，"而必须是关于**所有交战大国**和**全世界的经济生活基础**的材料的总和"①。

要以唯物主义的方式从关于生产力的（不平衡）发展和生产的发展出发，而不是从流通，从"货币"或其他东西出发。

辩证的考察方式将现代资本主义世界确定为结构化的-动力性的：

少数的-巨型-公司统治了公司的多数。

关键产业-集团（重工业）统治了工业的总体。

关键所有者（"垄断者"②）及他们的直接代理人统治了股东的多数（魏特福格尔：伪所有者③）。

少数几个关键国家统治着其他国家的民众。

这种发展并不以简单的原因和结果发生，而是处于复杂的相

---

① 列宁：《帝国主义是资本主义的最高阶段》，维也纳，柏林，1930年，第12页。（《列宁选集》第2卷，北京：人民出版社，2012年，第578页。——译者注）
② 同上书，第60页。《列宁选集》第2卷，北京：人民出版社，2012年，第593页。——译者注）
③ "魏特福格尔：伪所有者"，编者进行了修改/打印稿为："伪所有者。W."

互影响关系之中。它们并不是均等的、渐进的,而是无规律的、充满危机的,处于"摩擦、冲突和斗争"①之中。

生产力的发展导致了垄断的形成,它"在特定时间使得个别国家"生产力瘫痪,然而它在另一方面却迫不得已通过技术改良提高利润的可能性继续推动生产力的发展。

竞争导致它的对立面即垄断,但这是竞争在更高阶层上以新的手段(整个经济集团、整个国家和国家集团)继续进行。

商品输出在新的阶段发展为资本输出,在资本输出中再次推动了商品输出的特殊形式。危机在其微观形式上通过托拉斯和卡特尔政策被阻挡了,并因此将爆发为更大规模、更激烈的形式。

资本主义不同领域的联系相互推演。工业资本的统治地位在竞争经济的时代,通过和银行资本(金融资本)的融合而瓦解,在这一融合之上,银行资本采取了"社会范围的公共簿记(Buchführung)和生产资料的公共分配"②的形式——只是形式——,在垄断资本主义的进一步发展中,以垄断方式集中的工业再次获得了领导权,但是不再是形式上独立的,而是与银行资本处于紧密的联系中,并且在途径上由国家——它在其基本要素上预防两个资本集团的总体系不断增长的危机——所统摄,并在形式上领导。此前只是间接地、外围地(作为"守夜人")代表着统治阶层经济利益的国家,如

---

① 列宁:《帝国主义是资本主义的最高阶段》,维也纳,柏林,1930年,第134页。(《列宁选集》第2卷,北京:人民出版社,2012年,第680页。——译者注)
② 卡尔·马克思:《资本论》第三册,第二部分,第146页,(转引自列宁,出处同上)第43页;《资本论》第三册,柏林,1959年,第656页。(《马克思恩格斯文集》第7卷,北京:人民出版社,2009年,第686页。——译者注)

今公开且自觉地扮演了这一角色。关键产业、关键银行和国家在功能上和人格上共同生长。资本主义经济越来越变成最狭义意义上的政治经济。竞争时代的无政府状态软化了形式上的社会化,其代理人一开始是银行资本,如今变成了国家。

在多大程度上这一趋势会导致直接的独裁形式,取决于每个国家在帝国主义总关系中的特殊位置:强大、扩张的资本主义的早期发展,以及大量殖民地的获得,有利于获得和保障额外利润,减轻内部矛盾,使得向公开的独裁国家形式的过渡,在程度上不像后发国家(zu-spät-gekommenen Staaten)那样紧迫,后发国家缺乏这种经济和政治上的储备(魏特福格尔)。

在竞争经济阶段的最后,对世界(其原材料、投资和销售领域)或多或少完成了瓜分,因而导致了生产力的不均衡发展,以及个别国家的经济政治军事力量必然走向对重新瓜分世界的斗争。暂时的协议(形成"范围"等)在根本上没有消灭这一过程的战争特性。

在战前发展的基础上,1916 年的垄断资本主义的图景看起来是这样的:"(1) 生产和资本的集中发展到这样高的程度,以致造成了在经济生活中起决定作用的垄断组织;(2) 银行资本和工业资本已经融合起来,在这个'金融资本的'基础上形成了金融寡头;(3) 和商品输出不同的资本输出具有特别重要的意义;(4) 瓜分世界的资本家国际垄断同盟已经形成;(5) 最大资本主义大国已把世界上的领土瓜分完毕。"[①]

[①] 列宁:《帝国主义是资本主义的最高阶段》,维也纳,柏林,1930 年,第 100 页。(《列宁选集》第 2 卷,北京:人民出版社,2012 年,第 651 页。——译者注)

三、资本量的确定性

（1937 年 11 月 6 日）

贡佩尔茨认为，正如格罗斯曼所阐述的马克思主义理论建立在这一假设之上，即资本量在一个特定的生产阶段是可定的，且不能改变，也就是贡佩尔茨所接受的霍克海默的观点，即一定的劳动时间被投入，但是人们无法说出是多少。贡佩尔茨继续坚持这一观点，即格罗斯曼所推论的资本概念，正描述了一种循环论证。固定资本要素必须在与价值资本的关系中被确定，格罗斯曼没有理解在这里使用的是什么方法。在贡佩尔茨看来，假如 $C^{①}$ 的量在过程的发展中改变了，格罗斯曼的结论就是无效的。以社会的方式再生产这一资本的必要劳动时间就是 C。c f 在贡佩尔茨看来只是一个特定的量，如果它和 C 的关系可以被清楚确定的话。依照贡佩尔茨的判断，c f 的量取决于 m 的量。f 的损耗在贡佩尔茨看来不仅是一个物理的，而且是一个道德的量，因此是完全无法确定的。

霍克海默认为，显然不需要讨论的是，c f 在任何时间都是不确定的，然而尽管如此，它的量在任何时候都是可以确定的。

格罗斯曼认为，贡佩尔茨的反驳和针对劳动价值论的陈旧反驳没什么区别。

贡佩尔茨认为，对一个其量在过程自身中发生改变的过程的

---

① 按照马克思习惯做的缩写，"C"表示资本，"c"代表不变资本，"m"代表剩余价值；"c f"以及"f"在马克思那里并没有这样使用，可以指不变资本的固定部分（与流通部分相区别）的部分。

分析,在科学上是不可能的。

有人答复,他的反驳不仅针对马克思的图式,还针对每个所谓的人文科学;它涉及辩证方法自身的本质,因此只有在这一最具原则性的意义上讨论。

四、资本主义分析之中的结构与历史的关系
(1937 年 11 月 20 日)

从《资本论》第一册中强制进行积累的规律角度出发,核心构造(Kernstruktur)概念得到了讨论。①

霍克海默认为,在积累规律之上涉及的是资本概念的一个重要组成部分,正如它在第一册里展开的,而不仅仅是涉及像竞争这样的一种从属现象的那种暂时特征;也就是核心构造的段落。人们其实已经可以将马克思那里的许多或者所有的问题——它们和资本主义社会概念的关系已经成为马克思主义讨论的对象(例如中产阶级)——在马克思分析的核心构造框架中进行解释,或者偶尔进行探讨;但是人们必须避免因为过于强调这些问题,而模糊了核心构造的认识价值。否则,人们很容易遭遇这样的危险,认为核心构造只有在正确地被充实和论证的时候才有利用价值,带着这样的理由进行纯粹的社会学研究。

魏特福格尔借助马克思的引文,②叙述了在他看来马克思是如

---

① 《资本论》第三册,第 16 章,莫斯科:人民版,1932 年,第 297 页。(显然这里提及的是马克思恩格斯列宁研究院的版本,莫斯科,1932 年。这一版和柏林狄茨出版社 1953 年版本的页码一致。)
② 同上书,第 8 章,第 10 章,第 166、167 页,第 200 页。

何思考核心构造和具体历史现实的关系的。核心构造可以通过对具体的、历史的关系的分析来充实；引入在马克思那里被排除的东西并非对错误的修改。比如，马克思自己还通过过去生产方式的残余，指出了资本主义生产方式的"不纯洁"（Verunreinigung），指出了地方差异和实践冲突对将他描绘的规律贯彻于具体的现实时的阻碍。魏特福格尔首先提及了自然的、民族的差异，对其进行经济学分析是必要的，从而理解不同国家的帝国主义和法西斯主义趋势的阶段。

格罗斯曼在这一语境中还提及了马克思的"框架"（Rahmen）概念。

霍克海默指出，在讨论中出现的例如"框架""核心""平衡"概念应当避免机械论的误解。这不是偶然事件，而在于它们都指向资本主义的**一种**规律性的坚持。

讨论再次转向了垄断资本主义概念，具体讲是贡佩尔茨的第一个观点，即对垄断资本主义的经验证明是不够的，而是要证明它必然从自由竞争资本主义中产生，它在概念上要从资本主义运动规律中令人信服地衍生出来是必不可少的。他强调，在《资本论》中给出的对积聚（Konzentration）和集中化（Zentralisierung）的强制的证明，与证明必然发展为垄断资本主义是不同一的，对于这样的证明"高价"是根本的。

这种证明在霍克海默看来只能通过将马克思的概念体系放置到垄断资本主义所承载的具体、历史现象之上，而不能通过抽象的预言或者归纳。

贡佩尔茨强调，用马克思的概念所做的对垄断资本主义的分析导致了一些概念上的矛盾,这使得对它的推论变得不可能。平均利润率在垄断资本主义中被扬弃了,与此同时,它在马克思那里却是资本主义运动规律的推动力。这一运动规律因此在垄断资本主义和它的衍生之上是无法运用的。

霍克海默认为这是一种表面的矛盾。在每个关于活动的人或者历史的人的科学之中,一个力量的原因对于一个状况的引发,不能因为这些力量消失在由它引发的状态之中而被反驳。

平均利润率对于垄断资本主义的意义被讨论了。

格罗斯曼以图式的方式来这样叙述垄断资本主义和平均利润率的关系,即起决定性作用的企业家集团(A)通过垄断占有了剩余价值中超过平均利润率的一部分;与他们相对并在和他们日渐剧烈的矛盾之中,存在一个还没有被垄断所包含进来的集团(C),这一集团占有低于平均利润率的一部分,与此同时处于中间的集团(B)获得了接近平均利润率的一部分,并且逐渐变小可以被忽略。

霍克海默提醒资本主义概念的贫困化,假如人们将之过分还原到平均利润率的影响之上。这些最终只是资本家实际占有剩余价值的形式。平均利润率的趋势在垄断资本主义中也发挥作用。

这受到贡佩尔茨的否定,他完全否认人们能够将当前的垄断资本主义作为一个与竞争资本主义相对的特殊的一定的阶段来加以界定、认识。

新马克思阅读的开端*

[德] 汉斯-格奥尔格·巴克豪斯

李乾坤 译

理论和现实的"马克思列宁主义",也即马克思主义的正统的崩溃,难道不是已经触及了马克思理论的基本原则,以至于甚至在一种现代化的形态中,对马克思的阅读也完全变得多余?这实际上体现在"占主导的讨论"①之上;在明显"麻木的一致性"中坚持着马克思"已经死了,不会复生",也必将继续死亡。然而这一类的"赌誓"②几乎只出现在政治性的一般文献之中,极少出现在学术文献里。在学术领域中,最近一段时间马克思的理论甚至获得了学者们的赞许,其中就有像雅克·德里达这样的"非马

---

* 原文题为"Die Anfänge der neuen Marx-Lektüre",系汉斯-格奥尔格·巴克豪斯1997年出版的文集《价值形式的辩证法:马克思经济学批判研究》(*Dialektik der Wertform. Untersuchungen zur marxschen Ökonomiekritik*)的导言。汉斯-格奥尔格·巴克豪斯(Hans-Georg Backhaus),生于1929年,德国经济学家、哲学家。与经济学家、哲学家海尔穆特·莱希尔特(Helmut Reichelt)在20世纪60年代末开创了"新马克思阅读"的理论运动。曾师从阿多诺,先后执教于法兰克福大学和不莱梅大学,代表作有文集《价值形式的辩证法》。——编者注

① 雅克·德里达(J. Derrida):《马克思的幽灵》(*Marx' Gespenster*),美因河畔法兰克福:费舍尔出版社,1995年,第88页。
② 同上书,第99页。

克思主义者"①。卡尔·奥托·亨得利希②也坚持认为,马克思"对资本主义自我灭亡过程的分析……绝没有被国家社会主义(Staatssozialismus)的自我毁灭驳倒"③。而德里达察觉,"马克思伟大著作"的"教导"在他看来"在今天显得更为紧迫了",或者说"没有马克思就没有未来"④。

在政治经济学⑤专业杂志中,对马克思经济学的一个核心议题——价值和价格问题——的讨论,在苏联马克思主义体系崩塌之前或之后都仅仅是事实逻辑上的,因此以近乎不变的、完全脱离于政治宣传的方式进行讨论。所以我们首先面对的问题是,接受和批判的这种政治经济学形式是否等同于马克思理论的意图。对马克思所进行的科学讨论的这一几乎从未中断的连续性,因而也就并不值得惊讶了。数十年来,即从冷战开始以来,一种普遍的同意被建立起来,即"作为预言家的马克思",也就是"无产阶级世界观"的宣扬者的马克思,必须和作为科学家和哲学家的马克思严格区分开来。换句话说,一般的马克思理论必须和特殊的"马克思主义-列宁主义"理论的、现实的体系区分开。科学讨论的一般规则

---

① 雅克·德里达(J. Derrida):《马克思的幽灵》,美因河畔法兰克福:费舍尔出版社,1995年,第53页。
② 卡尔·奥托·亨得利希(Karl Otto Hondrich,1937—2007),德国社会学家。法兰克福大学社会与政治分析研究所教授。——译者注
③ 卡尔·奥托·亨得利希:《困于共识》("Gefangen im Konsens"),《明镜》1996年第22期,第88页。
④ 雅克·德里达:《马克思的幽灵》,美因河畔法兰克福:费舍尔出版社,1995年,第31页及以下几页。
⑤ 巴克豪斯往往更习惯于使用"国民经济学"(Nationalökonomie)而非"政治经济学"(Politische Ökonomie)。在他的语境之中这两个范畴是一致的。此外参见我国学者对这两个范畴的比较,也可以以"政治经济学"来代替"国民经济学"来进行翻译。——译者注

就体现在,即便苏联马克思主义崩溃,也不能动摇西方哲学和社会科学中的共产主义信念。人们早就在学术的政治经济学之内与事实上很成问题的桑巴特的纲领联系起来,人们也许"凭借马克思的科学,或者倾向于资本主义的,或者倾向于社会主义的,或二者都不倾向"①。从这一观点来看,马克思就表现为"李嘉图主义者",比如1988年于尔格·尼安②就是这样认为的。作为以"自相矛盾的方式"表现出来的"他难以磨灭的贡献",他所谓的"一种双领域经济学(Zweisektorenwirtschaft)协调生长的彻底新古典的模式"③得以奏效,这一模式因此甚至连德国工业联合会都不会认同。

　　一些非马克思主义的哲学家,依据一些令人信服的理由同意在马克思和马克思主义之间作出一个严格的划分。例如格奥尔格·皮希特④在1973年就提出这样的观点:从自然哲学的角度来看,马克思"还是一个无知的思想家",然而即便如此,众多的马克思主义者普遍"还没有达到他问题的深度"⑤。托马斯主义哲学家伯恩哈德·雷克布林克⑥审视《1844年经济学哲学手稿》时,就拥护这样的立场。在他看来,马克思既不能简单地被视为经济学家,

---

① 维尔纳·桑巴特:《理论国民经济学的对象和基本概念》("Objekt und Grundbegriffe der theoretischen Nationalökonomie"),《社会科学和社会政策文库》1914年第38卷,第653页。
② 于尔格·尼安(Jürg Niehans, 1919—2007),瑞士国民经济学家。——译者注
③ 于尔格·尼安:《作为国民经济学神话的古典主义》("Klassik als nationalökonomischer Mythus"),《背景经济学杂志——施穆勒年鉴》(*Journal of Contextual Economics-Schmollers Jahrbuch*)1989年第109卷第1期,第4、7页。
④ 格奥尔格·皮希特(Georg Picht, 1913—1982),德国哲学家、神学家和教育学家。——译者注
⑤ 格奥尔格·皮希特:《自然的概念及其历史》(*Der Begriff der Natur und seine Geschichte*),斯图加特:柯塔出版社,1993年,第43、207页。
⑥ 伯恩哈德·雷克布林克(Bernhard Lakebrink, 1904—1991),德国基督教哲学家。——译者注

也不能片面地仅仅被当作哲学家,而应该对马克思早期文献有一个适当的把握,将其视作一种经济-哲学综合的奠基者。在关于如何理解青年马克思分析中的雇佣劳动与资本时,雷克布林克在1969年得出这样的结论:"卡尔·马克思最为严格地[!]……坚持了黑格尔的矛盾逻辑……在这里再一次显示出……对马克思早期文献的内在阐释还完全处于混乱之中……(他们)只是在一种黑格尔逻辑学以及现象学的扎实认识之上来为我们打开今天的理解。"①

在这一前提下,即早期文献在一种奠基的作用上涉及了《资本论》,因此"定在的"(daseinden)或者"辩证的矛盾"对于几乎所有经济学范畴来说都具有建构性的和普遍的意义,可以得出这一结论:即便对《资本论》的阐释也"完全处于混乱之中",因此我们还需要"敞开"对马克思代表著作的理解,因为它只有在黑格尔矛盾逻辑的基础上,即本质逻辑之上才能被敞开;这是一个古老的且自列宁以来就被认识到的论题,却最多只在最一开始被遵循,且只有极少的作者记在心头。回顾《资本论》的形成史,我们不得不建构起马克思自博士论文起直到他最后一部经济学著作《评阿·瓦格纳的〈政治经济学教科书〉》之间的惊人的思想连续性来。马克斯·霍克海默准确地察觉到,马克思的主要著作"只是借助于一种通俗化的稀释来使大众马马虎虎可以理解"②。

---

① 伯恩哈德·雷克布林克:《黑格尔和马克思所理解的矛盾》("Der Widerspruch nach Hegel und Marx"),《黑格尔形而上学研究》(*Studien zur Metaphysik Hegels*),弗莱堡:龙巴赫出版社(Rombach),1969年,第238页。关于早期文献的类似立场,赫伯特·马尔库塞在他1932年的《历史唯物主义的新基础》中就已经表现出来了,雷克布林克将其更精确地凝练为"辩证的矛盾"。(引文中的感叹号为本文作者所加,下文相同。——译者注)
② 《马克斯·霍克海默全集》第14卷,美因河畔法兰克福:费舍尔出版社,1988年,第439页。

所有马克思列宁主义的政治经济学教科书都无一例外可以作为这一形形色色的"稀释"的例子。

尽管和经济学的研究者不同,一些哲学研究者为马克思的经济学批判提供了一个本质上非常不同的形象,然而他们为重建其辩证结构的努力却局限于有限的界限之中。因而恩格斯将马克思的"简单流通"理论作为"简单商品生产"理论这一明显误解也成为一种禁忌,它只是在西欧马克思研究的压力下,才很晚在个别地方,伴着许多的"假如"和"但是"被突破——这一后果严重的误解的原因仍然没有进入公开的讨论。

与这里的讨论相关的一个更为重要的禁忌仍然还未被触及。众所周知,马克思在《资本论》中将"对价值实体……的分析……尽可能地做到通俗易懂"①。直到苏联马克思主义解体时,在《资本论》手稿的背景下,将《资本论》理解为一个"通俗化"的表述而进行系统的讨论仍然是禁止的,这显示出了"马克思列宁主义"的马克思讨论的全部困境。如果人们开始面对这一早已显得棘手的问题的话,②那无疑就会出现一场雪崩,它会将传统马克思主义艰难建造起来的大厦无情摧毁。这不仅仅因为涉及作为价值理论的"价值实体"的具体问题,更将涉及马克思著名得多的"方法"问题自身。

人们记得,恩格斯在其对马克思 1859 年《政治经济学批判》所做的、后来构成马克思主义列宁主义的权威阐释中,形成了这一判

---

① 《马克思恩格斯文集》第 5 卷,北京:人民出版社,2009 年,第 7 页。
② 瓦尔特·图赫舍雷尔(Walter Tuchscheerer)的《在〈资本论〉形成之前》(Bevor »Das Kapital« entstand)一书中相关章节对此有过需要严肃对待的探讨;作者的英年早逝或许很大程度上决定了他对马克思"一般劳动"概念的一些基本的思考从未再次得到讨论的原因。

断:"马克思对于政治经济学的批判就是以这个方法做基础的,这个方法的制定,在我们看来是一个其意义不亚于唯物主义基本观点的成果。"①而当对马克思的批评想要证明马克思的定理和预言的不准确性和陈旧性时,一代代马克思主义理论家和政治家(直到库尔特·舒马赫②)就都一再回到"方法"之上。

人们还会记得格奥尔格·卢卡奇备受争论的论题:我们可以"放弃马克思的所有个别的论点,而无需片刻放弃他的马克思主义正统",因为这涉及的"仅仅是**方法**"③。卢卡奇无疑成功地将方法的独特性令人信服地阐释了出来——"总体性"范畴——并指出一些有问题之处:只需参见他的重要论点,即马克思的"庸俗马克思主义"将"借用于古典哲学的真实性概念……消解了"④。虽然自《巴黎手稿》《大纲》及《资本论》手稿发表之后,还没有人怀疑过,对方法的理解,甚至包括卢卡奇的理解,都还远远低于马克思;关于大量的经济学的实质问题时,也必将低于马克思。

自1913年以来被读者看到的可信、全面的马克思通信,就早已在那些手稿发表以前清楚地揭示了,1859年《政治经济学批判》第一稿就已经是一种简化的结果了,《资本论》甚至必须被理解为一个极深刻的、最终也导致了误解的结果。人们或许对马克思"通

---

① 《马克思恩格斯文集》第2卷,北京:人民出版社,2009年,第603页。
② 库尔特·舒马赫(Kurt Schumacher, 1895—1952),德国政治家,1946—1952年任德国社会民主党主席。——译者注
③ 卢卡奇:《历史与阶级意识》,杜章智、任立、燕宏远译,北京:商务印书馆,1999年,第48页及以下几页。译文有所改动。——译者注
④ 格奥尔格·卢卡奇:《什么是正统马克思主义?》,第1版,第67页;卢卡奇试图同时在效果上和问题式上重建马克思的"方法",这是众所周知的:"本书从未试图给这种辩证法提供一种哪怕是最概括的轮廓。"(卢卡奇:《历史与阶级意识》,杜章智、任立、燕宏远译,北京:商务印书馆,1999年,第45页。)

俗化"的合理性有不同的观点,但是没人会怀疑,就是这一表述方式首先被归入伯恩施坦所批判的"价值理论的模糊性"①之下,伯恩施坦和其他马克思的背叛者的盲目和幼稚,也便可以理解了。

在写作《资本论》第二稿——计划作为1859年《政治经济学批判》的续篇,并在《大纲》(Rohentwurf)②的意义上应作为全部著作"第一部分"的补充——时,马克思在1861年12月9日把他的决定告诉了恩格斯,即将计划中的著作"一般理解意义上"地来写作。这一告知证明了两件事情:第一,霍克海默断定的这一"通俗化的稀释"早在《政治经济学批判》的文章中就已经发生了;第二,它甚至还延续到了著名得多的"方法"问题之上:"我的著作有进展,但很慢。……不过这东西正在变得通俗多了,而方法则不象在第一部分里那样明显。"③描述这一环境是不恰当的,马克思1858年11月中旬决定将几近完成的文本搁置起来,写作一个更新的、通俗化的稿本,而这一稿本在之后的《资本论》中更进一步地屈从于通俗化了。

而如今这一未完成的作品,也就是大家所说的《原始文本》(Urtext)④,直到1953年才得以问世,幸好马克思与恩格斯的通信不仅包括关于"方法的隐藏"的信,还包括其他一些更为重要的

---

① 爱德华·伯恩施坦:《社会主义的前提》(Die Voraussetzungen des Sozialismus),波恩:狄茨出版社,1977年,第80页。中译参见爱德华·伯恩施坦:《社会主义的前提和社会民主党的任务》,殷叙彝编:《伯恩施坦文选》,北京:人民出版社,2008年,第182页。——译者注
② 巴克豪斯常将马克思的《大纲》"Grundrisse"称作"Rohentwurf"(原始手稿)。——译者注
③ 《马克思恩格斯全集》第1版第30卷,北京:人民出版社,1975年,第209—210页。
④ Urtext 指1953年作为《大纲》附录发表的《政治经济学批判原始文本片段》,写作于1858年8—11月。中文版收录于《马克思恩格斯全集》第2版第31卷,北京:人民出版社,1998。本文将这一概念翻译为"原始文本"。——译者注

文本,通过这些文本,半年之后"隐藏的方法"才得以阐明。这其中包含了马克思以一种提纲的方式写作的,关于商品、货币以及建构"辩证过渡"到资本范畴的思考。因此1858年4月2日的这封信正提供了马克思价值理论独特的真实结构的信息,他在这一年的秋天还曾修订过这一结构,但从未发表。秋天起草的手稿仅有一部分保留下来并在1953年以"原始文本"为题发表,其中却没有保留最重要的部分,即关于价值和商品的草稿,也就是第一部分——在方法论上起决定性作用的部分,即开端的辩证法,辩证法原则"商品一般"的展开——遗失了。

人们也许会认为,阐释者或许就是考虑到《原始文本》的片段性特征,从而尽最大努力将遗失的部分重建起来,进而可以同时将"方法",即具体在"开端"和"货币理论"的"发展"的语境中——所有这些依附到前文提到的基础上,即自1913年以来被世人所熟知的1858年4月2日的信上,也即以辩证的方式起草的价值和货币理论的"简单纲要"。然而,据我所知,不论在民主德国还是在西欧都没有一部单独的作品进行这样的重建探索工作,也就是在1858年4月2日的那个"简单纲要",以及同年秋天写作的《原始文本》保留下来的部分的基础上的重建,也就是对"隐藏的方法"的重建。

有关的线索却不仅存在于那两封信中,因为甚至在已经"通俗化"的1859年《政治经济学批判》中就包含了一句话,其对1894年发表的《资本论》第三册及其与第一册之间富有争议的关系来说非常重要。这一在所有与马克思相关的文献中至今被忽视的句子是:"竞争学说"解决了这一问题,"在交换价值的基础上一种与交换价值不同的市场价格是如何发展起来的,或者更正确地说[!],

交换价值规律如何只是在自己的对立物[!]中实现"①。在《大纲》中可以找到很多地方,尤其是在早期文献中,展示了一种相似的规律概念,其源头可以很容易地追溯到黑格尔关于"第二超感性世界"(zweiten übersinnlichen Welt)的学说中。在《剩余价值理论》中还可以找到一个句子,不同于前文,甚至以马克思主义的,当然在其他学术文献之中看不到的方式,提供了这样的认识:"一般规律同进一步发展了的具体关系之间的矛盾。"②

早在 1844 年对詹姆斯·穆勒《政治经济学原理》的摘录中,马克思就抨击了"李嘉图学派"中传统规律概念的运用,也就是针对"在表述**抽象规律**的时候忽视了这种规律的变化或不断扬弃,而抽象规律正是通过变化和不断扬弃才得以实现的","这种**现实的**运动——上面说到的规律只是它的抽象的、偶然的和片面的因素——被现代的国民经济学家歪曲成偶性、非本质的东西"③。马克思在黑格尔的意义上批判的"抽象规律"概念,正如伽达默尔指出的那样,④关系到柏拉图和伽利略的规律概念,这种概念在黑格

---

① 《马克思恩格斯全集》第 2 版第 31 卷,北京:人民出版社,1998 年,第 457 页。
② 《马克思恩格斯全集》第 2 版第 35 卷,北京:人民出版社,2013 年,第 92 页。对于这句话,据我所知,只有两位学者提到了注意:罗斯多尔斯基(Rosdolsky):《马克思〈资本论〉的形成史》(Zur Entstehungsgeschichte des Marxschen Kapitals),第 2 卷,美因河畔法兰克福:欧洲出版社(Europäische Verlagsanstalt),1974 年,第 533 页;以及罗森塔尔(Rosental):《马克思政治经济学的辩证方法》(Die dialektische Methode der politischen Ökonomie von Karl Marx),柏林:狄茨出版社,1969 年,第 398 页。两位学者显然都没有在一种原则上的和广泛的联系中,特别是在马克思和黑格尔的规律概念的语境中强调这句话。
③ 《马克思恩格斯全集》第 1 版第 42 卷,北京:人民出版社,1979 年,第 18 页。
④ 汉斯-格奥尔格·伽达默尔(Hans-Georg Gadamer):《颠倒的世界》("Die verkehrte Welt"),《关于黑格尔〈精神现象学〉的资料》(Materialien zu Hegels »Phänomenologie des Geistes«),H. F. 富尔达(H. F. Fulda)和 D. 亨里希(D. Henrich)编,美因河畔法兰克福:苏尔坎普出版社(Suhrkamp Verlag),1973 年,第 117 页及以下几页。

尔的眼中被作为"第二超感性世界"而发生作用，它以对称的方式与"感性的"联系在一起，并基于将世界划分为"感性世界"和"超感性世界"的二分法；这一概念按照马克思对经济世界的构想也是"感性的超感性"(sinnlich übersinnlicher)概念。

如果黑格尔哲学的核心思想本身还参与决定由"简单的"和"发展了的"流通的关系，"简单的交换价值"和"发展了的"交换价值的关系，因而也由第一册和第三册的关系所构成的"发展"的最初设想，如果马克思的"辩证的阐述方法"①在根本上还是对黑格尔的批判与复归，那么当马克思在他 1841 年的博士论文《论德谟克利特和伊壁鸠鲁自然哲学的差异》中就已预先设定了它的基础，就并不意外了：这首先取决于不是从一个"抽象原则"——在一个自明的演绎的方法的意义上——出发，"这一原则在高级形式中被扬弃"，并且"一切的规定在它的直接异在中，即在扬弃中获得它的具体定在"，因为"遭扬弃的现象就是这种根据"②。"开端"的"形成过程"③成为一种"对他来说不可避免的这一认识的原则的进一步规定"④。在这里一种核心思想形成了，它在后来的《大纲》的"辩证的阐述方法"中再次被发现，也就是在《资本论》中"隐藏的方法"，如果可以说"商品"直到资本中才作为它的"原因"而实现和扬弃的话。

1858 年 4 月 2 日的"简单纲要"，在一个与"特有对象的特有逻辑"相应的结构之中重复了这种思想："从价值的一般特点（这也

---

① 《马克思恩格斯全集》第 1 版第 31 卷,北京：人民出版社,1972 年,第 318 页。
② 《马克思恩格斯全集》第 1 版第 40 卷,北京：人民出版社,1982 年,第 56、43、60 页。译文有所改动。——译者注
③ 同上书,第 168 页。
④ 同上书,第 169 页。

是后来[!]表现在货币中的那些一般特点)同它表现为某种[!]商品的物质[!]存在等等之间的矛盾[!]中产生出货币这个范畴。"①

我们已经依照一个新的、辩证的价值理论的核心思想的这一描述,将之和一个"真实的"(realen)对立或者矛盾联系在一起了,这一矛盾将商品的"真实的"发展作为基础,正和将其理论的发展作为基础一样。然而直到今天这一探索一步也没有迈开:定义价值的这种"一般特点",其应当与"某种"商品的"物质存在""相矛盾"——因而也与一种作为**前货币的**(prämonetär)特定商品的交换的可能性相矛盾;只有可能存在那些被每一个经济学家,尤其是被学院经济学家们在"抽象的"、"客观的"和"绝对的价值"的意义上所必然使用和认识的特征。马克思的这一总纲领毫无疑义地表明,他试图起草一个与学院的价值及**交换**价值理论完全不同的价值理论,恰恰是一种辩证的价值理论。马克思清楚地揭示出,《资本论》的通俗化的价值理论也只能通过这一最初的、依照1861年12月9日的书信这一唯一可靠的表述才能够理解。因为它在过去一百多年的讨论中缺席了,事实上至今也没得到理解。

在对后来在《资本论》中被称作"第一章"的章节的总结性回顾之中,这一回顾可以被视为价值理论的摘要。我们可以发现一些可以印证马克思最初意图的表达,因而只有在前面引用过的博士论文的核心思想的背景下才可以理解:"但是决定性的重要之点是要发现价值**形式**、价值**实体**和价值量之间的内在必然联系[!!],也就是从**观念上**[!!]说,要证明[!]价值**形式**产生于价值**概念**。"②在

---

① 《马克思恩格斯全集》第1版第29卷,北京:人民出版社,1972年,第303页。
② 《马克思恩格斯全集》第2版第42卷,北京:人民出版社,2016年,第55页。

这里，我的任务不是解释这些提纲以及"简单纲要"的特征，并且验证马克思是否只是为了在价值理论的争论中寻找服务于他的证据，却不管那些能为政治经济学提供证明的"决定性的重要之点"——在这里，关键在于，按照两个文本的标准，马克思价值理论的意图至今显然未被理解，马克思因而仍是一个未被认识的思想家：到目前为止，没有一个马克思价值理论的解释者认识到，对于马克思来说"决定性的重要之点"是研究这一理论。那么，例如我们可以提出这样的问题，那些"从观念上说"的东西到底是什么？

不仅仅是学院经济学家，在苏联式的正统马克思主义（不仅仅）那里，价值理论的核心原则一直以来也被忽视和集体保持沉默了。《大纲》在苏联马克思主义那里仅仅作为采石场，作为哲学家的引文宝库，但是这个唯一的，也许能够对这种特征"辩证地"令人信服地提出要求的"阐述方法"，马克思列宁主义的理论家始终未能进入，这一文本作为一个总体成了七封印之书。[①] 同样的无知也将苏联马克思主义，更普遍来讲将马克思主义的**表面正统派**（Scheinorthodoxie），在和以上引述文本的关系上标识出来——这些所谓的正统派从一开始就具有一种彻底的"修正主义的意图"，这种意图以一种差不多是对引文的专断的选择表达出来。然而这一"简单纲要"的一些段落可以在罗森塔尔的独著[②]中发现，据我所知，他是唯一一个接近这些文本的正统派作者——但引用的关于作为辩证矛盾的商品的段落，也恰恰是价值理论的核心话语。

---

① "Ein Buch mit sieben Siegeln."是指《圣经·启示录》中的神迹。——译者注
② 罗森塔尔：《马克思政治经济学的辩证方法》，柏林：狄茨出版社，1969年，第410、478页。

罗森塔尔独立地越过了苏联马克思主义辩证法的最高管理者。

这种后斯大林主义的固执很容易就可以解释。对马克思"经济范畴批判"①的"辩证的阐述方法"的起源和特质的系统讨论，或许不仅将其隐蔽的完美无缺揭示了出来——马克思的批判者克劳斯·哈特曼②称赞这一"杰出的水平"③以及理论发展的"高超技艺"④——而且也将其极为残缺的特征展现了出来。因此这不仅涉及马克思仅能够将其最初工程的一小部分实现出来；正统派或许也必须要更多地走向这样一种承认（Eingeständnis），这一承认有着无可估量的后果，因而承认这一事实，即与其说《资本论》是"辩证的阐述方法"的结果，不如说相反归功于对这一方法的还原，也就是说在辩证法的位置上一个完全不同的处理程序被运用，这被马克思称作他的"简要叙述的方法"⑤。在《资本论》中因此并没有"**发展**"⑥了，而是"**调和**"了，即作为别处已经得到的结果，也就是说在《大纲》中被片段地使用的范畴的"阐述"。

因为在苏联马克思主义之中，《资本论》首先被赋予了一种合

---

① 《马克思恩格斯全集》第2版第31卷，北京：人民出版社，1998年，第413页。原中译为"批判经济学范畴"，本处译为"经济学范畴批判"（Kritik der ökonomischen Kategorien）。——译者注
② 克劳斯·哈特曼（K. Hartmann, 1925—1991），德国哲学家，曾执教于波恩大学和图宾根大学。——译者注。
③ 克劳斯·哈特曼：《马克思的理论》（*Die Marxsche Theorie*），柏林：德古意特出版社（De Gruyter），1970年，第546页。
④ 同上书，第408页；这一研究绝不只是第一个，而是一位马克思批判者的最后的工作，它试图完整地解释《大纲》中的马克思的阐述方法。
⑤ 《马克思恩格斯全集》第1版第29卷，北京：人民出版社，1972年，第531页。
⑥ 在1867年《资本论》第一版中还可以找到一句应当表达了一种向积累章辩证过渡的句子："后来，叙述进程通过它自己的辩证法导致那些较具体的形式。"（《马克思恩格斯全集》第2版第42卷，北京：人民出版社，2016年，第581页。）因为伴随着这种"调和"，辩证法也只能以空洞的方式被改写，因此马克思在第二版中将这句话划掉了。

法性功能;被滥用作圣经的《政治经济学批判》也被工具化为政治斗争的手段,所以没有人对它们理论内容的严肃处理有兴趣,甚至连对其缺点、不足和"污点"进行批判的兴趣都没有。在一个神圣文本的等级上被提升,同时被封圣,因此在这一通俗化的文本之外也就不再允许人类精神的更为完美的创造了——而且这一神话很难经受世俗的考量,是否人们应当将这一文本仅仅理解为困难和窘境的解决,以及对最初计划的作品的替代,对这一文本的构想被不一致地扩展和深化,也就是说作为一个放弃的产物被封存起来。当因为各种各样的病痛折磨而严重影响了工作能力的马克思不得不意识到,他已经没有希望过高要求自己在谋生劳动之外完成这一除了学者以外极少会有工人理解的庞大工作。

这样的平庸思考只有当理论家真正对"激进的深造"(radikale Weiterbildung)①有兴趣时,才可以彻底被衡量和言说。正如阿多诺在与阿尔弗雷德·索恩-雷特尔的合作中注意到了"真实的抽象"这一基础问题,也正如目前如德里达在涉及与之相关的"感性又超感性的物"的问题——这一问题域,苏联马克思主义极少或者说大多数人并不关心,而大多数的西方解释者最多也就是有所耳闻罢了。

此外,这里还首先涉及由马克思仅仅是概略论述的,以一种概念速记的形式表述的经济学"范畴"及其"阐述"和"批判"的理论草图。众所周知,《资本论》涉及的是"客观的思维形式"(objektive Gedankenformen)②;然而马克思却没有在任何地方解释过他理论

---

① 《马克斯·霍克海默全集》第14卷,美因河畔法兰克福:费舍尔出版社,1988年,第358页。
② 《马克思恩格斯文集》第5卷,北京:人民出版社,2009年,第93页。

的这一基本概念。在《大纲》之中现在可以找到一些关键词。在那里有作为"定在形式,存在规定"(Daseinsformen, Existenzbestimmungen)的"经济范畴",这些范畴"常常只是表达了这个一定社会,这一主体(!)①的个别的侧面"②。

这两重规定是如何存在的,它们之间的关系是什么? 首先,什么叫"客观的思维形式"? 马克思在什么意义上使用"客观"、"定在"以及"存在"(Existenz)和"表现"(Ausdruck)这些概念的? 这里首先涉及马克思理论的两个基本问题。第一个问题是,我们是否将这些范畴一般化地作为曾被命名为"主观和客观"③形式,这些形式只是作为劳动的"社会形式",来进行特征描绘? 在《大纲》中主体和客体的统一一再被提及,例如在"资本是社会劳动的存在,是劳动既作为主体又作为客体的结合"④的规定中。而"思维形式"的概念是如何出现的呢? 在《大纲》中有这样的表述,商品是"不仅在单个人的头脑中,而且在社会的观念中……已**观念地**转化为货币"⑤。

个体的意识与一个"普遍的"意识相一致,恰恰是一个"社会的观念",这已经在马克思的早期文献中反复表述过了。早在博士论文中,在马克思思想的语境中就第一次强调了货币概念。在这里,

---

① 关于马克思主体概念的重要作用,可以首先参见切萨雷·卢波里尼(Cesare Luporini):《特有对象的特有逻辑》("Die eigentümliche Logik des eigentümlichen Gegenstandes"),《斯图加特的黑格尔时代 1970》,汉斯-格奥尔格·伽达默尔编,波恩:布维尔出版社(Bouvier),1974 年。
② 《马克思恩格斯全集》第 2 版第 30 卷,北京:人民出版社,1995 年,第 48 页。译文有所改动。——译者注
③ 《马克思恩格斯全集》第 2 版第 38 卷,北京:人民出版社,2019 年,第 141 页。
④ 《马克思恩格斯全集》第 2 版第 30 卷,北京:人民出版社,1995 年,第 464 页。
⑤ 同上书,第 138 页。

"主观表象"可以同"人们的普遍的或者毋宁说是共同的表象"[①]相比照;我们在这里显然可以与学术界的货币文献中一再在"普遍的意识"或者是"货币价值的意识"的题目下探讨的主题联系起来。在《巴黎手稿》中就有这样的表述,"我的**普遍**意识不过是以**现实**共同体……为**生动**形式……的**理论**形式"[②],它也被称作"类意识",在其中"人确证自己的现实的**社会生活**,并且只是在思维中复现自己的现实存在",与此同时这种"普遍"绝不会与个体相对而实体化,它更多是作为"**普遍的**个体生活",个体自身"是**总体**,观念的总体"[③]。

所有这些对于传统马克思主义来说是陌生的判断,最终在一系列看起来像是彻头彻尾的唯心主义论纲中达到顶峰:"思维和存在虽有**区别**,但同时彼此又处于**统一**中"[④];"主观主义和客观主义,唯灵主义和唯物主义,活动和受动,只是在社会状态中才失去它们彼此间的对立,从而失去它们作为这样的对立面的存在。"[⑤]

所有这些句子并不直接与政治经济学的范畴相关,但是其中有直接运用于货币理论的语境中的"普遍意识"以及"社会的观念"的中间环节,从中可以推断出,社会劳动的"主观和客观"形式概念和"思想与存在的统一"概念的共存并非偶然。简单来讲,政治经济学范畴作为"客观的思维形式"和社会的"定在形式,存在规定"的概念化——这贯彻于"真实的抽象"之中——似乎将其规定暗示

---

① 《马克思恩格斯全集》第 2 版第 1 卷,北京:人民出版社,1995 年,第 101 页。
② 《马克思恩格斯全集》第 2 版第 3 卷,北京:人民出版社,2002 年,第 302 页。
③ 同上。
④ 同上。
⑤ 同上书,第 306 页。

为主观和客观的统一,作为一种超个体的主客体统一,一种社会经济的"思想与存在的统一"的超越个体的有效表现形式。

只有这样才可以理解,在马克思那里,政治经济学范畴通过"客观的思维形式"在其特殊化之中作为货币"不仅在想象中",而且还同时作为另外一些东西,也就是"作为现实的(!!)经济范畴"①,作为一个"荒谬的"(verrückte)②,也就是说颠倒着移动的(ver-rückte)或者"调转的"形式而存在的。我们因此在货币之上,此外也许在每一个政治经济学范畴中,都可以认识到这种一方面作为现实的和理念的统一,另一方面作为个别与一般的统一的情况。这种与观念或者概念的"范畴"不同的二重结构,此外还将一个现实的"范畴总体系"的"描述"与一种模型理论分离开,因此也将一种借助于实在体系的"经济范畴的整个体系……的批判"③与借助于理论体系的教科书的批判相分离。马克思的"政治经济学批判"因此首先是一种对范畴的**实在体系**(Realsystem)的批判,对作为"现实的(!)颠倒借以表现的歪曲形式"④的批判。只有在这一前提下,即范畴不再仅仅是"思维的形式",而且也是"现实的",使得个体"迷惑不解"⑤的"形式",资本也可以存在于"价值的形式中,坚持自身的价值"——它与"个体相对立"并统治个体。马克思关于"物的人格化和人格的物化"⑥的表述将范畴假设为"现实的"

---

① 《马克思恩格斯全集》第2版第30卷,北京:人民出版社,1995年,第186页。
② 《马克思恩格斯文集》第5卷,北京:人民出版社,2009年,第93页。
③ 《马克思恩格斯全集》第2版第35卷,北京:人民出版社,2013年,第226—227页。
④ 同上书,第302页。
⑤ 《马克思恩格斯全集》第2版第31卷,北京:人民出版社,1998年,第256页。
⑥ 《马克思恩格斯文集》第5卷,北京:人民出版社,2009年,第135页。

和作为"思维形式",作为主客体统一。正是这种颠倒促使卡尔·洛维特将"商品的拜物教性质的分析"描述为一种"黑格尔辩证法的范例"①。

阿多诺曾强调:"社会理论来自哲学,它同时致力于使哲学的提问方式转换功能。"②在其中阿多诺还指出,从这一立场出发社会表现为一个主体/客体:"作为主体的社会和作为客体的社会既是同一个又非同一个"③——它们是一种"客观的矛盾"④。

因此不仅是提问方式,而且哲学的范畴也被社会理论地或者社会经济学地"转换功能"了。事情似乎是这样,政治经济学对象令人叫苦不迭的"不确定性"及其基本概念的一再被责难的"不周延性"和"无意义性",特别是宏观经济学的概念,在其中被建立起来;而经济客体概念被从真正的专业经济学中抽离,仅仅借助于那种"转换了功能的"概念和源自哲学的提问而被把握和规定。

最近一些经济学家倾向于在货币问题上宣称"拒绝政治经济学",并认为,这种政治经济学的客体始终被描述为一个"不确定的""不周延的",总而言之,是像谜一样的现象。哈约·利泽⑤就代表了这样的观点:"政治经济学至今仍然不知道货币是什么。"实

---

① 卡尔·洛维特(K. Löwith):《黑格尔、马克思和费尔巴哈中的中介与直接性》("Vermittlung und Unmittelbarkeit bei Hegel, Marx und Feuerbach"),载《全集》第5卷,斯图加特:麦茨勒出版社(Metzler Verlag),1988年,第190页。
② 特奥多·阿多诺:《社会学和经验研究》("Soziologie und empirische Forschung"),《社会学Ⅱ》(*Sociologica Ⅱ*),美因河畔法兰克福:欧洲出版社,1962年,第81页。
③ 特奥多·阿多诺:《导言》,《德国社会学关于实证主义的争论》(*Positivismusstreit in der deutschen Soziologie*),慕尼黑:德意志口袋书出版社(Deutscher Taschenbuch Verlag),1993年,第44、55页。
④ 关于社会的主客体特征的问题,参见上书,第43、16、40页。
⑤ 哈约·利泽(Hajo Riese, 1933—),德国经济学家,柏林自由大学经济政策与经济史研究所荣退教授。——译者注

际上直到今天的货币理论在谈论到"货币量"和"货币容积"的地方,仍然拒绝真正构成了一种关于货币量的数量性和货币容积的维度的东西。纸和黄金的"量"如果不是躺在联邦银行里的话,就在人们手中,然而当它物理的量和容积也不能关系到的话,这些量的质也就完全停留在不确定的、完全不可理解的层面上。利泽指出了一种"货币之谜的解答",然而这一由西美尔和更早的货币研究著作强调的这种量的"客观性"问题,对于利泽和利泽学派来说,和20世纪20年代的货币理论大讨论——这一讨论甚至使熊彼特都屈服了——一样,几乎是不曾存在过的。这是否在实际上涉及了"政治经济学最后的谜"①呢?这难道不是在更为一般的意义上涉及了经济学的量的"谜"么?因而正如迪尔克·易普生所说:"我们谈论资本循环,却没有做这样的功课,即什么在'循环'。这一问题……按照合目的性的观点……要在定义的道路上确定下来。"②

"存量"存的是**什么**,"流通量"流通的又是**什么**?"存"和"**流通**"的方式又是**怎样**的?或者人们可以以认真的态度满足于熊彼特早期的那个定义吗?这一定义他在晚期又否定了,但却完全是在利泽的主体向度的意义上:"**财富流通**"可以"作为估价或者需要的满足的流通来定义"③。**货币流通**与这一逻辑不清晰的**财富流**

---

① 哈约·利泽:《货币:政治经济学最后的谜》("Geld: Das letzte Rätsel der Nationalökonomie"),《货币谜团》(*Rätsel Geld*),W. 舍尔克勒(W. Schelkle)、M. 尼奇(M. Nitsch)编,马尔堡:大都会出版社(Metropolis),1995 年,第 60 页。
② 迪尔克·易普生(Dirk Ipsen):《对批判的回应》("Erwiderung zur Kritik"),《政治经济学》(*Politische Ökonomie*),约瑟夫·米克(Josef Mück)编,美因河畔法兰克福:康普思出版社(Campus-Verlag),1977 年,第 246 页。
③ 约瑟夫·熊彼特:《关于经济学理论的文章》(*Aufsätze zur ökonomischen Theorie*),图宾根:莫尔出版社(J. C. B. Mohr),1952 年,第 326 页。

通相对立，也许可以作为利泽和他的学派重新思考马克思的这句话的动因："货币拜物教的谜就是商品拜物教的谜，只不过变得明显了，耀眼了。"①故而货币之谜的消除并不意味着经济的所谓的"最后的谜"的消除，而是必然指向了另一种神秘性：货币是商品的补充，它们都是"资本"范畴的表现形式。"货币之谜"的分离的主题，悄无声息地以否定马克思的判断为前提，即货币和"经济学范畴的总体系"之间存在一种"内在的"或者"生动的联系"，并在根本上存在那样一个"总体系"，以至于经验的理论概念在总体上被放弃了；在这一前提下经济学无疑只能被理解为一种工艺学，作为不同的甚至相互对立的理论的一种折中主义的和杂乱的混合，比如瓦尔拉斯、凯恩斯和马克思，或者斯拉法、凯恩斯和马克思，以一种折中主义的、在当前已经过时的模式来理解的"理论"，这意味着，可以拒绝一种体系化的范畴分析。这种分析不能提供的，是一种与所有那些在这里被引用，对于利泽和他的门徒来讲，作为值得信赖的证据的哲学家的理论概念相矛盾的最值得怀疑的纲领。

实际上政治经济学内部的、忠诚的批评者中的多数人，已经使他们学科的两难境地大大加深了。在他们眼中，今天的经济学"病态般地荒废了"，因而需要一种"经济科学的'病理学'[!]"②。以科学理论的视角来看内部的批判也更加激进化了。因为"没有独立的社会科学形而上理论的苗头"存在，那么在"社会科学中"也涉

---

① 《马克思恩格斯文集》第 5 卷，北京：人民出版社，2009 年，第 113 页。
② K. 艾克-沃尔夫（K. Eicker-Wolf）等：《〈理论真空中的经济政策?〉导言》(*Einleitung zu Wirtschaftspolitik im theoretischen Vakuum?*)，马尔堡：大都会出版社，1996 年，第 10 页。

及"不到一种真正的科学"①,经济学因而是一种"远没有被解决的科学任务"②。现在利泽代表了这样一种令人信服的纲领,关于货币"深层的思维形式(tiefsitzende Denkformen)阻碍了谜的化解",对他来说,"将货币解释为紧张维持的虚无"应当提供"政治经济学之谜的解决",因此论纲就是,"货币产生自虚无"③。除了可以从瓦伦丁·瓦格纳(Valentin Wagner)④或者奥托·菲特(Otto Veit)⑤那里引用一系列的经济学内部的根据,即一种"源自于虚无的创造"根本不可能产生,利泽因此在原则上同意,在社会经济学中显然必须遵循与自然经济学中不同的规律,这一规律关于创造问题,有充分的根据总是倾向于这样的反题,即从虚无之中只会产生无——在这里需要提及的是,从无中产生某些东西的变易(Werden)本身就是作为纯粹魔法和迷信的黑格尔辩证法。

在经济学中,以及一般来讲在社会科学中存在的"深层的思维

---

① J. 魏曼(J. Weimann):《经济学中常规科学的功能》("Die Funktion der normalen Wissenschaft in den Wirtschaftswissenschaften"),《普遍科学理论杂志》(*Zeitschrift für allgemeine Wissenschaftstheorie*)1984年第15卷,第278页及以下几页。
② R. 波斯特曼(R. Porstmann):《科学理论的基本问题》(*Wissenschaftstheoretische Grundfragen*)第1卷,柏林:东克尔和洪布洛特出版社,1986年,第197页。
③ 哈约·利泽:《货币:政治经济学最后的谜》,《货币谜团》,W. 舍尔克勒、M. 尼奇编,马尔堡:大都会出版社,1995年,第60页。
④ 瓦伦丁·瓦格纳:《信用理论的历史》(*Geschichte der Kredittheorie*),阿伦:科学出版社,1966年重印;还可参见瓦格纳曾经的合作者B. 弗里奇(B. Fritsch)的作品《卡尔·马克思的货币和信用理论》(*Die Geld-und Kredittheorie von Karl Marx*,美因河畔法兰克福:欧洲出版社,1968年)。这些作品初看起来尽管不是关于货币理论的,而是关于马克思的信用理论的,这一探索首先由瓦格纳奠定;这一著作与利泽所宣称的货币从虚无中产生的理论相争论。
⑤ 菲特认为"货币最一般的问题的混乱"的原因在于没有认清货币和流动性之间的"质的界限",也没有看到货币通过"消费的放弃既是在前的也是在后的",因而也不可能从虚无中产生。[《我们的货币的价值》(*Der Wert unseres Geldes*),美因河畔法兰克福:克纳普出版社(Knapp),1958年,第117、112页。]

形式",其阻碍了范畴之"谜"的"消解",固然是一个值得信服的论纲——问题就在于这样一种"思维形式"应当如何被定义。布鲁诺·里布鲁克斯①一再负责任地制定了相应的基础思维形式,货币,也包括商品和资本,经济学对象的"谜"根本未曾解决——它们主要是一般意义上的反映哲学和特殊意义上的康德哲学的范畴。

事实上,一位与康德哲学非常紧密的思想家——弗里德里希·考尔巴赫②——高度强调一种"康德在理论数学独享和结构观点立场上的局限性",并强调,从这一观点出发,"行为世界"(Handlungswelt)的对象,"是被赋予了意义的表象",是不可分析的;"实用主义对象的对象性"的主题化,允许一种特殊的"主体逻辑",接近一种实体概念,其"意义"是"亚里士多德主义的"[!],因而实体必须"不是作为关系的总和,而是作为'真实的'实质的统一"而把握。只有这样一种分析能够将对象作为"意义的承载者"来加以主题化;当然就会发生,在考尔巴赫那里,仅仅涉及其法律的功能或者在其"角色"中作为一种"使用价值的统一"——这里需要向"物自身的观点""过渡",在一个"现象锚定在一个'真实的'根据上,这一根据在这里以现象的方式被思考"——因为只有"这一现象……表现为'某种东西'",才能够探讨一个对象的"真实意义"③,其定义了"实证主义的对象"之类的东西。考尔巴赫的思考因而引起了特殊的注

---

① 布鲁诺·里布鲁克斯(Bruno Liebrucks, 1911—1986),德国哲学家。——译者注
② 弗里德里希·考尔巴赫(Friedrich Kaulbach, 1912—1992),德国哲学家,康德研究专家。曾任教于明斯特大学。——译者注
③ 弗里德里希·考尔巴赫:《先验的统一》("Die transzendentale Einheit"),《哲学基本问题的统一》(*Einheit als Grundfrage der Philosophie*),K. 格洛伊(K. Gloy)、E. 鲁道夫(E.Rudolph)编,达姆施塔特:科学书会(Wissenschaftliche Buchgesellschaft),1985 年,第 157 页及以下几页,第 149 页及以下几页。

意,因为他说清楚了单是商品使用价值的分析就必须被用作与功能概念不同的,并且在这一平台之上就可以探讨本质和表象的范畴。马克思在使用价值层次上的实质性概念的运用,对于经济学对象来说,比它在所谓"商品"的主题理论中的功能性规定更为合适。

里布鲁克斯的分析远远超越了考尔巴赫的分析,只要它不仅探讨使用价值,而且还将使用价值作为商品,尤其是将货币与资本作为独特方式的对象来看待。这一步要求一个更为激进的康德批判。他的批判大体上适用于康德的"缩减的知识概念"(reduzierten Erkenntnisbegriff):"人类世界并不属于表象的世界,因为在其中因果性以及构成康德表象世界的基本原则都不存在。"①当康德对"什么是货币""一无所知"②,这一问题在他二元论的哲学基础之上也不可能存在,因为货币"不是在康德意义上的对象性的"[!!]。它不是"自然对象",而是"一个社会的产品,不是作为规律之下的定在的自然",也就是说,"在知性的规律下"③:在政治经济学范畴学说中,康德的知性规律——首先是概念和存在的分离——不再有效。康德不能够把握货币,因为对他来说这一现象"并非某种主观—客观的东西"④,其反过来又构成了货币的独特性,"中立地……处于感性—非感性的对立之间"。正是这一康德未能把

---

① 布鲁诺·里布鲁克斯:《语言与意识》(*Sprache und Bewußtsein*)第 4 卷,美因河畔法兰克福:学术出版社(Akademie Verlag),1968 年,第 4 页。
② 同上书,第 370 页。
③ 同上书,第 198 页。
④ 布鲁诺·里布鲁克斯:《关于货币的逻辑位置》(*Über den logischen Ort des Geldes*),海牙:荷兰施普林格出版社,1972 年,第 266、309 页。

握的感性—超感性的二重性特征,在里布鲁克斯看来,在马克思对作为商品的对象的分析中把握住了:"这一对象是一个总体……在价值这一术语在马克思那里的意义上。它确切讲并不涉及观念的价值,而是关于这一作为同样现实的对象的价值。"①在这里涉及"对现实的和观念的世界差异的克服",涉及作为一种对象的商品,其"既是现实的又是观念的",涉及一种"现实观念的对象"。

既然在阿多诺、考尔巴赫和里布鲁克斯看来,经济学范畴的对象性并不能以康德的方式来定义,那么那个在自然科学的、康德的概念体系中不确定的和不能确定的对象性又该如何确定呢?如何才能够有意义地探讨超越了"感性—非感性""现实—观念""主观—客观"的对立的对象性?显然只有在一个"转变了的"哲学概念和提问方式的基础上的范畴体系之中才可能,确切讲就是在黑格尔哲学的框架内。借此也证明了,将被理解为自律的和经验的社会经济学范畴学说归入一种社会科学的不可能性。可以理解,假如经济学和哲学的基本概念只是作为"转变了的"哲学被理解和被规定的话,那么它们之间的界限就必须模糊化。毫无疑问,这也适用于马克思的理论。然而只要这些"古典"经济学的基本概念同在萨伊和重农学派那里一样作为基础的话,那么这对于它来说就也是隐含的了。所有这些基本概念,被证明为既非那些直接吸收和"转变了的"哲学,也非作为那些只是在那种"转变了的"范畴的基础上才能够有意义地被讨论。《资本论》中商品拜物教及其秘密

---

① 布鲁诺·里布鲁克斯:《语言与意识》第 5 卷,美因河畔法兰克福:学术出版社,1970 年,第 231 页。

这一章展示出,这一情况是无法忽视的。

经济学的对象在那里借助于一系列对立的统一被描述出来,它们大约以一种新康德主义的方法,如经济学家阿尔弗雷德·阿蒙①一样,必须作为"逻辑上彻底不同的东西"的"混合"表现出来:这些对立通过如下方式显示出其特征,即它们"感性又超感性"地被构造,拥有"社会化的自然特征",它们被作为"主观的—客观的"形式被描述,它们存在的方式必须在一种"对象化的表象"的意义上被把握。在这些视角下,"价格"借助于"交换力"(Tauschkraft)而被描述为一种"社会的自然特征",作为一种最高的悖论,作为一种"颠倒的形式"或者作为一个"超感性物",不知用什么方式参与到"感性物"之中,并"黏着"在这之上,在这一问题上没有一个经济学的价格理论能够解释这一奇特的综合,它始终是作为已经设定好和必须设定的。

如果研究马克思的概念性,可以发现,在他那里有大量来自哲学的"转变了的"概念对(Begriffspaare)和提问方式,其中有两个问题的集合占统治地位:一是共相问题,也就是普遍和特殊即个别的综合问题;二是主体—客体问题。更进一步探究还有存在和表象、本质和现象、存在和效用、存在和变化、实体和关系、前提和结果、行动和产物、概念和存在的关系问题。

这是马克思的一条核心论题,即只有在这种拜物教章中的占据统治性的概念性的基础上,才能够确定和把握经济学对象的"抽

---

① 阿尔弗雷德·阿蒙(Alfred Amon,1883—1962),奥地利国民经济学家,曾先后执教于弗里堡、切尔诺夫策、布拉格、东京和伯尔尼。曾任伯尔尼大学校长。——译者注

象的"和"幽灵般的对象性"。学院政治经济学至今对这一阐释或是非常肤浅的讨论,或是更多时候完全无视了这一问题,①这是它们"深层思维形式"的标志和结果,这一思维形式这样决定着它们的反映,混淆永恒的第一和第二自然,也就是说不断排挤着它们对象的对象性的问题:由经济学家推动的"经济学的病理学"的一个优先主题。

这样的一种病理学其实只有在一种完备的范畴学说基础之上才能得到有说服力的发展,这一学说只有作为一种集体努力的成果才能形成——个别的研究者没有希望能够完成这一任务。这些范畴哲学的问题在德里达最近的论文中得到了最贴切也最清楚的表达。在这篇文章里首先探讨"感性与超感性的不可思议的结合……的资本的矛盾"②,围绕"相互矛盾的谓语"的矛盾——关于

---

① 在此可以以 UTB 出版社的系列出版物为例,在这一系列中出版了由三位经济学家撰写的关于《资本论》的著作,这些著作在消极的方面是一致的,就是每个人都忽略了拜物教章:W. 施泰茨(W. Steitz):《马克思主义政治经济学导论》(*Einführung in die politische Ökonomie des Marxismus*),帕德博恩:熊宁出版社(Schöningh),1977年;H.-R. 彼得斯(H.-R. Peters):《马克思主义政治经济学》(*Politische Ökonomie des Marxismus*),哥廷根:范登霍克和鲁普雷希特出版社(Vandenhoeck & Ruprecht),1980年;J. 克隆普哈特(J. Kromphardt):《资本主义的概念和分析》(*Konzeption und Analysen des Kapitalismus*),哥廷根:范登霍克和鲁普雷希特出版社,1991年。与对待这一章的处理方式相似的还有如 J. 克隆普哈特等人的《经济科学和社会科学的方法》(*Methoden der Wirtschafts- und Sozialwissenschaften*,威斯巴登:嘉布乐出版社(Gabler Verlag),1979年),这本书尽管同样忽略了拜物教章,但还是作出了失败的探索,为马克思的"辩证表述"提供了一种"常用的标志"(J. 克隆普哈特:《经济和社会科学方法》,第214页),借此作者无疑相信,对"马克思的方法"的"交谈""经常"暴露为"独特的混乱游戏"(J. 克隆普哈特:《经济科学和社会科学的方法》,第213页)。自然也不用说,在学院经济学家的眼里,《大纲》的文本也跟不存在一样。
② 雅克·德里达:《马克思的幽灵》,美因河畔法兰克福:费舍尔出版社,1995年,第242页。

"非身体的身体""不可见的可见性""非物质的物质变化"①的问题。在其中,德里达尤其对"面貌相似者"、"面貌相异者"或者"愚蠢的配角"②的现象感兴趣——他甚至使用了和庞巴维克相同的形象:这位著名的马克思批评者形成了他的悖论,尽管是在恰恰相反的论纲之上,这样的东西,因为它无法被思考,也就不可能被给出。他关注的是某些资本理论家对"资本"的描述,这些理论家将资本呈现为"幽灵般的形式",并宣布"一个不可见的面貌相似者的存在"③,而唯名论者庞巴维克不可能接受将这种描述作为资本的一个"**固定的、自然的学说**",而是——从更多的是自然的意识和"理智的思想"、"浅薄的唯理论的自然性"的立场出发④——作为"**资本的神话**"而必须斗争的。这实际上就是这个问题:我们是将它和难以保持的理论创造联系起来,还是与一种最为**现实的**神话,一个真实体系、"资本主义"的神话联系起来?这当然不是偶然的,当庞巴维克忽视了被批判的描述已经与商品和货币联系起来,这些描述自身因而同样也被呈现为"神秘的"结构:马克思对商品"神秘的"特征与"魔法和幽灵"的描述,可以用庞巴维克自己的话来证明或者批判,取决于我是否同意他对那种学院化的资本理论的唯名论批判。

无论如何,德里达只想要"暗示"这种"神秘"的问题式——"而

---

① 雅克·德里达:《马克思的幽灵》,美因河畔法兰克福:费舍尔出版社,1995 年,第 73、236、240 页。
② 同上书,第 21 页。
③ 欧根·冯·庞巴维克:《全集》第 2 卷,弗朗茨·X. 维斯(Franz X. Weiss)编,美因河畔法兰克福:绍尔和奥费尔曼出版社(Sauer & Auvermann),1968 年,第 489 页和第 518 页及以下几页。
④ 《马克思恩格斯文集》第 6 卷,北京:人民出版社,2009 年,第 107 页。

且仅仅停留在这一暗示之上"——要求在逻辑上克服"拜物教的幽灵般的逻辑",而对"另一种逻辑"的拟定,也就是对"另一些概念"的需要,因为"现实性和非现实性,感性和超感性"的"简单对立"①,不可能把握以资本主义的方式构成的世界及"它的对抗的逻辑"②。他探讨了马克思理论"遗留下的维度"、"遗产"和"继承"③,这样似乎显得指明了批判理论的奠基人的一些断片和文章的"遗留下的维度"。

这样的维度首先出现在阿多诺和阿尔弗雷德·索恩-雷特尔1965年4月16日的一次谈话记录中,他们的研究在这里必须被强调。阿多诺在这里勾画了一个全面的研究纲领进行"范畴的建构"④,在这之上首先必要的是"对交换抽象做出系统全面的[!!]分析"⑤,也就是对一种真实抽象的理论的拟定。

这些都促使我对在这本书中进行修订的关于马克思经济学批判的已发表的旧文再做一些简短的评注。在经过长时间的犹豫后我同意再次出版这些文章,这仅仅出于这样的考虑:它们在涉及马克思的讨论史上,能够激起一定的兴趣。第一篇也是最重要的一篇文章——《论价值形式的辩证法》,它的产生基于阿多诺既在他两个尚未发表的关于《社会理论》和《辩证法问题》的

---

① 雅克·德里达:《马克思的幽灵》,美因河畔法兰克福:费舍尔出版社,1995年,第256页及以下几页。
② 同上书,第108页。
③ 同上书,第62、165、36页。
④ 《阿多诺与索恩-雷特尔谈话笔记》,阿尔弗雷德·索恩-雷特尔:《脑力劳动与体力劳动》,谢永康、侯振武译,南京:南京大学出版社,2015年,第176页。
⑤ 同上书,第178页。

演讲中,在论文《社会学和经验研究》中,也在社会学高级研讨课上不断提及的一些基本思想——这就是在阿多诺看来构成了他社会理论核心的东西,然而这些是在哈贝马斯学派的所谓"新批判理论"中永远保持沉默的。霍克海默晚期的笔记证明了,在他看来,社会理论也并非是和马克思理论不同的东西:正如他在1966年和1969年提及的,"我们还缺少一个更好的经济学理论",可以始终作为"**理解当下的钥匙**"的经济学理论。① 对于被哈贝马斯学派归入法兰克福学派的"旧批判理论"的奠基人来说,即便在60年代也毫无疑问的是,"马克思对社会的本质比任何别的人都认识的更好"②。在附录中发表的1962年夏天的报告③,或许可以展示出60年代早期和中期推进一种对马克思的新阅读的思想上和政治上的氛围,它也受到了造反运动的思想背景的影响。

最近,35年之后重新思考我的报告,我既不能否认我的惊讶,也不能否认我的困窘,在我的著作中贯穿着一条思想的主线,这正是阿多诺在这些研讨班上讲述的,它可能或多或少无意识地决定了我在这一角度上判断、研究政治经济学的文献:这个政治经济学的和社会理论的"开端","这个切入点来自于构成问

---

① 《马克斯·霍克海默全集》第14卷,美因河畔法兰克福:费舍尔出版社,1988年,第351、520页。
② 同上书,第226页。霍克海默继续说道:"只要我们还没有用来理解社会的更好的理论,我们就必须坚持马克思的理论。"此外还有:"今天的社会和历史,没有马克思就没法理解。"(同上书,第448页)"看清社会结构的人,都会……赞同马克思。"(同上书,第546页)非常难以想象,哈贝马斯交往理论会被看作是"更好的理论",因为社会理论没有经济学批判的基础的话完全是没法想象的。
③ 即巴克豪斯所整理的阿多诺1962年夏季研讨课课堂记录,题为《阿多诺论马克思与社会学理论的基本概念》,参见本书第355—368页。——编者注

题,它使更多地表达现实成为可能。问题在于,总体的构成要素能否被把握。……对价格问题的分析相对于构成问题来说是一个附带现象"①。

构成理论的"开端"因此是"**更为深刻**"的。② 尽管如此,并非这一思想在当时有意识地指导了我的马克思阅读,而首先是一个或多或少偶然的发现。住在法兰克福的瓦尔特—科尔布大学生宿舍时,我们可以去社会民主党政治学家海尔曼·布里尔的图书馆,在那里我发现了罕见的《资本论》1867 年版本;开始读这本书时,就发现在概念的构成和价值理论问题中的范畴差别,这些在第二版中最多也只是隐含着的。在关于马克思价值理论的 100 年的讨论中,这份重要文献完全是消失的;只有通俗化了的且减少了很多趣味的附录"价值形式"在民主德国重新被发表过;曾存在过一份日本的翻印版,然而也很少有人知晓,在民主德国也完全被忽视了。在政治学研讨班的一个私人研究小组上——其中有瓦尔特·奥依西纳③、G. 迪尔(G. Dill)、基泽拉·克莱斯(Gisela Kress)、海

---

① 参见《价值形式的辩证法》附录,第 512 页。(参见本书第 367 页。——编者注)
② 同上书。——这些对价值理论的建构性理论思考对哈贝马斯来说要么完全是陌生的,要么完全是无关紧要的。在他早期关于马克思理论的研究著作中,这位年轻的哲学家借助于政治经济学的权威,借助于熊彼特和琼·罗宾逊来拒绝马克思的价值理论,进而拒绝剩余价值学说,而对于如下的情况一无所知,即晚期的熊彼特已经对他消极的判断作出了自我批评的修订,而晚期的琼·罗宾逊尽管有她的保留还是再次靠近了马克思。在他的文献报告《论社会科学的逻辑》中,马克思的价值理论和剩余价值理论完全没有出现;哈贝马斯不动声色地和主观主义的新古典主义联系在一起,而新古典主义,阿多诺在他的演讲中,甚至还在《否定辩证法》中以隐含的方式,一再以辛辣的口吻进行过评论。
③ 瓦尔特·奥依西纳(Walter Euchner, 1933—2011),德国政治学家,曾任哥廷根大学政治学教授。——译者注

尔穆特·莱希尔特①、盖尔特·夏福尔②和狄特·曾哈斯③——我们研究了这份文献,可是它留下了太多的问题有待讨论。当然我首先对"辩证矛盾"的问题感兴趣,这一问题在第一版中,在等价形式的分析中还可以辨认得出,然而在第二版中就几乎消失了。我大学时的好友海尔穆特·莱希尔特和我带着这个问题去拜访了霍克海默,可以说他是我们研究"对立的统一"的商品问题的启蒙。我们当时并不知道,关于价值理论的问题,流亡时期的社会研究所已经进行过讨论,但并没有太多成果,同样,亨里克·格罗斯曼——阿多诺将其称作自己的"老师"——在一篇后来才发表的手稿中这样写道:"商品中的使用价值和价值的对立存在在哪里……迄今为止还没有作为一个问题被探讨。"④

格罗斯曼对这一辩证法基本问题的探讨却并不那么令人信服,霍克海默和阿多诺对此非常清楚;他们两人,主要是霍克海默,鼓励我们继续探讨这个问题,并建议我们向弗里德里希·波洛克请教,他在"辩证的矛盾"这个问题上也语焉不详,然而也同样强调

---

① 海尔穆特·莱希尔特(Helmut Reichelt, 1939—),德国哲学家,曾求学于阿多诺、伊林·费切尔,后接替阿尔弗雷德·索恩-雷特尔的教席在不莱梅大学任教。巴克豪斯的亲密伙伴,"新马克思阅读"的重要开拓者。——译者注
② 盖尔特·夏福尔(Gert Schäfer, 1941—2012),德国政治学家,曾任汉诺威大学政治理论和政治社会学教授,《左翼》(Links)杂志主编。——译者注
③ 狄特·曾哈斯(Dieter Senghaas, 1940—),德国社会学家,曾先后任法兰克福大学和不莱梅大学教授。——译者注
④ 亨里克·格罗斯曼:《马克思、古典政治经济学和动力学问题》,第 24 页(参见本书第 92 页。——编者注);还可参见研究所成员在 1936 年 4 月 15 日、24 日及 5 月 11 日对马克思价值学说的讨论记录,此外对马克思方法的讨论还有:埃利希·弗洛姆等人:《马克思的方法》,第 399 页及以下几页。(研究所成员关于马克思价值学说和马克思方法的讨论的记录参见《马克思的方法及其分析当代危机的适用性(学术研讨)》,本书第 252—270 页。——编者注)

了研究这一问题的必要性,并鼓励我们不要放弃。

在霍克海默的合作者卡尔·海因茨·哈格(Karl Heinz Haag)的黑格尔讲课上,我对"二重化"范畴印象深刻,当我在《资本论》第一版,并且首先是在《马克思恩格斯著作集》的《大纲》之中看到这一范畴时,在我看来,它提供了理解马克思辩证法的一把主要的钥匙。和对当时还完全未知的价值形式分析的一些思考一起,我将其作为一篇关于马克思的专题报告的核心,这一报告是在阿多诺1964—1965年冬季学期的高级研讨课上作的。报告甚至记录都基本上和阿多诺的学生们预先讨论了;我向哈格讨教了,幸好他劝我打消了这一突发奇想,即商品—货币等式,以及使其结构化的二重化结构"反驳"了同一性原则。他建议我以这一表达取代前面的想法:这种等同是对"同一性原则的辩证扬弃"——阿多诺在表达这一观点时既非肯定也非批判。这一问题至今也没有解决。

这一报告后来构成了我在1968年完成的硕士论文,也激励了后来的学生运动领袖汉斯-于尔根·克拉尔(Hans-Jürgen Krahl)去研究对他来说在当时还并不了解的马克思的价值理论的文章;并间接地在他早逝之后发表的那篇报告中,他迅速对"二重化"范畴——克拉尔更愿意使用更为考究的术语"双重性"(Duplizität)[①]——表现

[①] 汉斯-于尔根·克拉尔:《马克思商品分析的本质逻辑》("Zur Wesenslogik der Marxschen Warenanalyse"),《构成与阶级斗争:文本与言语 1966—1970》(*Konstitution und Klassenkampf. Schriften und Reden 1966-1970*),美因河畔法兰克福:新批判出版社(Verlag Neue Kritik),1985年,第50页;这篇论文的题目有误导性,从商品分析的一种本质逻辑的具体化,对此我以二重化范畴来加以阐述,成了某种作为"直接矛盾"的商品的问题,这是完全不符合的。这个题目大概出自编者。克拉尔只是在一个新的改写中重复了"二重化"范畴;在他的论文《关于〈资本论〉与黑格尔的本质逻辑之间关系的评论》["Bemerkungen zum (转下页)

出了巨大的兴趣。我的硕士论文的一部分于1969年发表在由阿尔弗雷德·施密特主编的《马克思的认识论文集》中,这一文集在学生运动期间流行一时,并出乎意料地不断再版,同时被翻译为多种不同的语言;《论价值形式的辩证法》这篇文章目前一共被翻译为11种语言①。

就内容来看,《论价值形式的辩证法》可能首先在接受史的角度还要有一定的兴趣;在有限的程度上这也同样适用于《马克思价值理论的重建材料》,这个文本遵循了莱希尔特的一个基本思想。他在1970年发表的博士论文《论马克思资本概念的逻辑结构》同样也是从"二重化"这一范畴出发的,但是此外还从一个更为宽泛的基础问题出发:首先再次由阿尔弗雷德·施密特在其回忆中谈及的霍克海默对"辩证叙述"问题的思考,现在莱希尔特开始重建《大纲》中直到那时候还不为人知的"阐述方法"(Entwicklungsmethode);在这个过程中他得到了这一重要的证据,马克思关于"简单流通"的理论被恩格斯以所谓的"简单商品生产"的理论完全误解了——这一误解,在100年来对马克思价值理论的阐释和批判中带来了无法形容的混乱。

在这一发现的基础上,我在《马克思价值理论的重建材料》中

（接上页）Verhältnis von Kapital und Hegelscher Wesenslogik",《黑格尔哲学的现实性与后果》(Aktualität und Folgen der Philosophie Hegels),奥斯卡·内格特编,美因河畔法兰克福:苏尔坎普出版社,1970年]中他又沿着这条路线前进了一步,但是几乎同一时期在同一问题上,海尔穆特·莱希尔特,一定程度上在克劳斯·哈特曼那里,研究得更为深入:"辩证叙述"的功能被克拉尔完全忽视了。

① 此文中译文曾由本文译者翻译,发表在《社会批判理论纪事》第11辑(2021年),现已收录在本文选中,参见《论价值形式的辩证法》,本书第326—354页。——编者注

批判了恩格斯对马克思的错误解释。恩格斯首先在其对马克思1859年《政治经济学批判》的评注中进行了进一步的误解和简单化。今天人们可以对其摇摇头跳过去了，然而苏联马克思主义将其拔高到经典的教条行列之中，尤其是所谓的"逻辑的和历史的辩证法"。首先是在《马克思价值理论的重建材料》第一部分包含了一篇《马克思主义政治经济学的病理学》，其内在的争论首先建立在马克思货币理论和价值理论的通俗化的和断片式的特征之上，这是苏联马克思主义在每一个公开讨论中都回避的。接下来一部分的核心观点构成了我对马克思价值理论的解释，将其作为一种"前货币理论的批判"。在这里我还要补充一个自我批评，在这一解释中，价值和交换价值的区别被给予的分量太低了。这是正确的。尤其是《资本论》第一版的"价值形式IV"，它在第二版中消失了，介绍了一种前货币的价值形式，这种形式一方面被迫从"简单的（价值形式——译者注）"产生，另一方面还是具有一种困窘的、自我扬弃的结构；尽管这样，这种形式的复数性——"形式 IV"的一个多样性并没有被思考；它因而构成了一个消失了的量，凭借它的多样化它就消解了。这反过来意味着，前货币的商品的交换也没有被思考；这种前货币的商品的"交换过程"失败了，它在概念上是被决定的，正如在《资本论》第二章中所表明的。

在原则上坚持这些思考，然而人们也应该提防全然去责备这种"前货币的价值"。问题还在于一种前货币的**交换价值**不能被复数化，也就是说像一个在自然科学中受欢迎的那些模型一样，前货币的交换经济在逻辑上是有矛盾的。但是不能就这么说，前货币的"绝对"价值也是不能被思考的。马克思的"剩余价值"自然是一个前货币的价值，而那种价值一般，其"一般的特征"与在一个"特定"商品中的"定在"是"矛盾的"，同样是一个前货币的价值。尽管如此，矛盾的"阐述"也不能够产生一种由**交换价值**设定的商品，而只能产生由价格设定的商品；前货币价值的"一般特征"完全不是"表现"在和实现在一种**前**货币的交换价值结构中，而是同时在一种**货币的**商品—货币结构中。前货币的价值一般不能实现于一个前货币的交换价值之中，但是在其自己独特的前货币特征中，它是最高限度的现实的。这种价值就是阿多诺意义上的"实在的存在体"(ens realissimum)①、"辩证的阐述"的动力，以及最终在资本的世界市场运动中实现的原则。

正如人们所看到的，《马克思价值理论的重建材料》和《论价值形式的辩证法》的缺陷还在于，对我来说1858年4月2日的"简单纲要"(kurzen Umrisses)的概念性作用和《资本论》第一版中价值理论的概要作用同样被低估了。总体来说，"重建"的问题在今天对我来说展现得远比25年前困难；单个的作者在这里被过高要求，我已经在《马克思价值理论的重建材料》的题目中表明了至少需要提供一些砖石。这一想法并不很幼稚，它首先是关于"方法"的"重建"的。按照通信中的句子，马克思将其方法"隐藏"了起来，我同样和每一个马克思的解释者一样疏漏了；只有在大约5年前我才开始对此提高了注意。

在所有这些保留之下，也许《马克思价值理论的重建材料》还

---

① 特奥多·阿多诺：《晚期资本主义还是工业社会？》("Spätkapitalismus oder Industriegesellschaft?")，《社会学论文Ⅰ》(*Soziologische Schriften* Ⅰ)，罗尔夫·蒂德曼(Rolf Tiedeman)编，美因河畔法兰克福：苏尔坎普出版社，1980年，第364页。

是包含了一些有用的思想的。论文《论价值形式的辩证法》包含了在根本上纲领式的思考，这些思考在更大的范围里也决定了之后的著作的问题设定，并且在这方面而言，也部分地具有其当代性。其他的文章可以简单理解为对抽象的价值对象性问题最初的探索，也就是对真实的抽象与辩证矛盾问题的主题化——其解决视域在德里达意义上与"另一个逻辑"的制定绑定在一起，它反过来又构成了黑格尔本质和概念逻辑的"功能转变"的可能性。对此没人想要只是"以玩笑的态度宣布"："有一些绝对精炼的回答"，将这一问题诉诸"古老的"、可以追溯到柏拉图的"哲学基本问题"。[①]

如果比较一下1969年的第一篇论文和1997年撰写的《论政治经济学的逻辑困境》，读者就会发现，我始终在讨论同样的作者，甚至经常是同样的引文。其中的原因是什么，使我不断要回到对西美尔的《货币哲学》和五六个政治经济学家的讨论？这些经济学家，除了熊彼特以外，年轻一代的经济学家们甚至都不知道他们的名字。

我研究的主题在根本上始终只是一个：拜物教问题。它可以从三个方面来说：（1）作为经济学研究对象的对象性的问题；（2）作为其矛盾结构的问题，也就是作为统一和差异的问题；（3）作为在非经验理论基础上所进行的分析。在现在的德国经济学中，不会多过前面提及的五六个经济学作者，他们在这一极富争论的主题上进行过研究——我们暂且先不考虑，这并非唯一一次在关于商品、货币和资本的"拜物教"的具体问题式之下发生的。

---

① J. 里策特（J. Ritsert）：《何为辩证法？》(*Was ist Dialektik?*)，美因河畔法兰克福：歌德大学社会科学系，1995年，第5页。

所以可以这样理解，在方法论的观点下，这些少有的作者与更广泛的意义上的"古典的"作者相比，所得到的注意是与他们公开的影响不相匹配的。既然经济学对《资本论》的副标题，在"经济学范畴批判"意义上的**政治经济学批判**，在超过 100 年的讨论中对这一著作都没有达到这一认识，所以这显然是因为经济学家中的绝大多数回避了这一批判的主题，即经济学范畴的拜物教特征，并且还是像谚语中的魔鬼躲避圣水一样继续回避。这是可以理解的，也有很好的理由接受如下的判断：在经济学理论上，一定会在经济学客体的拜物教结构的处理上遭遇失败。在对象的问题上，始终提出的是马克思的问题："什么的**对象性**？"①——显而易见，学院经济学必须对这一答案负责。

如今每个经济学范畴都是一种**"对象性的形式"**②，并且作为那个始终还是一种"主观和客观的"，所谓的"绝对价格"是无法排除的。形式化的价格理论——既包括瓦尔拉斯的，也包括新李嘉图学派的——通过如下才能成立，即从所谓的"绝对价格"中分析得到"相对价格"，在产品价格和元素价格的水平化的前提下，各种各样的数学手段都可以使用；在其中得到的等式体系，即"相对价格"却需要转化为"绝对价格"；这借助于量的等同而发生，在其中作为决定性的因素而被结合起来的"绝对价格"就是存在的，也就是说，"对象化的"和"主观和客观"形式③，它们作为"颠倒错乱形式"④而不能

---

① MEGA 2，Abteilung Ⅱ，Bd.6，S.4.
② MEGA 2，Abteilung Ⅱ，Bd.6，S.13.
③ 《马克思恩格斯全集》第 2 版第 38 卷，北京：人民出版社，2019 年，第 141 页。
④ 《马克思恩格斯文集》第 7 卷，北京：人民出版社，2009 年，第 528 页。

被推导得出,也就是说是保持为被设定的状态。在这种显然完全形式化的程序中,经济学的典型理论家遭遇了一种范畴的错误。他忽视了在绝对价格和相对价格之间的**范畴差别**:绝对价格表现为主观和客观的范畴,相对价格表现为一种抽象的产品,然而却是一个典型概念,某种程度上是纯粹主观的;其向绝对价格的转换只有在这样的前提下才是可能的,即其对象性的本质能够被解释出来,这种"对象化"(Vergegenständlichung):如何从这一概念中产生出"对象化的形式",必须能被解释出来——构成理论的探索,正如马克思和西美尔在他们的价值形式分析中所进行的。然而对于经济学的典型理论家来说,这些都未曾听说。因而对他们来说这显得是不需要的,因为他们的研究方法建立在巨大的歪曲之上,即对经济学的典型概念的**客观性的歪曲**之上:因而这种经济学始终要求真实的,也就是绝对的价格,然而学院经济学似乎已经推导出了这种价格,即量的等同性的绝对价格。这对于他来说应该提供了"通向真实的桥梁"——但是通向哪里?这就涉及那个始终无法达到的它的典型理论方法的东西:"抽象的"然而也"真实的"对象性。从典型走向现实性的一步,也就是从主观概念向主观和客观范畴的一步,必须在一个概念性的深渊中支持它,对于学院经济学家们来说,这种概念性作为"形而上学的"或者甚至是"辩证的"始终如脊背上的一股寒气。学院经济学因而必须忍受,看起来像天外飞来的神迹一般(deus ex machina)的最高的幽灵般的东西,在循环过程的公理中的"**客观的**等价物",在此之上它已经指向了相对价格层次的模型理论层次之上。在这里"**客观的**"应该具有的意义,也许是永远不能用概念的方式来表达的;"客观"在主观主义的经济学中保持为一个幽灵,成为新李嘉图主义经济学中的一个永恒之谜,对于它的解决来说需要一点马克思的东西。新李嘉图主义者总是想用某种方式知道关于他要计算的社会的东西——而对于这种社会的东西来说,即便在新李嘉图主义者看来,也只有马克思才可以负责——甚至阿尔弗雷德·阿蒙也知道要承认这一点。

在幽灵般的社会经济客体性这个问题上,早已产生了这样一类唯名论的批判,这些批判将马克思塑造为"政治经济学上的怀疑论"①。然而马克思非常严肃地拒绝了怀疑论这种肤浅形态;马克思表现得像一个真正的也就是古代怀疑论的行家,他意识到要设定一种"对这种不信任的不信任"②(Mißtrauen in dies Mißtrauen)。贝利批判这种所谓的"绝对价值",然而却想设定相对价值,也就是价格。马克思挑战了贝利的观点,分析了他的定义并指出在贝利那里,"它'对货币的关系'不过是想象的关系"③,因此甚至价格在他那里也是想象的,从而在每一个经济学范畴中"毫无疑问……是没有意义的"④,而且没有人能够说,"这一切都说明什么"⑤——因而仅仅还保持着"绝望之路","对那些……自然观念……和看法……感到绝望",因而也就取决于一种"趋于极致的怀疑主义"⑥,也就是辩证法。

所有那些反对价值理论的经济学家正应了马克思的批判,它

---

① 《马克思恩格斯全集》第1版第26卷(第三册),北京:人民出版社,1974年,第116页。
② 黑格尔:《精神现象学》,先刚译,北京:人民出版社,2015年,第48页。
③ 《马克思恩格斯全集》第2版第35卷,北京:人民出版社,2013年,第165页。
④ 赛米尔·贝利,转引自《马克思恩格斯全集》第2版第35卷,北京:人民出版社,2013年,第156页。
⑤ 转引自上书,第141页。
⑥ 黑格尔:《精神现象学》,先刚译,北京:人民出版社,2015年,第50—51页。

们的形式是"纯粹想象的、没有依据的"①。用"无内容性"这一关键词,要说的是现象的无内容性,我们因而又再度回到了"政治经济学上的怀疑论"这一主题上,也就是政治经济学的量和对象,以及政治经济学的"逻辑困境"和"方法论悲剧"的"不可理解"、"不确定性"或者"无意义性"。

这一专业所需要的"病理学",在任何别的地方都不会像在政治经济学中拜物教思想的系统讨论的制定一样能够成立;在第一篇论文中将以阿尔弗雷德·阿蒙最为著名的德国政治经济学的方法为例,进行探索;他的错误和混乱并不是因为这个辛辣的分析者的思想弱点,而是因为新康德主义方法的不适用性以及**政治经济学客体的狡诈**。

在这里我还要感谢米夏埃尔·辛茨,他是我的朋友和出版商,以及约阿希姆·布伦,他为本书的出版做出了很大努力,最后也是最衷心要感谢的是斯特凡·克劳斯,他为本书的校对做出了很大的努力。

法兰克福,1997 年 9 月

---

① 《马克思恩格斯全集》第 2 版第 34 卷,北京:人民出版社,2008 年,第 210 页。

论价值形式的辩证法[*]

[德] 汉斯-格奥尔格·巴克豪斯

李乾坤 译

如果我们以批判的眼光来审视一下关于《资本论》的研究著作的话,那我们就会发现,劳动价值理论只是被以一种粗糙地化简了的和常常是以完全走样的形式而被引用或批判的。因此对马克思思想的实证的阐释来说,定义独特的、经典的和马克思主义的价值理论就是必要的。在这一点上,熊彼特的观点代表了其他人,他在批驳马克思价值分析的独特性时说道:"要真正了解马克思的经济学,首先要认识,作为一个理论家,他是李嘉图的学生……他的价值理论是李嘉图式的价值理论……不过马克思的争辩较缺礼貌、较为冗长、更有'哲学气味'——从这个词的最坏意义上说。"[①]然而"经济学的"阐释必然会失掉马克思价值理论的批判意图:政治经济学"批判"只不过是与其他众多"经济学

---

[*] 原文题为"Zur Dialektik der Wertform"。本文首次发表于阿尔弗雷德·施密特1969年主编的《马克思的认识论文集》(Beiträge zur marxistischen Erkenntnistheorie),后于1997年收入文集《价值形式的辩证法》之中。——编者注

[①] 熊彼特:《资本主义、社会主义与民主》,吴良健译,北京:商务印书馆,1999年,第67—68、69页。

说"并列的**一种**而已。实证的理解必然会导致这样的后果,将对马克思的社会理论的解读放置于社会学的和经济学的假说或者"事实的观察"之中。被庞巴维克称作"辩证的戏法",或者被熊彼特指认为"哲学地"丧失信誉的观点,首先存在于价值**形式**的学说之中。人们只要描述起它,不是不加理解地就是不加评论地引用。解释者们在理解上的缺失如此惊人,更何况马克思、恩格斯和列宁一再指出过价值形式分析的重要意义。在《资本论》的序言中马克思有力地警告说,如果忽视了价值形式学说的话,"而对资产阶级社会说来,劳动产品的商品形式,或者商品的价值形式,就是经济的细胞形式。在浅薄的人看来,分析这种形式好像是斤斤于一些琐事"①。包括李嘉图学派在内,"两千多年来人类智慧对这种形式进行探讨的努力,并未得到什么结果"②。从这一引文中可以看出,马克思在研究史上第一次要求认清这种"神秘的形式"。

对于价值形式分析理解的不足不仅仅导致读者在特定问题上的判断力匮乏。它们的不足,完全可以归结为马克思并没有留下关于劳动价值学说的完整文本。尽管马克思在《政治经济学批判》(1859)之中已经研究了劳动价值学说,他后来又不得不将价值形式的分析放在其他三个彼此不同的文本中去研究,"因为即使很有头脑的人对这个题目也理解得不完全正确,就是说,最早的叙述,特别是关于**商品的分析**,必然有欠缺之处"③。马克思在《资本论》

---

① 《马克思恩格斯文集》第 5 卷,北京:人民出版社,2009 年,第 8 页。
② 同上。
③ 《马克思恩格斯文集》第 10 卷,北京:人民出版社,2009 年,第 246 页。

第一版中给出了另一个全新的叙述。然而在付印期间，马克思的价值形式分析被恩格斯和库格曼指责为"太过难解"，因此马克思又附加上了第三个，也就是今天最为流行的叙述。为《资本论》第二版准备的第四个版本再次偏离先前的叙述。但是因为在这个第四也是最后的版本中，价值形式问题的辩证蕴涵越来越淡薄，而马克思已经在第一版中使"对价值实体……的分析……尽可能地做到通俗易懂"①，所以在马克思"价值实体"和"抽象劳动"概念的阐释上，必然会出现巨大的意见分歧就不足为怪了。② 因此，由这些或多或少残缺的叙述和大量隐藏于其他文献之中的独立评论共同重建的价值理论的整体性，对于马克思研究来说是紧迫的任务。

在《资本论》第一版序言中马克思明确地说到，"辩证法"恰恰标明了他对于劳动价值学说的叙述。既然一直以来的解释都毫无例外地忽视了这一辩证法，那我们就必须追问这一问题，是否"叙述的欠缺"不仅仅在价值形式的分析上，而且早在《资本论》第一篇的头两章就已经表现出来了。列宁坚持了马克思主义创始人的辩证特征："不钻研和不理解黑格尔的**全部逻辑学**，就不能完全理解马克思的《资本论》，特别是它的第一章。"他继续说道："因此，半个世纪以来，没有一个马克思主义者是理解马克思的！！"③是"半个世纪以来，没有一个马克思主义者是理解马克思的"，还是马克思

---

① 《马克思恩格斯文集》第 5 卷，北京：人民出版社，2009 年，第 7 页。
② 这里请参见 O. 兰德乐（O. Lendle）和 H. 希拉尔（H. Schilar）对于"社会主义中的商品—货币关系"的讨论文章，收录于《经济科学》（*Wirtschaftswissenschaften*）第 9 卷，柏林，1961 年。
③ 《列宁全集》第 55 卷，北京：人民出版社，1990 年，第 151 页。

对他商品章的头两节所进行的通俗化走得太远，以至于对价值的"演绎"已根本不再能被理解为辩证的运动了？

众所周知，在第一章中，马克思是以这种方法进行的——他从"经验的"事实交换价值出发，并将之确定为"与它相区别的某种内容的表现形式"。那个被作为交换价值的基础的东西，被称作**价值**。在进一步的分析中，价值却首先不依赖于它们的形式而被考察。不依赖于表现形式的本质的分析继而导致马克思完全突然地，没有任何内在必然性征兆地回到了分析表现形式之上："我们实际上也是从商品的交换价值或交换关系出发，才探索到隐藏在其中的商品价值。现在我们必须回到价值的这种表现形式。"①现在这种发展是否还是被理解为马克思在他《〈政治经济学批判〉序言》中描述的那种"从抽象上升到具体"的方法的表现？那一现在应被描述为"具有许多规定……的丰富的总体"和"多样性的统一"的"具体的再现"，也许将只有通过接下来的问题而变得可以理解：价值是如何**转变**为交换价值和价格的——为何以及在何种方式上价值会在交换价值以及作为它"另一种存在"的方式的价格中扬弃自身？我认为，《资本论》中的叙述方式并不能够使马克思价值形式分析的认识论的主旨得到清晰的彰显，也就是这个问题，"**为什么这一内容采取这种形式**"②。在价值的实体和形式之间中介的欠缺，已经在价值运动中的断裂中显现出来：第一章第二节到第三节的过渡作为**必然的**过渡不再那么容易被认清了。因此读者印象最深刻的，还是在头两节里充分阐明的，很显然更容易理解的价

---

① 《马克思恩格斯文集》第5卷，北京：人民出版社，2009年，第61页。
② 同上书，第98页。黑体字由巴克豪斯所为。——译者注

值实体学说和劳动的二重性学说。然而第三节——价值形式学说——多数情况下只是被理解为一个附带的论证或者作为对前两节已经被推导出的结论的"辩证的"修饰而已。"普遍的对象"等被叫作价值的价值本身根本不能展示自身,而只能够以颠倒的形态"呈现",也就是说作为两种使用价值的"关系",这是读者所不能理解的。但是这一交换价值—价值—价值形式的发展过程不再被理解为辩证的"从直接的'是'(Sein)经由'本质'(Wesen)走向中介的'存在'(Existenz)的运动",这样,"直接性就被扬弃并将之设定为中介的存在"①,所以那种走向为辩证法的讽刺画的"辩证的解释"的根源也会变得容易理解了。继而马克思对商品的分析就被描述为——没有中介地——"从简单到复杂,从实体到表象形式的飞跃"②。本质同表象形式的区别被形式逻辑地确定为"普遍的、典型的和主要的"。本质和表象形式的中介仅仅被建构为伪辩证矛盾的伪辩证的运动:"普遍性的存在……不是依赖于个别现象。它是作为普遍的、永恒的[!]而被包含于自身中。"③甚至那些提出要求"钻研和理解黑格尔的**全部逻辑学**"的作者们,也不能说清楚价值理论的基础概念是以何种方式辩证地建构起来的。辩证的方法不能满足于仅仅将表象形式回溯到本质之上去:他们还应该指

---

① 赫伯特·马尔库塞:《论本质的概念》("Zum Begriff des Wesens"),《社会研究杂志》(*Zeitschrift für Sozialforschung*)1936年第5期,第21页及以下几页。
② R. 班菲(R. Banfi):《马克思和马克思主义中的问题与伪问题》("Probleme und Scheinprobleme bei Marx und im Marxismus"),《理论之后》(*Folgen einer Theorie*),美因河畔法兰克福:苏尔坎普出版社,1967年,第172页。
③ W. 雅恩(W. Jahn):《马克思的价值和剩余价值学说》("Die Marxsche Wert- und Mehrwertlehre"),《资产阶级经济学家的哈哈镜》(*Zerrspiegel bürgerlicher Ökonomen*),柏林:狄茨出版社,1968年,第116页及以下几页。

出，本质为何恰恰采纳了这种或者那种表象形式。那些"哲学家的"马克思主义者不是致力于解释那些模糊的、显然未被阐明清楚的段落，而仅仅是将那些叙述一再地复述出来。

但是，头两节和第三节之间的断裂不仅仅造成了价值学说方法论结构上的问题，而且首先使得对马克思在"甚至有一些神秘感的题目"即《商品的拜物教性质及其秘密》——众所周知这是第一章第四节的标题——所做出的阐释的理解变得更加困难。这里还必须提一下第一节非体系化的，因而使得对拜物教性质的学说变得难于理解的结构划分，应该在等价形式的三个特性中被破译，因为"秘密章"不仅在第四节里，而且早在第三节里就已经展现了出来。第四节的内容只有通过第三节来看才能理解，这从1867年第一版附录中的划分就可以看出，马克思将其命名为"价值形式"。这一附录——只是被构思为价值形式分析的通俗化文本——包含了拜物教的分析，很显然不是作为独立的学说，而只是作为等价形式的"第四种特性"来处理的。

这一安排可以看出，拜物教特征的学说——在《资本论》第二版中扩展了并作为第四节来处理——按照其内容仅仅可以被理解为第三节的一个独立部分而已。欠缺了有关第三节，即对"《资本论》论价值的模糊性"[1]不加评论的叙述，首先表现为如下错误

---

[1] F. 彼得里（F. Petry）:《马克思价值理论的社会内容》（*Der soziale Gehalt der Marxschen Werttheorie*），耶拿：费舍尔出版社，1916年，第16页。
　　商品拜物教学说的残缺的特征被萨特发现了："由马克思所奠基的拜物教理论从未得到充分的展开。"[参见《马克思主义与存在主义》（*Marxismus und Existentialismus*），汉堡：罗沃尔特出版社，1964年，第64页。]当萨特发现了"这些马克思主义者完全无法把握其他的思想"——"他们对于他们阅读的东（转下页）

观点：

第一，众多的研究者都忽视了劳动价值学说将货币作为货币来研究并在此基础上创立一个专门的货币理论的要求。所以当这些解释者只是将价值理论描述为同货币理论相对立的理论而不予考虑或进行修改，并因而不再有能力去解释清楚古典劳动价值理论和马克思的劳动价值理论的区别。他们没有认识到，劳动价值理论的基本概念只有在他们把握了货币理论的基本概念之后才可以理解。① 当商品在一个"内在超越自身"的过程中被设定为货币而被加以理解时，价值理论才可以被恰当地解释。商品和货币的这种内在联系，决定了不可能在接受马克思价值理论的同时拒绝与之结合在一起的货币理论。这种"粗率和无知"，即把生产领域和流通领域——"有机地联系着的东西"——"看成是彼此偶然发生关系的、纯粹反思联系中的东西"②，表明了奥地利马克思主义学派解释者们的特点，也正是他们没有能力将价值理论理解**为价值形式分析**的表现。

第二，马克思所创造的劳动价值学说和物化（Verdinglichung）

（接上页）西实际上一个字也不懂"。这样的批评也针对无数的马克思主义经济学家，因为他们完全无法理解他们所面对的马克思的文本。他们自身在问题上缺乏判断力，恰恰是那种物化了的思想——这也正是他们敏锐地批判主观经济学的——有力证据。当他们谈论"辩证法"和"物化"的时候，他们就已经认为已经免除了那份"从根本上去思考价值"[《马克思恩格斯全集》第1版第26卷（第三册），北京：人民出版社，1974年，第156页。译文有所改动。——译者注]的劳顿。像价值"实体"、"实现"、"形态变化"、"表现形式"这样的概念，也只是以同样的对范畴的无意识而进行讨论的，而这正是马克思当初批判实证经济学家的。

① 维戈茨基（Wygodski）最为清楚地阐释了价值和货币理论之间的关系："马克思将对'货币'这个范畴的理解作为是否真正理解价值本质的标准。"[维戈茨基：《一个伟大发现的历史》(Die Geschichte einer großen Entdeckung)，柏林：经济出版社（Die Wirtschaft），1967年，第54页。]
② 《马克思恩格斯全集》第2版第30卷，北京：人民出版社，1995年，第29页。

现象之间的关系还依然处于不清晰的状况之中。马克思在第四节中明确强调:"后来科学发现,劳动产品作为价值,只是生产它们时所耗费的人类劳动的物的表现(sachliche Ausdrücke),这一发现在人类发展史上划了一个时代,但它决没有消除劳动的社会性质的物的外观(gegenständlichen Schein)。……因此,价值量由劳动时间决定是一个隐藏在商品相对价值的表面运动后面的秘密。这个秘密的发现,消除了劳动产品的价值量纯粹是偶然决定的这种假象,但是决没有消除价值量的决定所采取的物的形式(sachliche Form)。"①然而这段清楚的表述却完全没有阻止大批的研究者,将"隐藏在商品相对价值的表面运动后面的秘密"错误地作为马克思商品拜物教学说的研究对象。依照这些解释,是价值**量**的"秘密"而非那种"物的外观"或者"物的形式"的"秘密"构成了商品的"神秘性质"。但是古典劳动价值学说的发现就已经可以帮助我们认清物化(Verdinglichung)的形成过程了。另一方面,价值理论的孤立描述却不再能够使马克思的分析和古典的分析的本质区别展现出来。

这些叙述之所以没有揭示出商品拜物教的本质体现在如下方面:研究者们从《资本论》的拜物教章中摘录一些句子,然后进行概念的、很多时候还是术语式的解释,而这正是"德意志意识形态"的方式。在《德意志意识形态》中,马克思和恩格斯还没有认清劳动价值理论的意义。与之相关的引文是这样表述的:在生产者面前,"他们的私人劳动的社会关系就**表现**为现在这个样子,就是说,

---

① 《马克思恩格斯文集》第5卷,北京:人民出版社,2009年,第91—93页。

不是表现为人们在自己劳动中的直接的社会关系,而是表现为人们之间的**物的关系**和**物之间的社会关系**"①。从这段引文中完全可以看出,社会关系与人相对而"独立化"了。这一发现正是马克思在早年文本中形成的主题,它以"异化"或者"非人化"这样的关键词为代表,现在已经成为保守的文化批判理论的空洞套话。然而在政治经济学**批判**中,关键的并非是单纯描述这一事实情况,而是分析它的形成过程。

因而,在本文中,对拜物教性质的真正解释将以如下方式划分并加以研究:

其一,对于马克思来说,"物之间的社会关系"是如何构成的?

其二,为何以及在何种程度上"物的关系"只是作为"物本身以外的东西,它只是隐藏在物后面的人的关系的表现形式"②? 在此基础上出发引出了进一步的问题:

a. "人的关系"被作为"私人劳动的社会关系"或者还是作为"生产者同总劳动(Gesamtarbeit)的社会关系"而被定义,如何理解"关系"和"总劳动"概念?

b. "社会关系"相对于意识**必然**"表现"为一个他者的基础是什么?

c. 什么构成了这一外观的真实性:这一现象自身以何种方式还作为现实的一个环节?

d. 如何来把握抽象的价值对象性的形成过程:主体以何种方式"对象化"自身,将自身变作相对立的客体? ——这一神秘的事

---

① 《马克思恩格斯文集》第 5 卷,北京:人民出版社,2009 年,第 90 页。黑体字由巴克豪斯所为。——译者注
② 《马克思恩格斯文集》第 5 卷,北京:人民出版社,2009 年,第 110 页。

实情况还可以以下方式描述：一个产品的价值作为思维的东西而同产品自身相区别。然而，价值始终只是产品的价值，并表现为一个物质的"观念的形式"(ideelle Form)。作为一个思维的东西，价值对于意识来说是"内在的"。在它存在的这种方式中，价值不可知：它将自身设定为与意识异在的东西。劳动产品的实际存在已经被假设为前提。然而这里的问题在于这样的事实——劳动产品采取了一个"与它们的实际存在不同的虚幻形式(Gestalt)"而不再是**在之为在**(ens qua ens)的构造。

我们在这里将仅仅致力于解决第一个问题：马克思是如何描述那种他称作"物之间的社会关系"的结构的？在这里我们首先回忆起，使用价值一直以来被置于价格形式中加以讨论。就此而言，两种使用价值的等同产生了一种"关系"的言说方式易被误解：外套和麻布没有**被**等同起来，它们已经**是**等同的了。这种等同是完成的，因为它们被等同于一个第三者，即货币，并在这一中介上相等同。**价值关系**始终是**价值表现**。然而这种等同只是一种依据价值内容的等同，从形式考虑的话就是一种非等同：一个产品变成了商品，变成了另一种货币。物的关系，"价值关系"，是作为商品和货币之间关系的"价值表现"。产品作为价格"只代表不同量的**同种物品**"①，"只是想象的大小不同的金量"②。如果商品已经"表现为货币价格，我就可以比较它们；事实上它们已经被比较了。但是要把价值表现为价格，商品的价值必须先表现为货币"③。

---

① 《马克思恩格斯全集》第 2 版第 31 卷，北京：人民出版社，1998 年，第 440 页。
② 同上书，第 464 页。
③ 《马克思恩格斯全集》第 1 版第 26 卷(第三册)，北京：人民出版社，1974 年，第 175 页。

这一问题暗含着问题的解决:"我究竟如何能够将一个商品在另一个商品之中或者将商品描述为等价物?"马克思形式分析的内容正是作为价格的价格的形成过程。不同于古典的劳动价值学说,价值向交换价值或者价格的"过渡"被当作了问题:"古典政治经济学的根本缺点之一,就是它从来没有从商品的分析,特别是商品价值的分析中,发现那种正是使价值成为交换价值的价值形式。"①李嘉图主义者没有看到,他们关于劳动决定商品价值的主张,在价值概念问题上停留于表层:这一陈述的规定的基础和规定的客体是不同的,并且没有"内部联系"。当价值量由耗费的劳动量的作用来决定的时候,劳动同价值相比就还是一个异在的东西。所以古典经济学的基本假设仅仅是一个保证——一个"形而上学的教条"。贝利,主观主义价值理论的先行者,以他对古典学派的批判揭露了一个关键点:"如果说李嘉图主义者对贝利的答复既粗浅又缺乏说服力,那只是因为他们在李嘉图本人那里找不到关于**价值**和**价值形式**即**交换价值**之间的内部联系的任何说明。"②李嘉图学派的"绝对价值"因而只是被贝利作为一个"内在的东西","内居于"商品之中的,因此而作为"经院式的虚构"③而被批判。贝利提出了这样的问题:"'占有价值''转移价值的一部分''价值总额或总和'等等,我不知道这一切都说明什么。"④当他批评李嘉图的时候,他预见了现代主观主义的批判:"一物如果不同

---

① 《马克思恩格斯文集》第5卷,北京:人民出版社,2009年,第98页,注释(32)。
② 同上书,第102页,注释(36)。黑体字由巴克豪斯所为。——译者注
③ 《马克思恩格斯全集》第1版第26卷(第三册),北京:人民出版社,1974年,第147页。
④ 转引自上书,第141页。

另一物发生关系,其本身就不能有价值。""商品的价值必定是它在某物上的价值。""除了通过**一定量的另一种商品**,就无法**表示**或**表现**一种商品的**价值**。"① 对贝利来说,价值和交换价值或者价格是同一的,并被定义为单纯的使用价值的量的关系。尽管价值只被表达为"相对价值",表达为物的一种关系。只不过"商品不是简单地与货币相对立;而是商品的交换价值在商品上观念地表现为货币;商品作为价格是观念的货币"②。商品和货币之间因而就不仅是一个简单的量的关系,而且是以一种神秘的方式在质上构成的:产品作为商品是"观念的量的黄金",但是货币却是"商品自身的价格的实在性"③。贝利将价值降低为单纯的量的关系的尝试,是对商品—货币等同问题所耍的把戏而已。"因为他发现它已在**货币表现**上反映出来,所以他就用不着去'了解'这种表现为什么是可能的……它在事实上表现**什么**。"④ 马克思以这样一种方式批判了主观主义的立场,其基本的意义对于批判现代实证主义,特别是语言分析的实证主义来说,只是还没有被充分认识到:"这种情况从他的批判的全部性质可以看出。这种批判企图用空谈来回避事物本身的矛盾的规定性中包含的困难,并把困难说成是思考的产物或定义之争。"⑤"现实的怪异也表现为用语的怪异,它和人们的常识相矛盾,和庸俗经济学家所指的以及他们认为是他们所说的相矛

---

① 转引自《马克思恩格斯全集》第 1 版第 26 卷(第三册),北京:人民出版社,1974 年,第 154、158、157 页。
② 《马克思恩格斯全集》第 2 版第 31 卷,北京:人民出版社,1998 年,第 371 页。
③ 同上。
④ 《马克思恩格斯全集》第 1 版第 26 卷(第三册),北京:人民出版社,1974 年,第 168 页。
⑤ 同上书,第 142 页。

盾,这是不言自明的。……私人劳动表现为一般的社会劳动……由此而产生的矛盾存在于事物本身,而不是存在于表达事物的用语中。"①从他对贝利细致的研究中也可以推断出,马克思非常严肃地看待语义学的"理性内核"。只是表达出了它"自己的比率和数量"的"绝对价值",实际上是一种用语的怪异或者一种"神秘化",然而却是一个"**现实的怪异**"或者"**实在的神秘化**"②。只有当"绝对的"和"相对的"价值的中介被揭示出来的时候,作为一种"人与人之间的关系",它才可以被破解(dechiffrierbar)。

马克思发现李嘉图主义者仅仅对价值量规定的基础感兴趣——"形式本身"对于他们来说"就是自然的、**无关紧要的**"③;经济学范畴"在政治经济学的资产阶级意识中……成了不言而喻的自然必然性"④——对于当今的经济学来说也是有效的。形式问题的排除在马克思看来应归咎于学院经济学对于形式逻辑的固守:"如果说在**黑格尔**以前,职业的逻辑学家连判断格式和结论格式的形态内容都忽略了,那么,经济学家在物质利益的整个影响下忽略相对价值表现的形态内容,就不足为奇了。"⑤

对价值形式的逻辑结构的分析不能与对其历史社会内容的分析相分离。古典劳动价值理论却没有对那种作为"形成价值的"劳动的历史社会构造进行追问。劳动向一个异在于它自身的形式的

---

① 《马克思恩格斯全集》第1版第26卷(第三册),北京:人民出版社,1974年,第147页。
② 《马克思恩格斯全集》第2版第31卷,北京:人民出版社,1998年,第442页。黑体字由巴克豪斯所为。——译者注
③ 《马克思恩格斯全集》第2版第30卷,北京:人民出版社,1995年,第292页。译文有所改动。——译者注
④ 《马克思恩格斯文集》第5卷,北京:人民出版社,2009年,第99页。
⑤ 《马克思恩格斯全集》第2版第42卷,北京:人民出版社,2017年,第41页,注释(20)。

转变没有被反映出来:"于是,劳动时间在富兰克林那里就以经济学家的片面性立即表现为价值尺度。实在产品转化为交换价值是不言而喻的。"①因而被马克思抨击过的"经济学的片面性"就存在于:在已经制定了的经济对象的程度上将经济学作为科学分工的独立分支而进行研究。"政治经济学曾经分析了价值和价值量(虽然不充分),揭示了这些形式所掩盖的内容。但它甚至从来没有提出过这样的问题:为什么这一内容采取这种形式呢? 为什么劳动表现为劳动产品的**价值**呢?"②

发展了"合理的工资"的李嘉图主义左派因而问道:"如果劳动时间是价值的内在尺度,为什么除了劳动时间之外还有另一种外在尺度呢?"如果劳动决定了商品的价值,价值的计算就必须只能作为"弯路"来看待,并将隐藏在其中的剥削功能抛弃掉。产品应该直接地以劳动时间单位来计算,而货币应该通过劳动证明来代替。他们没有追问在商品生产中,劳动为何表现为产品的交换价值,表现为"它们所具有的某种物的属性"③。马克思将价值计算存在的隐蔽基础视为标明了生产范围的本质的矛盾:在其中,有对其社会理论有着非凡意义的私人劳动和社会劳动之间的矛盾。在商品生产之中,社会劳动只是作为**私人**生产者的**社会**劳动而被完成——这一基本矛盾在以下的过程中才能表现出自身:活动和产品之间的交换必须通过一个特殊同时又是一般的产品而被中

---

① 《马克思恩格斯全集》第 2 版第 31 卷,北京:人民出版社,1998 年,第 450 页。
② 《马克思恩格斯文集》第 5 卷,北京:人民出版社,2009 年,第 98 页。黑体字由巴克豪斯所为。译文有所改动。——译者注
③ 《马克思恩格斯全集》第 1 版第 19 卷,北京:人民出版社,1963 年,第 20 页。

介。在马克思激烈地批判空想社会主义者的时候,马克思也认为扬弃价值计算的要求是可实现的——当然,这只有在商品生产,即面向市场的独立个人生产被消灭的时候。这一要求是马克思价值理论的一个必然的结果,一个实质上的而非只是偶然的组成部分。"经济学范畴批判"的本真意义就在于揭示出必然产生价值形式存在的社会条件。"劳动的现存形式的分析同时也就是它的异化劳动废除的前提的分析。……(马克思的)范畴既是否定的范畴,同时是肯定的范畴:根据它肯定的结果,它们又代表了关系状态的否定。"①价值形式分析的历史性特征恰恰存在于"通过最简单的形式,即**商品形式**,阐明了资产阶级生产的**特殊**社会的,而决不是**绝对的性质**"②。

李嘉图在价值形式分析上的欠缺除了导致了贝利主观主义的批判和空想社会主义者的工资学说教条以外,还使得"形式——作为创造交换价值……的劳动的特殊规定"没有得到研究。李嘉图"完全不了解商品的交换价值决定于劳动时间和商品必然要发展到形成货币这两者之间的联系。他的错误的货币理论就是由此而来的。"③"李嘉图对货币的错误理解的根本原因在于,李嘉图总是只看到交换价值的**量的规定**。"④李嘉图错误的货币理论是数量论,对它的批判内在包含于价值形式的分析之中。

尽管坚持这一费尽周折得来的认识,即马克思**对于经济学范畴的批判**超越了专业经济学(Fachökonomie)的领域,以哲学范畴

---

① 赫伯特·马尔库塞:《理性和革命》,程志民等译,上海:上海人民出版社,2007年,第252页。
② 《马克思恩格斯全集》第1版第29卷,北京:人民出版社,1972年,第445页。
③ 《马克思恩格斯全集》第1版第26卷(第二册),北京:人民出版社,1973年,第181页。
④ 同上书,第575页。

而进行的价值形式分析在其功能上可以理解为扬弃了**专业经济学的**二律背反。在对《关于费尔巴哈的提纲》第四条的改写中,马克思对于李嘉图的批判以下面的方式显示出来:李嘉图是从经济上的自我异化,从商品被二重化为价值物(Wertding)即假想物和现实物这一事实出发的。他的理论致力于把劳动作为价值的基础。他没注意到,在做完这一工作之后,主要的事情还没有做呢。因为,产品使自己和自己本身分离,并使自己固定为一个独立的、意识之外的经济范畴王国,这一事实,只能用社会劳动的自我分裂和自我矛盾来说明。因此,对于社会劳动本身首先应当从其矛盾中去理解,然后用排除这种矛盾的方法在实践中使之革命化。因此,例如,自从在劳动中发现了价值的秘密之后,劳动本身就应当在理论上受到批判,并在实践中受到革命改造。在这里我们已经有条理地涉及了上述已经揭示了的从抽象到具体、从价值到价值的表现形式的问题。

现在我们来研究一下这个问题,商品与货币的质的关系是如何构成的,即什么形成了"相对价值表现的形式内容"。我首先设定金本位制,即 20 尺麻布 = x 克黄金或 20 尺麻布值 x 克黄金。这一等同意味着麻布和黄金不仅仅被假设为相同大小的价值,而且还以一种特有的方式相互纠缠:麻布被设定为同黄金"大小相同"和"本质相同"。除了黄金,麻布的价值还可以在任何一个其他商品的使用价值中表现出来,例如上衣。"**麻布的价值存在**是通过这样一种**关系**表现出来的,在这种关系中,**另一种**商品上衣**和麻布等同**,或被认为和麻布在质上等同。"[1]作为使用价值的上衣是无

---

[1] 《马克思恩格斯全集》第 2 版第 42 卷,北京:人民出版社,2016 年,第 808 页。

法用黄金替代的。麻布就是麻布而不是黄金。当相对物已经被设定为价值,确切地讲是"绝对价值"而同黄金"本质相等"的时候,产品才是"相对价值"。麻布作为价值等同于黄金"正如两个鸡蛋相像一样"①。"作为价值,商品**是**货币"②:因此麻布作为价值就是黄金。"在商品生产的基础上笼罩着劳动产品的一切魔法妖术"③,在自相矛盾的关系中表现了出来,商品是其自身同时也是与它不同的东西:货币。商品因而是同一性与非同一性的同一。商品本质上等同于货币然而同时又与它不同。众所周知,这种"差异性中的同一"被黑格尔的术语"二重化"(Verdopplung)来加以指认。这一辩证的概念被马克思运用来指称商品—货币等同的结构:商品交换"造成了**商品分为商品和货币这种二重化**,即造成了商品得以表现自己的使用价值和价值之间的内在对立的一种外部对立"④。

商品—货币等同正是同一性定律的经济学扬弃。人们总是可以回想起在价值的"尺度"和一种自然特征的尺度之间的结构区别。正因此一升水在重量上就是一千克。一定量的水被定义为重量单位。然而这绝不意味着一物的重量在水的空间尺度上"表现"和"实现"自身。作为水的水并不是重量的表现形式。作为重量的"对象化"的物和现实的水并不是处于一个辩证的关系中,这样以至于作为重量的物同一个占据空间的现象的水同一,而与此同时,

---

① 《马克思恩格斯文集》第 5 卷,北京:人民出版社,2009 年,第 67 页。
② 《马克思恩格斯全集》第 2 版第 30 卷,北京:人民出版社,1995 年,第 89 页。黑体字由巴克豪斯所为。——译者注
③ 《马克思恩格斯文集》第 5 卷,北京:人民出版社,2009 年,第 93 页。
④ 同上书,第 125 页。黑体字由巴克豪斯所为。——译者注

在质的某些特定方面又与之不同。物并没有"二分化""二重化"为重量和水的"承载者"——它不是同时是它自身又是另一个东西。恰恰在这一方式之中商品和货币的关系被建构了起来。一个商品的价值同它的使用价值要区别开来,只有通过它在另一个使用价值中表现出来,因此"说商品在它作为使用价值的直接存在形式上不是价值,不是价值的适当的形式,那就等于说,商品作为某种从物质上看的他物,或者作为和某种他物相等同的东西,才是价值的适当的形式"①。商品变成了一个"从物质上看的他物",然而却在它的另一个存在中保留自身。在"20尺麻布等于1件上衣"这一表达中,一个物的价值通过另一个物来表现。这一价值表现造成了一种奇特的"颠倒":上衣"和它自身一模一样",上衣作为使用价值,直接地就被视为价值:"在货币上,物的价值同物的实体分离开。""但是,一方面,交换价值自然仍旧是商品固有的质,然而它同时却存在于商品之外。""因此,在货币中,交换价值作为某种他物同商品相对立。""商品作为交换价值的一切属性,在**货币**上表现为和商品不同的对象。""交换价值,获得一种不依赖于商品的,在一种特别的材料、特有的商品上独立化的存在。"②麻布和上衣谜一般的等同改变了上衣的经济规定性。由于麻布"把上衣**作为价值**和自己**等同**起来,而同时它自己又**作为使用物品**和上衣**区别开来**,上衣就和麻布**物体**相对立而成为麻布**价值**的**表现形式**……因为麻布作为价值和上衣是同样的东西,所以上衣的自然形式就成为麻

---

① 《马克思恩格斯全集》第2版第31卷,北京:人民出版社,1998年,第201页。
② 《马克思恩格斯全集》第2版第30卷,北京:人民出版社,1995年,第99、100、138、94、139页。

布自身价值的表现形式"①。货币作为货币被马克思规定为一个矛盾地建构起来的整体：直接地显现为它自身对立面的、一般物的特殊的东西。"在这里，商品的对立的规定反映出来不是互相分裂，而是互相渗透。"②"这就像除了分类组成动物界不同属、种、亚种、科等等的狮子、老虎、兔子和其他等等所有实在的动物以外，还存在着作为整个动物界的单个体现的**动物**一样。这样一种个别的东西，本身包含着同一事物的所有实际存在的种类，就是**一般的**东西，如**动物**、**上帝**等等。"③问题就在于，从这里出发是否可以把握得了价值的本质。

我们将拥有某种奇特特征的某一东西的"运动"描述为自身的"转换""二重化""表现"，"总是包含在另一极端之中"，"摆脱掉它的自然形式"并"实现出来"。这些不能够由感性认知的东西被"度量"和"让渡"等。这一过程的"承载者"是一个"观念的物"（Gedankending），"没有其他的质和内容的抽象的对象性"。劳动价值论众多的拥护者，他们无意识地处理这些概念，并且从未将其逻辑的状况认作问题，他们的这种无思想性解释了语义学批评的趋势，语义学批评将马克思主义经济学家的观点作为单纯的语言拜物教而抛弃。因此在我看来，马克思主义经济学的一个迫切任务就是将自己的概念作为问题而提出。这首先就要提到价值理论的基本概念："绝对价值"和"商品"。我们已经指出了，价值作为对意识来讲"内在的东西"并没有被意识到；它将自己设定为相对

---

① 《马克思恩格斯全集》第 2 版第 42 卷,北京：人民出版社,2016 年,第 38—39 页。
② 同上书,第 40 页。
③ 同上书,第 47 页。

于意识的一个异在的东西。

这恰恰就是西美尔所指出的问题,将价值确定为一个形而上学概念,"同样地,它位于主客体的二元论之外"①。尽管价值作为一个观念的东西,它却不是形式逻辑意义上的"概念":一种特殊的差别就如一个物质的相关概念一样很少地展现出来。它不是类概念,而是"一个同逻辑范围,同某一种独立要素的特征同一体完全不同的概念的东西"②。对于传统上帝概念的提示展示出马克思将"**一般的东西**"理解为一个将所有规定的总体包含于**差异性**之中的一个**统一**。这一现在仅仅直接指涉货币本质的规定是否对于"一般的对象"也是有效的呢?价值看起来仅仅是同使用价值处于一个"统一"之中。这种"统一"被称作商品——一个"感性的而又超感性的物"。物在传统哲学的意义上既不是一个物质的东西也不是一个"超验的对象"。商品,作为一个既是感性的又是超感性的,同时具有使用价值和价值的特征的东西,是不可想象的。这些特征不能够在纯粹的层面上由第三者来综合为一个整体。

商品暂时以如下的方式被描述。众所周知的就是一种同使用价值的"关系"。商品作为使用价值"彼此是漠不相干的存在,更恰当些说,是没有任何关系的"③。然而直接的东西同时也永远是一种间接的东西。一个使用价值同自身的关系以及同另一个使用价值的关系,表现为两个同自身等同的使用价值的一种直接关系。

---

① 西美尔:《货币哲学》,陈戎女等译,北京:华夏出版社,2002年,第12页。
② 特奥多·阿多诺:《社会学和经验研究》("Soziologie und empirische Forschung"),《社会学Ⅱ》(*Sociologica Ⅱ*),美因河畔法兰克福:欧洲出版社,1962年,第217页。
③ 《马克思恩格斯全集》第2版第31卷,北京:人民出版社,1998年,第436页。

在这两种使用价值的等同之中,其中的一个同其自身并不被相等地设定,这一点被忘记了:"我使每一个商品＝某个第三物;也就是说,使它和自身不相同。"① 作为使用价值的商品并不是价值,仅仅意味着"作为某种从物质上看的他物,或者作为和某种他物相等同的东西"②。作为"同自身不同的东西",物始终在其自身的区别之中与自身同一,它"和**作为使用价值的自己**区别开来"③并获得了具体的同一性。价值与使用价值的"统一",自我区别之中的统一被描述为商品向商品和货币的二重化。"潜藏在商品中的使用价值和价值的内部对立,就通过外部对立,即通过两个商品的关系表现出来了。"④与此同时,一种"**颠倒**"产生了:使得黄金变成货币的商品的价值,在商品上仅仅呈现为观念的量的黄金,也就是说,作为交换价值或者价格。"中介运动在它本身的结果中消失了,而且没有留下任何痕迹。"⑤同古典劳动价值理论不同,对马克思来讲,价值不只是价值量的决定基础,而首先是形成那种在其自我"中介的运动"中作为关系的关系的东西。因而价值对于马克思来讲不是一个在毫无特点的僵死性中的一个无运动的实体,而是一个自身在差异性中展开的东西:主体。"但是,流通的全程就其本身来看,就在于,同一交换价值,作为主体的交换价值,一次作为商品出现,另一次作为货币出现,并且它正是这样的一种运动,在这种运动中它在这两个规定上出现,在每一个规定上都作为这一规定的

---

① 《马克思恩格斯全集》第2版第30卷,北京:人民出版社,1995年,第92页。
② 《马克思恩格斯全集》第2版第31卷,北京:人民出版社,1998年,第201页。
③ 《马克思恩格斯全集》第2版第42卷,北京:人民出版社,2016年,第37页。
④ 《马克思恩格斯文集》第5卷,北京:人民出版社,2009年,第77页。
⑤ 同上书,第112页。

对立面保存自己,即在商品上作为货币,在货币上作为商品保存自己。"①

不言而喻,商品向商品和货币的二重化,只有在物的这种对抗性的联系被表达为一种人的联系的时候——这种人的联系以同样的方式处于一种对抗性之中——才可以得到解释。反过来讲,这种"人的社会关系"只有被如此规定,即从其结构来理解对抗性的"物的关系"。

"感性的而又超感性的"物将一种现实性**独特地**(*sui generis*)描述了出来,这种现实性既不能够被归结为劳动过程的技术和物理的方面,也不能够被归结为人的意识和无意识的内容。对于马克思来说,抽象的价值对象性就是社会客观性。因为这种现实性的尺度既是主观的又是客观的,它就同那种仅仅是通过有意识的行动建构起来的社会联系区别开来。

价值形式的分析对于马克思的社会理论具有三个方面的意义:它是社会学和经济理论的结合点;它开创了马克思的意识形态批判和一种特殊的货币理论,这种理论确立了生产领域对于流通领域的优先性,并因而确立了生产关系对于"上层建筑"的优先性。"货币的不同形式可能更好地适应不同阶段的社会生产;一种货币形式可能消除另一种货币形式无法克服的缺点;但是,只要它们仍然是货币形式……那么,任何货币形式都不可能消除货币关系固有的矛盾,而只能在这种或那种形式上代表这些矛盾。……一种杠杆可能比另一种杠杆更好地克服静止的物质的阻力。但

---

① 《马克思恩格斯全集》第 2 版第 30 卷,北京:人民出版社,1995 年,第 223 页。

是，每种杠杆都是以阻力始终存在这一点为依据的。"①

同物质的再生产过程的一个理性结构相对立的"阻力"，在马克思看来，是抽象的价值对象性。物质生产的特殊形式——私人生产者的社会劳动——解释了这样一个事实：在生产和再生产过程作为"基础"的历史唯物主义中，意识关系只能被规定为"上层建筑"——"杠杆"是以"阻力始终存在这一点"为依据的。只要个体"既不从属于某一自然发生的共同体，另一方面又不是作为自觉的共同体成员使共同体从属于自己，所以这种共同体必然作为同样是独立的、外在的、偶然的、物的东西同他们这些独立的立体相对立而存在。这正是他们作为独立的私人同时又发生某种社会关系的条件"②。

对马克思来讲，货币并不是"单纯的符号"，而是表象和真实的复合体：独立个体对象化了的社会联系。"货币本身就是**共同体**，它不能容忍任何其他共同体凌驾于它之上。"③与之相反，对于唯名论的货币理论来讲，"金银就是没有价值的东西，不过它们在流通过程中**作为商品的代表**获得一个虚拟的价值量。它们经过这个过程不是转化为货币，而是转化为价值"④。流通手段仅仅被理解为货物流通的"货币的面纱"（Geldschleier），货币的流通在根本上也只是一种副属性的运动。在马克思看来，这些理论家误解了颠倒的本质，因而也误解了货币的概念起源。"货币本来是一切价值

---

① 《马克思恩格斯全集》第2版第30卷，北京：人民出版社，1995年，第69—70页。
② 《马克思恩格斯全集》第2版第31卷，北京：人民出版社，1998年，第355页。
③ 《马克思恩格斯全集》第2版第30卷，北京：人民出版社，1995年，第175页。
④ 《马克思恩格斯全集》第2版第31卷，北京：人民出版社，1998年，第559页。

的代表;在实践中情况却颠倒过来,一切实在的产品……成为货币的代表。"①"作为价格,一切商品,在不同形式下都是货币的代表。"②在唯名论的货币理论和多元的社会理论之间的联系能否被证明,还有待研究。

我们最后将目光投向那些尽管由实证主义的作者们认识到然而却没有解决的问题之上,这些问题能够由马克思的形式分析来理解并借此来证明它的现实性。提及非马克思主义经济学,雅恩准确地发现:"对于他们来说,资本时而是货币,时而是商品:一方面是生产资料,另一方面是一种价值总量。它始终固定在个别的表现形式中,和其他东西没有内在的联系。……在资本的循环过程中发生的既不是货币,也不是商品,既不是生产资料,也不是劳动,而是在货币形式、商品形式和生产形式中交替显现的价值。这一形态变化(Metamorphose),只有价值才能够做得出来。"③

资本一方面是货币,另一方面是商品。很显然资本还是这二

---

① 《马克思恩格斯全集》第 2 版第 30 卷,北京:人民出版社,1995 年,第 99 页。
② 同上书,第 141 页。
③ W. 雅恩:《马克思的价值和剩余价值学说》,第 332 页及以下几页。然而也没有充分评价艾里希·普莱泽(Erich Preiser)将资本仅仅定义为货币资本的观点。普莱泽也正因此排除"形态变化"概念:"在我看来,这并不是合目的的,即将这些简单的事实情况描述为资本的形态变化,或者通过其他形象来遮掩。货币并不能够转化为商品,经济的生活不是魔法表演。"[艾里希·普莱泽,《国民收入的构成和分配》(*Bildung und Verteilung des Volkseinkommens*),哥廷根:范登霍克和鲁普雷希特出版社,1963 年,第 106 页。]只要马克思主义理论不能够揭示那种必然被描述为商品和货币的形态变化的社会联系是如何被建立的,弄清用语的怪异表达的是现实的怪异,仍然只是一个保证。但是占统治地位的经济学主流观点是否能够在每一个分类方法中将对实际资本和生产性资本概念的排除坚持到底,还值得怀疑。施耐德(Schneider)支持普莱泽的观点,人们能够精确地描述经济学的重要进程,而无需资本的概念。在他对经济增长理论的描述中刚才还被否定的"生产物资本"(Erzeugersachkapital)和"资本基本资金"(Kapitalstock)概念,就如凤凰涅槃般再现了。

者以外的东西。但这样恰恰造成了一种混乱。资本既不是这个也不是那个,而又既是这个又是那个。这也正是资本被称为一种"具有决定性意义的东西"的原因。为了思考这个"具有决定性意义的东西",人们觉得不得不去思考那些在主观价值理论的基础上根本没有被思考过的问题:"绝对价值"。一种曾经以黄金的形态被描述的东西——然而却没有与这种作为黄金的黄金等同起来——随后又作为商品或者劳动力被描述。在简单的商品交换过程中这种两难情况看似还没有显现出来:商品表现为物,本身便同其他的物即黄金区别开。在这里,人们还相信能够放弃"内在联系"和"内在运动"的分析。反之在资本这一问题上,人们不得不去构造一个不允许等同于作为黄金的黄金的"抽象的价值总量",因为它还要在另外的资本货物上"体现"出来。"所有的资本都处于一种**持续的形态转变**之中",茨维迪内克-祖登霍斯特这样写道。① 当主观经济学的代表人物谈论"形态转变",接受马克思的资本周转公式 G_1—W—G_2,然而却没有为那种具备推动这种"形态转变"的特征的主体命名时,一定是令人感到惊异的。

价值形式的问题内容并不因人们无视马克思的解决方法和叙述就能够消除。我们因此也可以看到,劳动价值论的批评者偶尔也会以自我批判的眼光,发觉那些未解决的问题,正是这种悬而未决构成了被他们忽视的价值形式分析的对象。对于刚刚被批判的、作为"形而上学的教条"而被摒弃的客观价值理论和在接下来的段落里被描述的质的价值问题之间那种联系的无意识,在琼·

---

① 奥托・冯・茨维迪内克-祖登霍斯特(Otto von Zwiedineck-Südenhorst):《一般国民经济学》(*Allgemeine Volkswirtschaftslehre*),柏林:施普林格出版社,1932 年,第 102 页。

罗宾逊的《经济学学说》中典型地表现出来。这位作者没有认识到，她对于经济的**量**的**质**和经济基本概念的本质的追问，恰恰描述了围绕着马克思思想的那一问题的复杂性："建构模型变得越来越流行，在这些模型中出现了'资本'的量，人们对之却没有任何说明，正如人们通常通过勾画一个图表回避了给予使用概念一个实践的内容这个问题一样，人们也就通过将'资本'的量转译为代数学回避了给予'资本'的量以意义的问题。K 是资本，AK 是投资。但是什么是 K？这是什么意思？当然是资本。它必须有一个意义，因而我们就要继续这一分析，而不想像一个吹毛求疵的老学究一样拼命渴望知道，它指的是什么。"①琼·罗宾逊揭示了现代经济学两难的处境，现代经济学一方面发展了复杂的数学方法来计算价格和货币的运动，另一方面却疏于去思考它究竟是什么，什么构成了他们计算的对象。然而人们停留在了琼·罗宾逊的思考方式上，因而他们同样遭遇着现代经济学所面对的问题：从他们自身的角度来讲，"**关于什么的量？**"这个问题被塑造为"形而上学的"，因为就是这样的问题情况，对于"超自然特征的"价值的起源或者——同样也意味着——对于价值的"实体"的追问构成了马克思思考的对象。实证主义排除质的问题的方式——"如果我们真正地尝试去把握它时，货币和利率就和货物与购买力一样表现为不可把握的概念"②——这同琼·罗宾逊以接下来的方式讽刺的

---

① 琼·罗宾逊：《经济学学说》(*Doktrinen der Wirtschaftswissenschaft*)，慕尼黑：贝克出版社 (Verlag. C. H. Beck)，1965 年，第 85 页。
② 同上书，第 109 页。唯名论的货币理论好像在研究奇怪的现象，"金（贵金属）的一定的相应部分的重量所取得的名称，如镑、先令、便士等等，由于某种难以（转下页）

那种声名狼藉的形式主义相符合:"新古典主义经济学的现代代表人物躲向了愈发复杂的数学运算之中,而对关于其可能具有的内容的问题愈发畏惧。"①

当现代货币理论的权威表述局限于将货币定义为"一般的交换手段"时,什么构成了特殊与一般的交换手段之间、商品与货币之间的特殊区别的问题就始终是有待解答的。只有当这两个联系作为一种处于区别性之中的统一时,那个逼迫着经济学思想将货币当作"不可把握的概念"的"幽灵"才会消失。

将商品与货币的联系仅仅作为社会的而非物的联系来把握,这种本身浅薄的认识也是主观经济学的代表人物所主张的。从将主观的价值仅仅作为一个主体和一个客体之间的**心灵上的**联系的判断出发,阿蒙正确地认识到:"一种在本质上区别开的客观自然的联系被以'客观交换价值'的概念表达出来。这是一

(接上页)解释的过程,脱离开以它们命名的那个实体而独立起来"(《马克思恩格斯全集》第2版第31卷,北京:人民出版社,1998年,第206页)。与那种仍为"不可解释的过程"而困惑的非金属货币理论的创立者相区别,货币理论的现代教科书从未将这个问题看作是值得一提的。科纳普(G. F. Knapp)至少发现:"支付手段的一种真正的定义很难被给出。"[G. F. 科纳普:《货币的国家理论》(Staatliche Theorie des Geldes),莱比锡:东克尔和洪布洛特出版社,1905年,第6页。]按照他的学生埃尔斯特(K. Elster)的观点,他认为"支付手段这一概念——他无法成功给出它的定义——应作为那种最终的、原初的,不能再进行更多定义的概念看待"[K. 埃尔斯特:《货币的灵魂》(Die Seele des Geldes),耶拿:费舍尔出版社,1920年,第4页及以下几页]。埃尔斯特甚至在谈及经济问题时说:"我无法相信这一问题是可以解决的。……人和经济对象之间内在心理上的联系——收益,才是经济所追逐的乐趣……这种心理上的事实情况可能永远不能以数字的方式表现出来。它们属于两个完全不同的世界:价值和数量,也叫作价格。"主观价值论的代表在这里面对了"那个人的理解力无法把握的问题"。(琼·罗宾逊:《经济学学说》,第52页及以下几页。)

① 琼·罗宾逊:《经济学学说》,第156页。

种**社会**联系。"①这种考虑会使得经济学的分析转向一种社会学的分析。社会的联系在阿蒙看来是和国家、家庭和友情等一样的"意识事实"和"意志联系"。"资本、货币和企业正是这种社会事实。"②他将资本视作"集中的和抽象的……无人格性的社会权力",而将企业家视作"集中的和抽象的个人的支配权力的承载者"。这一概念不能够满足他用社会学的方式来解决经济学的范畴,是显而易见的。"抽象的支配权力"只是那种经济学事实的另一个称呼罢了,而它也是可以以社会联系来解释的事实:**购买力**。这种对经济学范畴的同义改写也诱使阿蒙将资本仅仅当作和友情、家庭一样的"意识事实"和"社会联系"。然而这种规定他自己也是否定的,当他发现抽象的支配权力只是一个"建立在实在的财富上然而本质上却不同的东西"的时候。但这种在物质财富上的"局限"却使得抽象的支配权力在质上同友情或者家庭这样的社会联系区别开来。那些同现实的财富联系在一起然而同时又与它们相区别的东西,无疑提出了一个实证主义的行动理论无法理解的问题:唯物主义的综合形式。

---

① 阿尔弗雷德·阿蒙(A. Amonn):《国民经济学的基本概念与基本问题》(*Volkswirtschafliche Grundbegriffe und Grundprobleme*),伯尔尼:弗朗克出版社(Verlag A. Francke),1944 年,第 134 页。
② 阿尔弗雷德·阿蒙:《国民经济学的对象与基本概念》(*Objekt und Grundbegriff der Nationalökonomie*),维也纳:弗朗茨·多提克出版社(Franz Deuticke),1911 年,第 409 页及以下几页。——最新制定的一种"货币的社会理论"(格洛夫)或者将"国民经济学作为社会学"(阿尔伯特)来建构的尝试,并没有超越阿蒙的见解。在阿尔伯特(H. Albert)看来,"价格问题的社会学阐释……从价值理论走向了权力分析。……权力现象……因而被当作一种被理解为社会学的一体的构成部分的国民经济学的核心问题"。[H. 阿尔伯特:《市场社会学和决策逻辑》(*Marktsoziologie und Entscheidungslogik*),新维德:路西特汉德出版社(Luchterhand),1965 年,第 496 页。]

一种试图从不同的个体的一种**有意识的**"相互联系"中得出社会联系,并将"反身性"和"意向性"作为构成社会活动的决定性标志的社会理论,单单在没有将经济范畴归于意识和非意识的内容这一点上就必然会遭遇失败。"这些产品的生产者的'意识'可以完全不知道他们的商品的价值实际上是怎样决定的,或者说,是什么东西使他们的产品成为价值的,——对于意识来说,这甚至可能不存在。产品的生产者被置于决定他们的意识的条件下,而他们自己却不一定知道。每个人都可以把货币作为货币使用,而不知道货币是怎么一回事。经济范畴反映在意识中是大大经过歪曲的。"①

---

① 《马克思恩格斯全集》第 1 版第 26 卷(第三册),北京:人民出版社,1974 年,第 177 页。

阿多诺论马克思与社会学理论的基本概念*
——整理自1962年夏季研讨课的课堂记录

[德] 汉斯-格奥尔格·巴克豪斯　整理

李乾坤　译

关于波普尔的"社会唯名论"：在波普尔看来，规律概念等同于反复发生的事情过程的合规则性。事实上，规律概念所涉及的是将一个特定过程固定于它自身的结构之中。对于实证主义来说，关键在将科学中的劳动分工实体化并借此拒绝规律概念，当波普尔认为历史科学不能验证规律概念的时候，情况就是这样。在这里，历史科学被孤立了。马克思被指责为"经济主义"。阿多诺指出，有一些精神上的关联，它们是如此独立的，假如人们将其毫无保留地还原到经济的原因上，那么就让马克思声名狼藉了。问题毋宁是找出导致精神关联的独立化这种结果的条件——这就是我们的任务。这种独立化本身是从社会的动力学中推导出

---

* 本文是汉斯-格奥尔格·巴克豪斯对阿多诺1962年夏季研讨课课堂笔记的整理。原文出自巴克豪斯著作《价值形式的辩证法：马克思经济学批判研究》的附录。——编者注

来的。

波普尔指责马克思是"本质主义"。马克思或许会对此嗤之以鼻,并更乐意说自己是"唯名论者"(将黑格尔头足倒置)。尽管如此,我想说波普尔在如下意义上是正确的,即在马克思那里结构概念是独立的,没有这种结构概念的话,在马克思那里社会的多样性就不可理解,而波普尔在根本上是对理论怀有敌意的。一旦人们放弃了概念的独立性因素,也就否定了理论的可能性。理论就会被某种要求所取代,即社会学作为社会的某种代理,必须准备好完善地组织了的事实,以在各种统治实践中得到应用。

波普尔对开放社会的要求是从哪里来的呢?这本身恰恰就是一个普遍概念,它表现得非常直接。在这里,普遍概念是被相当幼稚、缺乏反思地引进来了。对于个别的人来说,"人道的"(Humanitär)就是一个普遍概念。

关于社会唯名论问题:启蒙将越来越多的普遍概念认知为是我们自己创造的。启蒙要看穿我们所创造的东西的独立性假象:正是人生产出了全部这些表现得独立的东西,它是习俗性(thesei),而非自然性(physei)。波普尔指责马克思和黑格尔是传统遗留下的概念拜物教,但是没有哪一个关于某个事实的意识不是经过意识中介了的。

人们禁止谈论普遍概念,并因此认为已经扬弃了外在的规定性。社会的形象被缩减到事实之上,这些事实应作为个别的人的产物,以能够被作为事实来思考;而人却被联合为超越了个别的具体行动的集合,以至于这些据说应作为第一性的事实,实际上也是被中介了的。它们应直接向我们呈现出来,仿佛它们是最真实的,即便在它们之中隐藏了一个并不直接的整体。波普尔可能并不反对对制度进行经验研究。不过,当我谈论本质的时候,波普尔却认为本质是概念神话而不予理会。当我将我们社会的结构作为统握性的总体来谈论的时候,实证主义者们就会说:资本主义社会并不存在,我们的社会是多元主义的。那么请问:是否真是这样,概念是否真的只是认知主体添加在材料之上的东西?或者说,在客体中是否也存在着我们不得不去接触的像概念一样的东西?

在这里,开始谈论核心的问题。我们的回答在这一点上让我们的法兰克福学派区别于所有其他的社会学流派。交换本身就是一个抽象过程。无论人类是否了解,当他们进入交换关系中,将不同的使用价值归结为劳动价值,他们就让一种概念性操作在现实社会的层面发生。这就是实践中的概念客观性。这说明了概念性不仅仅存在于哲学家的头脑里,也隐藏于事物本身的现实性之中。这样,当我们谈论本质的时候,我们恰恰描述了社会自身,尽管我们对此一无所知。如果我们坚持这种事实,那么我们自己就会遭遇概念,就会不得不回溯到事物本身中的概念,而不是在事后让事物归纳在秩序概念之下。当波普尔谈论异化、抽象时,他已经接近这个环节了:人们之间的关系是一种抽象关系。概念不能被拜物教化,而应当始终嵌入与事实的辩证法之中。概念结构本身就是一个事实。

自然科学的客体并不拥有意识。假如不是主体来完成那种抽象的话,也就是说作为主体,如果不是作为思维着的主体的话,那么客观概念性也就不能完成。客体并不直接是主体,但是在抽象所必要的东西的意义上,在客体之中却也隐藏着主体的东西。客体绝不是自足之物。只是人们不能将之绝对化,因为这里存在着第二自然的环节,第二自然拥有将一种对我们来说不透明的东西强化的趋势。社会性东西的优势是如此之强,以至于社会看起来好像完完全全就是第一自然。实证主义这样被社会迷惑,以至于它将第二自然当成了第一自然,将社会的数据等同于自然科学的数据。在这些问题上,我们的学派与世界上所有其他社会学流派是对立的。

当我们说事物之中存在着一个概念性环节,这并不意味着社会建立在概念性的东西之上。如果没有概念性环节介入的话,人们不可能达成交换关系。这是一个抽象过程,它按照等同性将等同之物和另一个等同之物关联起来(Gleiches mit Gleichem auf Gleiches bezieht)。否则,非理性就会主宰社会。正是计算等式这一因素,奠定了资产阶级社会与封建主义差异的基础。甚至即便单个人没有这种绝对交换的观念,仍然还会在向等同性的东西的客观还原之中,客观地存在一个抽象的过程,抽象过程与概念环节具有同等的客观性,而与人们是否反思这个问题无关。相反,这种概念环节的权力越大,它就愈加不是人类思维的产物,而是寓于事物本身之中的。因此,概念就是事物本身,而不是为概念所把握的诸事物的主观特征统一性。

这种概念客观性完全不是神话学式的概念实在论所讨论的那种客观性,相反,它包含了整个唯名论。交换关系中的概念性本身就是一种事实性。

这里已经存在着某种客体相对于概念的优先性,类似地,也存在着唯名论的动机相对于唯实论的动机的优先性。当我们说概念和事实二者都是环节,这并不是说二者拥有同样的地位。一方相对另一方有着不可穿透的支配地位。这样,我们就不会堕入某种神话之中。

马克思指责黑格尔将谓词,即活动、功能,变成了主词。按照马克思自己的理解,他是一个纯粹的唯名论者,但从他的客观结构来说却绝不是。

黑格尔确实说国家概念在历史上要先行于社会概念。人类首先遭遇的社会是作为国家的社会。但与此同时,《法哲学》中的道路,就是社会通过自身的辩证法最终走向国家,即国家是社会的产物。

马克思是极端反人类学的、反心理学的。他的真正兴趣在于将人去人化(den Menschen entmenschlichen)的制度。他并没有对人进行分析,相对于历史本质而言,这是肤浅的。

马克思对黑格尔的理解是很成问题的,不过,成熟时期的马克思恰恰恢复了与黑格尔左派相对的概念客观性。

人是不断再生产自身的生命存在。人类通过自己,通过社会劳动成为人类;只有通过社会劳动的各个阶段,人才能成为人的概念,即成为真正的、自由的人。

马克思将一个脱离定在的物质方面的精神概念归咎于黑格尔。在黑格尔那里,精神被描述为总体,劳动的各种规定绝不是与之相分离的精神原则,而是被黑格尔认为是人与自然的搏斗,只是总体运动被解释为一种精神运动。然而,劳动中的诸环节同样是物质的环节,而非某种孤立精神的活动。奴隶不是知识分子。精神仅仅存在于主人和奴隶之间所发生的一般关系之中。在某种意义上，对象性(Gegenständlichkeit)在黑格尔那里比在马克思那里有着一种更为确凿的意义，因为与一个自由社会相对，这里还留存下了无法消解的制度性剩余。

阿多诺：(这涉及了本次研讨课最核心的讨论)在马克思那里，政治经济学批判究竟意味着什么？(1)对古典自由主义理论的批判。(2)对经济本身的批判。即既是批判自由主义的自我理解(尤其是在《资本论》第四册即《剩余价值理论》中)，又是批判自由主义本身。马克思所进行的是对自由主义的内在批判。在东方，马克思服务于统治关系，这种马克思属于低俗文学的范围。在西方，有人认为，[1]马克思的理论以主观的—无产阶级阶级意识为出发点。这恰恰是不得要领的说法。自由主义理论所面对的是处于交换行为之中时它自身的诉求。"你们说，是等价物被交换，有一种自由的和公正的交换发生，我暂且接受你们所说的，现在我们要看看，它是如何表现的。"这就是内在批判。也有其他人察觉到了人成为商品。马克思指出："应当对这些僵化了的关系唱一唱它们自己的曲调，迫使它们跳起舞来！"[2]不是用另一种不同的东西来反驳资本主义社会，而是问问这个社会是否符合自己的游戏规则，这个社会是否按照自己所宣称的规律运动。现在，马克思并不是简单地说，不，这是错的，而是慎重地使用了辩证法，而不是简单地玩弄辩证法的辞藻。在交换中，某些东西是等同的，又并不等同，它以公正的方式进行，同时又不是这样。自由主义的理论符合它们自身的概念，但正因为与之相符合，它也与自己的概念相矛

---

[1] 这里影射卢卡奇。——译者注
[2] 《马克思恩格斯文集》第1卷，北京：人民出版社，2009年，第7页。

盾。实际上,交换关系是由阶级关系预先构成,即生产资料的不平等的支配——这就是理论的核心。这一问题在今天对马克思的讨论中几乎没有什么运用了。批判以此方式检验诸多主张,即让其面对事物,并从这种矛盾中推断出事物的发展趋势。就此晚期马克思会说,这种方法仍然太过抽象。

发展的各个阶段以在质上相互不同的方式展开。正如在黑格尔那里一样:发展的节点。相反,罗斯托①并不承认任何在质上不同的基础结构。对罗斯托而言,两个不同阶段只是量上的多少的差别,而没有质上的差别。马克思并不是简单的经济史学家,在他那里历史和系统的环节都是被中介的,历史过程本身也被看成是从一个结构到另一个结构的一种逻辑上的必然过渡。马克思自己与那些静态的学说划清界限,同样也区别于那些只是描述不同阶段的单纯历史学家。概念完全是被历史化了的。过程在形式上是唯心主义的,它是概念的自我展开,在马克思那里是生产形式的自我展开。双重拒绝:既拒绝了永恒的唯心主义,也拒绝了描述性的实证主义。

商品以它的交换价值为标志。恰恰并非是需求构成了商品。商品价值不是源于需求,而是源于生产的客观条件,需求尽管被列入了生产的客观条件,但却只处于最后的位置,也就是通过利益的中介消除其物质内容。客观理论的特征在于不是从需要出发,而是从制度出发,从事实上的权力关系、支配关系出发。"你们总是说,人们应当从需求来解释经济学,但是经济的运转并非首先服务

---

① Rostow,全名是沃尔特·惠特曼·罗斯托(Walt Whitman Rostow),美国自由派经济学家。——译者注

于需求,需求只有在最大的牺牲和体系的恐怖压榨下才能被满足。"需求只是顺带着的东西,因此经济学一定不能从需求出发,因为世界并不是按照我们的需求来运转的。需求只是一个附带现象。

关键在于生产机制相对于需求的优先地位。必须反对如下的反对意见,即马克思所描述的现象也可以主观地表达出来。

马克思的方法在于通过范围极广的差异性,而后排除掉抽象。我想在这里提出一个问题,即这是否与辩证法相合,或者说是否在这里马克思已经严重违背了辩证法原则。

让商品变得可以交换的东西,是社会必要的抽象劳动时间的统一性。抽象劳动,因为将一切还原为一,而这个一是从使用价值、需求抽象而来的。

当一个商人算计的时候,他不会考虑到商品得以存在的条件,也不会考虑商品对什么有益,而是关注劳动时间、利润、材料。这就是组成商品的东西,但也因此让商品成为某种固定的东西、物性的东西(Dinglichem)的总和。通过抽象劳动时间,所有活生生的缔约人都抽象化了。这样的抽象让被交换的东西从表象上看成了物自身。社会关系看起来就像是一个客体的物的特性的总和。商品拜物教的概念恰恰就是这种必然的抽象过程。通过抽象的完成,商品不再表现为一种社会关系,而是表现为好像价值就是一个物自身似的。

交换始终是社会的钥匙。商品经济的特点是,交换的标志特征——交换是一种人们之间的关系——消失了,并且表现得好像它是用于交换的物自身的一种性质似的。并非交换被拜物教化了,而是商品被拜物教化了。这就是凝结在商品之中的社会关系,被视作一种自然的质，一种物的自身存在（An-sich-Sein der Dinge）。假象并非交换，因为交换是真实的。交换过程中发生的假象在于剩余价值概念。

然而，拜物教化的观念也不仅仅是假象，因为只要人们在事实上依赖于这些对他们来说无法穿透的客观性，物化（Verdinglichung）就不仅仅是一种虚假意识，而同时还是现实，只要商品真的与人相异化。我们的确依赖于商品世界。一方面，商品拜物教是假象，另一方面，它是极端的现实——这显示出物化商品（der verdinglichten Ware）相对于人而言的优势地位。假象范畴实际上就是现实的范畴，这就是辩证法。

只有当我们不是将商品的拜物教特征这样的概念单纯地转换为主观范畴，才能够理解这些概念。这里说的并不是百货商店里的商品给当今的人们带来的影响。这里讨论的并不是对个别商品在心理上的拜物教化，而是商品经济的客观结构。在交换价值作为统治原则的社会中，这种拜物教化的产生是必然。最关键的是，作为社会关系的商品消失了，物化意识的所有其他的反作用都是次生的东西。

确切地说，商品就是意识形态的原形式，不过商品本身并非简单的虚假意识，而是源于政治经济学的结构。这就是意识是由存在决定的真正原因。关键在于，经济形式的客观结构是从自身内部完成了拜物教化。这就是意识形态的客观过程——不依赖于个别人的意识和意志。意识形态学说唯有在如下条件下才切中要害，即虚假意识本身表现为一个将社会凝聚起来的客观过程的必然形态。社会化自身通过这种意识形态而发生。在这里与意识形态问题相关的问题变得十分重要。即便我们能够洞穿假象,这也不会改变商品的拜物教特征:每一个商人都会在这种拜物教的意义上来算计。如果他不这样算计,他就会破产。

货币也只是劳动凝结的象征,而非物自身,这样,金融领域的过程并非首要的;相反,货币关系必须从政治经济学中推导出来。

当交换价值被独立化了,那么我们就能够将它作为物自身来追求。这种交换价值的对象化,就是 G—W—G′ 公式所表达的东西。

核心问题:剩余价值从何而来?流通领域是次要的,剩余价值已经包含于其中了。在流通领域中,企业家为剩余价值而相互厮杀,然而,这种剩余价值已经被生产出来了。

劳动力是剩余价值的来源,因为它同时是使用价值和交换价值。这是一个跳跃点。工人只是在他可以从一个部门换到另一个部门的意义上是自由的。

价值本身被定义为社会劳动。因此,机器自身并不能生产价值。机器所做的事情,都回过来指向劳动,因为机器本身也是人生产出来的。企业家谋求绝对剩余价值,但并不是因为他们是坏人。马克思和黑格尔一样,都不熟悉心理学。

马克思的"性格面具"(Charaktermaske)理论包含了角色概念(Rollenbegriff)。只是在这里,这一概念是从客观条件中衍生出来的,对主体来说,角色是通过结构规定的。今天——在帕森斯那里也是如此——并没有对角色概念的反思,它被绝对化了。我十分怀疑角色概念的根本原因是:人们不是将其理解为一个过程中的必然环节,相反将它孤立地把握。

辩证法的核心：资本家不得不努力进行剩余价值积累。为了这一目的，他们不得不改进机器，为的就是用死劳动来代替活劳动。倘若做不到，他们就会在竞争中落败。在这里，流通领域的环节反过来影响了生产领域。然而正因为资本家是被迫的，他们也创造了不再需要资本主义经济枷锁的生产力条件。其次，他们因此创造了一种转而反对他们自己的动力（Dynamik），越来越多的劳动被释放出来，因此也创造了危机的条件，也不断地增加体系自身的威胁。体系为了维持自身，正是要不断地生产出这样一些环节，因为这些环节，它自身的可能性也被不断地销蚀。自发性的意义就在于，把握这一走向整体毁灭的盲目的辩证过程，从而能够将整体扬弃在一个更高的生产形式之中。在这一过程中，只要辩证法自身是盲目的，它也为他者（für das Andere）创造条件。如果没有自由的环节加入其中的话，即任整体自行运转，那么它就将走向毁灭。

永恒的不确定性是退回到渴望农业和手工业关系的理由之一。这是其中真正的环节。另一种环节即变形是虚假的：这些关系是无法恢复的。

为了理解剩余价值概念，需要比较两种时间：劳动力生产所必需的时间，以及工人投入劳动中的时间。我们不要从工人生产的商品出发，相反，这涉及一个交换过程：工人售卖他的劳动时间，获得了他的等价物。但他付出的时间和再生产他的劳动力所必需的时间是不同的。一方面，交换是按照等价原则发生的：工人付出了他的劳动时间，并获得了用以再生产出他的劳动力所必需的东西。在这里存在着剩余价值的起源，而无需考察所生产的商品。等同的东西和等同的东西的交换，同时是等同的东西和非等同的东西的交换。这背后伫立着整个阶级关系。这仅仅是因为,工人除他自己的劳动力外一无所有,所以他才不得不接受这些条件。在这个奇怪的交换背后存在着阶级关系问题。

如果说主观理论没有能力从需求角度来解释经济的整个机制,大概也是不正确的。人们当然也可以用主观的范畴来解释,假如人们满足于勾勒出经济过程的形式主义的图式的话。但是,在这样做的时候,我们也抽离于社会权力和无力(der gesellschaftlichen Macht und der Ohnmacht)的环节。并非好像直到今天消费才被控制,它只是在今天有了一种新的、贯穿于消费控制之中的质。但是在这种社会中,主体的消费并不是经济的关键所在,因为主体自己的消费可能性依赖于:(1)整个经济总体系;人们只能在社会地位允许的范围内消费;(2)消费还依赖于当时的经济总体情况。

真正的分歧并不在于经济过程可以被这两个方向的哪一个更为清楚地描述,而是在于什么样的理论可以更充分地表达出人类经济关系发生的现实。一个不考察消费者对总体系的依赖性的方法,对于现实来说是不充分的。我们可以证明,消费习惯中的变化并不是来自主体,而是关系到客观的过程,这一过程根植于社会的结构之中。这就是为什么马克思不是从消费出发,而是从生产出发,在这里生产意味着:占有者(Verfügenden)的统治地位。这一方向更符合现实。

坐标系的选择对于事情来说并不是中立的。越能表现真实关系的坐标系就越好。如果各种关系是对抗性的(如阶级制度),那么对抗也必须在理论上表现出来。

主观经济学在本质上是对市场过程的分析,在这个过程中,既定的市场关系已经被设定好了。恩格斯十分正确地提到了德国哲学的遗产：这个问题的提出，追问的是使得剩余价值存在的构成环节，追问的是可以使体系存在的内在条件，相反，主观的学说尝试将既存的过程放到完美的公式之上。

与之不同，马克思并不关心对市场社会的描述，而是追问经验的构成要素，并对经济的范畴进行批判。这一切入点更为深刻；这个切入点来自于构成问题（Konstitutionsproblem），它使表达更多的现实成为可能。问题在于，总体的构成要素能否被把握。在人们通过现实得出的抽象步骤的表面的随意性之中，就已经存在着构成的问题。主观学说在本质上就是辩护论。对价格问题的分析相对于构成问题来说是一个附带现象。

关于批判：我们不能停留于异化现象之上，在原则上，异化本身是一种唯心主义的范畴。然而，异化源于经济的商品特征。我们不能在抽象中谈论权力问题，因为权力问题是通过人的物质生活的再生产来自我确定的。倘若只剩下异化和权力问题，马克思没有更多可告诉我们的，那么马克思就只是一个黑格尔左派。但马克思想要批判的是，权力和异化是在具体社会中是如何表现的。

相对贫困（relative Verelendung）概念[①]是极其滑稽的。假如

[①] 阿多诺在这里批判的是修正主义和资产阶级社会学所主张的"相对贫困"。相对贫困与绝对贫困观点之争始自 19 世纪末 20 世纪初。相对贫困观点认为工人阶级在资本主义条件下的生存状况只是相对恶化，并且随着生产力的进步和资本积累的进行，工人阶级的工资、生活条件会像自然规律一样提高；而持绝对贫困理论的理论家则捍卫马克思在《雇佣劳动与资本》、《资本论》和《哥达纲领批判》中的绝对贫困思想和对"铁的工资规律"的批判，认为伴随着资本积累的进行、平均利润率的下降，工人阶级劳动日的延长和工资的降低是不可避免的，工人阶级的贫困是个绝对的趋势。——译者注

没有工人对他所是的状况有更多了解的话——正如舍尔斯基[1]宣称的——那么与阶级概念相联系的可能性在哪里呢?

在马克思那里,技术概念并不明朗。这个概念来自圣西门,而圣西门没有仔细思考过他关于生产关系的立场。一方面,这些(生产关系)是桎梏;另一方面,它们(生产关系)不断地改变,变成了生产力。这就是这个概念的问题所在。

由此可见,最大的困难就内在于这个体系。马克思背负着这一连串的问题。我们处境的绝望恰恰在于,没有进一步深入研究这些问题,相反,更多是从外部批判,而没有面对理论内在的困难。一方面,这个理论在西方遭到诋毁;另一方面,在东方,它却被高度崇拜。在东方,理论被置于一种禁忌之下;在西方,掌握它被视为一种深重的罪孽。关于社会的思考的未来依赖于我们是否能解决这些问题。马克思的天才恰恰在于,他满怀着厌恶解决了那个令他感到厌恶的东西:经济。

对于那种认为社会主义导致个性丧失(Vermassung)[2]的反对意见,我们必须回应说,只有当个人不再受交换关系所规定,个性丧失才会消失。

---

[1] 海尔穆特·舍尔斯基(Helmut Schelsky),1912—1984年,德国社会学家,1935年在莱比锡大学获得博士学位。第二次世界大战后先后任教于汉堡大学和明斯特大学,主要从事德国工业化和工人问题研究。舍尔斯基的一个研究重点就是探究工业化进程中的工人阶级自我认识、工会的作用等问题。阿多诺在这里对舍尔斯基的批判,主要针对的就是这一点,在阿多诺看来,资本主义的绝对贫困规律在客观上塑造了工人阶级的阶级身份。——译者注

[2] 按照杜登语德语词典的解释,Vermassung 的动词词根 vermassen 的意思是"使某物成为大众化商品""融入大众之中",结合语境,本文将这一概念译为"个性丧失"。——译者注

马克思对政治经济学范畴的叙述[*]

[德]海尔穆特·莱希尔特

李乾坤 译

一、逻辑的和历史的方法的关系

我们对竞争概念和现存资本(dem existierenden Kapital)的研究,就其作为现存的同样进入"一般的研究"之中而言,已经揭示了在马克思看来属于资产阶级理论本质的核心误解:他们完全忽视了,他们在看待资本主义的总过程时,始终只是从单个资本家的视角来进行观察,而对单个资本家来说,这一过程展现为一个颠倒的形态。正如我们所知,《资本论》是以对"三位一体公式"——这是关于所有不同的生产要素参与到最终产品的价值增长之上的神秘

---

[*] 本文节选自海尔穆特·莱希尔特1972年出版的博士论文《论马克思资本概念的逻辑结构》(Zur logischen Struktur des Kapitalbegriffs bei Karl Marx)的第三章《范畴的叙述》("Die kategoriale Darstellung"),此处为便于理解,将标题修改为"马克思对政治经济学范畴的叙述"。——编者注

海尔穆特·莱希尔特(Helmut Reichelt),出生于1939年,德国经济学家、哲学家。曾以恩格斯的价值理论为研究对象,在阿多诺的指导下获得硕士学位,随后跟随伊林·费切尔(Iring Fetscher)做助教并在其指导下完成博士论文《论马克思资本概念的逻辑结构》(Zur logischen Struktur des Kapitalbegriffs bei Karl Marx),这部著作与巴克豪斯的《价值形式的辩证法》共同构成了新马克思阅读运动的纲领性文献。

化学说——的批判结束的,在其中确定了这种直观仿佛是作为"自然的解释方向"从事实中产生出来的,对于单个资本家来说,工资、利润和地租只是作为价格形成的要素发挥功能,作为费用参与到他的计算之中。"外在的"亚当·斯密(der „exoterische" Adam Smith)将利润也算在这些成本之中,这是企业家在一个特定的范围上通过对每个资本所产生出的平均利润率的定位而预期的利润。在这一境况下,工资范畴扮演着核心的角色,因为它掩盖了这一事实,即价值在不同范畴的分配与生产价值的劳动的形式并不同一,正如它颠倒地掩藏了这一事实,即这种劳动,只要它不拥有雇佣劳动的这种特殊的社会特征,就并不创造价值。所有的劳动因而按照其性质都表现为雇佣劳动,正如前文所探讨的,这就是生产要素的神秘力量学说的秘密原因。因此,劳动也就和雇佣劳动同时发生,故而在其中赤裸的生产者与异化的劳动条件相对立的社会形式,也和它的物质性定在同时发生。劳动手段这样就成了资本,土地因此就成了地产;生产过程的社会形式颠倒为自然形式,并被等同为简单劳动过程,而简单劳动过程成了作为人类生活前提的所有社会形态的基础。不同的收入表现出参与到简单生产过程中的不同生产手段以及劳动所承担的角色。

经济学理论的任务就是打碎这种错误的表象,我们用马克思对古典资产阶级理论批判的一些例子来说明,这一任务在多大程度上实现了。但这一任务最终不得不屈服,就是因为范畴的不可直观的本性。马克思将之归结为资产阶级理论的方法始终停留在外在,而这在马克思看来又涉及总过程的叙述形式。马克思只是顺便提到了这一事实,实际上基本只是在李嘉图那里提到。正如我们已经强调过的,马克思赞扬李嘉图的方法的严格一致性,与此同时,马克思也指出,李嘉图是从经验中拿来这些范畴,这些范畴被假定为已知的(而非尚待阐明的),为了来证明它们"和价值规律是等同的"。

"李嘉图的方法是这样的:李嘉图从商品的价值量决定于劳动时间这个规定出发,然后**研究**其他经济关系(其他经济范畴)是否同这个价值规定相**矛盾**,或者说,它们在多大的程度上改变着这个价值规定。人们一眼就可以看出这种方法的历史合理性,它在政治经济学史上的科学必然性,同时也可以看出它在科学上的不完备性,这种不完备性不仅表现在叙述的方式上(形式方面),而且导致错误的结论,因为这种方法跳过必要的中介环节,企图**直接**证明各种经济范畴相互一致。"① 在这一语境中,"必要的中介环节"应当如何理解,在这里还没有被讨论;从根本上讲,毋宁说这是一个指示,即一种外在地使用范畴的方法必然导致对总过程的一种错误的叙述方式。这在几页之后又被明确地强调:"李嘉图著作的非常奇特的、必然谬误的结构,也是由此而来。……李嘉图的理论完全包括在他这部著作的前六章中。我说的这部著作的错误结构,就是指这一部分。另一部分(论货币的那部分除外)是实际运用、解释和补充,按其内容的性质来说是杂乱地放在那里的,根本不要求有什么结构。但是理论部分(前六章)的错误结构并不是偶然的,而是由李嘉图的研究方法本身和他给自己的研究提出的特定任务决定的。这种结构表现了这种研究方法本身在科学上的缺陷。"② 既然马克思已经从他对待经济学问题的独特处理手段的立

---

① 《马克思恩格斯全集》第 1 版第 26 卷(第二册),北京:人民出版社,1973 年,第 181 页。
② 同上书,第 184—185 页。

场出发批判了古典理论，由此同时可以推断，这种方法——凭借它资本主义中价值规律的普遍有效性必然被证明——就从范畴自身的性质中得出，而过程的整个叙述也从对形式问题的正确理解中实现。然而只要雇佣劳动被等同于劳动，在生产条件与工人相对立的社会的形式规定性被颠倒为这种生产条件的自然特征，那么资产阶级经济学也就没法超越李嘉图的方法论视野。他的方法和叙述的形式同时标志了他自身的界限。在这一情况下，社会形式颠倒为自然形式所意味着的正是完全被忽略的东西，即社会区分为阶级，阶级对立的资产阶级形式，在范畴的结构中表达出自身，自由雇佣劳动的起源和与直接劳动者对立的劳动条件的独立化，正是同一个过程：只有当主体性的定在和它客观的基础之间分离时，生产资料才采取资本的形式，现在完全表现为工人。一旦形成了，资本主义就会隐藏它本来的起源，只要社会的所有成员都在流通领域中相互接触、交换等价物，并在这一过程中同时遭遇着上面概述的颠倒的过程，这一过程将资产阶级的人完全表现为非历史的存在。既然资产阶级理论不是以这种方式认清实情的，它就必须——类似于古典国家理论——将分裂的个体的形式作为整体的真理来采纳，资本主义生产过程的起源以及它的功能只能在这一（它自身不透明的）前提下发展。然而在这一前提下，价值规律普遍效用的证明恰恰是不能成功的，这一点我们已经在考察马克思对亚当·斯密和大卫·李嘉图的批判时看到了。马克思在对舍尔比利埃（Cherbuliez）进行研究时又再一次探讨了这一总体语境，舍尔比利埃在价值规律的资产阶级解释的基础上，将劳动者从他劳动中得出的价值之上的"专门权利"引申为"基本原则"："由于商品规律，商品形成等价物，并按照它们的价值，即按照它们包含的劳动时间彼此交换。这个规律怎么一下子变了样子，以致资本主义生产（对于产品来说，只有在资本主义生产的基础上，作为商品来进行生产，才具有本质的意义）竟然反过来建立在一部分劳动不经交换就被占有的基础上，——这一点舍尔比利埃既不理解，也没有加以说明。他只是感到，这里发生了某种**转变**。……'基本原则'纯粹是一种虚构。它是由**商品流通**造成的假象产生的。商品按照它们的价值，即按照它们包含的劳动彼此交换。单个人在这里只是作为商品所有者互相对立，所以，只有让出自己的商品，才能占有别人的商品。因此形成一种似乎他们能交换的只是自己的劳动的**假象**，因为包含**别人**劳动的商品的交换，在这些商品本身又不是用自己的商品换得的情况下，是以与［简单］商品所有者即买者和卖者的关系不同的另一种人与人之间的关系为前提的。在资本主义生产当中，资本主义生产表面上反映出来的这种假象消失了。但是有一种错觉并没有消失：似乎最初人们只是作为商品所有者互相对立，因而每个人只有在他是劳动者的情况下才是所有者。如上所述，这'最初'就是由资本主义生产的假象产生的错觉，——这种现象在历史上从来不曾有过。"①在马克思看来，所有资产阶级理论家都屈从于商品流通的这种假象。虽然人们认识到剩余价值被生产出来并被劳动资料的所有者所占有，在这个问题上马克思再次提请人们注意，然而人们没有看到的是，只有伴随着生产者和他们的生产资料彻底分离，整个生产被纳入分工的资产阶级形

---

① 《马克思恩格斯全集》第 1 版第 26 卷（第三册），北京：人民出版社，1974 年版，第 416 页。

式之下，因此价值规律才能够发生作用。"如果分析一下特殊的分工形式、作为分工基础的生产条件、这种条件所导致的社会成员的经济关系，那就会看出，要使交换价值在社会表面上表现为简单的出发点，而在简单流通中所呈现出来的那种交换过程表现为简单的、**但囊括整个生产和消费的社会物质变换**，就要以资产阶级生产的整个体系作为前提。由此可见，要使个人作为**发生简单买卖关系的自由私人生产者**在流通过程中相对立，作为流通过程的独立的主体发挥作用，已经要以**另外的**更为复杂的并且同个人的自由和独立或多或少发生冲突的生产关系即他们的经济关系作为前提。**但是，从简单流通的观点来看，这种关系消失了。**"[1]当阶级分化的资产阶级形式完全发展起来之后，社会的所有成员因此只能够在流通领域中带着特定的性格面具彼此进行交往。直到现在，对于单个资本家来说，不同的、决定他们行动的以及同时定义了他们存在方式的要素，也以一种范畴结构的形式预先确定下来，这些结构在这种形式之中向单个的资本家呈现出资本主义的总过程，同时叙述了这一过程的**表面**。这里我们来看工资范畴，它伪装成资本和劳动之间的交换是和所有其他商品之间的买和卖一样的方式。换句话说，价值规律只有在整个社会都归结于劳动分工的资产阶级形式时，才是有效的，但是它的效用性，在马克思看来，只有在指出资本和劳动之间的交换关系只是属于流通过程的假象时，才是可能的，"对于内容自身来说是外在的，将其神秘化的纯粹形式"，即在这种形式之下，资本家并不用等价物就能够占有比他付

---

[1] 《马克思恩格斯全集》第2版第31卷，北京：人民出版社，1998年，第353页。

出的对象化的劳动更大量的活劳动。对于马克思来说,总过程因此就以一种形式来叙述,在这一形式中,资产阶级的直观真正地在黑格尔的意义上被扬弃掉了:资产阶级的理论家是从一个无法再被推导的单个个体的形式出发的,所以马克思指出这种形式本身还是中介了的,它自身就是资本的结果。"就流通本身来看,它是**预先存在的两极的中介。但是它并不创造这两极**。因此,流通作为中介的整体,作为全部过程本身,都必须通过中介才存在。**因而流通的直接存在是纯粹的假象**。流通是**在流通背后进行的一种过程的表面现象**。"①"简单流通不如说是资产阶级生产总过程的抽象领域,它通过自身的各种规定证明,它是那个在流通背后进行的、从流通中产生又产生出流通的更深刻的过程即工业资本的要素,其单纯表现形式。"②

这一事实反映在范畴的辩证叙述之上。如果仔细阅读《资本论》第一册,人们最迟在注释(15)一定会碰到构思的问题式:"读者应当注意,这里指的不是工人得到的一个工作日的工资或价值,而是指工人的一个工作日对象化的商品价值。在我们叙述的这个阶段,工资这个范畴根本还不存在。"③对于这种构思来说,另一个重要段落还可以在第四章关于货币转化为资本这里找到:"为什么这个自由工人在流通领域中同货币占有者相遇,对这个问题货币占有者不感兴趣。他把劳动市场看做是商品市场的一个特殊部门。我们目前对这个问题也不感兴趣。货币占有者是在实践上把握着

---

① 《马克思恩格斯全集》第 2 版第 31 卷,北京:人民出版社,1998 年,第 367 页。
② 同上书,第 370 页。
③ 《马克思恩格斯文集》第 5 卷,北京:人民出版社,2009 年,第 58 页,注释(15)。

这个事实,我们则是在理论上把握着这个事实。但是有一点是清楚的。自然界不是一方面造成货币占有者或商品占有者,而另一方面造成只是自己劳动力的占有者。这种关系既不是自然史上的关系,也不是一切历史时期所共有的社会关系。它本身显然是已往历史发展的结果,是许多次经济变革的产物,是一系列陈旧的社会生产形态灭亡的产物。"①马克思在《资本论》的草稿中以类似的方式论证了,在那里他明确让人注意对于范畴的辩证叙述形式来说这一事实的意义。"货币所有者……在市场上,在流通领域内**找到**劳动能力这种商品,即我们在这里当作出发点的这个前提,并且也是资产阶级社会在它的生产过程中当作出发点的这个前提,显然是长期历史发展的结果,是许多经济变革的总结,并且是以其他各生产方式(社会生产关系)的衰亡和社会劳动生产力的一定发展为前提。在进一步考察这种关系时,包含在这个前提中的一定的过去的历史过程将被表述得更加明确。但是经济生产的这个历史发展阶段——**自由工人**就是这一阶段本身的产物——是资本本身生成的前提,并且更是资本本身存在的前提。资本的存在是在社会的经济形态形成上所经历的长期历史过程的结果。这一点肯定地表明,叙述的辩证形式只有明了自己的界限时才是正确的。"②

从以上引文可以得出,自由的雇佣工人的存在,构成了以范畴的辩证叙述形式对资本主义总体系进行概念加工的前提,但是另一方面,这种叙述的形式并不直接等同于资本和自由雇佣劳动历史起源的复写。正如我们已经看到的,在范畴的逻辑顺序和资本主义的

---

① 《马克思恩格斯文集》第5卷,北京:人民出版社,2009年,第197页。
② 《马克思恩格斯全集》第2版第31卷,北京:人民出版社,1998年,第398页。

历史起源之间的这种区别在早期著作中是没有的。虽然在那里也明确地强调了,只有伴随着主体的定在和其实现的客观条件的彻底分离,才有可能认清历史的结构,但是现实历史进程的理论建构在马克思青年时期还并不能实现。他也一样没有能力从简单交换活动中推导出阶级关系,这在《1844 年经济学哲学手稿》中至少某种程度上是倾向于实现的。伴随着这一区别的引入,这种不一致性就被克服了。

恩格斯以接近的方式在关于《政治经济学批判》的一个评论中规定了逻辑的和历史的方法。恩格斯指出,逻辑的方法是将"历史的形式"和"起扰乱作用的偶然性"统一在一起的方法,在恩格斯看来,《政治经济学批判》中的思想进程不过是"历史过程在抽象的、理论上前后一贯的形式上的反映"[①]。恩格斯对这两种方法相互关系的描述只是以非常间接的方式触及了《政治经济学批判》和总体系。在这里可以回忆一下,马克思以完全不同的方式讲述了关于范畴的先后次序及它与历史发展的关系的叙述方法:"因此,把经济范畴按它们在历史上起决定作用的先后次序来排列是不行的,错误的。它们的次序倒是由它们在现代资产阶级社会中的相互关系决定的,这种关系同表现出来的它们的自然次序或者符合历史发展的次序恰好相反。"[②]

辩证的叙述作为范畴总体结构的连贯体系,就整体只能通过部分来展开,与黑格尔的体系思想有很多的相似性,正如反过来看,总体建构的个别环节在整体内部的特定位置直到具体细节都由整体所规定。只是在这里,历史的和逻辑的并不等同于在绝对

[①] 《马克思恩格斯文集》第 2 卷,北京:人民出版社,2009 年,第 603 页。
[②] 《马克思恩格斯全集》第 2 版第 30 卷,北京:人民出版社,1995 年,第 49 页。

唯心主义之中那样;二者相互的关系更加复杂。"另一方面,对我们来说更为重要的是,我们的方法表明历史考察必然开始之点,或者说,表明仅仅作为生产过程的历史形式的资产阶级经济,超越自身而追溯到早先的历史生产方式之点。因此,要揭示资产阶级经济的规律,无须描述**生产关系的真实历史**。但是,把这些生产关系作为历史上已经形成的关系来正确地加以考察和推断,总是会得出这样一些原始的方程式,——就像例如自然科学中的经验数据一样,——这些方程式将说明在这个制度以前存在的过去。这样,这些启示连同对现代的正确理解,也给我们提供了一把理解过去的钥匙——这也是我们希望做的一项独立的工作。"①马克思在这里所谈论的是原始积累的过程,自由雇佣工人最初是通过这个过程产生的,在这里对这一过程的处理的系统位置是由范畴叙述的内在逻辑性所确定的。然而为了将这一"生产关系的真实历史"从范畴叙述中特别地凸显出来,就必须不但清晰性统治着范畴构架的结构,在范畴的构架中这一"真实历史"在特定的连接点上显现出来,而且对这一"生产关系的历史"的准确概念把握,也只能在对价值运动内在逻辑性的认识基础上才能实现。为了复写资本的历史发展,这一发展会导向资本主义,并因此也会导向那些在其基础上资本概念的表达才有可能的关系,资本概念由此被假定。"如果说,在完成的资产阶级体制中,每一种经济关系都以具有资产阶级经济形式的另一种经济关系为前提,从而每一种设定的东西同时就是前提,那么,任何有机体制的情况都是这样。这种有机体制本

---

① 《马克思恩格斯全集》第2版第30卷,北京:人民出版社,1995年,第452—453页。

身作为一个总体有自己的各种前提,而它向总体的发展过程就在于:使社会的一切要素从属于自己,或者把自己还缺乏的器官从社会中创造出来。有机体制在历史上就是这样成为总体的。生成为这种总体是它的过程即它的发展的一个要素。"① 在这里并没有有组织的社会学说被预先提出来,不需要做进一步详细的解释了。或许不如回忆一下黑格尔的精神概念,它在本质上更为确切地遭遇了被马克思纳入视野中的事实:只有资本本身的存在,才能产生出资本主义。当马克思在《资本论》中只是在"符合于它的概念"的程度上来叙述现实的关系时,那么因此同时就表达了,现存的资本主义并不必然直接符合于它的概念,并不必然是"自身相适应的",但是它存在于其中的形式,作为存在方式必须要被概念把握(begriffen werden),在这一存在方式之上,似乎就依靠于它的价值运动而得以推动。"在资本的概念中包含着这样一点:劳动的客观条件(而这种客观条件是劳动本身的产物)对劳动来说**人格化了**,或者同样可以说,客观条件表现为对工人来说是异己的人格的财产。"② 但是没有现代资产阶级的土地所有权,劳动条件相对于作为资本主义特点的生产者的独立化就是无法被思考的。自由雇佣劳动和资产阶级土地所有权这二者是一件事情的两面;二者自身都要作为被资本生产出的东西来理解:"在资产阶级社会制度内,价值之后紧接着就是资本。**在历史上则先有其他的制度**形成尚不充分的价值发展的物质基础。因为在这里交换价值在使用价值之旁只起次要的作用,所以表现为交换价值的真实基础的,不是

---

① 《马克思恩格斯全集》第 2 版第 30 卷,北京:人民出版社,1995 年,第 236—237 页。
② 同上书,第 508 页。

资本而是土地所有权关系。相反，现代土地所有权如果没有资本这个前提就根本无法理解，因为它没有这个前提就不能存在，而且在历史上也确实表现为由资本把以前的土地所有权的历史形态改变成适合于资本的形式。因此，正是在土地所有权的发展中才能研究资本逐步取得的胜利和资本的形成……土地所有权的历史表明了封建地主逐步转化为地租所得者，世袭的半交代役租的而且常常是不自由的终身租佃者逐步转化为现代租地农场主，以及依附于土地而没有迁徙自由的农奴和徭役农民逐步转化为农业短工的过程，这种历史也许事实上就是现代资本的形成史。"① 在另外一个地方是这样写的："从历史上来看，这种过渡是不容争辩的。它已经包含在[现代]土地所有权是资本的产物这一事实中。因此我们到处看到，凡是在土地所有权由于资本对较早的土地所有权形式发生反作用而转化为货币地租（这种情况在现代农民被创造出来的地方，则以另一种方式发生），因而与此同时农业作为资本经营的农业转化为产业化农艺的地方，茅舍贫农、农奴、徭役农民、世袭租佃者、无地农民等等就必然转化为短工，雇佣工人；可见，**雇佣劳动**就其总体来说，起初是由资本对土地所有权发生作用才创造出来的，后来在土地所有权已经作为形式形成以后，则是由土地所有者自己创造出来的。这时，正如斯图亚特所说的，土地所有者本身清扫土地上的过剩人口，把大地的儿女从养育他们的怀抱里拉走，于是，甚至按性质来说是直接生存源泉的土地耕作，也变成了纯粹依存于社会关系的间接生存源泉。"② 范畴叙述的次序，是

---

① 《马克思恩格斯全集》第 2 版第 30 卷，北京：人民出版社，1995 年，第 207—208 页。
② 同上书，第 234—235 页。

由"它们在现代资产阶级社会中的相互关系决定的,这种关系同表现出来的它们的自然次序或者符合历史发展的次序恰好相反"①,因而在这一形式中,同时也可以把握那个在历史上走向资本主义的过程的抽象叙述形式。如果人们想要这么说的话,这就是资产阶级主体向其最抽象的形态的建构过程。"我们研究的是资本的产生过程。这种辩证的产生过程不过是产生资本的实际运动在观念上的表现。以后的关系应当看作是这一萌芽的发展。"②出于这一原因,我们必须具体地阐述上面摘录的思想,即在资产阶级制度内在价值之后就是工业资本。对这一过渡的具体考察显示出,财富的形成、商业、利息和高利贷资本在这一过渡的辩证建构中占有关键的位置,但是只能简略提及后几个,对它们的详细讨论要在很后面才会进行。其中反映了范畴的辩证叙述形式也是资本主义历史地产生的运动的相应叙述形式。在我们逐渐领会范畴的辩证发展的探索中,我们必须留意这一语境。

二、马克思的价值概念

在我们转向范畴的辩证叙述形式之前,还应当简短概括一下马克思价值和货币理论的基本问题。在对核心的课题进行更为仔细的考察后,我们发现,这一课题指向了在青年马克思那里已经处于研究中心的同一个结构。我们可以想起,马克思很早就尝试从基础的结构自身中推导出基础和上层建筑的关系。第一个指引存在于《黑格尔法哲学批判》中,在那里马克思提到,"市民社会……

---

① 《马克思恩格斯全集》第2版第30卷,北京:人民出版社,1995年,第49页。
② 同上书,第270页。

在其内部"完成了"国家与市民社会的关系";对宗教批判和政治国家批判所做的详细的比较,则在《论犹太人问题》的讨论中;《1844年经济学哲学手稿》第一次对基础做了具体的规定,而《德意志意识形态》则是把握世界二重化为市民社会和观念的上层建筑,作为世俗世界基础的自我分裂和自我矛盾的产物,以及把握市民社会的不同层次的尝试,这引出了一条直直通向马克思的价值和货币理论的线索。晚期著作的问题式是**怎样**非常符合于早期著作的问题式的,在《资本论》的草稿中清楚地表现了出来,在那里,他在政治经济学的层次上重复了他早期对黑格尔左派和后来对无政府主义的批判。在与达里蒙和蒲鲁东的争论中,马克思提出了这一问题:"在这里,我们涉及到基本问题,它同起点已经不再有联系。这个问题一般说来就是:是否能够通过改变流通工具——改变流通组织——而使现存的生产关系和与这些关系相适应的分配关系发生革命?进一步要问的是:如果不触动现存的生产关系和建立在这些关系上的社会关系,是否能够对流通进行这样的改造?……接下来应该研究,或者不如说应该提出一个普遍性的问题:货币的各种不同的文明形式——金属货币、纸币、信用货币、劳动货币(后者作为社会主义的形式)——能否达到对它们提出的要求,而又不消灭在货币范畴上表现出来的生产关系本身;另一方面,想通过一种关系的形式上的改变而摆脱这种关系的重要条件,这是否又是一个自行取消的要求?货币的不同形式可能更好地适应不同阶段的社会生产;一种货币形式可能消除另一种货币形式无法克服的缺点;但是,只要它们仍然是货币形式,只要货币仍然是一种重要的生产关系,那么,任何货币形式都不可能消除货币关系固有的矛盾,而只能在这种或那种形式上代表这些矛盾。"①想要通过对货币和流通制度的调整来克服资产阶级社会缺陷的尝试,在马克思看来和无政府主义者想要"废除"国家或者黑格尔左派改变意识的要求一样,结果却是另外的要求,"这种改变意识的要求,就是要求用另一种方式来解释存在的东西,也就是说,借助于另外的解释来承认它"②。正如作为对普遍的东西统治着现存世界的表象的政治国家以及哲学和宗教的形式,只是颠倒世界自我隐藏的缺陷,只有在实践上消灭了这种"自我分裂的世俗基础"之后,那些形式才会消除,因此废除货币并将其替换为小时券并不能触碰到现实的罪恶,因为货币本身只是描述了再生产过程的资产阶级形式的一个必要环节,它以相同的方式与这一环节对立,并以相同的方式消亡,正如宗教和国家与世俗世界的局限性:"你们消除的是一切弊病。或者不如说,把一切商品提高到现在只有金银才享有的垄断地位。让教皇存在,但是使每个人都成为教皇。废除货币,办法是你们把每个商品都变成货币,并且赋予它以货币的特性。在这里,不禁要问,这个问题是否表明了它本身的荒谬,因而,任务所提出的条件本身已经包含着这个问题不可能得到解决。回答往往只能是对问题的批判,而问题往往只能由对问题本身的否定来解决。实际问题是:资产阶级交换制度本身是否需要一种特有的交换工具?它是否必然会创造一种一切价值的等价物?这种交换工具的或这种等价物的一种形式可能比其他形式更顺手、更合适、更少一些不便。但是,由一种特殊的交换工具,一种特殊的然而又是

---

① 《马克思恩格斯全集》第 2 版第 30 卷,北京:人民出版社,1995 年,第 69—70 页。
② 《马克思恩格斯文集》第 1 卷,北京:人民出版社,2009 年,第 516 页。

一般的等价物的存在而造成的不便,必然会在任何一种——虽然各不相同的——形式中重复产生。当然,达里蒙竭力回避这个问题本身。要废除货币而又不要废除货币!要废除金银由于作为货币的这种排他物而具有的排他的特权,但是要把一切商品变成货币,也就是说,要使一切商品都具有离开排他性就不再存在的属性。"①

  在这里没有必要再次重复马克思批判"小时券理论家"的观点了,因为它们对于马克思来说只是发展出他自己的价值和货币理论的诱因而已。事实是那些观点,不管它们曾经是怎样有效的,对于马克思来说只有一种"话引子"的功能而已,用来澄清他自己理论的结构。正如他在《德意志意识形态》中强调的,青年黑格尔派同意老年黑格尔派的这样一个"信念,即认为宗教、概念、普遍的东西统治着现存世界",不过一派认为这种统治是篡夺而加以反对,另一派则认为这种统治是合法的而加以赞扬,但二者都不清楚普遍的东西的起源。蒲鲁东的观点也一样只是关于资产阶级经济学的一个变种,它恰恰被认作是资产阶级的,因为对于劳动时间、商品生产劳动和货币形式之间的内在的、必然的联系,它无法给出解答。"但是,把贬黜**货币**和把**商品**捧上天当作社会主义的核心而认真说教,从而使社会主义变成根本不了解商品和货币之间的必然联系,这要等**蒲鲁东**先生和他的学派来完成了。"②从马克思对蒲鲁东的批判中可以读出,他自己关于社会主义社会的观点和资产阶级政治经济学的实质问题(materialen Problemen)是多么紧密地结合在一起;同时也以隐含的方式表达了,只有领会了从商品形式到货币

---

① 《马克思恩格斯全集》第2版第30卷,北京:人民出版社,1995年,第74页。
② 《马克思恩格斯全集》第2版第31卷,北京:人民出版社,1998年,第480—481页。

形式的理论推论,才能被视为充分接受马克思理论的标准。在这一实质问题上没有"晚辈的权利"(Recht der Nachgeborenen)。既然讨论的是资产阶级社会的结构问题,因此马克思不仅胜过他的那些资产阶级批判者,而且也胜过那些被理解为马克思主义者,但是**没有**将劳动价值学说和货币理论之间的关系视作晚期著作①第一章的核心问题的人。在价值理论中,马克思似乎已经准备了试金石来将对他著作的批判和不同形式的接受破解为不充分的,作为批判和接受都归结于马克思已经超越了的一个立场:资产阶级主体的立场。

假如我们从在早期著作中已经被认作为基础问题的同一个结构——二重化结构——出发,并且回忆一下资产阶级理论的特殊标志,我们就能够在商品二重化为商品和货币这一情况下,预先表达出一定的批判主题。适用于释放的个体性(der entfesselten Individualität)的社会形式向自然形式的颠倒,以及从中产生的有关政治国家形式和意识形态意识不同形式的概念处理的后果的,同样适用于商品二重化为商品和货币这一情况。但是这不能从类比法的意义上来理解。对基础的回溯,同时就意味着要在产品的商品形式向自然形式的颠倒中寻找资产阶级思想中颠倒的根源,对马克思来说,对**这种**二重化的解码,就是打开进入整个资产阶级社会的理论加工的唯一可能的入口。劳动价值学说因此在总的理论中拥有一个中心地位,但并不是以古典经济学家那里的形态存在。马克思从古典经济学家那里接受了劳动价值学说,但这决不

---

① 此处作者应指《资本论》。——译者注

是对主观主义的经济理论所宣扬的教条的复述，而毋宁说是对教条形式的批判，在这些形式中所展现的正是古典经济学家的理论。然而，这些教条形式其实是从之前完成的商品形式向自然形式的颠倒中得出的结果，而这是劳动与价值或者说劳动时间和价值量之间不可能有一种真正的中介的原因。"诚然，政治经济学曾经分析了价值和价值量（虽然不充分），揭示了这些形式所掩盖的内容。但它甚至从来也没有提出过这样的问题：为什么这一内容采取这种形式呢？为什么劳动表现为价值，用劳动时间计算的劳动量表现为劳动产品的价值量呢？"①古典经济学的特点恰恰是发现劳动是价值的实体，而劳动时间是价值量的尺度，并且固守在这之上；它是资产阶级的理论，因为它无法恰当地处理在政治经济学范畴中表现出的自然性的环节，因此这些范畴的内容始终以一种在原则上外在于这些范畴的方式发展了。因此马克思提及，布阿吉尔贝尔的例子提供了证明，"劳动时间是可以看成商品价值量的尺度的，尽管把对象化在商品交换价值中并用时间来计量的劳动同个人直接的自然活动混为一谈"②。这同样适用于亚当·斯密，他"把社会过程在不等劳动间强制实行的客观的均等化，误认为是个人劳动的主观的权利平等"③。本杰明·富兰克林也用了同样的方式，他"第一次有意识地、明白而浅显地把交换价值归结于劳动时间的分析"④。"劳动时间在富兰克林那里就以经济学家的片面

---

① 《马克思恩格斯文集》第5卷，北京：人民出版社，2009年，第98页。
② 《马克思恩格斯全集》第2版第31卷，北京：人民出版社，1998年，第449页。
③ 同上书，第453—454页。
④ 同上书，第449页。

性立即表现为价值尺度。实在产品转化为交换价值是不言而喻的,因此,问题只在于替它们的价值量发现一种尺度。"① 内容和形式的中介这一不充分形式,足够分析较简单的结构了,这被马克思完全强调了出来,同时他也强调,资产阶级理论在分析较复杂的结构时必然将遭遇崩溃。"我们发现,在那些完全同意用劳动时间来计算价值量的经济学家中间,对于货币即一般等价物的完成形态的看法是极为混乱和矛盾的。例如,在考察银行业时,这一点表现得特别明显,因为在这里关于货币的通常的定义已经不够用了。"② 困难恰恰始于货币形式的发展(正如我们将要指出的,对它们的分析构成了其他范畴,即资本**形式**、利息**形式**等的发展的前提),这并非偶然,而完全符合我们在讨论早期著作时已经认识到的事实。劳动产品的商品形式颠倒为自然形式,商品生产劳动被"个体的直接自然活动替换",因此对于理论家而言,货币形式必定始终是神秘的,他必须从经验上获得这一形式,而**对他来说**结果获得的恰恰是这种无法洞穿的形式,因为他通过之前完成的颠倒,切断了再现货币形式起源的可能性。在《政治经济学批判》中,关于本杰明·富兰克林,马克思还写道:"但是,因为他不是把交换价值中所包含的劳动当作抽象一般的、由个人劳动的全面转让而产生的社会劳动来阐明,他就必然看不到货币就是这种被转移了的劳动的直接存在形式。因此,在他看来,货币同生产交换价值的劳动并没有内在的联系,货币倒是为了技术上的方便而从外面搬进交

---

① 《马克思恩格斯全集》第 2 版第 31 卷,北京:人民出版社,1998 年,第 450 页。
② 《马克思恩格斯文集》第 5 卷,北京:人民出版社,2009 年,第 99 页,注释(32)。

换中来的工具。"①货币变成了一种"被巧妙地设计出来的手段",促使一位"有才智的英国经济学家"作出了这样的评论,把货币"放在政治经济学中来研究是弄错了,政治经济学同工艺学事实上是毫无共同之处的"②。与之相反,马克思坚持,货币纯粹就是一个经济学范畴。马克思在草稿中写道,"正像国家一样,货币也不是通过协定产生的"③,出于这一理由,这位理论家必须在他的建构中恰当地处理必然性的形式,他必须令人信服地推论,货币必然会从资产阶级生产制度中产生出来。因此,从方法论的角度来看,对货币形式实质上的必然性进行证明,同时意味着方法论的方面,对资产阶级主体的外在把握过程被超越,没有任何不完全合法的范畴被引入。"谁都知道——即使他别的什么都不知道,——商品具有同它们使用价值的五光十色的自然形式成鲜明对照的、共同的价值形式,即货币形式。但是在这里,我们要做资产阶级经济学从来没有打算做的事情:指明这种货币形式的起源,就是说,探讨商品价值关系中包含的价值表现,怎样从最简单的最不显眼的样子一直发展到炫目的货币形式。这样,货币的谜就会随着消失。"④

在上面概括的课题的框架中还产生了两个问题:政治经济学范畴的内容应当如何被思考,这样在对形式的考察时这些内容必然能够作为那些形式的内容而被把握?在政治经济学层面上,世俗基础的自我分裂和自我矛盾应当如何理解?我们先来看第一个

---

① 《马克思恩格斯全集》第2版第31卷,北京:人民出版社,1998年,第450—451页。
② 同上书,第444页。
③ 《马克思恩格斯全集》第2版第30卷,北京:人民出版社,1995年,第115页。
④ 《马克思恩格斯文集》第5卷,北京:人民出版社,2009年,第62页。

问题。前文已经指出了,古典理论以一种外在于形式的方式来阐释内容,它并没有阐明在劳动和价值之间即劳动时间和价值量之间的必然联系,古典理论中的这一断裂属于它的资产阶级特征的本质。资产阶级主体必然在指明范畴的内容时把握得过于简略,因为它不能将自己置于构成经验视野的范畴层面上。但是只有以反映总过程的自然形成性的特征的方式来理解这些形式的内容,才能将内容发展为这些形式的内容。马克思批判资产阶级理论从没有正确理解劳动分工的再生产过程中的那一自然形成性环节。因此他在《政治经济学批判大纲》中指出,亚当·斯密和在他之前的"其他一些经济学家配第、布阿吉尔贝尔、意大利人"①一样,认识到了分工和交换价值的生产之间的联系,但忽略了在生产形式之上的特殊的历史过程。这体现在分工的不同形式没有被准确区别开,特别在对资产阶级形式的考察上运用了完全外在的观点。马克思在《资本论》中写道:"政治经济学作为一门独立的科学,是在工场手工业时期才产生的,它只是从工场手工业分工的观点把社会分工一般看成是用同量劳动生产更多商品。"②资产阶级形式的特征消失了:"我们这里所指的分工,是整个社会内部的自发的和**自由的**分工,是表现为交换价值生产的分工,而不是工厂内部的分工(不是个别生产部门中劳动的分解和结合,而是社会的、似乎未经个人参与而产生的这些生产部门本身的分工)。社会内部的分工,在埃及的制度下也许比在现代制度下更符合工厂内部分工的原则。社会劳动互相分离而转变为自由的、彼此

---

① 《马克思恩格斯全集》第 2 版第 31 卷,北京:人民出版社,1998 年,第 355 页。
② 《马克思恩格斯文集》第 5 卷,北京:人民出版社,2009 年,第 422 页。

独立的、只由于内在必然性(不同于那种通过有意识的分解和被分解者有意识的结合而实现的分工中的情况)而联结成一个总体和整体,这是完全不同的东西。"①对社会总劳动的特殊历史定在形式的这一误解,与把价值看作是一种先天综合方式,看作是社会劳动层面上无意识地构成统一原则的方式相一致。马克思在《资本论》中引述的两个例子就可以说明,价值在一个社会中发挥了什么样的功能,而在其生产结构中指明它并不拥有的自觉的统一体。

在第一个例子中,马克思戏仿了资产阶级理论的鲁滨逊故事,揭示鲁滨逊的理性活动上的调节性原则,这一原则在无意识地相互分隔的社会劳动的制度中,通过主体目的理性的行动,只追随其私人利益的形式来实现。不管鲁滨逊"生来怎样简朴",他终究要满足各种需要,因而要从事"各种有用劳动"。"尽管他的生产职能是不同的,但是他知道,这只是同一个鲁滨逊的不同的活动形式,因而只是人类劳动的不同方式。"②这些需要迫使他去分配自己执行各种职能的活动的时间。"经验告诉他这些,而我们这位从破船上抢救出表、账簿、墨水和笔的鲁滨逊,马上就作为一个道地的英国人开始记起账来。他的账本记载着他所有的各种使用物品,生产这些物品所必需的各种活动,最后还记载着他制造这种种一定量的产品平均耗费的劳动时间。"③马克思继续写道,鲁滨逊和物之间的全部关系是如此简单明了,然而"价值的一切本质上的规定

---

① 《马克思恩格斯全集》第 2 版第 31 卷,北京:人民出版社,1998 年,第 356 页。
② 《马克思恩格斯文集》第 5 卷,北京:人民出版社,2009 年,第 94 页。
③ 同上。

都包含在这里了"①。

另外一个例子是意味深长的,因为它指出了一个成熟的社会的观念是如何进入资本主义结构的概念加工之中的。这并不是在这一意义上来理解的(为了避免可能发生的误解),即马克思以人们设想的社会的理性组织的观点分析资本主义。这或许是一种简化的技术性的解释,它不仅对在这里处于中心的历史形式规定性的特点避而不谈,而且甚至本身还是马克思所批判的处理方式的环节。众所周知,马克思从未研究过一种计划的经济是如何运转的;在其中反映了马克思理论全部特征的克制,它只是一个社会的理论,其中特定的原则发生在身后,并通过人的头脑发挥作用。然而在价值或者价值量的**内容**被自觉地提升为经济学原则的地方,马克思的理论却失去了它的对象,假如价值的内容也可以作为其他形式的内容来把握,并因此脱离它的历史表现形式而变得可描述,这一对象才能被把握和叙述为**历史的**对象。我们在这里所提到的,只不过是意味着预期发生的未来社会进入当代社会的理论渗透,只不过在其中再次重复了我们在考察《1844年经济学哲学手稿》时已经认识到的人和自然的一种非异化的关系的片段式的描述,它必然沿着绝对颠倒的形式的叙述进行。在这一意义上,马克思说:"让我们换一个方面,设想有一个自由人联合体,他们用公共的生产资料进行劳动,并且自觉地把他们许多个人劳动力当做一个社会劳动力来使用。在那里,鲁滨逊的劳动的一切规定又重演了,不过不是在个人身上,而是在社会范围

---

① 《马克思恩格斯文集》第5卷,北京:人民出版社,2009年,第94页。

内重演。"①比鲁滨逊的例子更为复杂的地方就在于,产品是社会的,也必须在社会的成员中进行分配。然而在这里为了阐释价值的本质规定性,马克思认为(正如他后来在《哥达纲领批判》中勾勒的带有旧社会胎记的新社会的第一个阶段),每个生产者在生活资料上的份额是由他的劳动时间决定的。劳动时间因而扮演了双重的角色:"劳动时间的社会的有计划的分配,调节着各种劳动职能同各种需要的适当的比例。另一方面,劳动时间又是计量生产者在共同劳动中个人所占份额的尺度,因而也是计量生产者在共同产品的个人可消费部分中所占份额的尺度。"②在这里也包含了价值概念的决定性方面,然而人与物之间的关系也简单明了,"无论在生产上还是在分配上"③。

两个例子的共同之处就在于:劳动被叙述为一个自觉主体的劳动力,这个主体——在需要、满足这些需要的对象以及生产这些对象的必要劳动之间的自觉设计的相互关系的基础之上——有计划地参与到不同的生产部门之中④。原则上,关于资产阶级社会探讨的是同样的问题,只是必须要以另一种形式解决。马克思1868年7月11日写给库格曼的信中明确地说明了这一点:"这个不幸的人(《资本论》的一位评论人。——莱希尔特注)看不到,即使我书中根本没有论'价值'的一章,我对现实关系所作的分析仍然会包含对实在的价值关系的论证和说明。胡扯什么价值概念

---

① 《马克思恩格斯文集》第5卷,北京:人民出版社,2009年,第96页。
② 同上。
③ 同上书,第97页。
④ 这两个例子的所有角度并不是都被详尽阐明了,在这里需要说明。参见本书第189页(此处指原书页码。——译者注)及之后对社会必要劳动时间概念的补论。

必须加以证明,只不过是由于既对所谈的东西一无所知,又对科学方法一窍不通。任何一个民族,如果停止劳动,不用说一年,就是几个星期,也要灭亡,这是每一个小孩子都知道的。小孩子同样知道,要想得到与各种不同的需要量相适应的产品量,就要付出各种不同的和一定量的社会总劳动量。这种按一定比例**分配**社会劳动的**必要性**,决不可能被社会生产的**一定形式**所取消,而可能改变的只是**它的表现形式**,这是不言而喻的。自然规律是根本不能取消的。在不同的历史条件下能够发生变化的,只是这些规律借以实现的**形式**。而在社会劳动的联系体现为个人劳动产品的**私人交换**的社会制度下,这种按比例分配劳动所借以实现的形式,正是这些产品的**交换价值**。"①这样我们就开始面对上面提到的第二个问题:政治经济学层面上的世俗基础的自我分裂和自我矛盾是什么?在社会劳动的资产阶级形式上涉及的是一个劳动分工的总体,在资产阶级科学中也被证明了;然而**没有**被自觉地证明的是,这个社会的统一体,这个社会的整体只是自在的既定的,只是在物质上存在,只要个别的生产者"是**自然形成的社会分工的各个环节**,因而它们的产品可以满足**各种不同的**需要,而这些需要的**总体**又构成了同样是**自然形成的社会需要体系**"②。多种多样的对象**本身**是各种特殊的劳动部门相互交织在一起的总体的社会总劳动的产品。但关键的是,这个总体本身不会**表现**出来。直接来看,产品只是具体的使用物、个体劳动的产品,人们没有看到它们是一个整体的部分,是社会总劳动的一部分被用在了它们的生产上。但

---

① 《马克思恩格斯文集》第 10 卷,北京:人民出版社,2009 年,第 289 页。
② 《马克思恩格斯全集》第 2 版第 42 卷,北京:人民出版社,2016 年,第 813 页。

既然供总体社会使用的劳动时间,会按照特定的需要结构的尺度分配在不同的生产部门上,所以只有当不同的产品作为同一整体在量上不同的表达表现出来,才是可能的。这是马克思价值和货币理论的核心思想。

对马克思来说,具体的感性的产品必须表现为社会总劳动的环节,这并不意味着生产者意识到他们自己在社会总劳动的份额的形式,同时也并不意味着他们意识到他们的劳动是这一总劳动的一个部分这一事实本身。这似乎与历史唯物主义的整个基本构想相矛盾。正如在这里曾一再指出的,价值理论的形成(Formierung)作为对那个运动在理论上复写的起点,它——作为对在唯心主义的标记下只能作为"理性的狡计"进行阐发的资产阶级历史哲学的唯物主义的破译——是发生在人身后,同时在头脑中完成的;而且正如上面所强调的,在马克思看来,资产阶级劳动价值学说的基本缺陷恰恰存在于劳动时间和价值量之间不充足的中介之中,所以不言而喻,形式拥有客观的普遍的特征,它必须与人们伴随着这些自觉执行的操作的主观想法无关,这要归功于这一形式:"这些产品的生产者的'意识',可以完全不知道他们的商品的价值实际上是由什么决定的,或者说,他们的产品作为价值是由什么决定的,——对于意识来说,这甚至可能不存在。他们被置于决定他们的意识的条件下,而他们并不一定要知道这些条件。每个人都可以把货币作为货币使用,而不知道货币是什么。经济范畴反映在意识中是大大经过歪曲的。"①

---

① 《马克思恩格斯全集》第 2 版第 35 卷,北京:人民出版社,2013 年,第 177—178 页。

同一事实可以从另一个方面来叙述。考虑到确切实际的事实，即相互独立进行的私人劳动之间物质存在的社会联系是通过产品的交换被中介的，上面概述的问题式（Problemstellung）可能让人感觉太复杂了，马克思反驳道，这种反对意见是建立在同样的范畴的无意识之上，因为这种范畴的无意识，其他没有内在合法性的范畴也被引入了这一科学之中。尽管事实上交换发生了，但是对交换过程的更具体的考察却显示，具体的产品即交换价值（以范畴的方式理解）根本不**能**被交换。马克思赞扬亚里士多德看到了这一问题。马克思摘录道："没有等同性，就不能交换，没有可通约性，就不能等同。"亚里士多德还同时看到，这一等同性与这些不同的事物的真正本性一点关系都没有："实际上，这样不同种的物是不能通约的。"而等同性对他来说只是"应付实际需要的手段"。亚里士多德没有能力认识真实的事实，马克思将其归因于社会结构："亚里士多德在商品的价值表现中发现了等同关系，正是在这里闪耀出他的天才的光辉。只是他所处的社会的历史限制，使他不能发现这种等同关系'实际上'是什么。"[①]值得注意的是，青年马克思在最初分析基础的时候，是通过对黑格尔法哲学和费尔巴哈的宗教批判的研究走向这个问题的，以和亚里士多德相近的方式描述了这一结构，而同样不能准确说出什么是价值。只要产品被交换，那么"私有财产从双方来看都表现为另一种私有财产的代表，表现为同**另一种**自然产物**相等的东西**，并且双方是这样相互发生关系的：每一方都代表**另一方**的存在，双方都作为它的自身和它

[①] 《马克思恩格斯文集》第5卷，北京：人民出版社，2009年，第75页。

的异在的**代替物**相互发生关系。因此,私有财产本身的存在就成了它作为**代替物**,作为**等价物**的存在。现在,它不表现为同自身的**直接统一**,只表现为同某个**他物**的关系。它的作为**等价物**的存在不再是具有它的特点的那种存在了。因此,它成了**价值**并且直接成了**交换价值**。它的作为**价值**的存在是**它自身**的一种不同于它的直接存在的、外在于它的特殊本质的、**外化的**规定;只不过是某种**相对的存在**"①。马克思因此很早就认识到,具体的产品是无法被交换的,而是在交换时必然进入一种颠倒之中。能够被交换的在原则上始终只是等同的东西,在交换中具体的对象相互下降为另一对象的"感性的外壳和隐蔽的形态",也就是说二者都变成了一个与其自身不同的第三者的代表。在这一语境中,关键在于马克思在还没有完全掌握劳动价值论之前,就已经看穿产品的等同化的活动是在没有参与者相应的意识的条件下完成的一个过程。通过交换产品,人们同时做了另一件与他有意识地去做的事情不同的事情,或者说,他真正在做的事情,在他们的意识中却反映为另一种形式。

让我们再次总结一下马克思价值理论的基本问题式。通过将他具体的感性的生产与所有其他人的生产结合在一起,个人被统一到一个全面依赖性的体系之中,一个"需要的体系"之中。在他们劳动的内容上展现出了他们活动的社会特征,这已经是社会的生产,但并非自觉的共同性的——这才是决定性的方面。个体以社会化的方式,而与此同时又作为相互独立的人进行生产,只有当

---

① 《马克思恩格斯全集》第1版第42卷,北京:人民出版社,1979年,第27—28页。

生产的共同性特征同样表现出来的时候才可能,尽管是以一种符合社会生产的异化形式的特定形式。我们在这里仿佛处于我们在全部早期著作中已经认作对象的那个结构的神经中心:人类的共同本质以异化的形式表现出来,因为在对自然占有的颠倒形式之中,人的类生活自身成了个体生活的手段。早期和晚期著作之间的关系非常清楚地表现在草稿之中:生产者"只是物质上彼此为对方存在,这种情况在货币关系中才得到进一步发展,在这种关系中,他们的共同体本身对一切人来说表现为外在的、因而是偶然的东西。通过独立的个人的接触而表现的社会联系,对于他们同时既表现为物的必然性,同时又表现为外在的联系,这一点**正好表现出他们的独立性,对于这种独立性来说,社会存在固然是必然性,但只是手段,因此,对个人本身来说表现为某种外在的东西,而在货币形式上甚至表现为某种可以捉摸的东西**。他们是作为社会的个人,在社会里生产并为社会而生产,但同时这仅仅表现为使他们的个性对象化的手段。因为他们既不从属于某一自然发生的共同体,另一方面又不是作为自觉的共同体成员使共同体从属于自己,所以这种共同体必然作为同样是独立的、外在的、偶然的、物的东西同他们这些独立的主体相对立而存在。这正是他们作为独立的私人同时又发生某种社会关系的条件"[1]。

---

[1] 《马克思恩格斯全集》第 2 版第 31 卷,北京:人民出版社,1998 年,第 354—355 页。

从法兰克福学派到价值形式分析[*]

[德]海尔穆特·莱希尔特

张金权 译

对资本分析的问题的关注开始得比较早。我们一开始想要知道"物化"(Verdinglichung)到底是什么。在20世纪60年代中期,我们拿这些东西系统性地追问过霍克海默。我们想要知道它们在法兰克福学派理论——因为法兰克福学派理论明确建立在它们之上——的构架中如何解释,最终发现三言两语之后就是长时间的沉默,基本上没有从这些理论家们那里学到什么。最后,我们决定自己思考这些问题,并且——现在可以向现场与会者们说出这一点——不得不得出结论:这些环节的遗漏本身必须被视为是对

---

[*] 原文题为"From the Frankfurt School to Value-Form Analysis",《十一条论纲》(Thesis Eleven)1982年第4卷第1期,第166—169页。——编者注

本文是海尔穆特·莱希尔特对汉斯-格奥尔格·巴克豪斯于1972年6月15日在康斯坦茨大学所作的题为"价值形式分析"的报告[罗特(V. M. Roth)所领导的康斯坦茨研究项目"卡尔·马克思"(48/71, 1971—1974)的材料]的非正式介绍。此文由迈克尔·埃尔德雷德(Michael Eldred)根据谈话录音的德文记录翻译,并稍作编辑。1981年5月。(此为英译注。除特别注明为"译者注"的,本文其余注释皆为英译注。——译者注)

这种"批判理论"的批判的某种程度的征兆。当进一步研究哈贝马斯时,倘若人们可以进行推断,这一点就会变得很明显。人们也许能够提出这样的论点:哈贝马斯的理论毕竟是在与法兰克福学派理论的密切联系中产生的,应该被认定为是辩证的理论,但只能从形式上发展辩证的理论,因为它退回到了资产阶级主体的立场。

然而,我认为在马克思的形式分析即价值形式分析、货币形式分析中,以及对政治经济学范畴的辩证叙述中,恰恰已经隐含了对这一点的批判。这意味着像"辩证的理论"这样的东西,作为从这些内容中提炼出来的方法,是无法阐释的。然而,这一直是法兰克福学派理论的论题。例如,当人们阅读阿尔弗雷德·施密特(Alfred Schmidt)的作品时,会惊讶于他说辩证方法不能脱离内容来进行阐释。但是,当人们追问他时:告诉我们——为什么不呢——这些内容有什么特别之处,给我们展示这些内容本身的辩证方法,例如《资本论》中的某些辩证的过渡。通常他都避之不谈,或至少目前为止是这样。他自己并不能够发展《资本论》中的辩证方法。时至今日,据我所见,法兰克福学派中没有一个人①这样尝试过。对于哈贝马斯而言,这些问题是完全陌生的,不得不说,今时更甚往日。②

---

① 此时,莱希尔特已经发表了他的《论马克思资本概念的逻辑结构》(法兰克福,1970年)。此后,巴克豪斯分别于《社会》(*Gesellschaft*)第1、3和11号上发表了他的《马克思价值理论的重建材料》("Materialien zur Rekonstruktion der Marxschen Werttheorie")第1、2和3部分。
② 在哈贝马斯最近的作品中,他用以下简短的话清算了价值形式分析的问题:"马克思借助黑格尔的抽象概念,分析了商品作为使用价值和交换价值的双重形式,以及商品的自然形式向价值形式的转变,在这里,使用价值与交换价值之间相(转下页)

当我们更进一步时,我们注意到当我们面对这些问题的时候,阿多诺一如既往竖起他的耳朵。他一听到这些几乎在《大纲》的每一页中都能找到的明确的辩证表述,就对此产生了一定的兴趣,但他可能年纪太大了而没有继续深入下去。

好吧,一切——对形式分析的这种关注——就是如此开始的,如果人们想要评估未来可能会发生什么①,那就很难说了,因为在理论内部人们可以说,从这种价值形式分析中产生的辩证方法自称是一种形式与内容不能相互分离的方法,而且还可以解决资产阶级经济学所无法解决的理论内部问题。大致来说,这意味着资产阶级主体的立场可以从这样的事实中看到,即资产阶级理论家们只是从外部拾起形式,而他/她依旧受制于这种"被拾起的"形式。这些的确是陈词滥调,但对我而言,再一次重复它们是明智的,因为巴克豪斯的作品是对这些问题的具体化。相比之下,马克

(接上页)互的关系,犹如本质与现象之间的关系。今天,这为我们造成了困难,因为我们不能够将黑格尔逻辑的未加改造的基本概念不加思考地加以运用;关于马克思的《资本论》与黑格尔的《逻辑学》之间关系的广泛讨论,更多的是说明了这些困难,而不是消除了这些困难。因此,我不想进一步研究这种形式分析。"[哈贝马斯:《交往行为理论》第1卷,洪佩郁、蔺青译,重庆:重庆出版社,1994年,第451—452页。——译者注]将使用价值和交换价值的关系假定为本质和表象的关系,已经是对马克思文本的一种极为不可靠的解释。更广泛地说,应该注意到,哈贝马斯提出重建历史唯物主义,资本主义理论在其中将构成一个子理论[参见罗特:《用马克思反对马克思》("With Marx Against Marx",载《十一条论纲》1982年第3期],而现在他还宣称,在对马克思的资本分析进行再反思之前,必须重建黑格尔的范畴。但是,这位黑格尔奖得主(哈贝马斯是1973年第二届黑格尔奖得主。——译者注)本人却没有冒险去对黑格尔的《逻辑学》进行重新阐释,也没有重新阐释它与《资本论》的关系。他自己提出的社会理论的基础是一种由各相不同的要素构成的交往行为理论。

① 参见英译者对巴克豪斯《论价值形式的辩证法》的导读,《十一条论纲》1980年第1期,第94—98页。

思的理论，作为辩证的实证科学①，自称是第一次明确地将可被称为社会总体的东西概念化了。② 如果我们可以运用马克思在《德意志意识形态》中使用过的表述，那么辩证理论应该被理解为是在"内在的自我超越"的意义上对范畴的辩证发展。与此相对，应该从资产阶级理论的"资产阶级性"立场来批判资产阶级理论，这种理论是在对认识的世界历史性限制的意义上建立起来的，而认识的世界历史性限制本身就根植于再生产过程的结构中。从这一立场来看，人们可以反过来将这种辩证叙述解释为关于各种认识限制（Erkenntnisrestringierungen）的系统的现象学。也就是说，资产阶级主体的意识形式或知觉形式的总体本身将在这种辩证叙述的进程中得到积极的发展。严格来讲，我们的论证兼具两个方面：一方面是我们刚刚称为——借用《德意志意识形态》中的表述——"实证科学"的东西，另一方面它同时是对资产阶级主体的认识形式和实证的叙述形式的批判。③

《资本论》中写下这些问题已经有一百年了，讨论并理解这些问题的意义是什么？直截了当地说，《资本论》"对我们的问题"是否有效？非常简短地回答一下这个问题：我们发现大量的迹象表明，在资产阶级社会中，某些根本的问题是始终存在的。我认为，

---

① 《德意志意识形态》中关于"实证科学"的表述："在思辨终止的地方，在现实生活面前，正是描述人们实践活动和实际发展过程的真正的实证科学开始的地方。关于意识的空话将终止，它们一定会被真正的知识所代替。"参见《马克思恩格斯文集》第1卷，北京：人民出版社，2009年，第526页。——译者注
② 应当牢记马克思的《资本论》只是试图将资产阶级社会总体进行概念化的第一个系统的部分。
③ 在我看来，这不是**同步的**系统性叙述的问题，而是在价值形式的"实证科学"的基础上，随后对资产阶级主体性和意识形态的认识形式进行系统的概念化的叙述问题。

马克思声称通过他的叙述形式已经呈现了资本主义的本质，也就是资本主义的根本结构。这意味着只要以这种叙述形式呈现的对象本身存在，那这种叙述形式就是有效的。现在，资本主义尚未消失，但让我们假设它真的消失了。对象消失了，因此叙述这一对象的方法也将消失。这是关于回忆的方法的问题，因为它只是从有待概念化的东西的扬弃（Aufhebung）的角度形成它的概念。

只要以这种形式呈现的对象本身存在，这种方法就是有效的，这样一种说法有什么批判性的认识论的含义？当然，人们不能以一种抽象认识论的方式来思考这一点。相反，人们必须根据这种叙述本身来发展这一点。但是，从摆在我们面前的第一步开始，这种叙述就将自身呈现为一种主客体颠倒，因为在这里，以经济学范畴——它们本身就是一定的社会关系的客观表达形式——的发展为形式，一种类似于社会自然形成性（Naturwüchsigkeit）的东西呈现出来；因为在这里，人类所生产的东西，通过他们的意识而产生，同时"在这些个体背后"作为一种"自然的"过程。["在这些个体背后"的确是我们在黑格尔和法兰克福学派理论中发现的那些反复出现的表述之一，但是它从未被解释为是对黑格尔所称的世界精神（Weltgeist）的唯物主义的澄清。]这种"自然的"过程应该被理解为人类自身所创造的社会客观性的延伸，之后人类完全从属于这一过程。也就是说，我们始终拥有这种自然形成性的形式，它进行自我扩展——我们希望不要太久——并且恰恰只要这种客观性的延伸进行自我扩展，这种叙述方法就是有效的。

让我们转向辩证的叙述方法本身。人们在《资本论》中可以发现各种孤立的表述，马克思在其中指出，这是关于没有任何个性的人类、性格面具（character-masks）、一定社会关系的承担者的问题，而这意味着"辩证法"作为对个体的抽象否定的描绘，本身就是由人类造成的。马克思只是在人类作为性格面具进行相互交往的层面上呈现人类自身。只要他们作为个体而相互发生联系，他们就不是理论的对象。只要他们作为个体而行动，在这个特定意义上，他们退出了理论的建设；他们在那里期望某种仍需被建构的东西。① 因此，在《资本论》中，马克思只是在社会关系的客观表达的意义上处理这些范畴。他将范畴称为没有个性的承担者、性格面具的大他者（the Other）。在某种意义上，我们在这里发现了角色概念的首次表述，尽管它与角色理论所提供的表述迥然不同。

这只是一个简短的、非系统性的介绍，以使我们能够认识到从哪个角度来讨论问题，以及这些问题从哪个角度产生，因此反过来，我们就能看到，这里并不是经济学的概念解释问题。整个反思的论题如下：只有在我只是神秘地暗示过的所有这些问题的背景下，才能揭示马克思的政治经济学批判的意义。

---

① 在理论上坚持这一事实，即人在资本分析中被理论化为没有个性的性格面具，是正确的。但是"他们在那里期望某种仍需被建构的东西"这句话可以被解释为，对个性的任何表达都已经是对社会主义的期望，我认为这一点是错误的。但是，如果解释成仍需在理论上进行的"建构"，在我看来，这一说法则是正确的。也就是说，在资产阶级社会中，甚至是在经济领域中，都有一定的主体性的发挥空间。分析竞争的任务是将竞争主体的经济主体性在它与价值形式范畴的系统联系中概念化。但是，主体性的主题化并没有就此完成，因为被分离的"自由王国"即私人领域——主体的个性在其中得到了表达——仍需被理论化。

图书在版编目（CIP）数据

法兰克福学派政治经济学文选 / 李乾坤主编. -- 上海：上海社会科学院出版社，2025. -- ISBN 978-7-5520-4075-3

Ⅰ. B089.1-53；F0-53

中国国家版本馆 CIP 数据核字第 2024FM5490 号

法兰克福学派政治经济学文选

主　　编：李乾坤
责任编辑：熊　艳
封面设计：黄婧昉
出版发行：上海社会科学院出版社
　　　　　上海顺昌路 622 号　邮编 200025
　　　　　电话总机 021-63315947　销售热线 021-53063735
　　　　　https://cbs.sass.org.cn　E-mail:sassp@sassp.cn
排　　版：南京展望文化发展有限公司
印　　刷：上海盛通时代印刷有限公司
开　　本：890 毫米×1240 毫米　1/32
印　　张：13.5
字　　数：305 千
版　　次：2025 年 1 月第 1 版　2025 年 1 月第 1 次印刷

ISBN 978-7-5520-4075-3/B·543　　　定价：98.00 元

版权所有　翻印必究